"十二五"普通高等教育本科国家级规划教材

高校土木工程专业指导委员会规划推荐教材
（经典精品系列教材）

轨 道 工 程

中南大学　陈秀方　主编
同济大学　王午生　主审

中国建筑工业出版社

图书在版编目（CIP）数据

轨道工程/陈秀方主编．—北京：中国建筑工业出版社，2004

"十二五"普通高等教育本科国家级规划教材

高校土木工程专业指导委员会规划推荐教材（经典精品系列教材）

ISBN 978-7-112-06662-9

Ⅰ．轨… Ⅱ．陈… Ⅲ．轨道（铁路）—高等学校—教材 Ⅳ．U213.2

中国版本图书馆 CIP 数据核字（2004）第 124875 号

"十二五"普通高等教育本科国家级规划教材
高校土木工程专业指导委员会规划推荐教材
（经典精品系列教材）

轨 道 工 程

中南大学　陈秀方　主编
同济大学　王午生　主审

*

中国建筑工业出版社出版、发行（北京西郊百万庄）
各地新华书店、建筑书店经销
北京圣夫亚美印刷有限公司印刷

*

开本：787×960 毫米　1/16　印张：22　字数：452 千字
2005 年 1 月第一版　2013 年 12 月第四次印刷
定价：**36.00** 元
ISBN 978-7-112-06662-9
（20915）

版权所有　翻印必究
如有印装质量问题，可寄本社退换
（邮政编码　100037）

本书属高等学校土木工程专业指导委员会规划推荐教材，适用于土木工程专业本科教学，并可供工程技术人员参考。

全书共分八章，包括绪论，轨道结构，轨道几何形位，道岔，轨道力学分析，无缝线路轨道设计，轨道维护与管理，铁路噪声与振动及其控制。

本书采用铁道工程最新规范体系，反映了轨道工程技术最新发展动态；内容编排采用模块化方式，便于灵活取舍教材内容，以贯彻一主多辅的专业课教学思想。

责任编辑：朱首明　　刘平平
责任设计：刘向阳
责任校对：李志瑛　　刘玉英

出 版 说 明

1998年教育部颁布普通高等学校本科专业目录，将原建筑工程、交通土建工程等多个专业合并为土木工程专业。为适应大土木的教学需要，高等学校土木工程学科专业指导委员会编制出版了《高等学校土木工程专业本科教育培养目标和培养方案及课程教学大纲》，并组织我国土木工程专业教育领域的优秀专家编写了《高校土木工程专业指导委员会规划推荐教材》。该系列教材2002年起陆续出版，共40余册，十余年来多次修订，在土木工程专业教学中起到了积极的指导作用。

本系列教材从宽口径、大土木的概念出发，根据教育部有关高等教育土木工程专业课程设置的教学要求编写，经过多年的建设和发展，逐步形成了自己的特色。本系列教材投入使用之后，学生、教师以及教育和行业行政主管部门对教材给予了很高评价。本系列教材曾被教育部评为面向21世纪课程教材，其中大多数曾被评为普通高等教育"十一五"国家级规划教材和普通高等教育土建学科专业"十五"、"十一五"、"十二五"规划教材，并有11种入选教育部普通高等教育精品教材。2012年，本系列教材全部入选第一批"十二五"普通高等教育本科国家级规划教材。

2011年，高等学校土木工程学科专业指导委员会根据国家教育行政主管部门的要求以及新时期我国土木工程专业教学现状，编制了《高等学校土木工程本科指导性专业规范》。在此基础上，高等学校土木工程学科专业指导委员会及时规划出版了高等学校土木工程本科指导性专业规范配套教材。为区分两套教材，特在原系列教材丛书名《高校土木工程专业指导委员会规划推荐教材》后加上经典精品系列教材。各位主编将根据教育部《关于印发第一批"十二五"普通高等教育本科国家级规划教材书目的通知》要求，及时对教材进行修订完善，补充反映土木工程学科及行业发展的最新知识和技术内容，与时俱进。

高等学校土木工程学科专业指导委员会
中国建筑工业出版社
2013年2月

前　　言

本书由高等学校土木工程专业指导委员会第三届五次会议确定为规划推荐教材，适用于土木工程专业道路与铁道工程及相关课群组《轨道工程》专业课教学，由中南大学主编，西南交通大学参加编写，同济大学主审。

我国铁路通过列车提速和客运专线铁路工程建设，全面推动了铁路工程技术创新。铁路轨道工程采用了新技术、新材料、新结构和新标准，原有的铁路轨道教材已不能适应时代要求，因而必须采用铁道工程最新规范体系，反映轨道工程技术最新发展水平，并以一主多辅的专业课教学思想为指导，重新组织教材内容，编写合乎现代教学要求的轨道工程教科书。本书引入了高速铁路钢轨、高速铁路道岔、新型无碴道床、新型养路机械等现代轨道工程新技术；引入了轨道不平顺谱密度管理方法与标准、无缝线路轨道新的设计方法和理论、以及车辆稳态通过曲线理论；还引入了轨道交通噪声与振动及其控制并定为专门章节。编者希望通过以上内容的引入使教材反映出现代铁路轨道工程技术及设计理论的发展水平，同时也希望能有助于推动轨道工程教学内容的创新，使之更具先进性、科学性和实用性。

全书共分 8 章，由陈秀方主编，王午生主审，参与编写的专家教授有：陈秀方（第 1、6、7 章）、刘学毅（第 5 章）、唐进锋和金守华（第 2、8 章）、江成（2.2.3 无碴道床）、向俊（第 3、4 章）、顾经文（4.5.3 国外高速道岔发展概况）、周小林（附录）。全书各章的书稿由主编人进行了内容调整和增删。

在本教材的编写过程中，得到中南大学和土木建筑学院领导的支持，并得到业内同仁的热情帮助。同济大学王午生教授，仔细审阅了书稿，并提出了许多宝贵意见。铁道部高速办赵国堂研究员，铁道部运输局吴细水高级工程师，铁道部工程技术研究所刘华高级工程师，中国铁道建筑总公司金守华高级工程师，中国铁路工程总公司高慧安高级工程师，西南交通大学王平教授，铁道科学研究院赵汝康研究员、江成研究员、顾经文研究员、王继军助理研究员等领导和专家为本书提供了宝贵的技术文献资料。博士研究生姚京成，硕士研究生张向民、唐乐、朱文珍、曾华亮、易锦、黄友剑等为本书的文献检索、书稿打印、校对及有关例题计算付出了极大艰辛。中国建筑工业出版社朱首明主任为本书的编写提出宝贵的指导意见，使之顺利出版。在此向他们致以诚挚地谢意！

作者学术水平有限，如有疏漏，敬希指正。

目 录

第1章 绪论 ... 1

第2章 轨道结构 ... 5
  2.1 轨道的组成 ... 5
  2.2 我国铁路轨道类型 ... 6
  2.3 钢轨 ... 7
  2.4 轨下基础 ... 39
  2.5 扣件 ... 70

第3章 轨道几何形位 ... 79
  3.1 概述 ... 79
  3.2 机车车辆走行部分构造简介 ... 80
  3.3 直线轨道几何形位及其标准 ... 88
  3.4 曲线轨道几何形位及其标准 ... 94

第4章 道岔 ... 111
  4.1 道岔的种类 ... 111
  4.2 单开道岔构造 ... 114
  4.3 单开道岔的几何形位 ... 130
  4.4 单开道岔总布置图设计 ... 135
  4.5 列车通过道岔的容许速度及高速道岔 ... 145
  4.6 特种道岔 ... 156
  4.7 轨道连接 ... 161

第5章 轨道力学分析 ... 170
  5.1 概述 ... 170
  5.2 轨道的荷载 ... 170
  5.3 轨道结构静力计算 ... 172
  5.4 轨道结构动力作用的准静态计算法 ... 192
  5.5 轨道部件强度检算 ... 196
  5.6 轮轨相互作用 ... 206
  5.7 车辆转向架稳态通过曲线计算 ... 219
  5.8 车辆运行平稳性和安全性及其评估标准 ... 227

第6章 无缝线路轨道设计 ... 236

  6.1 概述 ·············· 236
  6.2 长钢轨轴向温度力 ·············· 237
  6.3 无缝线路轨道稳定性计算 ·············· 243
  6.4 路基上的无缝线路轨道设计 ·············· 256
  6.5 桥上无缝线路 ·············· 263

第 7 章 线路维护与管理 ·············· 279
  7.1 我国线路维护管理体制 ·············· 279
  7.2 线路修理周期 ·············· 280
  7.3 线路设备大修 ·············· 282
  7.4 线路维修 ·············· 284
  7.5 轨道几何形位的检测与管理 ·············· 286
  7.6 大型养路机械 ·············· 296

第 8 章 轨道交通噪声与振动及其控制 ·············· 305
  8.1 控制轨道交通噪声与振动的意义 ·············· 305
  8.2 噪声与振动的基本知识 ·············· 305
  8.3 噪声的危害与评价 ·············· 311
  8.4 振动的危害与评价 ·············· 318
  8.5 轨道交通噪声的特点 ·············· 321
  8.6 轨道交通噪声的控制 ·············· 323

附录 A 我国各地区最高、最低轨温表 ·············· 326

附录 B $\varGamma\left(\dfrac{1}{m}+1\right)$ 函数表 ·············· 327

附录 C 国外铁路机构名简称 ·············· 328

附录 D 常用轨道工程汉英科技名词 ·············· 329

参考文献 ·············· 340

第1章 绪 论

现代交通运输有铁路、公路、水路、航空及管道等五种主要方式。19世纪铁路和蒸汽机的出现,极大地推动了社会发展的进程。但是,在第二次世纪大战后,铁路运输受到高速公路和航空运输的严重挑战,其运输主导地位曾一度明显下降。面对世界交通运输格局的变化,世界各国铁路系统进行了调整,确立了新的发展模式,形成了以日本铁路为代表的高速客运型模式,以美国、加拿大铁路为代表的重载货运型模式和以欧洲、俄罗斯、中国铁路为代表的客货运输并重的模式。铁路为在竞争中求发展,不断进行技术创新,积极采用现代先进技术装备,改进经营管理方式,面貌焕然一新。1964年10月1日,世界上第一条高速铁路——日本东海道新干线问世,列车最高速度达到210km/h,其先进的技术装备、快捷的旅行速度、安全舒适的乘车条件以及成功的管理经验,向世人展示了现代铁路的发展前景,铁路运输从此焕发出勃勃生机。

进入20世纪70年代,由于能源危机、环境污染、交通安全等问题的困扰,人们重新审视了人类生存与发展的途径,世界普遍接受可持续发展的战略思想,将社会发展的概念从简单的经济增长拓展到经济、社会、资源环境协调发展的新高度。联合国2000年召开"可持续发展世界首脑会议",充分体现了国际社会和各国政府对可持续发展的强烈关注。1994年,我国国务院常务会讨论并通过了《中国21世纪议程——中国21世纪人口、环境与发展白皮书》,将可持续发展列入21世纪发展的重要议程。"十五"期间,我国已将可持续发展战略向实施阶段全面推进。由于近代铁路运输具有速度高、运能大、能耗低、污染轻、占地少和安全性好等一系列突出优势(三种运输方式的比较见表1-1),人们重新认识了铁路运输的价值。在已形成发达交通网的日本和欧洲国家,正致力于推进高速铁路网的建设。目前全世界新建高速铁路5236km,改造后运行速度达200km/h的线路约计15000km以上。高速铁路最高运行速度可达350km/h,平均运行速度在日本达266.5km/h、法国258.4km/h。目前在建的高速铁路有:法国(460km)、德国(266km)、日本(396km)、意大利(464km)、西班牙(855km)、比利时(100km)、韩国(396km)、中国台湾省(345km)。此外,许多国家与地区都制定了修建高速铁路的计划,其中,欧盟规划2010年建成泛欧高速铁路网29000km,俄罗斯莫斯科—彼得堡420km,澳大利亚堪培拉—悉尼270km,中国北京—上海1300km等。

高速铁路、高速公路、航空三种运输方式比较表　　　　表1-1

项　目	高速铁路	高速公路	航空	附　注
最高速度（km/h）	350	120	900	在1000km旅程范围内的单位行程耗时，铁路优于航空
单向运输能力比数	10	2	1	
能耗比数	1	6	3	美国华盛顿艾兰公司统计，以"人·km"为单位计算所耗费的能源
CO_2排放量比数	1	3	4.6	
用于治理污染的外部成本比数*	1	4	5.2	
占地面积（亩/km）	35（双线铁路）	105（4车道）		其中占用大量可耕地
安全性（10亿人·km死亡人数）	1.971（既有铁路） 0（高速铁路）	18.929	16.006	日本统计
运输成本比数	1/5	1/2	1	

* 外部成本是某项经济活动的生产或者消费者施予他人或社会的损失。

　　世界铁路运输业在提高列车速度和发展高速铁路的同时，20世纪60年代，重载铁路运输也获得长足的发展，成为铁路现代化的又一发展方向。铁路重载运输的主要特点是，充分利用铁路设施的综合能力，扩大列车编组长度，大幅度提高列车牵引总重（5000t以上），从而增强运输能力，提高运输效率，并降低运输成本。重载运输适宜于诸如煤炭、矿石等大宗货物的长距离集中运输，在美国、加拿大、澳大利亚、南非、巴西、俄罗斯和中国等一些幅员辽阔、资源丰富的国家发展尤为迅速。1967年10月，美国诺克福西方铁路公司（N&W，现已归入诺克福南方铁路公司）在韦尔什—朴次茅斯间250km线路上，开行了全长6500m、总重44066t的重载列车。该列车由500辆煤车编组而成，并由6台内燃机车分别位于列车头部和中部进行牵引。1996年5月28日，澳大利亚在纽曼山—海德兰港铁路线上，试验开行了全长5892m、总重72191t（铁矿石净重为57309t）的重载列车。该列车由10台Dash-8内燃机车牵引540辆货车（列车编组形式为：3台机车+135辆货车+2台机车+135辆货车+2台机车+135辆货车+2台机车+135辆货车+1台机车），试验列车平均速度为57.8km/h，最高速度达75km/h，创造了重载列车的世界记录。由于美国铁路充分发挥了重载运输的优势，使之成为盈利的运输产业，其货运市场的份额保持在40%的水平，并有上升趋势。此外，还有加拿大、澳大利亚、巴西和南非等国的重载铁路都取得了良好的经济效益，并在交通运输业中占有重要地位。20世纪90年代初，我国建成第一条重载铁路大同—秦皇岛运煤专线，开行6000t及10000t重载列车。2004年12月成功开行了20000t重载列车，标志我国的重载运输达到国际先进水平。此外还在京沪、京广、京哈等重要干线普遍开行了5000t重载列车。我国铁路货运的市场占有份额达54.6%。

由于城市轨道交通具有较高的准时性、速达性、舒适性和安全性，能充分利用地下空间，节省城市用地，并具有良好的环保效益，一直处于世界发达国家主要城市公共交通系统的主导地位。表1-2列出了世界主要大城市轨道交通所占公共交通比重。虽然我国城市轨道交通尚未形成规模，但已将其发展列入国民经济发展第十个五年计划发展纲要，并作为拉动国民经济、特别是大城市经济发展的重大战略。目前，北京、上海、广州、天津、大连等城市运营里程达258km。北京、上海等11个城市在建城市轨道交通线路达1000km。我国城市轨道交通将进入快速发展的兴旺时期。

世界主要大城市轨道交通所占公共交通比重　　　　表1-2

城　　市	莫斯科	巴　黎	伦　敦	东　京	纽　约
轨道交通所占公共交通比重（%）	56	71	57	86（市中心地区）	70

我国铁路是世界上最繁忙的铁路，在推动社会经济发展进程中居重要地位。据1998年统计，换算运输密度高达$2777.9 \times 10^4 t \cdot km/km$，远高于世界第二位的俄罗斯（$1391.4 \times 10^4 t \cdot km/km$），分别是日本、美国、法国、德国的2.0倍、2.9倍、8.6倍和8.9倍。我国铁路为提高运输能力，长期实施"大重量、高密度"的铁路发展策略，取得明显成效。随着铁路运输的发展，对于客货运输特别繁忙的干线，将实行客货分线运输，以提高运输质量和效益。为此，我国铁路将继续实施既有线路提速，推进重载运输发展，并有计划地修建高速铁路和客运专线铁路。广深准高速铁路已建成通车，最高速度达200km/h，取得良好经济效益和社会效益。计划兴建的高速铁路和客运专线有京沪、津秦、京武、武广、沈哈、沪杭、徐宝等共计5000km；计划兴建客货共线快速运输铁路22条，共计1.4万km。其中高速铁路最高速度为300～350km/h，客运专线和提速铁路最高速度为200km/h，繁忙干线快运货物列车最高速度为120km/h。同时，在繁忙干线开行5000t总重的重载列车，在运煤专线开行10000t总重的重载列车，并在重载运输铁路采用25t轴重大型货车。通过以上计划实施，将使我国铁路运输技术接近或达到世界先进水平，并在社会经济发展中发挥运输网络骨干作用。

高速铁路在市场竞争中的立命之本是其快捷、舒适、安全的旅行条件，为适应高速行车的要求，必须采用平顺性和稳定性极高的铁路轨道，以保证高速列车运行的平稳性、舒适性和安全性。为充分发挥重载运输的优势，必须采用强韧化的轨道，以抵御重载列车对轨道结构的破坏，延长轨道结构使用寿命，确保列车运行安全并提高运输效能。因此，世界各国铁路极其重视轨道结构技术的现代化，广泛采用焊接长钢轨轨道，不断推出新型轨下基础，采用现代大型养路机械及自动化科学管理体系。轨道工程技术已成为现代铁路运输中密不可分的关键环节，在高速铁路、重载铁路及城市轨道交通工程中占有重要地位。铁路轨道工程课程的基本内容，也已成为铁道工程建设、设计、规划及管理人员的必备知识。

轨道工程课程介绍铁路轨道结构构造、技术标准、减振降噪、基本设计原理和方法以及维护管理等基本知识，为从事铁路工程和城市轨道交通建设、设计及维护管理工作奠定专业技术基础。

轨道工程课程的学习应注意理论联系实际，应通过现场参观、实习、电化教学等环节掌握必要的轨道工程结构知识和管理维护知识。对于理论计算模型及其计算分析应注意其基本理论基础、工程背景、精度要求以及获取计算参数的可行性和精确性，以培养解决工程实际问题的能力，并便于在工程中灵活应用。

轨道工程结构的理论分析，涉及较广泛的数学和力学知识，应结合课程的教学进程，复习有关基础理论知识并加以深化和扩充。

第2章 轨道结构

2.1 轨道的组成

轨道是铁路的主要技术装备之一。轨道引导列车运行,直接承受来自列车的荷载,并将其传至路基或桥隧结构物。轨道结构应具有足够的强度、稳定性和耐久性,并具有正确的几何形位,保证列车安全、平稳、不间断地运行。

轨道一般由钢轨、轨枕、连接零件、道床、防爬设备和道岔等组成,如图2-1所示。轨道的零部件采用不同力学性能的材料,有利于取得最佳的技术经济性能。

图 2-1 轨道的组成

钢轨直接和车轮接触,并提供运行阻力最小的接触面,引导列车按规定的方向运行。它将车轮荷载分布后传于轨枕。轨枕和道床共同支承钢轨,称为轨下基础。轨枕一般间隔布置,垂直于钢轨横向铺设,来自钢轨的压力经其分布后传于道床。

连接零件有两类:连接两根钢轨端部的零件称为接头连接零件;连接钢轨和轨枕的零件称为中间连接零件(亦称扣件)。接头连接零件使车轮能顺利滚过钢轨接头,并保持前后两根钢轨协调工作。扣件将钢轨和轨枕连为一体构成轨道框架,使两股钢轨保持正确的相对位置;扣件提供足够的压力,防止钢轨倾覆,阻止钢轨的纵向移动。

防爬设备直接将钢轨上的纵向力传递于道床,能有效的防止钢轨发生纵向位移,制止钢轨爬行。

道床将来自轨枕的压力进一步分布后传至路基或桥隧结构物。道床能产生阻止轨枕纵向或横向移动的阻力。道床具有减振降噪功能,并便于排水和调整轨道的几何形位。

道岔可实现轨道的分支和交叉,使列车从一股轨道转入或越过另一股轨道。

为使轨道安全平稳的引导列车运行,轨道必须保持规定的几何形位,但轨道的几何形位在列车的作用下不断发生偏离,因而必须经常加以维护方可保持其规定的几何形位,这是轨道与一般工程结构物显著不同的工作特点。为使轨道具有保持几何形位的良好能力,轨道除应具有足够的结构强度以防止结构破坏之外,还应具有足够的刚度和弹性以防止轨道过度的几何变形及变形的积累。

随着高速重载运输的发展,轨道结构型式也随之发生变化,出现了焊接长钢轨轨道(亦称无缝线路轨道)及无碴轨道等新型轨道结构型式。

无缝线路轨道是将钢轨接头施以焊接,并采用强力的扣件锁定长钢轨,成为连续焊接长钢轨轨道。无缝线路具有良好的运营功能,行车阻力小,噪声低,可显著提高列车运行的平稳性和舒适性,并降低轨道维修工作量。无缝线路已得到世界各国铁路广泛采用,也是我国主要铁路干线的标准轨道结构型式。

无碴轨道结构是将支承钢轨的轨下基础部分即轨枕和道床以混凝土材料(或钢筋混凝土)使之成为整体结构,该整体结构称为无碴道床。以无碴道床为轨下基础的轨道称为无碴轨道。以道碴支承轨枕的轨道结构称为有碴轨道。无碴轨道结构可保持轨道几何形位的高度平顺性,并具有免维修或少维修的优点,宜用于高速铁路、高架与隧道地段及城市轨道交通的铁路线路。

2.2 我国铁路轨道类型

新建和改建铁路的轨道,应根据此设计线路在铁路网中的作用、性质、行车速度和年通过总质量确定轨道类型。轨道部件的选择应根据运输需要,均衡提高轨道结构及路基面的承载能力,实现合理匹配,并满足标准化、系列化和通用化的要求。

我国铁路正线轨道类型分为特重型、重型、次重型、中型和轻型。设计时应本着由轻到重逐步增强的原则,根据路段旅客列车设计行车速度及近期预测运量等主要运营条件按表2-1的规定选用。

正线轨道类型　　　　　　　　　　　　表 2-1

项目				单位	特重型	重型		次重型	中型	轻型
运营条件	年通过总质量			Mt	>50	25~50		15~25	8~15	<8
	路段旅客列车设计行车速度			km/h	200~120	200~120		≤120	≤100	≤80
轨道结构	钢轨			kg/m	75 或 60	60		60	50	50	50
	轨枕	混凝土枕	型号	—	Ⅲ	Ⅲ		Ⅱ	Ⅱ	Ⅱ	Ⅱ
			铺枕根数	根/km	1667	1667	1667	1760	1667~1760	1600~1680	1520~1640
	碎石道床厚度	土质路基	非渗水土路基 双层 道碴	cm	30	30		30	25	20	20
			底碴	cm	20	20		20	20	20	15
			渗水土路基 单层 道碴	cm	35	35		35	30	30	25
		岩石路基 级配碎(砾)石基床 单层 道碴		cm	30	30		—	—	—	—
无碴道床	板式轨道		混凝土底座厚度	cm	≥15					
	长枕埋入式									
	弹性支承块式			cm	≥17					

注：1. 年通过总质量包括净载、机车和车辆的质量。单线按往复总质量计算，双线按每一条线的通过总质量计算；
2. 设计行车速度大于120km/h 的新建Ⅰ级铁路轨道，应采用Ⅲ型混凝土枕；
3. 设计行车速度小于160km/h 的改建铁路轨道，可采用Ⅱ型混凝土枕；
4. 明桥面铺设木桥枕时，每公里铺设根数按《铁路桥涵设计基本规范》(TB10002.1)进行设计；
5. 弹性支承块式混凝土底座厚度系指支承块下混凝土厚度；
6. 特殊情况下采用木枕时，铺设根数可根据设计确定。

2.3 钢 轨

2.3.1 钢轨的功能及类型

钢轨是铁路轨道的重要组成部件。其功能在于为车轮滚动提供阻力最小的表面，并引导列车的车轮运行，直接承受车轮荷载并将其传于轨枕。在电气化铁路或自动闭塞区段，钢轨兼有轨道电路的功能。

为完成上述功能，要求钢轨具有足够的强度、耐磨性和稳定性。钢轨还应具有足够的刚度，其表面应具有良好的平顺性，使之在列车作用不至产生过大的变形，以减小列车的动力冲击。

钢轨的类型，一般以每米质量千克数表示。我国铁路钢轨的主要类型有75、60、50kg/m和43kg/m。为满足高速、重载运输的要求，钢轨有向重型化发展的趋势。在提速干线、高速铁路上广泛采用60kg/m轨，75kg/m轨多用于重载线路。

为满足特殊部位的需要，在标准钢轨断面上进行刨、削或特种工艺轧制形成特种断面钢轨。

新钢轨经使用后可按有关技术标准进行加工，降级成为"再用轨"使用。

2.3.2 钢轨断面

作用于直线轨道钢轨上的力，其主要成分是竖直力。钢轨在列车荷载下的弯曲应力大多分布于轨头和轨底，中部轨腰部位应力接近零，其最佳断面形状为工字形，如图2-2所示。钢轨采用工字断面，由轨头、轨腰和轨底三部分组成，其轨头高度为 E，轨腰厚度为 b，轨底宽度为 B。钢轨断面设计应综合权衡下述要求并根据技术经济合理的原则，择优确定设计方案。

图2-2 钢轨断面

钢轨头部是直接接触车轮的部分，应具有抵抗压溃和耐磨的能力，故轨头应大而厚，其外形应与车轮踏面相适应。钢轨头部顶面应有足够的宽度，以使在其上面滚动的车轮踏面和轨头顶面磨耗均匀。钢轨头部顶面应轧制成为隆起的圆弧形，使车轮传来的压力更集中于钢轨截面对称轴。工程经验表明，合理的轨顶圆弧有利于减少钢轨剥离损伤。较轻型钢轨的顶面，常轧制成一个半径为300mm的圆弧；而较重型钢轨的顶面，则用三个半径分别为80、300、80mm或80、500、80mm的复合圆弧组成。

钢轨腰部必须有足够的厚度和高度，以满足强度条件。轨腰的两侧为曲线。轨腰和钢轨头部及底部的连接，必须保证夹板有足够的支承面。足够的轨腰高度，使轨头和轨底面积分布在远离中性轴的部位，以增强钢轨的抗弯刚度；同时，钢轨高度应保证其稳定性要求。

钢轨底部直接支承在轨枕顶面上。为保持钢轨的抗倾覆稳定性，轨底应有足够的宽度和厚度，并具有必要的刚度和抵抗锈蚀能力。

为减少局部应力，保持整个钢轨断面的应力均匀变化，并顾及生产工艺的要求，轨腰和轨头、轨底之间的连接，以及断面上其他连接均用圆弧。

为使钢轨轧制后冷却均匀，并保证钢轨品质的稳定性，要求轨头、轨腰和轨底的面积分配有一个适当的比例。

按照上述要求，我国 60kg/m 和 75kg/m 钢轨标准尺寸如图 2-3 所示，各型钢轨的尺寸和断面特性见表 2-2。U1C60kg/m 钢轨断面如图 2-4 所示。日本 60kg/m 钢轨断面如图 2-5 所示。表 2-3 列举了一些国家钢轨尺寸及断面特性的对比。

钢轨断面尺寸及特性　　　　　　　　　表 2-2

项　目	单位	类　型			
		75	60	50	43
每米质量 M	kg	74.414	60.64	51.514	44.653
断面积 F	cm^2	95.04	77.45	65.8	57
重心至轨底面距离 y_1	mm	88	81	71	69
对水平轴惯性矩 I_x	cm^4	4489	3217	2037	1489
对竖直轴惯性矩 I_y	cm^4	661	524	377	260
下部断面系数 w_1	cm^3	509	396	287	217
上部断面系数 w_2	cm^3	432	339	251	208
钢轨横向挠曲断面系数 w_y	cm^3	89	70	57	46
轨头所占面积 Ah	%	37.42	37.47	38.68	42.83
轨腰所占面积 Aw	%	26.54	25.29	23.77	21.31
轨底所占面积 Ab	%	36.04	37.24	37.55	35.86
钢轨高度 H	mm	192	176	152	140
钢轨底宽 B	mm	150	150	132	114
轨头高度 h	mm	55.3	48.5	42	42
轨头宽度 b	mm	75	73	70	70
轨腰厚度 t	mm	20	16.5	15.5	14.5

60kg/m 钢轨比较表　　　　　　　　　表 2-3

型　号		中　国 60 轨	日　本 60 轨	美　国 CF&1119 轨	UIC 60 轨
轨重 (kg/m)		60.64	60.8	59.03	60.34
断面积 (mm^2)		7745	7750	7516	7686
断面尺寸 (mm)	轨高	176	174	173	172
	底宽	150	145	140	150
	头宽	73	65	67	74.3
	腰厚	16.5	16.5	16	16.5
惯性矩 (cm^4)	I_x	3217	3090	2972	3055
	I_y	524	512		513

续表

型号		中国 60轨	日本 60轨	美国 CF&I119轨	UIC 60轨
断面系数 (cm^3)	$W_上$	339			336
	$W_下$	396	397		377
轨高/底宽		1.17	1.20	1.24	1.15

图 2-3 我国钢轨断面图
(a) 60kg/m 钢轨；(b) 75kg/m 钢轨

日本铁路研究部门在研究美、英、德、法、日及前苏联等国的钢轨断面特性后，发现其轨高 H、底宽 B、腹高 h 和腰厚 b 等尺寸（mm）与钢轨单位延米质量 W（kg/m）之间有如下关系：

$$H = 1.79W + 59.6 \quad (\text{mm})$$

$$B = 1.06W + 83$$

$$h = 1.38W + 8.5$$

$$b = 0.16W + 6.4$$

单位延米质量 W（kg/m）与 x 轴的惯性矩 I_x 有如下关系：

$$I_x = 72 - 15.37W + 1.05W^2$$

图 2-4　UIC60kg/m 钢轨断面图　　　　图 2-5　日本 60kg/m 钢轨断面图

2.3.3　钢轨技术条件

钢轨应按技术条件制造与供货，使用单位则按其相应的标准检查验收。

1. 制造

（1）钢轨采用平炉、氧气转炉冶炼的镇静钢制造。

（2）为保证钢轨没有缩孔和有害偏析，相当于钢锭头、尾部分的钢坯应进行充分切除。

（3）应采用使钢轨中不产生白点的生产工艺。

2. 钢的化学成分（熔炼分析）

钢轨钢的化学成分应符合表 2-4 的规定。

我国钢轨钢的主要化学成分　　　　表 2-4

序号	钢号	化学成分（%）					
		C	Si	Mn	Cu	P	S
						不大于	
1	U71	0.64~0.77	0.13~0.28	0.60~0.90		0.040	0.050
2	U74	0.67~0.80	0.13~0.28	0.70~1.00		0.040	0.050
3	U71Cu	0.65~0.77	0.15~0.30	0.70~1.00	0.10~0.40	0.040	0.050
4	U71Mn	0.65~0.77	0.15~0.35	1.10~1.50		0.040	0.040

续表

序号	钢号	化学成分（%）				P	S
		C	Si	Mn	Cu	不大于	
5	U70MnSi	0.65~0.75	0.85~1.15	0.85~1.15		0.040	0.040
6	U71MnSiCu	0.65~0.77	0.70~1.10	0.80~1.20		0.040	0.040
7	PD$_3$	0.70~0.78	0.50~0.70	0.75~1.05		0.035	0.035
8	BNbRE	0.70~0.82	0.60~0.90	0.90~1.30		0.040	0.04

  钢轨的强度、耐磨性能及抵抗冲击的性能，主要取决于钢轨的化学成分、金属组织及生产工艺过程和热处理工艺。

  钢轨钢的化学成分除含铁（Fe）之外，还有碳（C）、锰（Mn）、硅（Si）、磷（P）·和硫（S）等元素。钢的含碳量提高，其抗拉强度、耐磨性及硬度均增加。但含碳量过高，也会使钢轨的伸长率、断面收缩率和冲击韧性显著下降，钢轨疲劳断裂的机会增加。钢轨的含碳量一般不超过0.82%。

  锰可以提高钢的强度和韧性，去除有害的氧化铁和硫夹杂物，其含量一般为0.6%~1.0%，含量超过1.2%者称中锰钢，其抗磨性能优越。

  硅易与氧化合，故能去除钢中气泡，增加密度，使钢质密实细致。在碳素钢中，硅含量一般为0.15%~0.30%。提高钢的含硅量，也能提高钢轨的耐磨性能。

  磷与硫在钢中均属于有害成分。磷过多（超过0.1%），则增加钢的冷脆性，在严寒冬季易于突然断裂。硫不溶于铁，不论含量多少，均生成硫化铁，在985℃时，呈晶态结晶析出。这种晶体性脆易溶，使其金属在800~1200℃时发脆，在钢轨轧制或热加工过程中容易出现废品。所以，磷、硫的含量必须严格控制。

  目前世界各国开发的钢轨钢主要有碳素钢、合金钢和热处理钢三种。按其金相组织又分为珠光体钢、贝氏体钢和马氏体钢三种。碳素钢生产成本最低，但其金相组织是较粗大的珠光体，因此其强度和韧性并非是最理想的；合金钢是通过增加铬（Cr）、镍（Ni）、钼（Mo）、铌（Ni）、钒（V）、钛（Ti）和铜（Cu）等元素，获得细化珠光体组织，可提高钢轨的抗拉强度、耐磨性能和疲劳强度，但其焊接性能不如碳素体钢轨钢，生产成本也较高；热处理钢轨主要是通过热处理形成细微珠光体组织，获得高强度和高韧性，但其热处理设备投资较大。我国钢轨的主要化学成分如表2-4所示。

3. 钢轨的机械性能

  钢轨的物理力学性能指标或机械性能包括强度极限σ_b、屈服极限σ_s、疲劳

极限 σ_r、伸长率 δ_s、断面收缩率 ψ、冲击韧性（落锤试验）α_h 及硬度指标。这些指标对钢轨的承载能力、磨耗、压溃、断裂及其他伤损有显著的影响。钢轨依其力学性能可分为三类：第一类为普通钢轨，其抗拉强度为 800MPa；第二类为高强度钢轨，其抗拉强度不小于 900MPa；第三类为耐磨轨，其抗拉强度不小于 1100MPa。

我国钢轨供货验交的机械性能应符合表 2-5 的规定。

我国主要钢种机械性能　　　　　　　表 2-5

序 号	钢 号	抗拉强度 σ_b（N/mm²）	伸长率 δ_s（%）
		不　小　于	
1	U71	785	10
2	U74	785	9
3	U71Cu	785	9
4	U71Mn	883	8
5	U70MnSi	883	8
6	U71MnSiCu	883	8
7	PD3	980	8
8	BNbRE	980	8

注：热切样轨切取的拉力试样，其试验结果允许伸长率比规定数值降低1%（绝对值）。

钢轨应进行落锤试验，60kg/m 及以下等级钢轨落锤高度见表 2-6。试件经一次锤击后，两支点间不得有断裂现象，并记录弯曲拱度以供参考。同时，钢轨落锤还有下列规定：

钢轨落锤高度试验标准（m）　　　　　　　表 2-6

钢轨类型（kg/m） 抗拉强度	43		45	50		60	
机 座	弹性	刚性	弹性	弹性	刚性	弹性	刚性
785MPa	6.0	5.5	6.2	7.4	6.8	—	—
883MPa	6.8	6.2	7.0	8.3	7.5	9.4	8.6

（1）钢轨试样长度不小于 1.3m，表面不得有缺陷。

（2）试样在室温下，轨头向上平放在试验机的两支点上（支点间距为 1000mm），用 1000kg 重锤，按表 2-6 规定高度打击一次。当锤重不符合标准规定时，可用实际锤重换算确定相应的落锤高度。

落锤试验结果不符合规定时,可从同一批相当于钢锭头部的另二根钢轨上,靠近螺孔端各取一个试样进行复验。复验结果即使只有一个试样不合格,则该批相当于钢锭头部的钢轨不得验收,并从原来取样的二根钢轨的另一端再取二个试样做第三次试验。如第三次试验结果仍有一个试样不合格,则该批钢轨不得验收。

75kg/m 钢轨落锤试验,支距为 1m,锤重为 1000kg 时,落锤高度为 11.2m;锤重为 1270kg 时,落锤高度为 8.2m。试件经一次锤击后,钢轨任何部位不得出现裂纹和断裂,并记录拱度以供参考。

4. 轨端淬火

对钢轨进行淬火处理可以提高钢材的硬度,改善钢材的机械性能。目前,我国 U71Mn 和 U74 轨采用轨端淬火,PD_3 和稀土轨可不进行轨端淬火。钢轨全长淬火工艺在我国已有应用。

轨端淬火的淬火层形状应呈冒形,并达到以下要求:

(1) 淬火层尺寸

1) 淬火层起点:由轨端开始;

2) 淬火层深度:踏面部分大于或等于 10mm,下颚部分大于或等于 6mm,75kg/m 钢轨淬火层深度,轨头踏面部分大于或等于 10mm;

3) 淬火层长度:30~70mm,75kg/m 钢轨为 50~80mm;

4) 淬火过渡区不小于 80mm。

(2) 淬火层硬度

抗拉强度大于或等于 785MPa 的钢轨,布氏硬度应为 HB280~HB350;抗拉强度大于 883MPa 的钢轨,布氏硬度应为 HB301~HB370。

(3) 由淬火层到非淬火层应均匀过渡,不得有过热现象及由淬火而引起的淬火裂纹。

5. 钢轨长度

标准轨的定尺寸长度为 12.5m 及 25m。每种标准长度的钢轨都由三种相应的标准曲线缩短轨,标准曲线缩短轨和短尺轨的长度见表 2-7。

钢 轨 长 度 (m)　　　　　　　　　表 2-7

标准轨定尺寸长度	曲线缩短轨			短 尺 轨				
12.5	12.46	12.42	12.38	9	9.5	11	11.5	12
25.0	24.96	24.92	24.84	21	22	23	24	24.5

短尺钢轨的搭配数量,由供货双方协商并在合同中注明,但最多不得大于一批订货总质量的 15%。

6. 钢轨的尺寸允许偏差

钢轨的尺寸允许偏差见表 2-8。

钢轨尺寸允许偏差　　　　　　　　　表 2-8

项　　目		允许偏差（mm）	
		43、45、50、60kg/m 钢轨	75kg/m 钢轨
钢轨截面	头宽	±0.5	±0.5
	腰厚	+1.0 -0.5	+0.75 -0.5
	腰高	±0.5	+0.3 -0.7
	高度	+0.8 -0.5	±0.8
	底宽	+1.0 -2.0	+1.0 -1.5
不对称	轨头	0.5	0.3
	轨底	1.0	1.0
长度(20℃时)	≤12.5m	±6	焊接轨 ±20 非焊接轨 ±6.0
	>12.5m	±10	
断面铣斜(垂直、水平方向)		1.0	1.0
端部弯曲(1m内)	向上方	0.5	0.5
	向下方	0.5	0.5
	左右	0.5	0.5
螺栓孔	直径	±1.0	±1.0
	位置	±1.0	±1.0

2.3.4 高速铁路的钢轨技术条件特征

1. 高速铁路钢轨的制造工艺特征

世界各国高速铁路均采用非淬火普通碳素钢轨。普通碳素钢轨有利于钢轨面打磨，保持轨道的高度平顺性。日本、德国和法国高速铁路的运营经验表明，普通碳素钢轨的强度和表面硬度与高速列车运营条件有良好的适应关系。在高速运营中，因钢轨顶面维持一定的磨耗量，可防止钢轨顶面冷作硬化而产生的龟裂和剥离等钢轨伤损。

为保证高速铁路列车运行的平稳性和安全性，世界各国对钢轨的要求是：高强度、高韧性、高纯净度、几何尺寸的高精度以及良好的焊接性能。为达到上述要求，冶金工厂必须作到"三精"，即精炼、精轧和精整。

世界各国在生产高速铁路用钢轨时采用的主要冶金措施包括：

（1）铁水预处理。其主要目的是在冶炼前进一步降低铁水中的有害杂质含量。通常的作法是在高炉出铁口进行脱磷、脱硫，然后在另一个炉子内进行冶炼。

（2）采用炉外精炼技术。其主要作用是进一步调整钢水成分和钢水温度，降低夹杂含量，控制钢水成分的纯净度。

（3）钢水进行真空脱气。使溶解于钢水中的氢、氧等气体含量进一步降低，以减少这些气体对钢轨钢性能的影响。通常采用 VD 法脱气，也有采用 RH 法脱气的。经过真空脱气后，钢中的氢含量（体积分数）可小于 $2.5 \times 10^{-4}\%$，氧含量（体积分数）可小于 $20 \times 10^{-4}\%$，钢的韧性得到进一步改善。

（4）连铸工艺。连铸工艺在近 20 年来已经逐步完善，在连铸时由于采用保护浇铸，能有效地防止浇铸中钢轨的二次氧化，大大减少钢中的杂质，同时还能显著改善钢坯表面质量。世界上主要的钢轨生产企业都采用了连铸工艺。

采用上述冶金措施，可使钢轨钢的冶炼水平达到很高的纯净度，如：碳的成分波动控制在 0.06%（质量分数）左右，[H] < $1.5 \times 10^{-4}\%$，[O] < $20 \times 10^{-4}\%$，ω(S) < 0.015%，ω(P) < 0.020%，硫化物夹杂长度小于 $13\mu m$，链状氧化物长度小于 $200\mu m$，球状氧化物直径小于 $13\mu m$。我国铁路部门对进口钢轨的检验表明，凡是采用铁水预处理、炉外精炼、真空脱气和连铸技术的厂商，其钢轨的实物质量属优，氢、氧、磷、硫含量都很低，夹杂物含量：A 类夹杂物小于 1.5 级，B、C、D 类夹杂物小于 1.0 级。

2. 高速铁路钢轨的化学成分

欧盟 EN 钢轨标准中，钢轨化学成分及残留元素（熔炼分析）的规定见表 2-9 及表 2-10。EN 钢轨标准是欧盟 prEN13674—1（1999）46kg/m 以上平底对称钢轨新标准的简称，该标准分为 A、B 两级，A 级为高速铁路用钢轨，B 级为普通铁路用钢轨。

化 学 成 分（%）　　　　　　　　　　　　　表 2-9

钢号	C	Si	Mn	P	S	V	Al
En260[a]	0.65~0.75	0.10~0.50	0.80~1.30	≤0.025	0.008~0.025	≤0.03	≤0.004

a: 各钢号的成分含量限值范围稍有不同。

残 留 元 素 上 限（%）　　　　　　　　　　　表 2-10

Cr	Mo	Ni	Cu	Sn	Sb	Ti	Nb	Cu+10Sn	Cr+Mo+Ni+Cu
0.15	0.02	0.10	0.15	0.040	0.020	0.025	0.01	0.35	0.35

法、德、日等国高速铁路既有采用的钢轨化学成分及性能见表 2-11。

高速铁路用钢轨化学成分及其性能　　　　　　　表 2-11

国别	钢号	化学成分（%）					力学性能		
		C	Si	Mn	P	S	σ_b(MPa)	δ(%)	HB
法国	UIC900A	0.62~0.80	0.15~0.58	0.70~1.20	≤0.025	0.008~0.025	≥880	≥10	260~300
德国	UIC900A	0.62~0.80	0.15~0.58	0.70~1.20	≤0.025	0.008~0.025	≥880	≥10	260~300
日本	JISE1101	0.63~0.75	0.15~0.30	0.70~1.10	≤0.030	≤0.025	≥880	≥10	≥235
韩国	UIC900A	0.62~0.80	0.15~0.58	0.70~1.20	≤0.025	0.008~0.025	≥800	≥10	260~300
美国		0.72~0.82	0.10~0.60	0.80~1.20	≤0.035	≤0.037	≥965	≥9	≥300
俄罗斯		0.71~0.82	0.18~0.40	0.75~1.05	≤0.035	≤0.045	≥900	≥4	—

3. 高速铁路对钢轨制造品质的要求

高速铁路对钢轨制造品质的要求主要反应在钢轨的纯净度、钢轨的表面品质、内部品质、几何尺寸精度和钢轨外观平直度等几个方面。由于各国设计参数不同、线路的工作环境不同，钢轨品质的标准有所区别。高速铁路钢轨品质的要求如下：

（1）钢轨表面质量的要求见表 2-12。

钢轨表面质量要求（mm） 表 2-12

缺陷名称	法国 TGV	日本 JIS1101	欧洲 UIC860	欧洲 EN
热伤	<0.35	<0.4	<0.35	<0.35
冷伤	<0.3	<0.4	<0.3	<0.3

（2）钢轨断面尺寸公差要求，见表 2-13。

钢轨断面尺寸公差的要求（mm） 表 2-13

部位	法国 TGV	日本 JIS1101	欧洲 UIC860	欧洲 EN
头宽		+0.8~0.5	±0.5	±0.5
底宽	±1.0	±0.8	±1.0	±1
轨高	±0.5	+1~0.5	±0.6	±0.5
底凹	<0.3	<0.4		<0.3

（3）钢轨外观平直度的要求见表 2-14。

钢轨外观平直度的要求（mm） 表 2-14

部位要求	法国 TGV	日本 JIS1101	欧洲 UIC860	欧洲 EN
轨端上翘	<0.4/2m	<0.7/1.5m	<0.7/1.5m	<0.4/2m,<0.3/1m
轨端下扎	<0.2/2m	0	0	<0.2
轨端水平	<0.5/2m	<0.5/1m	<0.7/1.5m	<0.6/2m,<0.4/1m
本体垂直弯	<0.3/3m,<0.2/1m			<0.3/2m,<0.2/1m
本体水平弯	<0.45/1.5m			<0.45/1.5m
全长垂直弯	<5	<10/10m		<5
全长水平弯	$R>1000$m	<10/10m		$R>1500$m

（4）钢轨钢的纯净度要求见表 2-15。

钢轨钢的钢质纯净度的要求　　　　　　　　表 2-15

项　目	法国 TGV	日本 JIS1101	欧洲 UIC860	欧洲 EN
氧化铝	< Bl			K3 < 20
硅酸盐	< Cl			
ω(P)(%)	< 0.035	< 0.030	< 0.040	< 0.030
ω(S)(%)	< 0.030	< 0.025	< 0.040	< 0.030
ω(Al)(%)	< 0.04			< 0.040
[H](%)	2.5×10^{-4}			2.5×10^{-4}
[O](%)	10×10^{-4}		10×10^{-4}	

2.3.5 钢轨接头

轨道上钢轨与钢轨之间用夹板和螺栓连接，称为钢轨接头，如图 2-6 所示。接头处轮轨动力作用加剧，轨道养护维修工作量大，是轨道结构的薄弱环节之一。

1. 钢轨接头型式及构造

(1) 钢轨接头型式

接头的连接形式按其相对于轨枕位置，可分为悬空式和承垫式两种，如图 2-7 所示。按两股钢轨接头相互位置，可分为相对式和相错式两种，如图 2-8 所示。我国一般采用相对悬空式，即左右两股钢轨接头应对齐，同时位于两接头轨枕中间。

图 2-6　钢轨接头

图 2-7　钢轨接头连接形式
(a) 悬空式；(b) 双枕承垫式

钢轨接头按其用途及工作性能又可分为普通接头、导电接头、绝缘接头、焊接接头、异形接头、伸缩接头、冻结接头等。普通接头是线路上用得最多的接头，如图 2-6 所示。在自动闭塞区段及电力牵引地段，为传导轨道电路或牵引电流，钢轨间应设置左右两根 5mm 的镀锌钢丝作为传导装置，形成导电接头，如

图 2-8 钢轨接头相互位置
(a) 相互并齐；(b) 相互错开

图 2-9 所示。绝缘接头用于自动闭塞分区两端的钢轨接头上，以隔断电流。绝缘的方法是在夹板与钢轨、螺栓之间、螺孔四周及轨端之间用绝缘材料阻隔，绝缘材料常用高强度尼龙；在无缝线路上还采用了胶结绝缘接头，轨缝用胶填满，提高接头的剪切强度，如图 2-10 所示。用焊接方式连接钢轨就形成焊接接头，它广泛用于无缝线路。异形接头用于连接两种不同断面（不同类型）的钢轨。伸缩接头又称温度调节器，是将接头以尖轨形式连接，它用于轨端伸缩量相当大的处所，或者桥梁结构物上的无缝线路，以减小桥梁结构物与无缝线路的相互作用，如图 2-11 所示。冻结接头是采取构造措施阻止钢轨的伸缩，用于不允许出现轨缝的处所。早期使用高强度螺栓，并在钢轨螺栓孔垫入月牙垫片，但常遇螺栓折断而失败。目前我国无缝线路采用复合式钢轨粘结接头和胶粘冻结接头，取得了较好效果。

（单位 mm）

图 2-9 导电接头

图 2-10 绝缘接头
1—钢轨；2—接头夹板；3—螺栓；4—绝缘套；5—槽型绝缘板；6—高强度绝缘垫圈；7—钢平垫圈

(2) 普通钢轨接头构造

钢轨接头由夹板、螺栓、螺母、弹簧垫圈等组成，如图 2-6 所示。

1) 普通接头夹板　夹板的作用是夹紧钢轨。双头对称式（对称度在 10% 以内）是常用形式。图 2-12 为我国目前标准钢轨用的斜坡支承型双头对称式夹板。其主要尺寸见表 2-16a。在竖直荷载作用下，具有较大的抵抗弯曲和横向位移的能力。夹板上下两面的斜坡，能楔入轨腰空间，但不贴住轨腰。当夹板稍有磨耗，以致连接松弛时，仍可重新旋紧螺栓，保持接头连接的牢固。每根夹板上有

图 2-11 钢轨温度调节器

6个螺栓孔,圆形与长圆形孔相间布置,圆形螺栓孔的直径略大于螺栓直径,长圆形螺栓孔的长径略大于螺栓头下突出部分的长径。依靠钢轨圆形螺栓直径与螺栓直径之差,以及夹板圆形螺栓孔直径与螺栓直径之差,便可形成所需要预留的轨缝。

接头夹板主要尺寸(mm) 表 2-16a

规格	a	b	c	d	e	f	$1:g$	$1:k1$ $1:k2$	L	l_1	L_2	L_3	D	R	k
75kg/m	129.4	45.5	14.5	63.1	21.0	3.0	1:4	1:4	1000	130	220	202	26	13	8
60kg/m	125.5	45.0	14.0	64.3	20.0	11.0	1:3	1:3 1:20	820	140	140	160	26	13	8
50kg/m	106.8	46.0	13.0	56.2	19.0	6.0	1:4	1:4	820	140	140	140	26	13	8

2)接头螺栓、螺母及垫圈 接头螺栓与螺母用以紧固钢轨接头,如图 2-13 所示。

螺栓需要有一定的直径,以保证足够的强度。但过大的螺栓直径势必加大钢轨及夹板上的螺栓孔直径,从而削弱轨端与夹板的强度。因此,螺栓宜用高强度的碳素钢制成,并加以热处理,以提高螺栓的紧固力和耐磨、耐腐蚀的性能。

接头螺栓按其机械性能划分等级。1985 年前,将螺栓分为一二三级,其抗拉强度分别为 882、686、490MPa。一级用于无缝线路,二三级用于普通线路。为适应于国际标准,螺栓划分成 10.9 级和 8.8 级两种高强度螺栓,抗拉强度分

图 2-12 钢轨夹板的形状与尺寸

图 2-13 钢轨接头

别相当于 1090MPa 和 880MPa。一级螺栓相当于 10.9 级，二级螺栓相当于 8.8 级。

螺母由 Q275 钢材制成。螺母直径有 22mm 和 24mm 两种。螺母的容许拉伸应力为 1060MPa。

为防止螺栓松动，需设置弹簧垫圈（单圈），有圆形和矩形两种。在无缝线路伸缩区的钢轨接头应采用高强度平垫圈。弹簧垫圈材料为 $55Si_2Mn$、$60Si_2Mn$ 或 55SiMn、60SiMn。

表 2-16b 列举了不同轨道类型所采用的接头螺栓、螺母及垫圈类型。

不同轨道类型所采用的联结零件   表 2-16b

轨道类型	特重型、重型	次重型		中型、轻型
		无缝线路	非无缝线路	
接头螺栓等级	10.9 级	10.9 级	10.9 级或 8.8 级	8.8 级
垫圈类型	高强度平垫圈	高强度平垫圈	单层弹簧垫圈	单层弹簧垫圈
螺母等级	10 级高强度螺母			

2. 轨缝

为适应钢轨热胀冷缩的需要,在钢轨接头处应预留轨缝,并满足如下的条件:

(1) 当轨温达到当地最高轨温时,轨缝应大于或等于零,使轨端不受挤压力,以防温度压力过大而胀轨跑道;

(2) 当轨温达到当地最低轨温时,轨缝应小于或等于构造轨缝,使接头螺栓不受剪力,以防止接头螺栓拉弯或剪断。构造轨缝是指受钢轨、接头夹板及螺栓尺寸限制,在构造上能实现的轨端最大缝隙值。

《铁路线路维修规则》规定普通线路预留轨缝计算公式为:

$$a_0 = \alpha L(t_z - t_0) + \frac{1}{2} a_g \tag{2-1}$$

式中 a_0——换轨或调整轨缝时的预留轨缝 (mm);
α——钢轨钢线膨胀系数 $\alpha = 0.0118$ (mm/m℃);
L——钢轨长度 (m);
t_z——当地中间轨温 (℃),用下式计算:

$$t_z = \frac{1}{2}(T_{\max} + T_{\min})$$

其中,$T_{\max}$、$T_{\min}$——当地历史最高、最低轨温 (℃)(见附录 A);
t_0——换轨或调整轨缝时的轨温 (℃);
a_g——构造轨缝,38、43、50、60、75kg/m 钢轨均采用 $a_g = 18$mm。

年轨温差小于 85℃ 的地区,为了减小冬季的轨缝,预留轨缝可以按式 (2-1) 计算得到的结果再减小 1~2mm。

由于不是所有地区都能铺设 25m 长的钢轨,因而必须检算允许铺轨的年温差。当 $t_0 = T_{\min}$ 时, $a_0 = a_g$,并考虑接头阻力和道床阻力存在使钢轨未能实现的伸缩量 C (mm),式 (2-1) 的修正计算式为:

$$a_g = \alpha L(t_z - T_{\min}) + \frac{1}{2} a_g - C$$

由此可以得到允许铺轨的年轨温差 $\Delta T = T_{\max} - T_{\min}$,应小于下式的允许值 $[\Delta T]$:

$$[\Delta T] = \frac{a_g + 2C}{\alpha L} \tag{2-2}$$

式中 $[\Delta T]$——允许铺轨年轨温差 (℃);
C——接头阻力和道床阻力限制钢轨伸缩量 (表 2-17)(mm)。

2.3 钢轨

C 值表 表 2-17

项目	单位	25m 钢轨						12.5m 钢轨	
		最高、最低轨温差 >85℃			最高、最低轨温差 ≤85℃				
轨型	kg/m	60及以上	50	43	60及以上	50	43	50	43
螺栓等级	—	10.9	10.9	8.8	10.9	10.9	8.8	8.8	8.8
扭矩	N·m	700	600	600	500	400	400	400	400
C 值	mm	6			4			2	

由式（2-2）计算可知，对于 12.5m 钢轨，铺设地区不受年轨温差的限制；对于 25m 钢轨，$[\Delta T] = 101.7℃$，近似地限于在年轨温差 100℃ 以下地区铺设。年轨温差大于 100℃ 的地区应个别设计。

在允许铺轨的最大年温差 $[\Delta T]$ 范围内，也应当合理选择铺轨温度，以满足预留轨缝的要求。为此，可用式 (2-1) 中 a_0 作为预留轨缝，在铺轨后为检查轨缝计算方便，将铺轨轨温上、下限定为：

$$\left. \begin{array}{l} 允许铺设轨温上限 \quad [t_{as}] = t_z + \dfrac{a_g}{2\alpha L} \\ 允许铺设轨温下限 \quad [t_{ax}] = t_z - \dfrac{a_g}{2\alpha L} \end{array} \right\} \quad (2-3)$$

对于 25m 长的普通线路，$a_g = 18$mm，可以求得 $a_g/2\alpha L = 30.5℃$，因此，《铁路线路维修规则》规定，应当在 $(t_z - 30℃) \sim (t_z + 30℃)$ 范围内铺轨或调整轨缝。

3. 接头病害

钢轨接头的存在破坏了钢轨的连续性，产生较大的轮轨冲击动力，加速接头部分轨道的破坏。据不完全统计，钢轨在接头处的伤损约占其全部伤损的一半以上，接头下混凝土轨枕的失效相当于其他部分的 3~5 倍，接头下道床振动加速度比中间部分大 3~6 倍，道床变形发展迅速，为消除接头病害而进行的养路工作量占总数的 35%~50%。

列车通过接头产生冲击动力与三方面因素有关，即轨缝、台阶和折角。台阶是接头处两根钢轨的端部不在同一水平面上，折角是由于接头下沉形成的。

试验和分析表明，车轮通过接头时，产生峰值很大的高频瞬时冲击力 P_1 以及低频的准静态荷载 P_2，P_1 约发生在车轮越过接头 0.25~2ms，P_2 约发生在 7ms 后，如图 2-14 所示。P_1 力的作用被钢轨和轨枕的惯性反作用力抵消，只对钢轨头部产生破坏作用，P_2 对轨道和路基的影响极其显著。

在上述 P_1 和 P_2 力的作用下，接头区轨道的破坏主要表现为钢轨轨头打塌和剥离、鞍形磨耗、螺孔裂纹、夹板弯曲或断裂、混凝土枕损坏破裂，道床沉陷、坍塌和板结，路基翻浆冒泥等等，从而加剧轮轨间的动力作用，形成恶性循环。

为了减少上述动力作用对轨道的破坏，可采取下述措施：在钢轨两端30～70mm范围内进行轨顶淬火，淬火深度达8～12mm，以提高钢轨的抗磨性能，也可采用全长淬火轨；采用无缝线路，大量减少钢轨接头；改善轨道的弹性（例如，在混凝土轨枕轨道上增加轨下垫层的弹性），或在接头用木枕代替混凝土轨枕等。

图 2-14　P_1、P_2 图

2.3.6　缩　短　轨

在我国铁路上，左右两股钢轨接头布置采用对接式，容许前后相错量，直线地段不应大于40mm。在曲线上，外股轨线长于内股轨线，如果用同样长度的钢轨，内股钢轨接头必将超前于外股钢轨接头。为使曲线地段钢轨形成对接接头，需在内股轨线上铺设适量的厂制缩短轨，使内外两股钢轨接头形成对接，在我国铁路的正线和到发线上，其容许的相错量不应大于40mm加所采用的缩短轨缩短量的一半。其他线、地方铁路、专用铁路、铁路专用线上，接头相错量，直线地段应不大于60mm，曲线地段应不大于60mm加所采用的缩短轨缩短量的一半。

根据《铁路轨道施工及验收规范》（TB 10302—96）的规定，缩短轨的适用范围如表2-18所示。

缩短轨适用范围　　　　　　　　　表 2-18

曲线半径（m）	缩短轨缩短量（mm）			
	25m 钢轨		12.5m 钢轨	
4000～1000	40	80	40	—
800～500	80	160	40	80
450～250	160	—	80	120
200	—	—	120	—

注：每一处曲线应选用同一种表列缩短量较小的缩短轨。

曲线上使用缩短轨后,曲线尾剩余的接头相错量,宜利用钢轨长度偏差量在曲线内(困难时可延伸到直线上)调整消除。必要时插入一根相应缩短量的缩短轨,不得用轨缝调整的办法消除接头的相错量。

1. 缩短量的计算

如图 2-15 所示,AB 和 $A'B'$ 分别为曲线轨道上外股及内股轨线,AA' 和 BB' 为两个任意断面,半径之间的夹角为 φ,并等于:

图 2-15 缩短量计算图示

$$\varphi = \varphi_2 - \varphi_1$$

外股轨线 AB 长为:

$$AB = \int_{\varphi_1}^{\varphi_2} \rho_1 d\varphi$$

内股轨线 $A'B'$ 长为:

$$A'B' = \int_{\varphi_1}^{\varphi_2} \rho_2 d\varphi$$

式中 φ_1——外股轨线上 A 点的切线与曲线始点切线(即图上与 x 轴重合)间的夹角;

φ_2——外股轨线上 B 点的切线与曲线始点切线间的夹角;

ρ_1——外股轨线半径;

ρ_2——内股轨线半径。

由 φ 角对应的内外股轨线弧长之差,即为 φ 角范围内的内轨缩短量 Δl,即:

$$\Delta l = \int_{\varphi_1}^{\varphi_2} (\rho_1 - \rho_2) d\varphi = \int_{\varphi_1}^{\varphi_2} S_1 d\varphi = S_1 \varphi \tag{2-4}$$

式中 S_1——内外两股轨线中线间距离,取 1500mm;不计轨距加宽量。

如为圆曲线,AA' 及 BB' 分别为其始终点,则 $\varphi = \dfrac{l_c}{R}$。这样,对应于圆曲线的缩短量:

$$\Delta l_c = \frac{S_1 l_c}{R} \tag{2-5}$$

式中 l_c——圆曲线长度;

R——圆曲线半径。

如为缓和曲线,对应的夹角 φ_1、φ_2 由下式计算(其公式推导将在第 3 章给出):

$$\varphi_1 = \frac{l_1^2}{2Rl_0};\ \varphi_2 = \frac{l_2^2}{2Rl_0}$$

式中,l_1、l_2 分别为缓和曲线起点至计算断面的曲线长度。

将 φ_1 和 φ_2 代入式 (2-4)，得缩短量为：

$$\Delta l = S_1(\varphi_2 - \varphi_1) = \frac{S_1}{2Rl_0}(l_2^2 - l_1^2)$$

如 AA' 及 BB' 分别为缓和曲线的始、终点，则得 $l_1 = 0$，$l_2 = l_0$（l_0 为缓和曲线长度），于是得整个缓和曲线上的缩短量为：

$$\Delta l_0 = \frac{S_1 l_0^2}{2Rl_0} = \frac{S_1 l_0}{2R} \tag{2-6}$$

整个曲线（包括圆曲线和两端缓和曲线）的总缩短量：

$$\Delta l = 2\Delta l_0 + \Delta l_c = \frac{S_1 l_0}{R} + \frac{S_1 l_c}{R}$$
$$= \frac{S_1}{R}(l_0 + l_c) \tag{2-7}$$

如两端缓和曲线不等长，则应分别计算缩短量，然后与圆曲线缩短量相加，得总缩短量。

2. 缩短轨的数量及其配置

计算出缩短量后，可选用一种缩短量为 ε 的缩短轨，求整个曲线上所需的缩短轨根数 N_0。

$$N_0 = \frac{\Delta l}{\varepsilon} \tag{2-8}$$

显然，N_0 不能大于外股轨线上铺设的标准轨根数 N，否则应改用更大缩短量的缩短轨。可根据表 2-18 的规定来选用缩短轨。

【例 2-1】 已知某曲线，其圆曲线半径 $R = 600$m，圆曲线长 $l_c = 119.73$m，两端缓和曲线各长 100m，铺设标准长度 25m 的钢轨。试计算缩短量及配置缩短轨。

解：1) 计算曲线内股轨线的总缩短量
按式 (2-7)，得：

$$\Delta l = \frac{S_1}{R}(l_c + l_0) = \frac{1500(119.73 + 100)}{600} = 549(\text{mm})$$

2) 计算缩短轨的根数 N_0
按表 2-18 拟选用缩短量为 80mm 的缩短轨，则由式 (2-8) 得：

$$N_0 = \frac{549}{80} = 6.9$$

采用 7 根缩短轨。外轨标准轨根数（轨缝为 8mm）

$$N = \frac{119.73 + 2 \times 100}{25.008} = 12.79 > N_0$$

可见，上述选用的缩短量满足要求。

3) 配置缩短轨

配置缩短轨以列表计算为宜。这样，计算工作简单明了，也便于复核，发现错误及时修正。

计算结果见表2-19。缩短轨在内股轨线上的布置见图2-16。

图2-16 缩短轨在内股轨线上的布置

曲线缩短轨配置计算表　　　　　　　　　　　　　　　　　表2-19

一、已知数据			
曲线里程	K259+(186.45~506.18)	缩短轨长度(m)	24.92
圆曲线半径 R(m)	600	曲线总缩短量 Δl(mm)	549
圆曲线长度 l_c(m)	119.73	使用缩短轨根数 N_0(根)	7
缓和曲线长度 l_0(m)	100	ZH离第一个接头距离(m)	5.5
缩短轨的缩短量(mm)	80	轨缝(mm)	8

二、计算步骤					
接头号数	由缓和曲线或圆曲线起点至各接头的距离(m)	计算总缩短量(mm)	钢轨类别	实际缩短量(mm)	接头错开量(mm)	附注
1	5.5	(1) = $\frac{1500}{2\times 600\times 100}\times 5.5^2$ = 0.0125×5.5^2	0.38	○		+0.38	进入缓和曲线 5.5m
2	5.5+25.008=30.508	(2) = 0.0125×30.508^2	11	○		+11.0	
3	30.508+25.008=55.516	(3) = 0.0125×55.516^2	38	○		+38.0	
4	55.516+25.008=80.524	(4) = 0.0125×80.524^2	81	×	80	+1.0	
5	80.524+19.476=100.0 25.008−19.476=5.532	$0.0125\times 100^2=125$ (5) = $125+1500/600\times 5.532$	139	×	160	−21	进入圆曲线 5.532m
6	5.532+25.008=30.540	(6) = $125+2.5\times 30.540$	201	×	240	−39	
7	30.540+25.008=55.548	(7) = $125+2.5\times 55.548$	264	○	240	+24	

续表

		二、计算步骤				
接头号数	由缓和曲线或圆曲线起点至各接头的距离(m)	计算总缩短量(mm)	钢轨类别	实际缩短量(mm)	接头错开量(mm)	附注
8	$55.548 + 25.008 = 80.556$	$(8) = 125 + 2.5 \times 80.556$	326	×	320	+6
9	$80.556 + 25.008 = 105.564$	$(9) = 125 + 2.5 \times 105.564$	389	×	400	−11
10	$119.73 − 105.564 = 14.166$ $100 − (25.008 − 14.166)$ $= 89.158$	总缩短量 549 $(10) = 549 − 0.0125 \times 89.158^2$	450	×	480	−30	进入缓和曲线10.842m
11	$89.158 − 25.008 = 64.150$	$(11) = 549 − 0.0125 \times 64.150^2$	498	○	480	+18
12	$64.150 − 25.008 = 39.142$	$(12) = 549 − 0.0125 \times 39.142^2$	530	×	560	−30
13	$39.142 − 25.008 = 14.134$	$(13) = 549 − 0.0125 \times 14.134^2$	547	○	560	−13

注:"○"表示标准轨,"×"表示缩短轨,"+"表示内轨接头超前量,"−"表示内轨接头落后量。

2.3.7 钢轨的焊接

(1) 焊接方法

我国铁路系统共有 12 个焊轨厂从事钢轨焊接作业,生产 200~500m 长度的长钢轨供全国铁路铺设无缝线路之用。我国铁路主要干线京广、津浦、京山、沈大等线路已全部铺设无缝线路。钢轨焊接方法采用接触焊、铝热焊和气压焊。

1) 接触焊

接触焊首先是两支钢轨在不接触条件下,施加大电流,通过电场的作用,在两个焊接端断面之间产生放电作用,用以清除两个断面上有害于焊接的夹杂物,然后在焊接断面施加一定压力使之接触,通过电流的集肤和涡流作用,直至轨端部的钢轨全断面加热至接近熔化温度,在一定压力作用下使之两个端头互相熔合,然后用刀具清除溢出其断面的金属。接触焊是目前最为成熟可靠的钢轨焊接工艺,在全世界已广泛应用。

我国于 20 世纪 60 年代开始采用接触焊工艺生产长轨,先前使用苏制 MOT Ⅱ-500 型焊机,功率大,生产率低,不适用于生产要求,很快被 K-355 型悬挂式接触焊机所取代。K-355 型焊机最大特点是可以在线路上直接进行各种钢轨的焊接作业,尽管其功率不大,但其热效率较高,可焊接较大断面钢轨,并可以进行无预热连续闪光焊接,接头加热均匀。该焊机体积小、自重轻,运输方便,既可用电网电源(其供电变压器容量为 320~560kVA),也可采用三相发电列车供电。

K-355 型焊机的主要性能如下：

①可焊接 43～75kg/m 钢轨；

②焊接时间：每焊一个接头约 3min；

③焊机额定功率：150kVA；

④最大顶锻力：450kN。

1979 年我国开始从瑞士引进 Gass-80 型次级整流钢轨接触焊机，分别安装在北京、沈阳、郑州、上海等几个焊轨厂。其整个焊接过程的对轨、焊接、去除焊瘤等作业均可自动进行，还可以对焊轨过程的压力、电流、位移等参数进行记录和监控，有利于保证焊接过程的闪光平稳、晶粒细小均匀、并使热影响区平行于焊缝。该焊机可焊接断面面积 10000mm^2 的钢轨（相当 75kg/m），在自动化焊接生产作业线上效率可达 10～15 个头/h，每班可生产 80～120 个接头，每月可生产 28～41km 长轨。该焊机的主要性能如下：

电源是采用三相 380V、50Hz 交流电，通过两组 6 个共 540kVA 变压器及 6 只大功率二极管在次级上整流，整流后可获得 60000A、5.4V 直流，在 1s 内过载电流可达 120000A，供焊轨使用。

2）铝热焊

铝热焊是一种古老的焊接方法，早在 20 世纪初，美、英、法等国就采用铝热焊工艺焊接电车轨道。大约在 1930 年，美国开始采用铝热焊焊接铁路钢轨，随之在英、德、日等国家得到广泛采用。铝热焊方法简单，适宜野外作业，生产效率高，一般焊一个接头约 10min。日本从东京到大阪新干线的接头，开始也是采用铝热焊焊接的。我国铁路部门从 1966 年开始自己生产铝热焊剂。

铝热焊原理如下：

铝热焊实际上是采用铝热法炼钢，其主要反应为：

$$3FeO + 2Al = 3Fe + Al_2O_3$$

$$3Fe_3O_4 + 8Al = 9Fe + 4Al_2O_3$$

$$Fe_2O_3 + 2Al = 2Fe + Al_2O_3$$

反应主要产物是纯铁。经调整成分后变成钢，即

$$3Fe + C = Fe_3C$$

为提高铝热焊的质量，可按需要在焊剂中加入适量合金元素，如锰、钛、钼、硅等，并加入石墨以调整含碳量。

铝热焊钢轨的组织可以分为四部分：

焊缝、过热区、正火区、钢轨母材。焊缝基本是铸造组织，柱状晶；过热区的晶粒粗大；正火区的晶粒细小。铝热焊如工艺控制不好，在钢水从高温向凝固

转变过程中，会产生缩孔和疏松。

焊接钢轨在夏季受热膨胀后产生附加压应力，在冬季收缩会产生附加拉应力。我国在无缝线路初期就曾因铝热焊工艺控制不当，加之冬季气温影响，发生有铝热焊焊缝及热影响区钢轨脆断的事故。

3）气压焊

气压焊是把钢轨固定在夹具上，用火焰加热予以施焊的两支轨端头，在其温度达到金属熔化状态时，用外力将两个轨端挤压，使之熔合。气压焊工艺参数如下：

氧气压力：0.45～0.50MPa；

氧气流量：2.35～2.50m^3/h；

乙炔压力：0.08～0.13MPa；

乙炔流量：2.65～2.70m^3/h；

焊接预热温度：1200～1300℃；

正火温度：850～900℃；

顶锻压力：(38±2) MPa

顶锻量：(30±2) mm。

焊接操作过程为：将钢轨放置在压接机上，紧固钢轨，装上加热器和挡火板。对焊缝处均匀摆动加热，当焊缝处钢轨温度达到1200～1300℃时，开始加压至38～40MPa，进行顶锻，在顶锻量达到30mm时，立即停火。在焊缝温度自然冷却到450℃下时，进行正火处理。

(2) 钢轨焊接接头平直度标准

为保证铁路行车的平稳性，特别是高速行车的平稳性，必须控制钢轨焊接接头的平直度，各国规定的允许偏差标准见表2-20。

钢轨焊接接头平直度允许偏差标准（mm/1m）　　　　表2-20

部　　位	项目	秦沈客运专线	TGV	日本新干线	中国TB
顶面	接触焊	+0.3/-0	+0.2/-0	+0.3/-0	+0.3/-0
	铝热焊 气压焊	+0.3/-0	+0.2/-0	+0.3/-0	+0.5/-0
内侧工作面	接触焊	+0.3/-0	+0.2/-0	+0.3/-0	+0.3/-0
	铝热焊 气压焊	±0.3	±0.3	±0.3	±0.5

2.3.8　钢　轨　标　记

1. 钢厂商标

各钢厂产品商标见表2-21。

各钢厂商标　　　　　　　　表 2-21

2. 钢轨标志

(1) 在每根钢轨的轨腰轧制下列清晰、凸起的标志:

1) 生产厂标志;

2) 钢号;

3) 型号;

4) 制造年(月)号。

(2) 在每根钢轨轨腰上(与上述标志同侧),距轨端不小于 2m 的二三个地方打上炉罐号。同时,在相当于钢锭头部和尾部的钢轨上分别打上"A"或"I"字样。

钢轨精整后,在钢轨一个断面打上炉罐号,如图 2-17 所示。

图 2-17　钢轨上标志

(3) 钢轨钢炉罐号表示方法:

鞍钢:如炉罐号为 7543201□

"75"表示 1975 年炼的钢;

"4"表示第一炼钢厂 4 号平炉(第一炼钢厂为 1~9 号平炉,第二炼钢厂为 10~19 号平炉);

"320"表示 320 炉钢:

"1"表示该熔炼号的盛钢桶(即浇注罐号)的顺序号;

"□"表示轧制的班别:□—甲班;△—乙班;○—丙班。

武钢:如罐号为 453041□

"4"表示 4 号平炉;

"5"表示 1975 年;

"304"表示 304 号炉钢;

"1"表示该熔炼号的盛钢桶的顺序号;

"□"表示轧制的班别:□—甲班;△—乙班;○—丙班。

包钢:如炉罐号为 B7513252

"B"表示包钢的代号;

"75"表示 1975 年;

"1"表示1号平炉；

"325"表示第325炉钢；

"2"表示该熔炼号盛钢桶的顺序号。

攀钢：如炉罐号为861143A

"86"表示1986年炼的钢；

"1134"表示炉罐号的顺序号；

"A"表示钢锭位置；A—钢锭头部；C—钢锭尾部。

2.3.9 钢轨的伤损

钢轨的运用条件极其复杂，各种伤损难以避免。冶炼过程中的缺陷以及运输、使用过程中的不良条件都可以导致钢轨的伤损。严重的钢轨伤损将危及运输安全。因而必须及时发现钢轨伤损，掌握伤损钢轨情况，掌握钢轨伤损规律，积极采取措施并及时向冶金部门反馈信息，从而加强钢轨运用中的全过程管理，这是铁路工务部门的重要职责之一。

1. 钢轨伤损的定义

钢轨伤损是指钢轨在使用过程中发生钢轨折断、钢轨裂纹以及其他影响和限制钢轨使用性能的伤损。

钢轨折断是指发生下列情况之一者：

（1）钢轨全截面至少断成两部分；

（2）裂纹已经贯通整个轨头截面；

（3）裂纹已经贯通整个轨底截面；

（4）轨头顶面上有长于50mm并深于10mm的掉块。

钢轨裂纹是指除上述情况之外，钢轨部分材料发生分离形成的裂纹。

2. 轻伤与重伤钢轨标准

（1）轻伤钢轨标准

1）钢轨头部磨耗超过表2-22所列限度之一者；

钢轨头部磨耗轻伤标准（mm） 表2-22

钢轨 (kg/m)	总磨耗				垂直磨耗				侧面磨耗			
	160≥ v >140 正线	140≥ v >120 正线	v≤120 正线及 到 发线	其他 站线	160≥ v >140 正线	140≥ v >120 正线	v≤120 正线及 到 发线	其他 站线	160≥ v >140 正线	140≥ v >120 正线	v≤120 正线及 到 发线	其他 站线
75	9	12	16	18	8	9	10	11	10	12	16	18
75以下 ~60	9	12	14	16	8	9	9	10	10	12	14	16
60以下 ~50			12	14			8	9			12	14

2.3 钢轨

续表

钢轨 (kg/m)	总磨耗				垂直磨耗				侧面磨耗			
	160≥v>140 正线	140≥v>120 正线	v≤120 正线及到发线	其他站线	160≥v>140 正线	140≥v>120 正线	v≤120 正线及到发线	其他站线	160≥v>140 正线	140≥v>120 正线	v≤120 正线及到发线	其他站线
50以下~43			10	12			7	8			10	12
43以下			9	10			7	8			9	11

注：1. 总磨耗 = 垂直磨耗 + 1/2 侧面磨耗；
2. 垂直磨耗在钢轨顶面宽 1/3 处（距标准工作边）测量；
3. 侧面磨耗在钢轨踏面（按标准断面）下 16mm 处测量；
4. v—容许速度（km/h）。

2）钢轨下颚透锈长度超过 30mm；

3）钢轨低头（包括轨端踏面压伤磨耗在内），容许速度大于 120km/h 的线路超过 1.5mm，其他线路超过 3mm（用 1m 直尺测量最低处矢度）；

4）轨端或轨顶面剥落掉块，容许速度大于 120km/h 的线路，其长度超过 15mm，深度超过 3mm，其他线路深度超过 4mm；

5）钢轨顶面擦伤，容许速度大于 120km/h 的线路，深度达到 0.5~1.0mm，其他线路达到 1~2mm；容许速度大于 120km/h 的线路，波浪形磨耗谷超过 0.3mm，其他线路超过 0.5mm；

6）钢轨探伤人员或养路工长认为有伤损的钢轨。

（2）钢轨重伤标准

1）钢轨头部磨耗超过表 2-23 所列限度之一者；

钢轨头部磨耗重伤标准（mm） 表 2-23

钢轨 (kg/m)	垂直磨耗			侧面磨耗		
	160≥v>140 正线	160≥v>120 正线	v≤120 正线、到发线及其他正线	160≥v>140 正线	160≥v>120 正线	v≤120 正线、到发线及其他正线
75	10	11	12	12	16	21
75以下~60	10	11	11	12	16	19
60以下~50			10			17
50以下~43			9			15
43以下			8			13

2）钢轨在任何部位有裂纹；

3）轨头下颚透锈长度超过 30mm；

4）轨端或轨顶面剥落掉块，容许速度大于 120km/h 的线路，长度超过 25mm，深度超过 3mm；其他线路超过 30mm，深度超过 8mm；

5）钢轨在任何部位变形（轨头扩大，轨腰扭曲或鼓包等），经判断确认内部有暗裂；

6）钢轨锈蚀，经除锈后，容许速度大于 120km/h 的线路，轨底边缘处厚度不足 8mm，其他线路不足 5mm；容许速度大于 120km/h 的线路，轨腰厚度不足 14mm，其他线路不足 8mm；

7）钢轨顶面擦伤，容许速度大于 120km/h 的线路，深度超过 1mm，其他线路超过 2mm；

8）钢轨探伤人员或养路工长认为有影响行车安全的其他缺陷（含黑核、白核）。

3. 钢轨伤损分类

钢轨伤损采用两位数字编号进行分类。十位数表示伤损在钢轨断面的位置和伤损状态，个位数表示造成伤损的原因，参看表 2-24。分类编号参看表 2-25。由表 2-24 可知，钢轨伤损共有 9 类 32 种，它便于工务部门根据不同的伤损种类和成因，采取相应的措施加以治理，保证行车安全并提高钢轨的使用效能。

钢轨伤损分类总表　　　　　表 2-24

伤损的分类及编号	伤损的原因	0 由于钢轨制造方面的缺陷造成的伤损	1 由于钢轨金属接触疲劳造成的伤损	2 由于钢轨断面设计或接头连接结构缺点造成的伤损	3 由于钢轨保养和使用方面的缺点造成的伤损	4 由于车轮造成的伤损	5 由于工具撞击或其他机械作用造成的伤损	6 由于钢轨焊工艺缺陷造成的伤损	7 由于钢轨淬火工艺缺陷造成的伤损	8 由于钢轨焊补工艺缺陷或接续线焊接不良造成的缺陷	9 由于上述以外的其他原因造成的伤损
1	轨头表面金属碎裂或剥离	10	11			14			17	18	
2	轨头横向裂纹	20	21			24		26	27		
3	轨头纵向的水平或垂直裂纹	30							38		
4	轨头表面压陷或磨耗	40	41		43	44		46	47		49
5	轨腰损伤	50		52	53		55	56			
6	轨底损伤	60		62				66			
7	钢轨折断	70									79
8	钢轨锈蚀										89
9	钢轨的其他伤损						95				99

钢轨伤损分类编号 表 2-25

编号	名称与内容
10	钢轨制造缺陷造成轨头表面金属碎裂或剥落
11	金属接触疲劳造成轨头上圆弧金属剥离或鱼鳞状损伤
14	轨头顶面擦伤
17	轨头顶面淬火层碎裂或揭盖
18	轨头顶面焊补层碎裂或剥离
20	钢轨制造缺陷造成的从轨头内部开始的横向裂纹或断裂（白核或黑核）
21	金属接触疲劳造成的从轨头表面开始的横向裂纹
24	严重擦伤或缺损车轮的打击造成的轨头伤损
26	焊接焊补工艺缺陷造成的轨头横向裂纹
27	淬火工艺缺陷造成的轨头裂纹
30	钢轨制造缺陷造成的轨头垂直或水平裂纹
38	钢轨接续线（含跳线、回流线）焊接不良造成的轨头横向裂纹或纵向水平裂纹
40	轨头波浪变形
41	金属强度不足造成的轨头缺陷
43	曲线内轨轨头压陷
44	轨头磨耗超限
46	钢轨焊接缺陷造成的轨头局部压陷
47	鞍形磨耗
49	轨头波纹磨耗
50	钢轨制造缺陷造成轨腰劈裂
52	轨腰上下连接圆弧部分的纵向水平裂纹
53	钢轨螺栓孔裂纹
55	轨腰表面缺陷造成轨腰裂纹
56	焊接工艺缺陷造成轨腰纵向水平裂纹
60	钢轨制造缺陷造成的轨底纵向裂纹
62	轨底横向裂纹或破裂
66	焊接工艺缺陷造成的轨底纵向裂纹
70	钢材材质不良造成的钢轨横向折断
79	断口内无明显缺陷的钢轨横向折断
89	钢轨锈蚀
95	钢轨被击伤（含压伤、划伤）
99	上述以外的其他钢轨伤损

4. 常见的钢轨伤损成因分析

(1) 轨腰螺栓孔裂纹

轨腰螺栓孔裂纹是指钢轨在列车冲击荷载作用下，其螺栓孔边角处，由于存在应力集中或其他缺陷而造成的裂纹。这种裂纹受载荷反复作用而扩展，甚至发生断裂。其形态如图 2-18 所示。

图 2-18 孔裂

轨腰螺栓裂纹发生的主要原因有：钻孔时，在螺栓孔周边产生有肉眼不能发现的发裂，在荷载的作用下加速裂纹发展；由于钢轨接头养护中存在的高低台阶、错牙、轨端低塌、鞍形磨耗及道床板结，列车通过时产生的高频力 p_1 和准静态力 p_2 对螺孔应力的影响极大。研究结果表明，p_1 和 p_2 的合力决定着轨端的第一螺孔的应力水平，因而也决定着螺孔四周疲劳裂纹的萌生和发展。而第二螺孔的应力水平几乎完全由 P_2 力决定。螺栓孔裂纹属冲击荷载作用下的疲劳伤损的性质，裂纹的方向与主拉应力方向垂直。

研究结果表明，螺栓孔裂纹的萌生期远大于扩展期，一般情况下，后者是前者的四分之一左右。所以控制萌生期是降低螺栓孔裂纹发展速度的关键。

防止螺栓孔裂纹的发生与发展，可以采取以下措施：

1) 控制 P_1 和 P_2 的力的大小。如增加接头弹性，可以减少 p_1 和 p_2 力，螺栓孔应力可减少 30% 左右；

2) 改善螺栓孔的制作工艺。钻孔后倒棱，可大幅度提高螺孔处的疲劳强度，是防止螺栓孔裂纹的行之有效措施；

3) 螺栓孔表面加工硬化、热处理、防锈处理，以提高螺栓孔的强度和减小表面粗糙度。

(2) 轨头核伤

轨头核伤是最危险的钢轨伤损。在列车荷载重复作用下，钢轨走行面下轨头内部出现极为复杂的应力组合，使细小的横向裂纹扩展而成核伤，直至核伤的四周钢材强度不足，毫无预兆的发生骤然折断，如图 2-19 所示。因此，核伤的内因是非金属夹杂物及白点的存在（在钢冷却过程中有害的氢气从钢中逸出而形成），核伤的外因是列车的重复作用。

钢轨接头处的核伤（距轨端 1～1.5m）发展速度较中部快 1.8～2 倍，表明接头上有较大的动力冲击作用，直接影响伤损的发展速度。

防止和减缓核伤发生和发展，主要的措施有：

1）净化钢轨，控制夹杂物的直径；

2）提高钢轨的接触疲劳强度；

3）提高轨道的弹性，加强轨道的养护维修，特别是对钢轨接头养护维修，减少动力冲击作用。

（3）轨头剥离

轨头剥离是指发生在钢轨头踏面上一种呈薄片状金属剥离母体或呈掉块状剥离母体的伤损。剥离多发生在铁路曲线外轨上，钢轨接触应力大于钢轨屈服强度时是造成剥离的外因；钢轨轨头踏面存在夹杂物是造成剥离形成的内因。

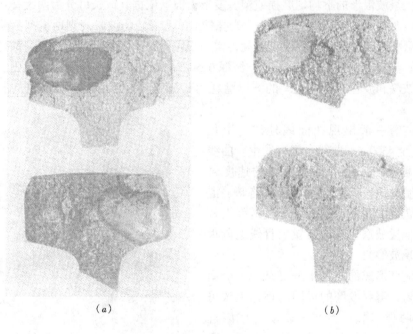

图 2-19　轨头核伤
(a) 黑核；(b) 白核

（4）轨头磨耗

轨头磨耗通常表现为钢轨在轮轨摩擦力和接触应力的作用下，在钢轨头部发生沿全长的磨损。轨头磨耗分为垂直磨耗和侧面磨耗，它使钢轨强度下降，伤损增加，一般多出现于曲线外股钢轨的头部。总磨耗按垂直磨耗加侧面磨耗的半数计算。垂直磨耗在轨顶距标准断面作用边 1/3 处测量，侧磨在钢轨标准断面下 16mm 处测量。其形貌见图 2-20。

侧面磨耗（简称侧磨），随着内燃和电力机车取代蒸气机车及运量的大幅度提高，钢轨侧磨的严重性，在我国铁路钢轨伤损中已居突出位置。例如，半径 450～700m 的曲线轨道上，因外股钢轨侧磨，60kg/m 钢轨通过总质量仅为 1 亿吨左右就要更换，仅为 60kg/m 钢轨预期使用寿命的 1/7。在更小半径的曲线上，半年的侧磨量就能达到 1.5～2.0cm 而需要更换钢轨。

(5) 波形磨耗

图 2-20 轨头磨耗形貌

钢轨波形磨耗（简称波磨）是指钢轨顶面或侧面上呈波浪形的不均匀磨损或塑性变形。波磨依据其波长可分为两大类：波长在 30～80mm、波深 0.1～0.5mm、光亮的波峰和黑暗的波谷规则地排列在轨面上的波磨称短波磨耗，又称波纹磨耗，常出现在行车速度较高的线路上，如图 2-21 所示；波长 150～600mm 及以上、波深 0.5～5mm，波浪界线分明但不规则、不均匀、波峰和波谷有均匀光泽的波形磨耗为长波磨耗，常出现在车速较低的线路上。

波磨一般出现在曲线地段，半径 270m 至 4500m 的曲线上都有发生。曲线半径越小，波磨出现和发展的速度越快。制动地段波磨严重。石质路基、混凝土轨枕线路及道床板结等轨道弹性较差的地段波磨也比较严重。直线地段很少出现波磨。

波磨形成的原因十分复杂，至今尚无共识。解释波磨的成因的理论大致可分为两类：第一类称为非动力成因理论，主要是从钢材性能、残余应力、不均匀磨损腐蚀、不均匀塑流、接触疲劳及轮轨几何形状匹配等方面去研究成因；第二类是动力类成因理论，主要从轮轨接触共振、轮轨垂向振动、轮对横向振动、扭振及弯曲振动等理论去研究成因。近期的研究表明，轮轨系统振动理论比较能够解释波磨的发生和发展。

图 2-21 钢轨波形磨耗

2.4 轨下基础

(6) 轨头压溃

轨头压溃是指发生在轨头踏面处,出现压溃金属所形成的飞边。造成轨头压溃的原因是列车离心力所致钢轨偏载,因轮轨接触应力过大致使轨头金属产生塑性流变。发生轨头压溃处的金属常常存在有害夹杂物和元素偏析。其形貌见图2-22。

(7) 擦伤

擦伤是指发生在钢轨踏面的一种金属塑性变形和分离缺陷。当这种缺陷达到头部总面积的10%~15%以后将迅速发展成掉块破损。造成擦伤的原因主要是随机车牵引力增大,在机车起动和制动过程中,伴随车轮打滑空转或滑动,使轮轨接触区应力急速增大,并产生高温,造成钢轨踏面局部过热和黏着,在列车驶过后,又急速冷却形成金属的塑变和分离。

图 2-22 轨头压溃

2.4 轨下基础

2.4.1 轨枕

1. 轨枕的功能及类型

轨枕是轨下基础的部件之一。其功能是支承钢轨,保持轨距和线路方向,并将钢轨的荷载传递至道床。轨枕必须具有弹性和耐久性,并应具有足够的刚度、质量和承压面积以使其具有抵抗纵向、横向位移和承载的能力。

轨枕依其构造及铺设方法分为横向轨枕、纵向轨枕、短枕和宽轨枕等。横向轨枕垂直于钢轨间隔铺设,是最常用的轨枕。纵向轨枕沿钢轨方向铺设,虽可以连续方式支承钢轨,但由于铺设养护比较困难,已少有使用。短枕是在左右两股钢轨下分开铺设的轨枕,常用于混凝土整体道床上。宽轨枕常用于车站及隧道等维修困难的线路上。轨枕按其使用部位可分为用于区间线路的普通轨枕,用于道岔上的岔枕及用于桥梁上的桥枕。轨枕按其材料可分为木枕、混凝土轨枕及钢枕等。钢枕在我国很少采用。

2. 木枕

木枕又称枕木,其断面形状如图 2-23 所示,是铁路最早采用而且仍然在继续使用的一种轨枕。其主要优点是富有弹性,易于加工,运输、铺设、养护维修方便,并具良好的绝缘性能;但木枕消耗大量优质木材,由于我国木材资源匮乏,故成本较高。木枕易于腐朽和磨损,使用寿命短;其强度、弹性不完全一致,形成轨道动力不平顺。

木枕断面一般为矩形。普通木枕、道岔木枕及桥梁木枕的断面形状和尺寸如图 2-23 和表 2-26、表 2-27。

木枕的使用寿命短,其失效原因很多,主要是腐朽、机械磨损和开裂。木枕腐朽是生物作用的过程,而机械磨损和开裂则是列车反复作用和时干时湿的结果。这三者是互为因果的。木枕一旦腐朽,强度就要降低,同时又会促进机械磨损和开裂的加剧发展。相反,木枕一旦出现机械磨损和开裂,木质受到损伤,这就为加速腐朽提供了有利条件。为延长木枕使用寿命,应对这三者进行综合治理。

图 2-23 普通木枕、岔枕和桥枕的断面形状与尺寸(尺寸单位:cm)
(a) 普通木枕;(b) 岔枕;(c) 桥枕

普通木枕、岔枕的尺寸 (cm)　　　　　　　表 2-26

类别	类型	长度	厚度	底宽	顶宽
普通木枕	Ⅰ	250	16	22	16
	Ⅱ	250	14.5	20	15
岔枕		260~485	16	24	18

桥梁木枕尺寸 (cm)　　　　　　　表 2-27

长	宽	高	长	宽	高
300	20	22	420	20	22
	20	24		20	24
	22	26		22	26
320	22	28	480	22	28
	24	30		24	30
340	24	30			

木枕需防腐处理以延长其使用寿命。木枕常用的防腐剂有水溶性防腐剂和油类防腐剂两类,其中以油类防腐剂为主要类型。木枕防腐处理按规定的工艺流程,在一个密封蒸制罐中进行。

木枕除进行防腐处理外,还应采取措施,防止机械磨损及裂缝的出现。为了减少机械磨损,木枕上必须铺设垫板,并预钻道钉孔。为防止木枕开裂,必须严格控制木枕的含水量,并改善其干燥工艺。一旦出现裂缝,应视其裂缝大小,分别采取修补措施，或用防腐浆膏掺以麻筋填塞，或加钉C形钉、S形钉、组钉板及用钢丝捆扎，使裂缝密合。

3．钢筋混凝土轨枕

（1）钢筋混凝土轨枕的类型

随着高速、重载铁路发展，混凝土枕已获得广泛地应用。混凝土枕的特点是自重大、刚度大、几何尺寸均匀一致，有利于提高轨道的平顺性和稳定性。混凝土枕不受气候、腐朽、虫蛀及火灾的影响，使用寿命长。

混凝土轨枕本身比木枕的弹性小，需要使用弹性优良的轨下垫板。

钢筋混凝土轨枕按结构型式分为整体式、组合式和半枕三种。整体式混凝土枕整体性强，稳定性好，制作简便，是目前各国使用最多的一种类型。组合式混凝土枕由两个钢筋混凝土块体用一根钢杆连接而成，其整体性不如整体式混凝土枕，但因其采用混凝土和钢材组合而成，能充分发挥各自的力学性能优势。图2-24为法国铁路上采用的双块式混凝土枕。半枕用两块普通钢筋混凝土块体分别支承左右两股钢轨，彼此间无直接联系，一般用于整体道床，图2-25是用于无碴轨道的弹性支承块。

图2-24　法国双块式混凝土枕

按配筋方式分，有普通钢筋混凝土枕和预应力混凝土枕两大类。普通钢筋混凝土枕易开裂失效，现已淘汰。预应力混凝土枕，其混凝土施加有强大的预压应力，因而抗裂性能好，并节约用钢量。我国主要采用整体式、预应力混凝土枕，简称混凝土枕（PC枕）。

预应力混凝土枕按照施工方法不同分为先张法和后张法预应力混凝土枕两类。配筋材料采用钢丝或钢筋。先张法混凝土枕先张拉预应力钢丝或钢筋，然后灌注混凝土，待混凝土凝结硬化达到一定强度后，切断钢丝或钢筋，通过两者之

图 2-25 弹性承块式混凝土枕

间的粘结力,把钢丝或钢筋的预拉力传给混凝土,使之承受一股持久的压应力。后张法混凝土枕,系在灌注混凝土时,预留一些供钢筋或钢丝束通过的孔道,待混凝土凝结硬化达到一定强度后,在孔道内插入钢筋或钢丝束,进行张拉,并于轨枕两端用锚固螺栓锚固,以水泥砂浆封口,防止锈蚀。其钢筋或钢丝束的预拉力,通过轨枕两端锚固垫板传给混凝土,使之受到所需要的预压应力。我国主要采用先张法混凝土枕。使用钢丝配筋的称弦式混凝土枕,使用钢筋的称筋式混凝土枕。

混凝土枕按使用部位的不同,可分为普通混凝土枕、混凝土岔枕及混凝土桥枕三种。

(2) 混凝土轨枕的截面形状与尺寸

1) 混凝土枕的长度。

轨枕受力与轨枕长度有关。混凝土枕的支承条件有中间不支承、中间部分支承和全支承三种情况,如图 2-26 所示。轨枕可视为支承在弹性基础上的短梁,使用时轨下截面下部受拉(弯矩为正),枕中截面上部也可能受拉(弯矩为负值)。轨下截面正弯矩以中间部分不支承时为最大,而枕中截面负弯矩则以全支承时为最大。

图 2-26 表示轨枕三种不同支承情况,不同轨枕长度的计算表明,长轨枕可以减少中间截面负弯矩,但轨下截面正弯矩将增大。一般应以轨下截面正弯矩与枕中截面负弯矩保持一定比例来确定轨枕的合理长度,尽量避免中间截面出现过大的负弯矩以防止轨枕中部开裂。此外,选择较长的轨枕,可使钢筋具有足够的锚固长度,充分发挥其抗弯能力,并具有较大的支承在道床上的面积,以利于改善道床的工作条件。混凝土枕长度一般在 2.3~2.7m 之间,我国采用 2.5m 和 2.6m 两种长度。

图 2-26 轨枕的支承
(a) 轨枕中段无支承;(b) 轨枕中段弱支承;(c) 轨枕全长均匀支承

有关试验结果表明，轨枕长度增加有以下优点：可减少中间截面外荷载弯距，提高轨枕结构强度；提高纵横向稳定性和整体刚度，改善道床和路基的工况，对无缝线路的铺设极为有利；提高道床的纵横向阻力，可适当减少轨枕配置根数，有利于线路修理作业实施。国外铁路主要干线普遍采用长度 2.6m 的轨枕，仅有日本高速铁路采用 2.4m 长度轨枕。

2）轨枕的形状与尺寸。

主要尺寸与形状包括三个内容：截面形状，轨枕底面的支承面积及轨下、轨中截面的厚度。截面形状为梯形，上窄下宽，梯形面积可以节省混凝土用量，减少自重，也便于脱模。

轨枕顶面宽度应考虑轨下垫板宽度、轨枕承压面积、中间扣件尺寸及截面边坡等因素加以确定。轨枕支承钢轨的部位称承轨台。承轨台根据所用扣件的类型不同，分为有挡肩和无挡肩两类。承轨台设置 1/40 轨底坡。

沿轨枕纵轴方向，轨枕底面的两端为梯形，中间为矩形。轨枕两端道床反力大于轨枕中部，所以加大两端的道床支承面积可使道床的反力均匀分布在轨枕上。轨枕底面的宽度应同时满足减少道床压力和便于捣固两方面的要求。底面上一般还做成各种花纹和凹槽，以增加轨枕与道床间的摩擦阻力，提高轨枕在道床上的纵、横向阻力。

PC 轨枕的厚度在轨枕长度上是不一致的，轨下部分厚一些，中间部分薄一些。这是因为轨下截面通常在荷载作用下产生较大的正弯矩，中间截面产生较小的负弯矩。PC 轨枕采用直线配筋，且各截面上的配筋均相同，所以配筋的重心线在轨下部分位于截面形心之下，而在中间部分则位于截面形心之上，如图 2-27。使混凝土施加的预压应力形成了有利的偏心距，提高了预应力的效果，防止裂缝的形成与扩展。

图 2-27　PC 枕配筋重心线示意图

a—轨下截面形心；b—中间截面形心；
c—应力筋重心线

(3) 我国 PC 枕基本类型

我国 PC 枕基本类型分为Ⅰ、Ⅱ、Ⅲ型。

1）Ⅰ型混凝土轨枕包括 1979 年以前研制的弦 15B、弦Ⅱ61A、弦 65B、69 型、79 型及 1979 年以后设计的 S-1 型、J-1 型等，这些混凝土轨枕从 20 世纪 70 年代开始大量铺设，不仅使用在轻型、中型轨道上，而且大量使用在次重型甚至重型轨道上。因其使用条件与设计条件相差甚远，致使Ⅰ型枕在使用中出现大量问题。Ⅰ型混凝土轨枕的承载能力是按建设型机车、轴重 21t、最高速度 85 km/h、铺设密度 1840 根/km 设计的。随着国民经济和铁路运输的发展，我国铁路牵引动力已经发生了很大的变化，电力、内燃牵引系统已成为主要牵引方式，在主要干线上，已停止使用蒸汽机车（1988 年停止生产蒸汽机车），并将重点发展电力机车，实现牵引动力电力化和内燃化。随着牵引动力的发展，机车车辆的轴重不断提高，年通过总质量不断增长，特别是从 1997 年开始实施的提速工程，对轨道结构提出更高的要求，Ⅰ型混凝土轨枕已不能适应运输条件的变化，其破损加剧，寿命缩短，从各型轨道上更换下来的Ⅰ型混凝土轨枕（其中大部分是 69 型枕）几乎全部出现钉孔纵裂及轨下正弯矩横裂纹。因此，在正线上已不宜再铺设Ⅰ型混凝土轨枕，既有正线的Ⅰ型混凝土轨枕目前正按计划进度淘汰下道。

2) Ⅱ型混凝土轨枕其承载能力是按照韶山型机车、轴重 25t、最高速度 120km/h、铺设密度 1840 根/km 进行设计的。包括 1984 年以后设计鉴定的 S-2 型、J-2 型、YⅡ-F 型、TKG-Ⅱ型等，从 1985 年后开始大量铺设于各型轨道。与Ⅰ型混凝土轨枕相比，Ⅱ型混凝土轨枕的轨下断面承载能力提高 13%，枕中断面负弯矩承载能力提高 40%。从目前的使用情况看，Ⅱ型混凝土轨枕基本适应次重型及以下轨道。随着铁路运输条件的变化，以及混凝土轨枕设计理论、检验理论、制造工艺、养护制度的不断发展完善，Ⅱ型混凝土轨枕原有设计参数已不能满足轨道结构发展要求，其不足主要表现在：

钉孔纵裂严重，其预留孔与扣件的硫磺锚固联接方式是造成钉孔纵裂的主要原因。

S-2、J-2 型枕枕中按 3/4 支承设计，要求现场执行枕中道床浮渣的养护制度，枕中断面承载力不足。

Ⅱ型混凝土轨枕生产中某些关键控制工序的工艺水平低，加之某些工厂未能严格执行技术条件，造成一些产品失格。特别是采用 $\phi3mm$ 钢丝配筋的 S-2 型钢丝混凝土轨枕，因其钢丝的工艺性能欠佳，致使轨枕质量不够稳定。铁道部已发文自 1998 年 3 月 1 日起不得再生产采用 $\phi3mm$ 钢丝作为受力筋的 S-2 型钢丝混凝土轨枕。

为填补废止 S-2 型钢筋混凝土轨枕形成的空白，研制了 YⅡ-F 型和 TKG-Ⅱ型混凝土轨枕。YⅡ-F 型轨枕采用 $8\phi7mm$ 钢筋，因其布筋不合理，该型轨枕难以通过性能检验。TKG-Ⅱ型混凝土轨枕布筋合理，提高了Ⅱ型轨枕的使用性能，但上排钢筋混凝土保护层略显不足。铁道部组织有关部门研制了新Ⅱ型钢筋混凝土轨枕（如图 2-28 所示），通过部级技术鉴定后将全面推广，以取代前期各类Ⅱ型钢筋混凝土轨枕。

与前期各类Ⅱ型轨枕相比，新Ⅱ型轨枕具有以下特点：

图 2-28 新Ⅱ型钢筋混凝土轨枕

设计承载能力满足荷载弯矩要求;

轨下和枕中截面的承载能力分别提高 6.9% 和 14%;

单根轨枕的计算底面积增加了 125mm²,其道床顶面计算压应力与Ⅱ型轨枕相当;

单根轨枕的质量约增加 22kg;

主要截面的混凝土最大预压应力值略有下降;

混凝土保护层厚度,预应力钢筋间距均满足有关规章要求。

3) Ⅲ型钢筋混凝土轨枕:有Ⅲ$_a$ 和Ⅲ$_b$ 两种型式,其中,Ⅲ$_a$ 设有挡肩承轨槽,Ⅲ$_b$ 则是无挡肩的,如图 2-29 所示。

其主要技术指标如下:

设计荷载。机车(三轴)最大轴重 25t,货车最大轴重 23t。可用于旅客列车最高速度 200km/h 的线路。轨枕长度 2600mm,轨枕配置为 1667 根/km。

材料。采用 C60 混凝土对水泥、粗骨料、细骨料和水都提出了严格的要求,并在混凝土中掺用减水剂等外加剂。

Ⅲ型轨枕预应力钢筋采用 ϕ7mm 压痕钢筋,箍筋用普通低碳热轧圆盘条,预留孔周围螺旋筋用低碳冷拔钢丝。钢丝下料编组,采用定长机自动切割下料,镦头后用锚套挂板编组张拉。为保证钢丝张拉达到设计要求,采用传感器电控张拉力。

结构强度。Ⅲ型轨枕比Ⅱ型轨枕轨下和中间截面的承载力分别提高了 43% 和 65%,大大提高了轨道的整体强度。轨枕轨下截面静载能力可以达到 210kN,中间截面可达到 170kN。

46 第 2 章 轨道结构

图 2-29 Ⅲ型轨枕
(a) 有挡肩的Ⅲ$_a$型轨枕；(b) 无挡肩的Ⅲ$_b$型轨枕

使用条件。在设计中，轨下截面弯矩的道床反力图式采用枕中部分长度不支承，轨下均匀支承；中间截面弯矩的道床反力图式采用反力沿轨枕全长均匀分布，从而满足铺设、维修中道砟满铺的使用要求。

外形。Ⅲ型轨枕的外形除具有Ⅱ型轨枕的一般特点外，还加宽了枕底宽度，使之道床的支承面积增加了17%，端部侧面积增加了20%，对于提高道床的纵横向阻力和轨道稳定性十分有利。

Ⅲ型轨枕长度为2.6m，实际轨枕底面积为7720cm^2，若以等支承面积计，1600根Ⅲ轨枕面积约与1840根Ⅱ型轨枕相当，因此，加长和加宽的Ⅲ型轨枕可以减少每千米的轨枕配置根数。

目前线路上使用的钢筋混凝土轨枕类型见表2-28。

混凝土枕主要类型及特征 表2-28

轨枕类型	轨枕名称	轨枕长(mm)	截面有效高度(mm)		承轨槽坡度	端头形式	预应力钢筋			张拉力(kN)	轨枕质量(kg)
			轨下	中间			直径(mm)	根数	质量(kg)		
Ⅰ型	弦15B	2500	200	145	1:20	斜	φ3	56	7.7	380	238
	弦Ⅱ61A	2500	200	145	1:20	斜	φ3	36	4.995	367	240
	弦61A	2500	200	155	1:40	斜	φ3	36	4.995	267	240
	弦65B	2500	200	175	1:40	平	φ3	34	4.718	255	250
	筋69	2500	200	155	1:40	斜	φ8.2	4	4.320	271	235
	弦69	2500	200	155	1:40	斜	φ3	36, 34	4.995 4.718	255	235
	弦79	2500	200	175	1:40	斜	φ3	36	4.995		
Ⅱ型	弦81	2500	200	175	1:40	斜	φ3	44	6.105	327	250
	筋81	2500	200	175	1:40	斜	φ10	4	6.123	319	250
	YⅡ-F	2500	201	165	1:40	平	φ7	8	0.17	327	251
	TGK-2	2500	201	165	1:40	平	φ7 φ10	8 4	6.17 6.04	327 327	251
	新Ⅱ型	2500	205	175	1:40	平	φ7	8	6.04	348	273
Ⅲ型	Ⅲ型	2600	230	185	1:40	平	φ7	10	7.85	422	320

(4) PC枕的质量检验

钢筋混凝土轨枕作为轨道主要部件之一，应有合理的使用寿命。轨枕在铁路轨道上使用时，不但受到荷载作用下的疲劳影响，而且受到道床磨损和冻融干湿循环等气候影响，因此，从结构强度考虑把使用期限定得过长没有实际意义；又因更换困难且工作量大，如果使用期限太短，将给铁路运输造成极大损失。参照其他轨道部件和混凝土结构的特点，混凝土轨枕的使用寿命一般定为50年左右。

混凝土轨枕的品质对其使用寿命有决定性影响，而质量检验则是保证其品质的必要程序。

1）品质要求

A. 轨枕应符合经铁道部批准的图纸和铁道行业标准。

B. 外观质量：

a. 轨枕承轨槽表面要求光滑，不允许有长度大于20mm，深度大于5mm的气孔、粘皮、麻面等缺陷；

b. 轨枕挡肩中部120mm宽度范围内不允许有宽度大于10mm，深度大于2mm的掉肩、油肩、粉肩等缺陷；

c. 承轨槽外的轨枕表面不允许有长度大于100mm，深度大于10mm的干灰堆垒和夹杂物；

d. 轨枕不得有肉眼可见裂纹；

e. 轨枕端部破损或掉角的长度不允许大于100mm，端部露筋不得大于40mm。

C. 各部位尺寸偏差应符合表2-29规定。

D. 混凝土强度应达到设计要求。

E. 轨枕静载抗裂强度应符合表2-30要求。

F. 混凝土抗冻性应满足200次快速冻融循环后，相对弹性模量降低率不大于40%或质量损失不大于5%的要求。

PC轨枕尺寸偏差　　　　　表2-29

序号	检查项目		允许偏差值（mm）	每批检查数量
1	允许断丝（含跳丝、滑丝）根数	钢筋	0	全　检
		钢丝	1	
2	预留孔的上孔直径		±5	
3	预留孔歪斜（距轨槽面120mm深处偏离中心线的距离）		10	
4	上排钢筋或钢丝距轨枕顶面间距离		±5	10　根
5	钢丝或钢筋间距		±5	
6	同一承轨槽底角间距离		±2	
7	两承轨槽内侧底角间距离		±3	
8	承轨底角至预留中心孔距离		±2	
9	承轨坡度与设计坡度的偏差		≤2	
10	轨枕长度		±20	
11	轨枕横断面高度		±5	
12	轨枕底部凹形花纹深度		+3 −5	

G. 轨枕疲劳强度应满足轨下截面的最大荷载值185kN，中间截面的最大荷载值为140kN（Ⅱ型轨枕）。荷载循环幅值 ρ 为0.2，在循环加载 2×10^6 次卸载后，残余裂缝宽度不得大于0.05mm。Ⅲ型轨枕疲劳强度检验值，轨下截面和中

间截面分别为230kN和180kN。

轨枕检验荷载 表2-30

检验部位	检验荷载值（kN）	
	Ⅱ型轨枕	Ⅲ型轨枕
轨下截面	185	210
中间截面	140	170

2) 检验规定

A. 制造厂检验部门应对原材料、混凝土抗压强度和轨枕质量负责检验，未经检验合格的轨枕不得出厂。

B. 轨枕应按批检验，每批轨枕应为同一班次、同样材料和工艺制成的同一型号轨枕。

C. 产品检验分为出厂检验和型式检验。

a. 出厂检验。出厂检验项目包括外观质量和各部尺寸、轨枕静载抗裂强度、混凝土抗压强度。

b. 型式检验。型式检验项目包括外观质量、各部尺寸、轨枕静载抗裂强度、混凝土抗冻性和轨枕疲劳强度。

在下列情况下需要进行型式检验：轨枕批量投产前，轨枕正式生产后，每两年进行一次；在正式生产过程中，如材料、工艺有重大变更时；长期（2年以上）停产又恢复生产时；质量监督机构提出要求时。

D. 检验项目全部达到铁道行业标准和设计要求的产品为合格品。不合格的轨枕应在轨枕两端用黑色油漆标出两道横线，并单独存放。

4. 钢筋混凝土宽轨枕

钢筋混凝土宽轨枕又称轨枕板，如图2-30所示。宽轨枕长度为2.5m，而宽度约为普通轨枕的两倍。其制造工艺与混凝土轨枕基本相同。但因其宽度较大，并直接铺设在预先压实的道床面上，在制造中对厚度的控制要求较严格。我国铁路上曾经用弦65A、筋65A、筋65B、弦72等型号的宽轨枕，目前使用的型号有弦76、筋76、弦82、筋82等四种。图2-30为筋82型宽轨枕。

钢筋混凝土宽轨枕与普通PC轨枕比较有以下优点：

（1）宽轨枕宽55cm，支承面积比之普通混凝土轨枕大一倍，使道床的应力大为减少。每块宽轨枕的质量为500kg左右，大大高于普通PC枕的单根质量，由于道床振动加速度与钢轨支承质量平方成反比，从而可以减小道床的振动加速度，延缓道床残余变形积累过程，有利于保持轨道几何形位。

（2）轨枕与道床接触面上的摩阻力增大，提高了轨道的横向稳定性，道床阻力增加约80%，有利于铺设无缝线路。

（3）宽轨枕密排铺设，枕间空隙用沥青混凝土封塞，道床顶面全部覆盖起来，防止雨水及脏物渗入道床内部，从而有效地保持道床的整洁，延长道床的清

图 2-30 混凝土宽轨枕（尺寸单位：mm）

筛周期。

(4) 宽轨枕轨道的维修养护工作量为混凝土轨枕轨道的 1/4~1/2，从而改善养护工作条件，减少作业次数，节省养护费用，适合于线路维修条件差的长大隧道以及装卸作业线路等地段使用。

(5) 宽轨枕轨道外观整洁美观，适合于在车站上使用。

按照"宽枕铺设养护维修技术条件"，铺设混凝土宽枕要求路基坚实稳定，排水畅通，没有翻浆冒泥等病害；采用碎石道床，由底、面两层组成，道砟材料要求坚硬耐磨，道床要分层夯实整平；混凝土宽枕端部埋入道床深度为 8~10cm，其中部 60cm 范围内，道床顶面应低于枕底 5~10cm。由于混凝土宽枕轨道的弹性、道床断面尺寸、排水方式等方面与其他结构形式的轨道不同，因此，与其他轨道连接时必须设置过渡段；与木枕轨道连接时，应用长度不短于 25m 的混凝土枕轨道过渡；与混凝土枕连接时，要求有 5 块混凝土宽枕伸入混凝土轨排内；混凝土宽枕通过明桥面时，宽枕可直接铺到明桥面桥头双枕前。

5. 轨枕间距

轨枕间距与每千米配置的轨枕根数有关，每千米配置数量根据运营条件可按照表 2-1 选定。

下列地段应增加轨枕铺设数量：
(1) 半径小于或等于 800m 的曲线地段（含两端缓和曲线）；
(2) 坡度大于 12‰的下坡地段；
(3) 长度大于或等于 300m 且铺设木枕的隧道内。

轨枕加强地段每 km 增加数及最大铺设数量应符合表 2-31 规定。

钢轨接头处车轮的冲击动荷载大，接头处轨枕的间距应适当缩小，并从接头向钢轨中间过渡，应有一个过渡间距，以适应荷载的变化，如图 2-31 所示。每节钢轨下轨枕间距应当满足：$a > b > c$。接头轨枕间距一般是给定的：对于 50kg/m 及以上钢轨，木枕接头间距为 440mm，混凝土枕接头间距为 540mm。由图 2-31 可知：

轨枕加强地段增加数　表 2-31

轨枕类型	Ⅱ型混凝土轨枕	木枕
每公里增加数量	80	160
每公里最大铺设根数	1840	1920

$$a = \frac{L - c - 2b}{n - 3} \tag{2-9}$$

设 $b = \dfrac{a + c}{2}$ 代入上式：

$$a = \frac{L - 2c}{n - 2} \tag{2-10}$$

代入式(2-9)，求 b 值：

$$b = \frac{L - c - (n - 3)a}{2} \tag{2-11}$$

式中　L——标准轨长（含一个轨缝宽度，一般取 8mm）；
　　　n——一节钢轨下轨枕的根数；
　　　a——中间轨枕间距；
　　　c——接头轨枕间距；
　　　b——过渡轨枕间距。

根据式（2-10）算出的轨枕间距 a 取整，然后代入式（2-11）求得 b 应有的值。

对于无缝线路，轨枕间距应均匀布置。轨枕间距尺寸按"铁路线路维修规则"有关规定设置。

图 2-31　轨枕间距计算图

2.4.2 有砟道床

1. 道床的功能及构造

（1）道床的功能

1）承受来自轨枕的压力并均匀地散布到路基面上，降低路基面的应力集度；

2）提供轨道的纵横向阻力，保持轨道几何形位的稳定；

3）提供轨道弹性，减缓和吸收轮轨的冲击振动；

4）提供良好的排水性能，避免雨水直接冲涮路基面，提高路基的承载能力并减少基床病害；

5）便于轨道养护维修作业，校正线路的平纵断面。

道床的功能优劣应以道床颗粒组成的整体来判定。评判的指标系列为：强度、刚度、重复荷载作用下抵抗轨道位移的阻力，抵挡水流冲走的能力以及捣固作业后恢复弹性的能力等。

（2）道床的构造

道床断面包括道床厚度、顶面宽度及边坡坡度三个主要特征。图2-32为直线地段道床断面。

（单位：mm）

图 2-32 直线地段道床断面

1）道床厚度

道床的厚度是指直线上钢轨或曲线上内轨中轴线下轨枕底面至路基顶面的距离 h。岩石路基、渗水土质路基及级配碎石路基基床，均铺设单层碎石道床。

非渗水路基应设置双层道床，其中上层为碎石道砟，又称为面砟。下层为垫层，又称为底砟。道床垫层是重要的道床支承结构，具有隔断碎石道砟与路基面直接接触的作用，可防止路基面因道砟颗粒的挤入而破损；阻止路基的细微颗粒直接渗入上层道砟；降低雨水的下渗速度，防止雨水对路基面的侵蚀，并有截断底层下毛细水作用的功能。

道床的总厚度应能防止路基土挤起，以限制引起道砟袋的变形发生。工程经验及试验研究表明，对于面砟厚度：为抵抗轨道作用力需要30cm，恢复道床变形需要15cm；为使脏物有足够填充空间，应有30~45cm；为适应捣固作业，需要23cm；为减小垫层的应力需要30~45mm。对于垫层，为正常履行垫层的功能需要15mm以上的厚度。对于单层道床则需要30~45cm厚度。

综上所述，在正常情况下，道床需要30~45cm厚度。最小厚度应不小于15~30cm。重载及高速铁路线路轨道的道床厚度应适当增加。

我国正线轨道的道床厚度见表2-1。

桥梁上碎石道床厚度应符合下列规定：

铁路旅客列车设计行车速度为200km/h时，不应小于35cm；旅客列车设计行车速度小于或等于120km/h时，不应小于25cm；设计速度大于120km/h小于200km/h时，不应小于30cm。桥梁与两端线路轨道的道床厚度应在桥台外30m范围内顺坡。

隧道内轨道的碎石道床厚度应采用表2-1中规定的岩石或土质路基道床标准。道床碴肩至边墙（或高侧水沟）间应以道碴填平。

2）道床顶面宽度

道床顶面宽度与轨枕长度及道床肩宽有关。轨枕长度基本上是固定的，因此道床顶面宽度主要决定于道床肩宽。道床宽出轨枕两端的部分称为道床肩宽。道床肩宽应保证足够的道床横向阻力，以保持道床的稳定。一般情况下肩宽在45~50cm已能满足要求。表2-32为单线铁路轨道的道床顶面宽度标准。双线轨道顶面宽度应分别按单线设计。无缝线路轨道半径小于800m、有缝线路轨道半径小于600m的曲线地段，曲线外侧道床顶面宽度尚应增加0.10m。

单线铁路正线碎石道床顶面宽度 表2-32

轨道类型	路段旅客列车设计行车速度 V（km/h）	道床顶面宽度（m）	
		无缝线路轨道	有缝线路轨道
特重型	$120 \leqslant V \leqslant 200$	3.50	—
重　型	$160 < V \leqslant 200$	3.50	—
	$120 < V \leqslant 160$	3.40	—
重型、次重型	$V \leqslant 120$	Ⅱ型枕：3.30 Ⅲ型枕：3.40	3.10
中　型	$V \leqslant 160$	—	3.00
轻　型	$V \leqslant 80$	—	2.90

3）道床边坡

道床坡度大小对保证道床的坚固稳定，有十分重要的意义。道床边坡的稳定取决于道碴材料的内摩擦角与黏聚力，也与道床肩宽有一定的联系。理论计算及实践结果表明，道碴材料的内摩擦角愈大，黏聚力愈高，边坡的稳定性就愈好。同样地，增大肩宽可以容许采用较陡的边坡，而减小肩宽则必须采用较缓的边坡。例如，肩宽20cm，边坡坡度1:2的道床，在保证边坡稳定性方面，与肩宽35cm，坡度1:1.75和肩宽45cm，坡度1:1.5具有相同的效果。

正线轨道道床边坡坡度应符合表2-33的规定。

正线道床边坡坡度 表 2-33

轨 道 类 型	道床边坡坡度	轨 道 类 型	道床边坡坡度
特重型、重型、次重型、中型	1:1.75	轻 型	1:1.50

无缝线路轨道碴肩应使用碎石堆高 15cm，堆高道碴的边坡坡度应采用 1:1.75。

Ⅱ、Ⅲ型混凝土枕地段的道床顶面应与轨枕中部顶面平齐，其他类型轨枕地段的道床顶面应低于轨枕承轨面 3cm。木枕地段应齐平。

2. 道碴材料技术标准

工程经验表明，功能优良的道碴要求质地致密坚韧，耐久性好，表面粗糙，有棱角的外形（不呈片状或长条形），吸水率低，并具有合理的级配。

用作道碴的材料有：碎石、天然级配卵石、筛选卵石、粗砂、中砂及熔炉矿碴等。选用何种道碴材料，应根据铁路运量、机车车辆轴重、行车速度，并结合成本和就地取材等条件来决定。我国铁路干线上使用碎石道碴，在次要线路上可使用卵石道碴、炉碴道碴。

(1) 面碴

面碴应采用碎石道碴。现行铁道部颁布标准的碎石道碴技术条件如下：

1) 碎石道碴由开采山石破碎、筛选而成。

2) 碎石道碴按表 2-34 的规定分为一级和二级道碴。碎石道碴的技术参数包括：反映道碴材质的参数，如：抗磨耗、抗冲击、抗压碎、渗水、抗风化、抗大气腐蚀等材料指标参数，是道碴材质分级的依据；反映道碴加工质量的质量参数，如：道碴粒径、级配、颗粒形状、表面状态、清洁度等加工指标，全部符合表中规定的指标则为一级道碴，否则为二级道碴。

图 2-33 级配曲线

3) 碎石道碴属于散粒体，道碴粒径的级配对道床的物理力学性能、养护维修工作量有重要影响。客货共线重载运输铁路，在小型机具捣固作业条件下，宽级配道碴由于道碴平均粒径的减小，大、小颗粒的相互配合以及道碴颗粒之间的填充，使得道碴有更好的强度和稳定性。道碴的粒径、级配应符合表 2-35a 的规定，其级配曲线见图 2-33。

根据我国有关国际咨询及国外试验研究结果，认为高速铁路有碴轨道应采用"窄级配"标准道碴，其优点主要表现在以下几个方面：

与"宽级配"相比,"窄级配"道砟具有更大的内摩擦力和抗剪强度,从而提高道床稳定性,特别是列车动载作用下的道床稳定性。

高速铁路道床的失效主要起源于振动所致的道砟磨损粉化,由荷载压力所致的破碎相对处于次要地位,减少道砟中的小粒成分,有利于延缓道砟粉末积聚,延长道床使用寿命。

小颗粒道砟在高速列车运行条件下易于飞溅,特别是对于350km/h速度,采用"窄级配"道砟是防止飞溅的重要措施。

粒径级配较窄的道床,有利于大型机械捣固作业。

《铁路道砟集料》(EN13450:2002)欧洲标准所规定的道砟级配等级见表2-35b。

碎石道砟的力学物理性能 表2-34

性能	技术参数	一级道砟	二级道砟	评定方法	
1. 抗磨耗、抗冲击性能	1) 洛杉矶磨耗 LAA (%)	$LAA < 27$	$27 \leq LAA < 32$	若三个参数的指标分属两个等级,则以两个指标所在的等级为准;若三个指标分属一级、二级和不及格,则划为二级	道砟的最终等级以性能1、2、3中的最低等级为准。一级、二级道砟均应满足4、5、6项性能的要求
	2) 标准集料冲击韧度 IP	$IP \geq 95$	$80 \leq IP < 95$		
	3) 石料耐磨硬度系数 $K_{干磨}$	$K_{干磨} > 18$	$17 < K_{干磨} \leq 18$		
2. 抗压碎性能	1) 标准集料压碎率 CA (%)	$CA < 9$	$9 \leq CA < 14$	若两个参数的指标不在同一个等级,以低的等级为准	
	2) 道砟集料压碎率 CB (%)	$CB < 18$	$18 \leq CB < 22$		
3. 渗水性能	1) 渗透系数 P_m (10^{-6}cm/s)	$P_m > 4.5$	$3 < P_m \leq 4.5$	在四个参数的指标中,以其中两个指标最高的等级为准;若两个指标最高的等级不在同一级别,则以其中较低等级为准	
	2) 石粉试模件抗压强度 σ (MPa)	$\sigma < 0.4$	$0.4 \leq \sigma < 0.55$		
	3) 石粉流限 LL (%)	$LL > 20$	$16 < LL \leq 20$		
	4) 石粉塑限 PL (%)	$PL > 11$	$9 < PL \leq 11$		
4. 抗大气腐蚀破坏	硫酸钠溶液浸泡损失率(%)	< 10			
5. 稳定性能	1) 密度(g/cm³)	> 2.55			
	2) 重度(g/cm³)	> 2.50			
6. 软弱颗粒	泡水单轴抗压强度(MPa)	≤ 20	软弱颗粒含量小于10%(质量分数)		

我国道砟粒径、级配 表2-35a

方孔筛孔边长(mm)	16	25	25.5	45	56	63
过筛质量百分数(%)	0~5	5~15	25~40	55~75	92~97	97~100

EN13450 欧洲标准　级配等级　　　　　　表 2-35b

筛孔边长	粒径31.5到50mm的道碴			粒径31.5到63mm的道碴		
	过　筛　质　量　百　分　率					
	级配等级					
	A	B	C	D	E	F
80	100	100	100	100	100	100
63	100	97～100	95～100	97～99	95～99	93～99
50	70～99	70～99	70～99	65～99	55～99	45～70
40	30～65	30～70	25～75	30～65	25～75	15～40
31.5	1～25	1～25	1～25	1～25	1～25	0～7
22.4	0～3	0～3	0～3	0～3	0～3	0～7
31.5～50	≥50	≥50	—	—	—	—
31.5～63	—	—	≥50	≥50	≥50	≥85

注　1. 广采样的道碴需要采用22.4mm的筛子；
　　2. 在某情况下，当下层筛的过筛公差量采用0～5%（F级为0～7%）时，需要采用筛孔边长长25mm的筛子代替筛孔边长为22.4mm的筛子。

4) 道碴的形状及表面状态对道床的性能有重要影响。一般而言，棱角分明，表面粗糙的集料具有较高的强度和稳定性。近似于立方体的颗粒比之扁平、长条形颗粒有较高的抵抗变形和破碎的能力。一般用针状指数和片状指数来控制长条形和扁平颗粒的含量。我国道碴标准中的针状颗粒（颗粒的长度大于该颗粒平均粒径的1.8倍）指数小于50%，片状颗粒（厚度小于平均粒径的0.6倍）指数小于50%。

5) 道碴中的土团、粉末或其他杂质对道床的承载能力是有害的，须控制其含量。土团是指那些泡水后出现软化，丧失其强度的颗粒。粉末会脏污道床，加速道床的板结，显著降低道床的排水功能。标准规定黏土团及其他杂质含量的质量百分率不大于0.5%；粒径0.1mm以下的粉末含量的质量百分率不大于1%。

(2) 底碴
1) 底碴可由开山块石或天然卵石、砾石、砂石经破碎筛选而成；
2) 底碴的粒径、级配见表2-36。

底碴粒径、级配　　　　　　表 2-36

方孔筛孔边长（mm）	0.075	0.1	0.5	1.7	7.1	16	25	45
过筛质量百分数（%）	0～7	0～11	14～32	23～46	41～75	67～91	88～100	100

3) 底碴的材料性能要求如下：材料中粒径大于2.0mm粗集料的洛杉矶磨耗率小于或等于50%；材料中粒径大于2.0mm粗集料的硫酸钠溶液浸泡损失率小于或等于10%；材料中粒径小于0.425mm的集料的液限小于或等于25，塑性指数小于或等于6；

4) 材料中，黏土团及其他杂质含量的质量分数小于或等于0.5%。

3. 有碴道床的变形

道床作为散粒体结构，本身具有弹、塑性，在外荷作用下将产生弹、塑性变形。荷载消失后，弹性变形部分得以恢复，而塑性变形部分则成为永久变形也称残余变形。道床残余变形的不均匀性，导致轨道几何形位的变化，由此所引起的轨道维修作业量占维修工作量的 70% 以上。因此，必须研究道床变形的规律，以实现轨道几何形位的控制，保证列车运行的平稳性和安全性，并降低轨道维修工作量。

道床的残余变形主要有两方面的原因，一是在荷载作用下道碴颗粒的相互错位和重新排列所引起的结构变形；二是由于颗粒破碎、粉化所致道床内摩擦角降低形成道床变形。在列车重复荷载作用下，每次荷载作用所产生的微小残余变形会逐渐积累，最终导致整个轨道的不均匀下沉。研究和实践表明，在路基稳定的情况下，轨面的残余下沉和不均匀下沉主要源于道床，由此说明道床变形是轨道变形的主要来源。

美国、日本、前苏联等各国铁路研究资料显示，轨道下沉量与通过总重存在一定的关系，如图 2-34 所示。

道床的下沉大体可分为初期急剧下沉和后期缓慢下沉两个阶段。初期急剧下沉阶段是道床密实阶段，道床在列车荷载的作用下，道碴逐渐压实。道床碎石大小颗粒相互交错，重新排列其位置，孔隙率减

图 2-34 道床沉降曲线

小。也有一些道碴棱角磨碎，使道床纵、横断面发生变化。这个阶段道床下沉量的大小和持续时间与道碴材质、粒径、级配、捣固和夯拍的密实状况、以及轴重等有关，一般在数百万吨通过总重之内即可完成。后期缓慢下沉阶段是道床正常工作阶段，这时道床仍有少量下沉，主要是由于枕底道碴挤入轨枕盒和轨枕头、道碴磨损及破碎，边坡溜塌，从而破坏了道床极限平衡状态，这个阶段的下沉量与运量之间有线性近似关系。这一阶段时间的长短是衡量道床稳定性高低的指标，也是确定道床养护维修工作量的重要依据。

道床下沉量与各种影响因素之间的关系可以用道床下沉曲线来表示。日本铁路根据试验提出的道床下沉曲线数学表达式为式（2-12），它表示了道床下沉量与荷载循环作用次数之间的关系。

$$y = \gamma(1 - e^{-ax}) + \beta x \tag{2-12}$$

式中　　y——道床下沉量（mm）；

　　　　x——荷载重复作用次数；

　　　　a、β、γ——实验系数。

式中，右端第一项表示道床初期急剧下沉阶段，即压实过程，其中 γ 表示初期下沉当量，也就是初始密实状态。γ 值愈小，表示道床捣固和夯拍质量愈

好，对控制线路下沉显然是有利的；α 表示道床的压实性能，α 值愈大，表示完成第一阶段的过程愈短。

公式右端第二项表示道床后期缓慢下沉阶段，即道床压实终结后道床的稳固性。β 表示压实终结之后的道床稳定性能的下沉系数。在运营过程中，道床残余变形的积累主要取决于 β 值的大小；β 值愈小，道床愈稳定，沉陷愈慢。β 值的大小与道床压力、道床振动加速度和道床脏污程度有关。

前苏联提出了道床下沉量与运量的经验关系式，如式 (2-13)：

$$y = \frac{T}{a+bT} \tag{2-13}$$

式中　T——累计通过总质量（Mt）；

　　　a、b——系数，与道砟的物理机械性能、原始孔隙比、钢轨类型、轨下基础类型及机车车辆轴重有关。

2.4.3　无　砟　道　床

1. 国外无砟道床结构型式

传统有砟轨道具有铺设方便，造价低廉的特点。随着重载、高速铁路运输的发展，道床累积变形的速率随之增长，为保持轨道平顺性要求，传统轨道维修趋于频繁，作业量大，维修费用上升。自上世纪 60 年代开始，世界各国铁路相继开展了以整体式或固化道床取代散粒体道砟的各类无砟道床的研究。由无砟道床组成的轨道称为无砟轨道。日本的无砟道床是一种轨道板结构，由此组成的轨道称为板式轨道。

至今，尽管大部分国家的无砟轨道由于造价高等原因还处于试铺或短区段分散铺设的状况；而日本的板式轨道已在新干线大量铺设，总长度达 2700km。德国铁路 Rheda 系、Zublin 系等五种无砟轨道已批准正式使用，并在新建的高速线上全面推广，铺设总长度达 660km（含 80 组道岔区）。

无砟轨道最初一般都铺设在隧道内（或地下铁道），以后逐渐扩大到桥梁和土质路基上，如日本的板式轨道铺设在山阳（冈山—博多段）、东北、上越、北陆等新干线全部的桥、隧结构上。而德铁的无砟轨道则首先解决了在土质路基上铺设的技术问题。因此，除了桥、隧结构外，土质路基上也已铺设一定数量的无砟轨道。以下是国外无砟道床的主要结构型式

(1) PACT 型 (Paved Concrete Track)

PACT 型无砟轨道为就地灌筑的钢筋混凝土道床（图 2-35），钢轨直接与道床相连接，轨底与混凝土道床之间设连续带状橡胶垫板，钢轨为连续支承。英国自 1969 年开始研究和试铺，到 1973 年正式推广，并在西班牙、南非、加拿大和荷兰等国重载和高速线的桥、隧结构上应用，铺设总长度约 80km。

(2) LVT 型 (Low Vibration Track)

LVT 型无砟轨道是在双块式轨枕（或两个独立支承块）的下部及周围设橡胶套靴，在块底与套靴间设橡胶弹性垫层，而在双块式轨枕周围及底下灌筑混凝土而成形，称为减振型轨道。其最初由 Roger Sonneville 提出并开发。瑞士国铁于 1966 年在隧道内首次试铺。法国开发的 VSB—STEDET 系轨道也属此类，在地下铁道内使用居多。1993 年开通运营的英吉利海峡两单线隧道内全部铺设独立支承块式 LVT 型轨道（图 2-36）。目前，LVT 轨道的铺设总长度约 360km。

图 2-35 PACT 型无砟轨道

图 2-36 英吉利海峡隧道内的 LVT 型轨道结构

（3）Rheda 型

德国铁路于上世纪 60 年代开始无砟轨道的研究，曾试铺过十余种无砟轨道结构，其轨道的基础分钢筋混凝土和沥青混凝土两类。Rheda 型轨道为钢筋混凝土底座上的结构型式之一。

Rheda 型轨道由轨枕及其周围灌筑的混凝土组成（图 2-37），在桥、隧和土质路基上都适用。在德国铁路铺设的 660km 无砟轨道中，Rheda 型约占一半以上。

图 2-37 普通 Rheda 型无砟轨道结构

与 Rheda 型结构类似的还有 Züblin 型轨道，是以双块式轨枕取代 Rheda 型中的整体轨枕。在施工时，采用特殊铺设机械在灌筑好的新鲜混凝土中边振动边将双块式轨枕埋入混凝土中就位，机械化施工性好。

(4) ATD 型

ATD 型轨道的结构型式如图 2-38。采用双块式轨枕直接置于沥青混凝土底座上，在轨枕与底座间设一层无纺布来填平表面的凹凸，不需要填充层；并在底座上设凸台，用树脂填充轨枕与底座间的缝隙等以承受纵、横向水平力的作用。

图 2-38 ATD 型轨道结构

在沥青混凝土底座上的其他结构如 BTD、Walter 型等是用轨枕取代 ATD 型中的双块式轨枕，且轨枕与底座间的连接方式各不相同，以满足必要的纵、横向阻力为前提。到 1997 年末，铺设在沥青混凝土底座上的无砟轨道约有 66km。

(5) 板式轨道

日本于 1965 年开始开发用于桥梁和隧道的板式轨道（图 2-39），是由预制的轨道板、混凝土底座，以及介于两者之间的 CA 砂浆填充层组成，在两块轨道板之间设凸形挡台以承受纵、横向水平力。板式轨道不仅大量应用于新干线，而且也在窄轨既有线上应用。

图 2-39 板式轨道结构

为适应新干线沿线的环境，开发了防振型板式轨道，其中，防振 G 型在东北新干线已推广应用。此外，为减少材料用量、降低造价，开发的框架型板式轨道也得以应用。

日本对土质路基上板式轨道的研究是与桥、隧上板式轨道同时起步的。曾在 14 处铺设试验段总长约 2.4km，但在个别试验段上发生了基础下沉、轨道板陷入沥青铺装底座内等问题，为此开展了长期深入的研究。直到 1993 年，改进后的板式轨道结构在北陆新干线正式应用，铺设长度约 10.8km，占北陆新干线（高崎—长野段）总长的 4%，为土质路基上轨道的 25%。

到目前为止，以新干线为主的板式轨道铺设长度达到2700km，日本成为铺设无碴轨道最多的国家。

意大利于1983年开始铺设IPA型无碴轨道，其设计参考了日本的板式轨道。铺设长度约92km，其中，罗马—佛罗伦萨高速线上铺了25.4km。

2. 国外无碴道床的性能比较

日本铁道技术开发部曾对上述几种主要的无碴轨道在造价、施工性、维修费、耐久性和环境等诸方面进行过相对比较，如表2-37所示。

由表2-37的相对比较说明，各种轨道的少维修和耐久性能均很好，施工性差别不大，造价一般较高，特别是LVT型和板式轨道更偏高一些，对环境的影响必须采用减振型结构才能满足要求。

几种无碴轨道的相对比较　　　　表2-37

轨道结构型式	造价	施工性	维修费	耐久性	环境
1. PACT型	△	△	○	○	×
2. LVT (STEDEF)型	×	△	○	○	○
3. Rheda型	△	△	○	○	△
4. ATD型	△	○	○	○	○
5. 板式轨道（IPA型）	×	△	○	○	×

注：标记，○—好；△——般；×—差。

3. 无碴道床的技术经济性

(1) 无碴轨道的优良技术性能

无碴道床能长期保持轨道的良好状态，实现少维修。德国铁路采用轨道质量指数 Q 值来综合评价轨道高低、水平、方向等的平顺状态。新线的轨道质量指数 Q 值应在30以下，而在运营线上，当质量指数 Q 值超过100就必须进行修理。

图2-40和图2-41分别表示隧道内和土质路基上无碴轨道与相邻接的有碴轨道5年间 Q 值变化的比较。很明显，无碴轨道的质量指数 Q 值在5年内均保持在良好水平上，且变化很小，实现了少维修，确认为高平顺性的轨道结构。为此，德铁在新建的汉诺威—柏林和科隆—莱茵/梅因等高速铁路上全面铺设无碴轨道。

日本对运营了20年的山阳新干线板式轨道历年各项作业的维修费用进行了统计，并与有碴轨道作了比较，如图2-42所示。由于板式轨道的结构可减少其维修项目，且轨道的几何状态稳定性好，并为高速运输提供了安全可靠、平顺、高质量的轨道。

(2) 经济比较

到目前为止，无碴轨道的造价一般均高于有碴轨道。据德铁的资料，有碴轨道的造价为800DM/m，沥青混凝土底座上无碴轨道为1000DM/m，混凝土底座上

图 2-40 隧道内无碴轨道与相邻有碴轨道的轨道稳定性 Q 值

图 2-41 土质路基上无碴轨道与相邻有碴轨道的轨道稳定性 Q 值

Rheda 型等轨道为 1400DM/m，无碴轨道的造价为有碴轨道的 1.3~1.7 倍。而德铁高速铁路有碴轨道的年维修费用约为 3000DM/km，无碴轨道则很少。德铁分析认为，在新线建设中采用无碴轨道，可使线路设计的总建筑高度和总宽度有所减小，可减小隧道和桥梁等结构的断面。因此，新线的综合造价将趋于合理。

日本板式轨道的造价为有碴轨道的 1.3~1.5 倍。而维修费用有明显的减少。据统计，山阳新干线 16 年的平均维修费用为有碴轨道的 18%，东北新干线 9 年

图 2-42 山阳新干线历年的维修费用

的平均维修费用为有碴轨道的 33%。无碴轨道多投资的差额约在 10 年（桥、隧结构上）～12 年内（土质路基上）可得以偿还。

4. 国外无碴道床的发展

无碴轨道的特点以及在高速铁路中所体现的良好性能已被更多的国家所接受。近 10 年来的发展和推广应用很快，已开发并正式铺设的无碴轨道型式很多，而新的结构还不断涌现，使无碴轨道结构的设计、施工等日臻完善，对周围环境的适应性提高，轨道造价更趋合理，其扩大铺设的前景是不容置疑的。

德国和日本已制订有关无碴轨道的设计、施工规程，并在新建高速线路和其他线路上进行规模铺设。尽管如此，目前他们对新结构的开发和既有结构的改进还在继续进行。

德国目前有 20 家企业参与无碴轨道新结构的开发，形成市场竞争的局面，推进了新技术的发展。最近开发的 Rheda-2000 型轨道（图 2-43）已投入商业应用。由两根桁架形配筋组成的特殊双块式轨枕取代了原 Rheda 型中的整体轨枕；取消了原结构中的槽形板，统一了隧道、桥梁和路基上的型式；同时，轨道的建筑高度从原来的 650mm 降低为 472mm。Rheda-2000 型中的特殊双块式轨枕只保留承轨和预埋扣件螺栓部位的预制混凝土，其余为桁架式的钢筋骨架，使与现场灌筑混凝土的新、老界面减至最少，有利于改善施工性，提高施工质量和结构的整体性。建筑高度的下降，对降低轨道本身和线路的造价都是有利的。将无碴轨道的造价降低到有碴轨道的 1.3～1.4 倍是德铁力争的目标。1996 年，德铁又批准了 7 种新结构在曼海姆—卡尔斯鲁厄线上试铺。德铁规定试铺的轨道结构要经过 5 年的运营后经批准才能正式使用。

日本在大量铺设板式轨道的同时，还开发了 B 型弹性轨枕直结轨道，在东北、上越新干线上都有铺设。为了扩大铺设，必须降低造价。最后，开发了简化结构的 D 型弹性轨枕直结轨道，造价为 B 型的 3/4，减振性能较防振 G 型板式轨

图 2-43 Rheda-2000 型无砟轨道结构

道还略有改善；同时解决了原结构部件更换困难的问题，更适合推广。

近年来，日本正大力研究一种"梯子形"轨道（图2-44）。由两根纵向轨枕（梁）支承钢轨，横向每隔3m用钢管将两根纵向枕连结成梯子形；在桥上纵向枕与轨道基础（梁面）之间每隔1.5m设减振支承装置组成"浮置式梯子形轨道"。其主要特点是：低振动、低噪声；变传统横向轨枕支承钢轨的方式为纵向支承；轨道自重轻，约为有砟轨道的1/4；轨道高度的调整除利用扣件的调整量外，减振支承装置也有一定的调高功能。铺设在桥梁上的浮置式梯子形轨道，使整体结构系统实现了从"重型和传统"到"轻型和现代化"的根本变革。路基上的梯子形轨道，其纵向轨枕下仍然铺设有道砟，属于有砟道床与整体轨下基础的混合式结构。说明轨道结构的发展出现了多样化形式。

目前，梯子形轨道已完成结构的力学分析、组成部件及实尺轨道的实验室基础试验，并在美国TTC运输中心的环形线上完成了35吨重轴的快速耐久性试验，通过吨位超过1亿吨。日后，还将对高速运行的适应性以及用橡胶支承取代减振

图 2-44 梯子型轨道

装置以降低造价等实用性作进一步研究。

此外，一向坚持采用有砟轨道的法国铁路，最近在地中海 TGV 的一座长 7.8km 隧道内，正在试铺双块式减振型无砟轨道；荷兰、韩国高速铁路上也有试铺无砟轨道的计划。无砟轨道在世界高速铁路上的大量铺设已成为发展的趋势。

5. 国内无砟道床结构

(1) 发展概况

国内对无砟轨道的研究始于 20 世纪 60 年代，与国外的研究几乎同时起步。初期曾试铺过支承块式、短木枕式、整体灌筑式等整体道床以及框架式沥青道床等几种形式，正式推广应用的仅有支承块式整体道床（图 2-45）。在成昆线、京原线、京通线、南疆线等长度超过 1 公里的隧道内铺设，总铺设长度约 300km。20 世纪 80 年代曾试铺过沥青整体道床，由沥青混凝土铺装层与宽枕组成的整体道床，以及由沥青灌注的固化道床等，在大型客站和隧道内试铺，总长约 10km，但并未正式推广。此外，在桥梁上试铺过无砟无枕结构，在京九线九江长江大桥引桥上全部采用了这种结构（图 2-46），长度约 7km。

图 2-45 隧道内刚性支承块式整体道床（单位：mm）

在此后的 20 多年期间，我国在无砟轨道的结构设计、施工方法、轨道基础的技术要求，以及出现基础下沉等伤损的整治等方面积累了宝贵的经验，并吸取了有益的教训，为无砟轨道新技术的发展打下了基础。

1994 年以后，随着京沪高速铁路可行性研究的进程，无砟轨道在我国重新得以关注。"九五"国家科技攻关专题"高速铁路无砟轨道设计参数的研究"提出了适用于高速铁路桥、隧结构上的三种无砟轨道型式（长枕埋入式、弹性支承块式和板式）及其设计参数，并正式纳入《京沪高速铁路线桥隧路站设计暂行规定》和《时速 200 公里新建铁路线桥隧站设计暂行规定》之中。两个暂行规定原

图 2-46 九江长江大桥引桥上的无碴无枕式轨道结构

则确定了在有条件的高架线路、隧道等地段可铺设无碴轨道。

1998年铁道部立项开展"高速铁路高架桥上无碴轨道关键技术的试验研究",在此课题中,对三种结构型式的无碴轨道(长轨枕埋入式、弹性支承块式、板式轨道)进行了试验研究。

在此基础上,在秦沈客运专线选定了三座特大桥作为无碴轨道的试铺段。其中,沙河特大桥(直线、长 692m)试铺长枕埋入式无碴轨道;狗河特大桥(直线、长 741m)和双河特大桥(曲线、长 740m)试铺板式轨道。

在西康线我国最长的秦岭隧道(长度为 18.5km)内确定采用弹性支承块式无碴轨道。弹性支承式无碴轨道与上述的 LVT 型轨道相类似,为减振型轨道。经各项基础试验及在白清隧道(200m)、大瓢沟隧道(300m)的两次试铺,确认了结构和施工的可靠性,于 1999 年 11 月正式在秦岭 1 号隧道内铺设,2001 年 2 月开通运行,这也是我国目前铺设无碴轨道结构最长的区段。

另外,为适应京沪高速铁路的线路条件,目前已选定渝怀线鱼嘴2号隧道、赣龙线枫树排隧道分别作为长枕埋入式和板式轨道在隧道内的试铺段,隧道长度分别为 710m 和 719m。

至此,除土质路基外,我国在桥梁和隧道内都有相应的无碴轨道结构,可根据线路的具体条件选用。

(2) 结构型式

1) 板式轨道

板式轨道的结构组成主要包括:混凝土底座、RC 或 PRC 轨道板、水泥沥青(CA)砂浆调整层、凸形挡台及扣件系统(图 2-47)。

标准长度轨道板的结构型式如图 2-48 所示。

CA 砂浆:桥上轨道板与混凝土梁体之间设置混凝土底座,并设置 CA 砂浆层。两块轨道板之间设置钢筋混凝土凸形挡台,以固定其水平位置,制止其移

图 2-47 板式轨道结构

图 2-48 标准长度轨道板的结构型式图

动。CA 砂浆由水泥、乳化沥青、细骨料（砂）、混合料、水、铝粉、各种外加剂等多种原材料组成，其作为板式轨道混凝土底座与轨道板间的弹性调整层，是一种具有混凝土的刚性和沥青的弹性的半刚性体。CA 砂浆的设计厚度为 50mm，施工时的容许范围为 40~100mm。

CA 砂浆调整层是板式无碴轨道结构的关键组成部分，其性能的好坏直接影响板式轨道应用的耐久性和维修工作量。为此，我国对板式轨道 CA 砂浆开展了为期 3 年的科研攻关工作，在科研、设计与施工部门的大力配合下，研究取得了可喜的成果，其各项性能指标均达到或接近国外同类产品的质量水平，为板式无碴轨道结构在我国客运专线的首次铺设创造了条件。

在借鉴日本新干线板式轨道 CA 砂浆研究资料的基础上，结合我国前期的研究成果，针对性地提出了板式轨道 CA 砂浆的性能指标及相应的试验方法。其主要性能指标要求见表 2-38。

CA 砂浆的主要性能指标要求　　　　　　表 2-38

序号	性　能	单　位	指　标　要　求	试　验　方　法
1	抗压强度	MPa	1.8～2.5	—
2	弹性模量	MPa	200～600	—
3	流动度	s	16～26	—
4	可工作时间	min	不少于 30	—
5	膨胀率	%	1～3	—
6	材料分离度	%	<3	—
7	泛浆率	%	0	—
8	含气量	%	8～12	—
9	耐久性（抗冻性）		300 次冻融循环试验后，相对动弹模量不得小于试验前的 60%	—

从 CA 砂浆的材料组成及性能指标要求可以看出，材料既要满足强度和弹性要求，又必须具有必要的施工性能，同时考虑到 CA 砂浆在寒冷地区使用工况，还应具备抗冻融性能，以保证其长期使用的耐久性。

板式轨道 CA 砂浆的研究在日本铁路经历了 30 多年，尽管我国前期通过科研、设计与施工部门的通力合作，自行研制出的 CA 砂浆的各项性能均满足指标的设计要求，但与日本相比，其研究的深度和广度还有差距，对 CA 砂浆原材料及其在各种使用条件下各材料的配合比，有待进一步深入研究。

凸形挡台：凸形挡台外形在梁跨的端部为半圆形，在梁跨中部均为圆形，其半径为 250mm，高度为 250mm。凸形挡台与轨道板端部的半圆形缺口共圆心。在曲线部分，凸形挡台竖向轴线与底座的顶面垂直。

凸形挡台采用 C40 级混凝土，在混凝土底座施工完成后进行现场浇筑，其周围填充 CA 砂浆或树脂材料。

2）长枕埋入式无砟轨道

长轨枕埋入式无砟轨道的结构组成主要包括：混凝土底座、混凝土道床板、穿孔轨枕及配套扣件（图 2-49）。

3）弹性支承块式无砟轨道

弹性支承块式无砟轨道的结构组成，主要包括：混凝土底座、混凝土道床板、混凝土支承块、橡胶靴套、块下胶垫及配套扣件（图 2-50）。

作为低振动轨道结构，弹性支承块式无砟轨道在混凝土支承块底部设有 12mm 厚的橡胶弹性胶垫，其周围设有橡胶靴套，厚 7mm，使支承块与混凝土道床板隔离，达到可修复的目的。该结构的轨下与块下的双层弹性垫板为无砟轨道提供较好的垂向弹性，靴套提供轨道纵、横向弹性，使轨道在荷载分布和动能吸收方面更接近有砟轨道。由于弹性垫层具有材料均匀、弹性一致等性能，使钢轨

图 2-49 长枕埋入式无砟轨道结构

图 2-50 弹性支承块式无砟轨道（单位：mm）
1—60kg/m 钢轨；2—钢筋混凝土支承块；3—块下胶垫
4—橡胶靴套；5—混凝土道床；6—混凝土底座

支承刚度一致，部件受力均匀，轨道几何形位易于保持，达到了少维修的目的。

该轨道结构的实尺模型如图 2-51 所示。

图 2-51 弹性支承块式无砟轨道实尺模型

2.5 扣 件

2.5.1 扣件的功能及类型

钢轨与轨枕的连接是通过中间连接零件实现的。中间连接零件也称扣件，其作用是将钢轨固定在轨枕上，防止钢轨倾覆，保持轨距并阻止钢轨相对于轨枕的纵、横向移动。扣件必须具有足够的强度、弹性和耐久性，并有效地保持钢轨与轨枕的可靠联结。在钢筋混凝土轨枕轨道上，因其弹性小于木枕轨道，扣件还必须提供较高的弹性。扣件应允许调整钢轨高低，以保证轨面的平顺。混凝土枕扣件还要求具有良好的绝缘性能。此外，还应结构简单，便于安装及拆卸。

扣件的结构形式随着轨下基础的不同而变化。

图 2-52 混合式扣件

木枕扣件主要有混合式和分开式两种。混合式扣件是我国铁路木枕轨道上使用最广泛的一种扣紧方式，如图 2-52 所示。零件有道钉和五孔双肩铁垫板。它除用道钉将钢轨、垫板和木枕一起扣紧外，还另用道钉将垫板与木枕单独扣紧。这种扣紧方式可减轻垫板的振动，且零件少，安装方便，其缺点是钢轨受荷载后向上挠曲，易将道钉拔起，降低扣着力。分开式扣件主要用在桥上线路，它将钢轨和垫板、垫板和木枕分别连接起来，如图 2-53 所示。分开式扣件用 4 个螺纹道钉连接垫板与木枕，两个底脚螺栓扣压钢轨与垫板，更换钢轨时，其底座可保持与轨枕连接，扣着钢轨的螺栓与轨枕的扣着螺栓是分开的。其道钉和底脚螺栓构成"K"型，故又称"K"式扣件。分开式扣件扣压力大，可有效防止钢轨爬行。其缺点是零件多，用钢量大。

PC 轨枕和宽轨枕使用的扣

图 2-53 "K"型扣件
1—螺纹道钉；2—扣轨夹板；3—底脚螺栓；
4—垫板；5—木板；6—弹簧垫圈

件类型，按钢轨与轨枕连接的型式来分，有不分开式、半分开式和分开式三种。按轨枕有无挡肩可分为有挡肩式扣件和无挡肩式扣件。

我国 PC 轨枕上曾经使用 70 型扣板式扣件、67 型拱形弹片。由于拱形弹片强度底、扣压力小，易于塑性变形甚至折断，在主要干线上已经淘汰。目前主要使用弹条Ⅰ型扣件、弹条Ⅱ型扣件、弹条Ⅲ型扣件及带铁垫板的分开式弹性扣件。

无碴道床地段，需要采用调高量较大的扣件。这种扣件有弹条Ⅰ型调高扣件、弹片Ⅱ型调高扣件及 T-Y 型弹条扣件。铺设无缝轨道的桥上线路，为减小桥梁与轨道的相互作用力，需要使用小阻力扣件。

2.5.2 扣板式扣件

扣板式扣件由螺纹道钉、螺母、平垫圈、弹簧垫圈、扣板、铁座、橡胶垫板（绝缘缓冲垫板）、垫片及衬垫等零件组成，如图 2-54 所示。

螺纹道钉用硫磺水泥砂浆锚固在混凝土轨枕的预留螺栓孔中。在锚固好的螺旋道钉处穿过一块刚性扣板，通过平垫圈和弹簧垫圈上紧螺母后扣着钢轨。扣板一端压紧钢轨底部顶面，同时顶住钢轨侧边，以保持必要的轨距和传递横向推力于铁座及混凝土挡肩。在另一端，铁座和混凝土挡肩之间设绝缘缓冲挡肩垫片，以吸收横向推力的冲击作用，防止混凝土挡肩损坏，并有绝缘功能。

为适应不同钢轨类型和轨距的需要，分虽设计了 5 种不同规格的扣板，每块扣板上下两面的尺寸不同，可以翻转使用。通过不同号码扣板的配合，可以满足不同钢轨类型及轨距的需要。

扣板式扣件零件简单，调整轨距方便，但弹性扣压力较低，容易松动，只用于轻型等级的轨道结构。

图 2-54　扣板式扣件
1—螺纹道钉；2—螺母；3—平垫圈；4—弹簧垫圈；5—扣板；6—铁座；7—绝缘缓冲垫片；8—绝缘缓冲垫板；9—衬垫；10—轨枕；11—钢轨；12—绝缘防锈涂料；13—硫磺锚固剂

2.5.3 弹条扣件

(1) 弹条Ⅰ型扣件

弹条Ⅰ型扣件也称"ω"扣件，弹条Ⅰ型扣件如图 2-55 所示，由弹条、螺纹道钉、轨距挡板、挡板座及弹性橡胶垫板等组成。

1) 弹条。弹条由直径为13mm的$60Si_2Mn$或$55Si_2Mn$热轧弹簧圆钢制成，用以弹性扣压钢轨，弹条有A、B两种，其中A型弹条较长。对于50kg/m钢轨除14号接头轨距挡板安装B型弹条扣件外，其余一律安装A型弹条。对于60kg/m钢轨，一律安装B型弹条。

图2-55 弹条Ⅰ型扣件
1—螺纹道钉；2—螺母；3—平垫圈；
4, 5—弹条；6, 7—扣板；8—铁座

2) 轨距挡板。轨距挡板用以调整轨距并传递钢轨承受的横向水平力。轨距挡板中间有长圆孔。对应于50kg/m钢轨，有14和20两个号码的轨距挡板，可调整轨距6mm。对应于60kg/m钢轨有10和6两个号码的轨距挡板，可调整轨距4mm。

挡板座用以支撑轨距挡板，保持轨距，并传递轨距挡板的横向水平力至轨枕的挡肩上。此外，还具有一定的绝缘性能。用于50kg/m钢轨的挡板座有2~4和0~6两种编号。2~4分别表示2号和4号挡板座，它们互相调换一下，可以调整轨距2mm。同样0~6表示0号和6号挡板座，可以调整轨距6mm。对于60kg/m钢轨只有2~4挡板座一种。

将左右两股钢轨内外两则不同编号的挡板和挡板座相互配合，可以调整一定量的轨距，对于60kg/m钢轨，可调整轨距-4~+8mm；50kg/m钢轨则为-8~+16mm。

3) 螺纹道钉锚固。螺纹道钉采用硫磺水泥浆锚固在PC轨枕预留的孔中，原属于我国独创的一种工艺流程。螺纹道钉的抗拔能力可达588kN以上，耐久性也很好。如在使用过程中，螺纹道钉损坏，可旋出更换，日久硫磺水泥浆胶体（锚固剂）碎落，可将其重新灌注。但其缺点是其绝缘性能不足并在施工过程中产生有毒的气体，在我国主要干线上正逐步放弃使用，并变换为塑料螺纹套管固定螺纹道钉的结构型式，其绝缘电阻可提高2~3倍。

4) 橡胶垫板。橡胶垫板具有弹性可缓和轮轨间的振动冲击作用，并兼有绝缘性能。用于60kg/m钢轨的橡胶垫板宽度、长度和厚度分别为148、185、10mm，用于50kg/m钢轨的橡胶垫板则为130、185、10mm。垫板的弹性靠压缩变

形而获得。为了增加压缩变形量，通常在垫板的正反面开设凹槽，凹槽底部两端采用圆弧连接，以避免应力集中，并延长使用寿命。橡胶的材质可为丁苯橡胶、顺丁橡胶或天然橡胶，并不应采用塑料或其他材料。

混凝土枕弹性垫层铺设数量大，价格高，弹性是否合理对轨道工作状态影响极大，因此，正确地选择弹性垫层的材质及厚度是重要的。

橡胶垫层技术条件见表 2-39。

根据弹性垫层最适宜的弹性指标，对其厚度规定如表 2-40。

橡胶垫层技术条件　　表 2-39

顺序	项目	单位	技术指标
1	硬度	HS	75~85
2	扯断强度	MPa	≥13
3	200%定伸强度	MPa	≥10
4	阿克隆磨耗	$cm^3/1.61km$	≤0.6
5	永久变形	%	≤25
6	电阻	Ω	≥10^6
7	老化试验扯断强度（100℃，72h）	MPa	≥10

橡胶垫层厚度　　表 2-40

轨型(kg/m)	部位	厚度(mm)	附注
60		10	宽轨枕线路全部采用10mm厚垫板
50	非接头区	7	
	接头部位	10	
43		7	

5) 垫片。各类型垫片以塑料制品为主，橡胶制品为辅。

塑料垫片的物理机械性能见表 2-41。

塑料垫片的物理机械性能指标　　表 2-41

顺序	项目	单位	指标 聚氯乙烯	指标 聚乙烯
1	硬度	HS	85~92	85~95
2	拉伸强度	MPa	≥20	≥12
3	断裂伸长度	%	≥200	≥200
4	电阻（干态浸水 24h）	Ω	≥10^8	≥10^8
5	耐寒性	℃	-25	
6	老化试验（100℃×72h） (1) 拉伸强度 (2) 断裂伸长率	MPa %	≥20 ≥180	≥11 ≥180

弹条Ⅰ型扣件弹性好、扣压力损失较小，能较好的保持轨道几何形位，使用效果好，主要技术性能均优于扣板式扣件，适用于标准轨距铁路直线及半径 $R \geq 300m$ 的曲线地段，与50kg/m、60kg/m 钢轨相联结。但是，随着高速、重载运输的发展，对于重型和特重型轨道，弹条Ⅰ型扣件已显性能不足，主要表现在以下方面：弹条的扣压力不足，弹程偏小，直接影响弹条扣压力的稳定性和防松能力；弹条有效扣压力的减小，致使防爬能力降低；弹条设计安全强度储备不足，不能适应重载需要，致使弹条损坏较多；在曲线地段，当弹条松动时扣件沿混凝土枕挡肩上滑，引起挡肩破损和轨距扩大。

(2) 弹条Ⅱ型扣件

弹条Ⅱ型扣件除弹条采用新材料重新设计外，其余部件与弹条Ⅰ型扣件通用,仍为带挡肩、有螺栓扣件。在原使用弹条Ⅰ型扣件地段,可用弹条Ⅱ型扣件弹条更换原Ⅰ型扣件弹条。

设计参数:单个弹条扣压力不小于10kN,弹程(即弹性变形量)不小于10mm,分别比Ⅰ型扣件提高约30%;组装扣件设计承受横向疲劳荷载7t,在荷载循环200万次后,各部件不得损坏。

为了提高弹条的强度和扣压力,选用了优质弹簧钢60Si$_2$CrVA作为Ⅱ型弹条的材料,屈服强度和抗拉强度分别提高了42%和36%。在弹条优化设计的基础上,最后确定弹条的直径不变,与Ⅰ型扣件相同,仍为13mm。弹条Ⅱ型扣件,具有扣压力大、强度安全储备大、残余变形小等优点。适用于Ⅱ或Ⅲ型混凝土枕的60kg/m钢轨线路。

轨距的调整仍用轨距挡板和挡板座的不同号码相互调配。

(3) 弹条Ⅲ型扣件

图2-56 弹条Ⅲ型扣件实物图

弹条Ⅲ型扣件是无螺栓、无挡肩弹性扣件,由弹条、预埋铁座、绝缘轨距块和橡胶垫板组成,如图2-56和图2-57所示。预埋在PC轨枕中的铸铁挡肩承受横向水平力,保持轨距;弹条作为扣压件扣压钢轨;绝缘轨距块固定钢轨保持轨距,兼有绝缘的作用。绝缘轨距块的号码有7~9号和11~13号,使用不同号码的绝缘轨距块配置调整轨距。

弹条Ⅲ型扣件的抗横向水平力的能力静态为100kN,动态70kN(荷载循环200×10^6次);预埋铁座抗拔力不小于60kN。

弹条Ⅲ型扣件具有扣压力大(不小于11kN)、弹性好(弹性变形不小于12mm)等优点,特别是取消了混凝土挡肩,从而消除了轨底在横向力作用下发生横移导致轨距扩大的可能性,因此保持轨距的能力很强;又由于取消了螺栓联结的方式,扣压力易于保持,大大减小了扣件养护工作量。适用于重载大运量、高密度的运输条件。

图2-57 弹条Ⅲ型扣件
1—弹条;2—预埋铁座;
3—绝缘轨距块;4—橡胶垫板

无螺栓、无挡肩的Ⅲ型弹条扣件是目前国际上比较先进的一种扣件，但是Ⅲ型扣件的使用效果又是涉及设计、标准、工装、工艺、安装、养护等诸多因素，是一项系统工程，任何一个部件公差超标都可能导致不良的安装质量。经过多年的实践，Ⅲ型扣件基于英国潘德罗尔（Pondrol）扣件的标准，并对轨枕、扣件（弹条、预埋件）、预埋件固定方式等进行调整，取得良好效果。Ⅲ型扣件的主要技术标准对比见表4-42。

Ⅲ型扣件技术标准　　　　　　　　　表4-42

部件		中国标准		英国Pondrol标准	注
		修改前	修改后		
Ⅲ型弹条	标准号	GB1222	GB1222	BS970251A58	
	σ_s	≥1200MPa	≥1200MPa	≥1200MPa	
	σ_b	≥1300MPa	≥1300MPa	≥1300MPa	
	弹条初始开口公差	±1.3mm	±1.3mm	±1.3mm	
	回火硬度 HRC	41～47	44～48	44～48	
预埋铁座	支承台高度公差	±0.8mm	±0.5mm	±0.5mm	
	孔顶高度公差	±0.8mm	±0.5mm	±0.5mm	
	材质	可锻铸铁	球墨铸铁	球墨铸铁	
	硬度（HB）	120	170～185	170～185	
绝缘轨距块	厚度公差	±0.15mm	±0.15mm	±0.15mm	
	材质	尼龙6 尼龙66	尼龙66	尼龙66	
橡胶垫板	厚度公差	$^{+0.5}_{\ \ 0}$mm	$^{+0.5}_{\ \ 0}$mm	$^{+0.5}_{\ \ 0}$mm	
	硬度（HS）	77±5	77±5	71±5	
	静刚度（kN/mm）	55～80	55～80	55～80	
Ⅲb轨枕	支承台高度公差	±0.8mm	±0.8mm	±0.8mm	铁座预埋精度
	孔顶高度公差	±0.8mm	±0.8mm	±0.8mm	铁座预埋精度

图2-58　小阻力扣件

(4) 小阻力扣件

小阻力扣件对于钢轨有较小的扣压力，其构造特点是扣件的紧固螺栓至弹条对于钢轨的扣压点之间有较长的力臂，使之钢轨在扣件紧固后获得较小的扣压力。小阻力扣件适应于桥上铺设无缝线路轨道的要求，可减小桥梁与无缝线路之间的相互作用力。图 2-58 是有碴桥上使用的小阻力扣件。

2.5.4 无碴轨道的扣件

(1) 无碴轨道的小阻力扣件

无碴轨道的扣件，要求富有弹性并便于调整轨距高低。铺设无缝线路的无碴轨道扣件，还要求具有较小的线路纵向的阻力。

图 2-59 是我国桥上无碴轨道采用的扣件，在轨下及其垫板下均设置有调高垫板。扣件具有 $-12 \sim +10$ mm 的轨距调整量，$0 \sim +30$ mm 的钢轨高低调整量。每付扣件，钢轨纵向阻力为 6.5 ± 0.5 kN。如果采取结构措施，可降低至 3.6 ± 0.4 kN，其钢轨纵向阻力值低于普通扣件 7kN 的数值。

(2) 无碴轨道上的潘德罗尔扣件

普通的潘德罗尔扣件与我国Ⅲ型扣件相似，其调整轨距及钢轨高低的能力很低。无碴轨道使用的潘德罗尔扣件增加了带槽的铁垫板，以便调整钢轨高低；利用铁座孔内的偏心齿轮以调整扣压力，并利用楔形齿条以调整轨距。图 2-60 是 1997 年在日本长野新干线板式轨道上试铺的潘德罗尔扣件，轨距可调 ±10mm；另有一种其钢轨高低最大可调 14mm。

(3) 日本直结型板式轨道扣件

日本高速铁路板式轨道使用特制的扣件。图 2-61 是在一般区间使用的直结 8 型扣件，其钢轨高低调节范围是 $0 \sim +30$ mm，轨距 ±10mm。在软土

图 2-59 无碴轨道小阻力扣件

1—T 型螺栓；2—螺母 M22；3—平垫圈；4—弹条；5—复合胶垫；6—铁垫板；7—绝缘缓冲垫板；8—锚固螺栓；9—弹簧垫圈 30；10—平垫块；11—绝缘套管；12—轨下调高垫板；13—铁垫板下调高垫板

路基的特殊区间,采用直结 7 型,具有更强的调节几何形位能力,其钢轨高低可调 0 ~ + 50mm,轨距 ± 30mm,如图 2-62 所示。

图 2-60 潘德罗尔扣件

图 2-61 一般区间使用的
钢轨扣件直结 8 型
1—主弹片;2—平垫圈(A);3—扣件螺栓;4—T 型螺栓;5—弹簧垫圈;6—平垫圈(B);7—绝缘套;8—盖板;9—铁垫板;10—60kg 钢轨;11—铁垫片;12—轨下胶垫;13—钢轨调整衬垫;14—绝缘板

图 2-62 软土区间使用的
钢轨扣件直结 7 型
1—主弹片;2—平垫圈;3—扣件螺栓;4—T 型螺栓;5—弹片承台 A 或 B;6—弹簧垫圈;7—平垫圈 B;8—盖板 A 或 B;9—绝缘板;10,11—绝缘套;12—钢轨调整衬垫;13—轨下胶垫;14—60kg 钢轨;15—铁垫片;16—铁垫板

2.5.5 我国各类扣件的技术性能及使用条件

我国各类扣件的技术性能及使用条件见表 2-43 及表 2-44。

我国轨枕扣件技术性能　　　　　　　　　表 2-43

性能指标＼扣件名称＼扣件性能	单位	70 扣板	弹条Ⅰ型	弹条Ⅰ型调高	大秦线分开式	弹条Ⅱ型	弹条Ⅲ型
单个弹条初始扣压力	kN	7.8	8.9	8.2	8.9	≥10	≥11
弹条变形量	mm	刚性	8	9	8	10	13
纵向防爬阻力	kN	12.5	14.3	13.1	14.3	16	17.6
扣压点垂直静刚度	kN/m	110~150	90~120	90~120	60~80	60~80	60~80
调轨距量	mm	0~+16	-4~+8	-4~+8	-12~+8	-8~+12	-8~+4
调高量	mm	0	≤10	≤20	≤15	≤10	0
备注			B型弹条	A型弹条	B型弹条	Ⅱ型弹条	Ⅲ型弹条

扣件使用条件　　　　　　　　　表 2-44

轨道类型	特重型、重型	重型 次重型 及中型	中型及以上	轻型	轻型
轨枕类型	Ⅲ型混凝土枕	Ⅱ型混凝土枕	木枕	Ⅱ型混凝土枕	木枕
扣件类型	有挡肩轨枕用弹条Ⅱ型 无挡肩轨枕用弹条Ⅲ型	弹条Ⅱ型	分开式扣件	弹条Ⅰ型或70型扣板式	普通道钉

第3章 轨道几何形位

3.1 概　　述

轨道几何形位是指轨道各部分的几何形状、相对位置和基本尺寸。轨道几何形位按照静态与动态两种状况进行管理。静态几何形位是轨道不行车时的状态，可采用道尺及小型轨道检查车等工具测量。动态几何形位是行车条件下的轨道状态，可采用轨道检查车测量。我国铁路轨道几何形位的管理，实行静态管理与动态管理相结合的模式。

本章主要讨论直线和曲线轨道的几何形位及其容许偏差管理标准。由于机车车辆、特别是其走行部分的基本尺寸与轨道几何形位密切相关，因此还介绍机车车辆构造方面的有关知识。

3.1.1 控制轨道几何形位的重要性

铁路轨道直接承载车轮并引导列车运行，轨道的几何形位与机车车辆轮对的几何尺寸必须密切配合，因而轨道几何形位的控制对于保证列车运行安全是非常重要的。另外，随着铁路列车提速及高速铁路技术的应用，为了保持高速列车运行的平稳性和舒适性，也必须对轨道的几何形位实行严格控制。

国内外的理论计算和试验研究表明，轨道不平顺是引起机车车辆在线路上产生振动的主要原因。被认为是微小的不平顺，在 300km/h 高速运行条件下所激发的车体振动便可能超过允许限度。例如，幅值 10mm、波长 10m 接连不断的高低不平顺，在常速下所引起的车体和轮轨动力作用都很小，但当速度达到 300km/h 时，就可使车体产生垂向加速度为 $1.76m/s^2$，频率为 2Hz 的持续振动；又如，幅值仅为 5mm、波长 10m 的轨向不平顺，在常速下所引起的振动更小，而在 300km/h 时，却可能使车体产生横向加速度为 $0.65m/s^2$，频率为 2Hz 的振动。而根据国际振动环境标准 ISO2631 的规定，对于振动频率为 1~2Hz，累计持续时间为 4 小时的车体振动环境，保持舒适感不减退的允许加速度限值规定为：横向 $0.17m/s^2$，垂向 $0.34 \sim 0.49m/s^2$。可见以上数据已远远超过所规定的允许限值。

另外，轨道不平顺又是加剧轮轨作用力的主要根源。焊缝不平顺、轨面剥离、擦伤、波形磨耗等短波不平顺幅值虽然很小，但在高速行车条件下也可能引起很大的轮轨作用力和冲击振动。例如，一个 0.2mm 的迎轮台阶形微小焊缝不平顺，300km/h 时所引起的轮轨高频冲击作用动力可达 722kN，低频轮轨力达

321kN，从而加速道碴破碎和道床路基不均匀沉陷，形成中长波不平顺，并引起强烈的噪声。另一方面，轨面短波不平顺所引起的剧烈轮轨相互作用，还可能引发钢轨及轮轴断裂，导致恶性脱轨事故发生。

由此可见，严格控制铁路轨道几何形位对于保证列车运行的安全性、平稳性和舒适性都具有十分重要的意义，也是铁路轨道结构有别于其他工程结构的显著特征。

3.1.2 轨道几何形位的基本要素

轨道有直线轨道和曲线轨道两种平面几何形式。除此之外，还有轨道的分支与交叉（即道岔），将在道岔章节讨论。在轨道的直线部分，两股钢轨之间应保持一定的距离，称之为轨距；两股钢轨的顶面应位于同一水平或保持一定的相对高差，称之为水平；轨道中线位置应与它的设计位置一致，称之为方向（或轨向）；两股钢轨轨顶所在平面（即轨面）在线路纵向应保持平顺，称之为前后高低（或轨面平顺性）；为使钢轨顶面与锥形踏面的车轮相配合，两股钢轨均应向内倾斜铺设，称之为轨底坡。在轨道的曲线部分，除应满足上述要求外，还应根据机车车辆顺利通过曲线的要求，将小半径曲线的轨距略以加宽；为抵消机车车辆通过曲线时出现的离心力，应使外轨顶面略高于内轨顶面，形成适当的外轨超高；为使机车车辆平稳地自直线进入圆曲线（或由圆曲线进入直线），并为外轨逐渐升高、轨距逐渐加宽创造必要的条件，在直线与圆曲线之间，应设置一条曲率渐变的缓和曲线。

综上所述，直线轨道几何形位的基本要素包括：轨距、水平、方向、前后高低和轨底坡；曲线轨道几何形位的基本要素除以上五项规定之外，还有以下三个特殊构造，即曲线轨距加宽、曲线外轨超高及缓和曲线。

3.2 机车车辆走行部分构造简介

机车车辆由车体与走行等部分组成。车体用以载人、载货或安置动力设备，走行部分将车体荷载传递至轨道。现代机车车辆的走行部分多采用转向架结构。转向架的主要功能是：将车体荷载均匀分配于轮对，保证机车车辆顺利通过曲线，并降低轮对振动对车体的影响。

3.2.1 转向架的构造和类型

（1）转向架的构造

转向架一般可分为以下几个组成部分（参见图3-1～图3-3）。

1) 轮对轴箱装置：轮对沿着钢轨滚动，除传递车辆重力外，还传递轮轨之间的各种作用力，其中包括牵引力和制动力。轴箱与轴承装置是联系构架（或侧

图 3-1 三轴转向架

图 3-2 二轴客车转向架
(a) 转向架；(b) 构架

架）和轮对的活动关节，使轮对的滚动转化为车体沿钢轨的平动。

2) 弹性悬挂装置：为减少线路不平顺和轮对运动对车体的各种动态影响（如垂向振动，横向振动等），转向架在轮对与构架（侧架）之间或构架（侧架）与车体（摇枕）之间，设有弹性悬挂装置。前者称为轴箱悬挂装置（又称第一系悬挂），后者称为摇枕（中央）悬挂装置（又称第二系悬挂）。目前，我国大多数货车转向架只设有摇枕悬挂装置，客车转向架既设有摇枕悬挂装置，又设有轴箱悬挂装置。

弹性悬挂装置包括弹簧装置、减振装置和定位装置等。

3) 构架或侧架：构架（侧架）将转向架各零、部件组成一个整体，是转向架的基础。所以它不仅仅承受、传递各作用力及载荷，而且它的结构、形状和尺寸大小都应满足各零、部件的结构、形状及组装的要求（如应满足制动装置、弹簧减振装置、轴箱定位装置等安装的要求）。

4) 基础制动装置：为使运行中的车辆能在规定的距离范围内停车，必须安装制动装置，其作用是传递和放大制动缸的制动力，使闸瓦与轮对之间产生的转向架的内摩擦力转换为轮轨之间的外摩擦力（即制动力），从而使机车车辆承受

图 3-3 二轴货车转向架

(a) 转向架

1—轴承；2—轮对；3—侧架；4—楔块；5—摇枕；6—弹簧；7—制动装置；8—旁承；9—下心盘

(b) 侧架

1—磨耗板；2—楔块挡；3—检查孔；4—轴箱导框；5—圆肌子；6—弹簧承台；7—制动梁滑槽

(c) 摇枕；(d) 下心盘

前进方向的阻力，产生制动效果。

5) 转向架支承车体的装置：转向架支承车体的方式（又可称为转向架的承载方式）不同，使得转向架与车体相连接部分的结构及形式也各有所异，但都应满足两个基本要求：安全可靠地支承车体，承载并传递各作用力（如垂向力、振动力等）；为使车辆顺利通过曲线，车体与转向架之间应能绕不变的旋转中心相对转动。

转向架的承载方式可以分为心盘集中承载、非心盘承载和心盘部分承载三种。

(2) 转向架的分类

1) 按轴数分类：机车有二轴、三轴和四轴转向架。车辆有二轴、三轴和多轴转向架。车轴在转向架上的排列形式称轴列式或轴式。我国东风型内燃机车和韶山I型电力机车为三轴转向架，其轴式为 3_0—3_0（或 C_0—C_0），其中，C 表示

3，脚注 0 表示有牵引电动机驱动的动轮轴；北京型内燃机车为二轴转向架，其轴式为 $2_0—2_0$（或 $B_0—B_0$），其中，B 表示 2，我国客货车辆多为二轴转向架。为了适应我国重载运输发展的要求，正在研制单节大功率八轴内燃机车，即两台四轴转向架。比较理想的轴式为 $B_0+B_0-B_0+B_0$，即由两台二轴转向架组合而成一台四轴转向架，车辆则采用多转向架或转向架群。

为防止车轮由于轮对歪斜而陷落于轨道中间，安装在同一个转向架上的车轴，必须保持相互之间的平行位置，但近代车辆也出现有径向转向架。同一机车车辆最前位和最后位车轴中心间水平距离，称为全轴距。同一转向架上始终保持平行的最前位和最后位车轴中心间水平距离，称为固定轴距。车辆前后两转向架上车体支承间的距离称为车辆定距，如图3-4所示。

图 3-4　二轴车辆纵向主要尺寸参数
A—车辆全长；B—全轴距；C—车辆定距；D—固定轴距

2) 按弹簧装置形式分类：机车和车辆可分为一系和二系弹簧悬挂装置。一系悬挂转向架适用于低速机车和货车车辆，二系悬挂转向架适用于中高速机车和客车车辆。图3-5 为车辆的弹簧悬挂装置。

图 3-5　车辆的弹簧悬挂装置
(a) 一系弹簧悬挂；(b) 二系弹簧悬挂

3) 按行车速度分类：有高速转向架，速度在 200km/h 以上；普通转向架，速度在 120km/h 以下。

此外，转向架还有按轴箱定位形式和按车体与转向架连接装置形式分类等。

3.2.2　轮　　对

轮对是由一根车轴和两个相同的车轮组成，如图3-6所示。在轮轴结合部位采用过盈配合，使两者牢固地结合在一起，绝不允许有任何松动现象发生，以保证行车安全。

轮对承担车辆全部重力，且在轨道上高速运行，同时还承受着从车体、钢轨

图 3-6 轮对

两方面传递来的其他各种静、动作用力,受力很复杂。因此,对轮对的要求是:应有足够的强度,以保证在容许的最高速度和最大载荷下安全运行;应在强度足够和保证一定使用寿命的前提下,自重最小,并具有一定弹性,以减小轮轨之间的相互作用力;应具备阻力小和耐磨性好的优点,以降低牵引动力损耗并提高使用寿命;应能适应车辆直线运行,同时又能顺利通过曲线,还应具备必要的抵抗脱轨的安全性。

目前,我国铁路车辆上使用的车轮绝大多数是整体辗钢轮,它包括踏面、轮缘、轮辋、幅板和轮毂等部分,如图 3-7 所示。车轮与钢轨的接触面称为踏面。一个突出的圆弧部分称为轮缘,是保持车辆沿钢轨运行,防止脱轨的重要部分。轮缘内侧面的竖直面称为车轮内侧面,与之相对的竖直面称为车轮外侧面。车轮内外两侧面之间的距离称为车轮宽度。轮辋是车轮上踏面下最外的一圈。轮毂是轮与轴互相配合的部分,幅板是联接轮辋与轮毂的部分,幅板上有两个圆孔,便于轮对在切削加工时与机床固定并供搬运轮对之用。

图 3-7 车轮
(a) 整体轮; (b) 轮箍轮
1—踏面; 2—轮缘; 3—轮辋; 4—幅板; 5—轮毂; 6—轮箍; 7—扣环; 8—轮心

车轮踏面需要制成一定的斜度(图 3-8),其作用是:

(1) 便于轮对通过曲线。车辆在曲线上运行,由于离心力的作用,轮对偏向

图 3-8 车轮轮缘踏面外形
(a) 机车锥型踏面；(b) 车辆锥型踏面；(c) 车辆 LM 磨耗型踏面

外轨。在外轨上滚动的车轮与钢轨接触的部分直径较大，而沿内轨滚动的车轮与钢轨接触部分直径较小，其大直径的车轮沿外轨行走的路程长，小直径的车轮沿内轨行走的路程短，正好与曲线区段线路的外轨长内轨短的情况相适应，便于轮对顺利通过曲线，减少车轮在钢轨上的滑行。

(2) 便于轮对自动调中。在直线线路上运行的车辆，其中心线与轨道中心线如不一致,则轮对在滚动过程中能自动纠正其偏离位置。

(3) 保持踏面磨耗沿宽度方向的均匀性。

从上述分析可知,车轮必须制成有斜度的锥形踏面,但其自动调中的功能,又成为轮对乃至整个车辆发生自激蛇行运动的原因。

锥型踏面 [图 3-8 (a)] 有两个斜度,即 1:20 和 1:10,前者位于轮缘内侧 48~100mm 范围内,是轮轨的主要接触部分,后者位于距内侧 100mm 以外部分。踏面的最外侧有 $R = 6mm$ 的圆弧,以便于通过小半径曲线,也便于通过辙叉。

磨耗型踏面 [图 3-8 (b)] 是在改进锥型踏面的基础上发展起来的。各国车辆运行情况证明,锥型踏面车轮的初始形状,随着运行过程的磨损成一定形状(与钢轨断面相匹配),随后车轮与钢轨的磨耗都变得缓慢,其形状也趋于稳定。实践证明,车轮踏面若制成类似磨耗后的稳定形状,即磨耗型踏面,可明显减少轮与轨的磨耗,并延长使用寿命,减少车轮修复旋切的材料,减少换轮、旋轮的检修工作量。磨耗型踏面可减少轮轨接触应力,保持车辆直线运行的横向稳定,有利于曲线通过。

有斜度的车轮踏面,各处直径不同。按规定,钢轮在离轮缘内侧 70 mm 处测量所得的直径为名义直径,该圆称为滚动圆,即以滚动圆的直径作为车轮名义直径。车轮直径的大小,对车辆的影响各有利弊。轮径小,可以降低车辆重心,增大车体容积,减小车辆簧下质量,缩小转向架固定轴距,但其阻力增加,轮轨接触应力增大,加速踏面磨耗;小直径车轮通过轨道凹陷和接缝也产生较大的振动。轮径大的优缺点则与之相反。所以,车轮直径尺寸的选择,应视具体情况而定。我国货车标准轮径为 840mm,客车标准轮径为 915mm。

通过踏面上距车轮内侧面一定距离的一点作一水平线,称为踏面的测量线。由此线量至轮缘顶点的距离称为轮缘高度 (f),由测量线向下 10mm 处量得的厚度称为轮缘厚度 (d)。

轮对上左右两车轮内侧面之间的距离,称为轮对的轮背内侧距离 (T)。其值加上两个轮缘厚度 ($2d$) 称为轮对宽度 (q)。如图 3-6 所示,即:

$$q = T + 2d \tag{3-1}$$

轮对宽度必须与轨距相配合。为使机车车辆安全通过轨道,所有轮对都应有标准的宽度,只容许很少的制造公差。

《铁路技术管理规程》(简称技规) 规定,我国机车车辆轮对的主要尺寸见表 3-1。

轮对主要尺寸表 (mm)　　　　　　　　　　　　　　　　表 3-1

名称	轮缘高度 f	轮缘厚度 d		轮背内侧距离 T			轮对宽度 q		
		正常	最小	最大	正常	最小	最大	正常	最小
车辆轮	25	34	22	1356	1353	1350	1424	1421	1394
机车轮	28	33	23	1356	1353	1350	1422	1419	1396

为了便于以后各章的应用,现将我国主型机车车辆的构造性能列于表 3-2 中。

主型机车车辆构造性能　　　　　　　表 3-2

机车种类	机车型号	轮轴名称		平均轮重(kN)	轮距(cm)	轮径(cm)	构造速度(km/h)	固定轴距(cm)
内燃机车	东风$_4$(DF$_4$)	第一转向架	I	112.8	180	105	客120 货100	360
			II		180			
			III		840			
		第二转向架	I		180			
			II		180			
			III					
	ND$_5$	第一转向架	I	106	255	105	118	435
			II		180			
			III		820			
		第二转向架	I		180			
			II		255			
			III					
	东风$_{11}$(DF$_{11}$)	第一转向架	I	112.8	200	105	160	400
			II		200			
			III		790			
		第二转向架	I		200			
			II		200			
			III					
电力机车	韶山$_1$(SS$_1$)	第一转向架	I	112.8	230	125	95	460
			II		230			
			III		580			
		第二转向架	I		230			
			II		230			
			III					
	韶山$_4$(SS$_4$)	前第一转向架	I	112.8	300	125	100	300
			II					
		前第二转向架	I		300			
			II					
		后第一转向架	I		300			
			II					
		后第二转向架	I		300			
			II					

续表

机车种类	机车型号	轮轴名称		平均轮重(kN)	轮距(cm)	轮径(cm)	构造速度(km/h)	固定轴距(cm)
电力机车	韶山$_8$（SS$_8$）	第一转向架	I	110	290	125	100	290
			II		610			
		第二转向架	I		290			
			II					
车辆	新转8（货）	2轴		105	175	84	120	175
	202（客）	2轴		75.5	240	91.5	120	240
	209（客）	3轴		87.5	120	91.5	160	240

3.3 直线轨道几何形位及其标准

3.3.1 轨 距

轨距是钢轨顶面下16mm处两股钢轨作用边之间的距离。

因为钢轨头部外形由不同半径的复曲线所组成，钢轨底面设有轨底坡，钢轨向内倾斜，车轮轮缘与钢轨侧面接触点发生在钢轨顶面下10～16mm之间。所以，我国《技规》规定轨距测量部位在钢轨顶面下16mm处，如图3-9所示。在此处，轨距一般不受钢轨磨耗和肥边的影响，便于轨道维修工作的实施。

图3-9 测量轨距示意图

目前世界上的铁路轨距，分为标准轨距、宽轨距和窄轨距三种。标准轨距尺寸为1435mm。大于标准轨距的称为宽轨距，如1452、1600、1670mm等，用于俄罗斯、印度及澳大利亚、蒙古等国。小于标准轨距的称为窄轨距，如1000、1067、762、610mm等，日本既有线（非高速铁路）采用1067mm轨距。南非铁路有2/5线路采用1067mm窄轨距，也有部分线路采用1600mm宽轨距。

我国铁路轨距绝大多数为标准轨距，仅有少数地方铁路和工矿企业铁路采用窄轨距。

轨距容许偏差值见表3-3及表3-4。轨距变化应和缓平顺，其变化率：正线、到发线不应超过2‰（规定递减部分除外），站线和专用线不得超过3‰，即在1m长度内的轨距变化值，正线到发线不得超过2mm，站线和专用线不得超过3mm。

3.3 直线轨道几何形位及其标准

有砟轨道静态几何形位容许偏差管理值（mm） 表 3-3a

项 目	高低	轨向	水平	扭曲（基长 6.25m）	轨距
160km/h < v ≤ 200km/h	3	3	3	3	±2
120km/h < v ≤ 160km/h	4	4	4	4	+4，-2
100km/h < v ≤ 120km/h	4	4	4	4	+6，-2
v ≤ 100km/h 及到发线	4	4	4	4	+6，-2
其他站线	5	5	5	5	+6，-2
测量弦长	10m			—	

注：1. 轨距偏差不含曲线上按规定设置的轨距加宽值，但最大轨距（含加宽值和偏差）不得超过 1456mm；
2. 轨向偏差和高低偏差为 10m 弦测量的最大矢度值；
3. 三角坑偏差不含曲线超高顺坡造成的扭曲量，检查三角坑时基长为 6.25m，但在延长 18m 的距离内无超过表列的三角坑。

无砟轨道静态几何不平顺容许偏差管理值（mm） 表 3-3b

项 目	高低	轨向	水平	轨距
160km/h < v ≤ 200km/h	2	2	2	+1，-2
120km/h < v ≤ 160km/h	4	4	4	±2
v ≤ 120km/h	4	4	4	+3，-2
测量弦长	10m			—

160km/h < v ≤ 200km/h 轨道动态管理值 表 3-4a

项 目	管理目标值	超限等级		
		Ⅰ级	Ⅱ级	Ⅲ级
高低（mm）	4	6	8	11
轨向（mm）	4	5	7	8
轨距（mm）	+4，-2	+5，-3	+6，-4	+8，-6
水平（mm）	4	6	8	10
扭曲（mm）（基长 6.25m）	4	5	6	8
车体垂向加速度（g）	0.10	0.10	0.10	0.10
车体横向加速度（g）	0.06	0.06	0.10	0.15

120km/h < v ≤ 160km/h 轨道动态管理值 表 3-4b

项 目	管理目标值	超限等级		
		Ⅰ级	Ⅱ级	Ⅲ级
高低（mm）	5	6	10	15
轨向（mm）	4	5	8	12
轨距（mm）	+5，-2	+6，-4	+10，-7	+15，-8
水平（mm）	5	6	10	14
扭曲（mm）（基长 6.25m）	4	5	8	12
车体垂向加速度（g）	0.10	0.10	0.15	0.20
车体横向加速度（g）	0.06	0.06	0.10	0.15

100km/h < v ≤ 120km/h 轨道动态管理值　　　　　　　　　表 3-4c

项　目	管理目标值	超　限　等　级		
		Ⅰ级	Ⅱ级	Ⅲ级
高低（mm）	7	8	12	20
轨向（mm）	7	8	10	16
轨距（mm）	+7，-5	+8，-6	+12，-8	+20，-10
水平（mm）	7	8	12	18
扭曲（mm）（基长 6.25m）	7	8	10	14
车体垂向加速度（g）	0.10	0.10	0.15	0.20
车体横向加速度（g）	0.06	0.06	0.10	0.15

v ≤ 100km/h 轨道动态管理值　　　　　　　　　表 3-4d

项　目	管理目标值	超　限　等　级		
		Ⅰ级	Ⅱ级	Ⅲ级
高低（mm）	11	12	16	22
轨向（mm）	9	10	14	20
轨距（mm）	+11，-5	+12，-6	+16，-8	+24，-10
水平（mm）	11	12	16	22
扭曲（mm）（基长 6.25m）	9	10	12	16
车体垂向加速度（g）	0.10	0.10	0.15	0.20
车体横向加速度（g）	0.06	0.06	0.10	0.15

注：1. 表 3-4（a ~ d）中轨道不平顺偏差限值为轨道不平顺实际幅值的半峰值；
　　2. 道岔直股轨道不平顺按表 3-4（a ~ d）评判；
　　3. v > 160km/h 时，管理波长增加到 40 ~ 50m；
　　4. 管理目标值为轨道结构设计的标准；
　　5. 超限等级为轨道动态评定标准，Ⅰ级每处扣 1 分，Ⅱ级每处扣 5 分，Ⅲ级每处扣 100 分，其轨道每千米扣分总数为各级、各项扣分总和；优良—扣分总数在 50 分以内；合格—扣分总数在 51 ~ 300 分；不合格—扣分总数在 301 分以上。

为使机车车辆在线路上两股钢轨间正常运行，机车车辆的轮对宽度应适当小于轨距。当轮对的一个车轮轮缘紧贴一股钢轨的作用边时，另一个车轮轮缘与另一股钢轨作用边之间便形成一定的间隙，这个间隙称为游间，如图 3-10 所示。

图中：S 为轨距，q 为轮对宽度，δ 为游间，$\delta = S - q$。

轨距和轮对宽度都规定有容许的最大值和最小值。若轨距最大值为 S_{max}，最小值为 S_{min}，轮对宽度最大值为 q_{max}，最小值为 q_{min}，则

游间最大值 $\delta_{max} = S_{max} - q_{min}$

游间最小值 $\delta_{min} = S_{min} - q_{max}$

我国机车车辆的轮对宽度 q 值见表 3-1，轮轨游间见表 3-5。

轮轨游间 δ 的大小，对列车运行的平稳性和轨道的稳定性有重要的影响。

如δ增大，则列车运行的蛇行幅度加大，作用于钢轨上的横向力增长，动能损失加大，从而加剧轮轨磨耗和轨道变形，严重时将引起撑道脱线，危及行车安全。如δ太小，将增加行车阻力和轮轨磨耗，严重时还可能楔住轮对、挤翻钢轨或导致爬轨事件，危及行车安全。

图 3-10 游间示意图

为了提高列车运行的平稳性和线路的稳定性，减少轮轨磨耗和动能损失，确保行车安全，游间 δ 值需限制在一个合理的范围内。根据我国现场测试和养护维修经验，认为减小直线轨距有利。轨距按 1434mm 或 1433mm 控制，尽管轨头有少量侧磨发生，但可延缓达到轨距超限的时间，有利于提高行车平稳性，延长维修周期。随着行车速度的日益提高，目前世界上一些国家正致力于通过试验研究的方法寻求游间 δ 的合理取值（表 3-5）。

轮 轨 游 间 表　　　　　　　　　表 3-5

车轮名称	轮轨游间 δ 值（mm）		
	最大	正常	最小
机 车 轮	45	16	11
车 辆 轮	47	14	9

3.3.2 水　　平

水平是指线路左右两股钢轨顶面的相对高差。在直线地段，两股钢轨顶面应置于同一水平面上，以使两股钢轨受载均匀，保持列车平稳运行。水平用道尺或其他工具测量。轨道"水平"的容许偏差见表 3-3 及表 3-4。

两股钢轨的顶面偏差值，沿线路方向的变化率不可太大。在 1m 距离内，这个变化不可超过 1mm，否则即使两股钢轨的水平偏差不超过容许范围，也会引起机车车辆的剧烈摇晃。

实践中有二种性质不同的钢轨水平偏差，对行车的危害程度也不相同。一种偏差称为水平差，这就是在一段规定的距离内，一股钢轨的顶面始终比另一股高，高差值超过容许偏差值。另一种称为三角坑，又称为"扭曲"，如图 3-11 所示，其容许偏差值见表 3-3，其含义是在一段规定的距离内，先是左股钢轨高于右股，后是右股高于左股，高差值超过容许偏差值，而且两个最大水平误差点之间的距离，不足 18m。我国铁路检测三角坑的基准线长（基长）为 6.25m，但在 18m 距离内不得有超过表 3-3 所列的数据。

图 3-11 三角坑示意图

在一般情况下,超过容许限值的水平差,只是引起车辆摇晃和两股钢轨的不均匀受力,并导致钢轨不均匀磨耗。但如果在延长不足 18m 的距离内出现水平差超过 4mm 的三角坑,将使同一转向架的四个车轮,只有三个正常压紧钢轨,还有一个形成减载或悬空。如果恰好在这个车轮上出现较大的横向力,就可能使浮起的车轮只能以它的轮缘贴紧钢轨,在最不利的情况下甚至可能爬上钢轨,引起脱轨事故。三角坑对于行车的平稳性和安全性有显著的影响,是轨道几何形位重点控制的指标之一。

3.3.3 方　　向

方向是指轨道中心线在水平面上的平顺性。经过运营的直线轨道并非直线,而是有许多波长为 10~20m 的曲线所组成,因其曲度很小,故通常不易察觉。若直线不直则必然引起列车的蛇行运动。在行驶快速列车的线路上,轨道方向对行车的平稳性具有特别重要的影响。相对轨距来说,轨道方向往往是行车平稳性的控制因素。

在无缝线路地段,若轨道方向不良,还可能在高温季节引发胀轨跑道事故(轨道发生明显的不规则横向位移),严重威胁行车安全。轨道方向的容许偏差见表 3-3 及表 3-4。

3.3.4 前后高低

轨道沿线路方向的竖向平顺性称为前后高低。新建或经过大修的轨道,即使其轨面是平顺的,但经过一段时间列车运行后,由于路基状态、道床捣固坚实程度、以及钢轨磨耗的不一致性,将产生不均匀下沉,致使轨面前后高低不平,即在有些地段(往往在钢轨接头附近)下沉较多,出现坑洼,这种不平顺,称为静态不平顺;有些地段,从表面上看,轨面是平顺的,但实际上轨底与铁垫板或轨枕之间存在间隙(间隙超过 2mm 时称为吊板),或轨枕底与道碴之间存在间隙(间隙超过 2mm 时称为空板或暗坑),或轨道基础弹性的不均匀(路基填筑的不均匀、道床弹性的不均匀等),当列车通过时,这些地段的轨道下沉不一致,也会产生不平顺,这种不平顺称为动态不平顺。随着高速铁路的发展,动态不平顺已受到广泛关注。

当车轮通过轨道不平顺地段时,动力效应增加。根据运营经验,连续三个空吊板可以使钢轨受力增加一倍以上。一般说来，长度在 4m 以下的不平顺，将引起机车车辆对轨道产生较大的破坏作用，明显加速道床变形，是养路工作的重点控制对象。

长度在 100～300mm 范围内的不平顺，主要起因于钢轨波浪型磨耗、焊接接头低塌或轨面擦伤。通过该处的车轮，对轨道形成冲击作用，行车速度愈高，冲击愈大。例如，根据沪宁线混凝土轨枕道床板结地段的一个试验，将钢轨人为地打磨成如图 3-12 所示的不平顺（模拟焊接接头打塌后的形状），列车以 90km/h 的速度通过时，一个动轮产生的冲击力达到 300kN 左右，接近于 3 倍静轮重。因轨道检查车对其难以检测，养路工作中应加强管理。

图 3-12 钢轨不平顺

轨道前后高低的容许偏差见表 3-3 及表 3-4。

3.3.5 轨 底 坡

由于车轮踏面与钢轨顶面主要接触部分是 1∶20 的斜坡，为与之配合，钢轨应有一个向轨道中心的倾斜度，因此轨底与轨道平面之间应形成一个横向坡度，称之为轨底坡。

钢轨设置轨底坡，可使其轮轨接触集中于轨顶中部，提高钢轨的横向稳定性，减轻轨头不均匀磨耗。分析研究指出，轨头中部塑性变形的积累比之两侧较为缓慢，故设置轨底坡也有利于减小轨头塑性变形，延长使用寿命。

我国铁路轨道采用 1∶40 的轨底坡。我国铁路在 1965 年以前，轨底坡曾定为 1∶20，但在机车车辆的动力作用下，轨道发生弹性挤开，轨枕产生挠曲和弹性压缩，加之垫板与轨枕不密贴以及道钉扣压力不足等因素，实际轨底坡与原设计轨底坡有较大的出入。运营经验表明，车轮踏面经过一段时间的磨耗后，原有 1∶20 的斜面也趋近于 1∶40 的坡度。故 1965 年以后，我国铁路轨道的轨底坡确定为 1∶40。

曲线地段的外轨设有超高，轨枕处于倾斜状态。当其倾斜到一定程度时，内股钢轨中心线将偏离垂直线而外倾，在车轮荷载作用下有可能推翻钢轨。因此，在曲线地段应视其外轨超高值的不同而加大内轨的轨底坡。调整的范围见表 3-6。

应当说明，以上所述轨底坡的大小是钢轨在不受列车荷载作用情况下的理论值。在复杂的列车动荷载作用下，轨道各部件将产生不同程度的弹性和塑性变形，静态条件下设置的 1∶40 轨底坡在列车动荷载作用下不一定保持 1∶40。轨底坡设置是否正确，可根据钢轨顶面上由车轮碾磨形成的光带位置来判定。如光带偏离轨顶中心向内,说明轨底坡不足;如光带偏离轨顶中心向外,说明轨底坡过大;如光带居中,说明轨底坡合适。轨道养护工作中,可根据光带位置调整轨底坡的大小。

内股钢轨轨底坡调整范围　　　　　　　表 3-6

外轨超高 (mm)	轨枕面最大斜度	铁垫板或承轨槽面倾斜度		
		0	1:20	1:40
		楔形垫板或枕木砍削的坡度		
0~75	1:20	1:20	0	1:40
80~125	1:12	1:12	1:30	1:17

3.4 曲线轨道几何形位及其标准

3.4.1 曲线轨距加宽

机车车辆进入曲线轨道时,仍然存在保持其原有行驶方向的惯性,只有受到外轨的引导作用方才沿着曲线轨道行驶。在小半径曲线上,为使机车车辆顺利通过曲线而不致被楔住或挤开轨道,以减小轮轨间的横向作用力,并减少轮轨磨耗,轨距要适当加宽。轨距加宽的设置方法是将曲线轨道内轨向曲线中心方向移动,曲线外轨的位置则保持与轨道中心半个轨距的距离不变。曲线轨距的加宽值与机车车辆的车架或转向架在曲线上的几何位置有关。

(1) 转向架的内接形式

由于轮轨游间的存在,机车车辆的车架或转向架通过曲线轨道时,可以占有不同的几何位置,称为内接形式。随着轨距大小的不同,机车车辆在曲线上可呈现以下四种内接形式:

1) 斜接。机车车辆车架或转向架的外侧最前位车轮轮缘与外轨作用边接触,内侧最后位车轮轮缘与内轨作用边接触,如图 3-13 (a) 所示。

2) 自由内接。机车车辆车架或转向架的外侧最前位车轮轮缘与外轨作用边接触,其他各轮轮缘无接触地在轨道上自由行驶,如图 3-13 (b) 所示。

3) 楔形内接。机车车辆车架或转向架的最前位和最后位外侧车轮轮缘同时与外轨作用边接触,内侧中间车轮的轮缘与内轨作用边接触,如图 3-13 (c) 所示。

4) 正常强制内接。为避免机车车辆以楔形内接形式通过曲线,对楔形内接所需轨距增加 $\delta_{min}/2$,其转向架在曲线上所处位置称为正常强制内接。

(2) 曲线轨距加宽的确定原则

如上所述,机车车辆通过曲线的内接形式,随着轮轨游间大小而定。根据运

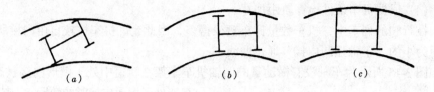

图 3-13 机车车辆通过曲线的内接形式
(a) 斜接；(b) 自由内接；(c) 楔形内接

营经验，以自由内接最为有利，但机车车辆的固定轴距长短不一，不能全部满足自由内接通过。为此，确定轨距加宽必须满足如下原则：

1) 保证占列车大多数的车辆能以自由内接形式通过曲线；
2) 保证固定轴距较长的机车通过曲线时，不出现楔形内接，但允许以正常强制内接形式通过；
3) 保证车轮不掉道，即最大轨距不超过容许限度。

(3) 根据车辆条件确定轨距加宽

我国绝大部分的车辆转向架是两轴转向架。当两轴转向架以自由内接形式通过曲线时，前轴外轮轮缘与外轨的作用边接触，后轴占据曲线垂直半径的位置，如图 3-14 所示。则自由内接形式所需最小轨距为：

$$S_f = q_{max} + f_0 \qquad (3-2)$$

图 3-14 转向架自由内接

式中 S_f——自由内接所需轨距；

q_{max}——最大轮对宽度；

f_0——外矢距，其值近似计为 $f_0 = \dfrac{L^2}{2R}$；

其中，L——转向架固定轴距；

R——曲线半径。

以 S_0 表示直线轨距，则曲线轨距加宽值 e 应为：

$$e = S_f - S_0$$

现以我国目前主型客车"202"型转向架为例计算如下：

设 $R = 350m$，$L = 2.4m$，$q_{max} = 1424mm$

则

$$f_0 = \frac{L^2}{2R} = \frac{(2.4 \times 1000)^2}{2 \times 350 \times 1000} = 8.2mm$$

$$S_f = q_{max} + f_0 = 1424 + 8 = 1432mm$$

由以上计算可见，曲线半径 350m 及以上的曲线，轨距无需加宽。

(4) 根据机车条件检算轨距加宽

在行驶的列车中，机车数量比车辆少得多，因此允许机车按较自由内接所需轨距为小的"正常强制内接"通过曲线。

图 3-15 所示为车轴没有横动量的四轴机车车架在轨道中处于楔形内接状态。

图 3-15　曲线轨距加宽计算图

车架处于楔形内接时的轨距 S_w 应为：

$$S_w = q_{max} + f_0 - f_i \qquad (3-3)$$

式中　q_{max}——最大轮对宽度；

　　　f_0——前后两端车轴的外轮在外轨处所形成的矢距，其值为：

$$f_0 = \frac{L_{01}^2}{2R};$$

其中，$L_{01} = \dfrac{L_1 + L_2 + L_3}{2}$；

式中　L_1——第一轴至第二轴距离；

　　　L_2——第二轴至第三轴距离；

　　　L_3——第三轴至第四轴距离；

　　　f_i——中间两个车轴的内轮在内轨处形成的矢距，其值为：

$$f_i = \frac{L_{i1}^2}{2R}$$

式中　L_{i1}——第二轴至与车架纵轴垂直的曲线半径之间的距离，可由下式计算：

$$L_{i1} = L_{01} - L_1$$

当机车处于正常强制内接时，正常强制内接轨距 S'_w 等于：

$$S'_w = S_w + \frac{1}{2}\delta_{min} = q_{max} + f_0 - f_i + \frac{1}{2}\delta_{min} \qquad (3-4)$$

式中　δ_{min}——直线轨道的最小游间。

(5) 曲线轨道的最大允许轨距

曲线轨道的最大轨距，应切实保障行车安全，不使其掉道。计算曲线轨道最大允许轨距的极限状态是，当轮对的一个车轮轮缘紧贴一股钢轨时，另一个车轮的踏面的变坡点与钢轨顶部的小圆弧（半径 r）接触。如图 3-16 所示。图中诸符号说明如下：

图 3-16　曲线轨道最大允许轨距

d_{min}——车辆车轮最小轮缘厚度，其值为 22mm；

T_{min}——车轮最小轮背内侧距离，其值为 1350mm；

ε_r——车辆车轴弯曲时轮背内侧距离缩小量,其值为 2mm;

a——轮背至轮踏面斜度变坡点的距离,用 100mm;

r——钢轨顶面圆角宽度,用 12mm;

ε_s——钢轨弹性挤开量,用 2mm。

曲线轨道容许最大轨距 S_{max} 由下式计算:

$$S_{max} = d_{min} + T_{min} - \varepsilon_r + a - r - \varepsilon_s \tag{3-5}$$

将上述采用的数值代入得:

$$S_{max} = 22 + 1350 - 2 + 100 - 12 - 2 = 1456\text{mm}$$

因轨距的容许偏差不得超过 6mm,所以,曲线轨道最大容许轨距应为 1450mm,即最大允许加宽 15mm。

《铁路线路维修规则》规定:新建、改建、线路大修或成段更换轨枕地段,按表 3-7 规定的标准进行曲线轨距加宽。未按该标准调整前的线路可维持原标准。曲线轨距加宽递减率一般不得大于 1‰,特殊条件下,不得大于 2‰。

曲线轨距加宽 表 3-7

曲线半径(m）	加宽值(mm）	轨距(mm）
$R \geqslant 350$	0	1435
$350 > R \geqslant 300$	5	1440
$R < 300$	15	1450

3.4.2 曲线轨道外轨超高

(1) 外轨超高的作用及其设置方法

机车车辆在曲线上行驶时,由于惯性离心力作用,将机车车辆推向外股钢轨,一方面加大了对外股钢轨的压力,另一方面使旅客感觉不适。因此需要把曲线外轨适当抬高,使机车车辆的自身重力产生一个向心的水平分力,以抵消惯性离心力,达到内外两股钢轨受力均匀和垂直磨耗均等,满足旅客舒适感,提高线路的稳定性和安全性。

外轨超高是指曲线外轨顶面与内轨顶面水平高度之差。在设置外轨超高时,主要有外轨提高法和线路中心高度不变法两种。外轨提高法是保持内轨标高不变而只抬高外轨。线路中心高度不变法是内外轨分别各降低和抬高超高值一半而保证线路中心标高不变。前者使用较为普遍,也是我国铁路所采用的方法,后者在日本铁路采用。

(2) 外轨超高的计算

当抬高外轨使车体倾斜时,轨道对车辆的反力和车体重力形成向心力,如图 3-17 所示。为简化计算,将车体视为一个平面,其重心位于 O 点。

图中,P——车体的重力;

Q——轨道反力;

F_n——向心力；

S_1——两轨头中心线距离；

h——所需的外轨超高。

由图可见，有 $\triangle ABC \sim \triangle EDO$，则

$$\frac{OE}{OD} = \frac{AC}{CB}$$

由于超高很小，从工程实用的角度出发，可取 $CB \approx AB = S_1$，则：

$$\frac{F_n}{P} = \frac{h}{S_1} \qquad (3\text{-}6)$$

而车体作曲线运动产生的离心力为：

$$J = \frac{Pv^2}{gR} \qquad (3\text{-}7)$$

图 3-17 曲线外轨超高计算图

式中　g——重力加速度（m/s²）；

v——行车速度，单位取为 m/s 时用 v，取为 km/h 时用 V；

R——曲线半径 (m)。

为使外轨超高与行车速度相适应，保证内外两股钢轨受力相等，必须使 $F_n = J$，于是由式 (3-6)、式 (3-7) 两式得：

$$h = \frac{S_1 v^2}{gR} \qquad (3\text{-}8)$$

取 $S_1 = 1.5$m，$g = 9.8$m/s²，并注意 $v = V/3.6$，代入上式得：

$$h = 11.8 \frac{V^2}{R} \qquad (3\text{-}9)$$

实际上，通过曲线的各次列车，其速度不可能是相同的。因此，式 (3-9) 中的列车速度 V 应当采用各次列车的平均速度 V_p，即

$$h = 11.8 \frac{V_p^2}{R} \qquad (3\text{-}10)$$

超高设置是否合适，在很大程度上取决于平均速度选用是否恰当。平均速度 V_p 的计算有如下两种方法。

1）全面考虑每一次列车的速度和重量来计算 V_p：

为了反映不同行驶速度和不同总重的列车对于外轨超高的不同要求，均衡内外轨的垂直磨耗，平均速度 V_p 应取每昼夜通过该曲线列车牵引总重的加权平均速度。

$$V_p = \sqrt{\frac{\sum N_i Q_i V_i^2}{\sum N_i Q_i}} \qquad (3\text{-}11)$$

式中　N_i——一昼夜各类列车次数（列/d）；

Q_i——各类列车总重（t）；

V_i——实测各类列车速度（km/h）。

式（3-11）中列车总重 Q_i 对 V_p 影响较大，由此计算所得的平均速度适用于客货共线铁路，因此《铁路线路维修规则》规定，在确定曲线外轨超高时，平均速度按式（3-11）计算。

还应指出：超高公式（3-10）是将车辆视为一个平面而导出的，与实际列车受力状况存在差异。在现场使用时，按计算值设置超高以后，还应视轨道稳定以及钢轨磨耗等状况适当调整。

2) 在新线设计与施工时，采用的平均速度 V_p 由下式确定：

$$V_p = 0.8 V_{max} \tag{3-12}$$

代入式（3-10），得：

$$h = 7.6 \frac{V_{max}^2}{R} \tag{3-13}$$

式中　V_{max}——线路设计行车速度（km/h）；

　　　R——曲线半径（m）。

经过运营一段时间后，可根据实际运营状态予以调整。

(3) 未被平衡的外轨超高

当列车以任意速度通过曲线时，离心力为：

$$J = \frac{Pv^2}{gR} \tag{3-14}$$

当 $v = v_p$ 时，$J = \frac{Pv_p^2}{gR}$，J 刚好与设置超高 h 后所形成的向心力 $F_n = P\frac{h}{S_1}$ 相等。此时两股钢轨承受相同的荷载，旅客也没有不舒适感觉。

当 $v > v_p$ 时，离心力 J 大于设置超高 h 后所形成的向心力 $F_n = P\frac{h}{S_1}$，说明超高不足（此差值称为欠超高），从而导致外轨承受偏载，同时，也因离心力未被平衡而使旅客感觉不舒适。

当 $v < v_p$ 时，离心力 J 小于设置超高 h 后所形成的向心力 $F_n = P\frac{h}{S_1}$，说明超高过大（此差值称为过超高，亦称余超高），从而导致内轨承受偏载和旅客不适。

欠超高和过超高统称为未被平衡超高。未被平衡超高使内轨或外轨产生偏载，引起内外轨不均匀磨耗，并影响旅客的舒适度。此外，过大的未被平衡超高还可能导致列车倾覆，因此必须对未被平衡超高加以限制。

对实设曲线来说，超高 h 是定值。当列车以 v_{max}（或 v_{min}）通过时，将产生最大的欠超高 h_{Qmax}（或过超高 h_{Gmax}），其值与未被平衡的离心加速度最大值 a_{max} 有下列关系：

$$h_{Qmax} = h - \frac{S_1 v_{max}^2}{gR} = \frac{S_1 v_p^2}{gR} - \frac{S_1 v_{max}^2}{gR} = \frac{S_1}{g}(a_p - a_{max}) = \frac{S_1}{g}(-\alpha_{max}) = -153\alpha_{max} \tag{3-15}$$

式中，右边的负号表示欠超高。同理，可得最大的过超高：

$$h_{Gmax} = \frac{S_1}{g}(a_p - a_{min}) = \frac{S_1}{g}\alpha'_{max} = 153\alpha'_{max} \tag{3-16}$$

式中　h_{Qmax}（h_{Gmax}）——最大欠（过）超高（mm）；

　　　a_{max}——最大离心加速度（m/s²）；

　　　a_{min}——最小离心加速度（m/s²）；

　　　a_p——以平均速度通过曲线时的平均离心加速度（m/s²）；

　　　α_{max}、α'_{max}——最大未被平衡的离心加速度和向心加速度（m/s²）。

试验研究表明：

1) $\alpha_{max} < 0.40 \text{m/s}^2$，多数旅客对未被平衡的离心加速度无感觉；
2) $\alpha_{max} = 0.50 \text{m/s}^2$，多数旅客有感觉，但能适应；
3) $\alpha_{max} = 0.60 \text{m/s}^2$，感觉有横向力，但比较容易克服；
4) $\alpha_{max} = 0.73 \text{m/s}^2$，其作用次数不频繁时一般旅客能承受；
5) $\alpha_{max} = 0.87 \text{m/s}^2$，感觉有较大横向力，需有意识保持平衡，行走有困难；
6) $\alpha_{max} = 1.00 \text{m/s}^2$，感觉有很大横向力，站立不稳，不能行走。

我国铁路轨道设计规范规定曲线欠超高及过超高的允许值见表3-8。

曲线欠超高及欠超高与过超高之和允许值（mm）　　　　表 3-8

项 目	欠超高允许值		欠超高与过超高之和允许值	
	一 般	困 难	一 般	困 难
160km/h < V ≤ 200km/h	≤60	≤80	≤110	≤130
120km/h < V ≤ 160km/h	≤70	≤90	≤120	≤140
V ≤ 120km/h	≤75	≤90	≤125	≤140

注：过超高允许值不宜超过欠超高允许值。

(4) 外轨最大超高的允许值

低速列车行驶于超高很大的曲线轨道时，存在倾覆的危险性。为了保证行车安全，必须限制外轨超高的最大值。以下叙述该值的确定方法。

设曲线外轨最大超高值为 h_{max}，与之相适应的行车速度为 v，产生的惯性离心力为 J，车辆的重力为 G，J 与 G 的合力为 R，它通过轨道中心点 O，如图3-18所示。当某一车辆以 $v_1 < v$ 的速度通过该曲线时，相应的离心力为 J_1，J_1 与 G 的合力为 R_1，其与轨面连线的交点为 O_1，偏离轨道中心距离为 e，随着 e 值的增大，车辆在曲线运行的稳定性降低，其稳定程度可采用稳定系数 n 表示。

令

$$n = \frac{S_1}{2e} \tag{3-17}$$

当 $n=1$，即 $e=\dfrac{S_1}{2}$ 时，R_1 指向内轨断面中心线，属于临界状态；

当 $n<1$，即 $e>\dfrac{S_1}{2}$ 时，车辆丧失稳定而倾覆；

当 $n>1$，即 $e<\dfrac{S_1}{2}$ 时，车辆处于稳定状态。n 值愈大，稳定性愈好。

由以上分析可知，e 值与未被平衡超高 Δh 存在一定的关系，

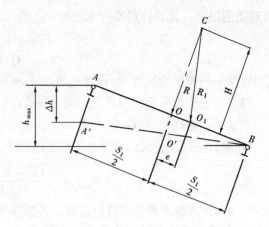

图 3-18 外轨最大超高分析图

由图 3-18 可知过超高三角形 $\triangle BAA'$ 与力三角形 $\triangle COO_1$ 有以下近似关系：

$$\dfrac{OO_1}{OC}=\dfrac{AA'}{S_1}$$

设车辆重心至轨面的高度为 H，则上式可变换为：

$$e=\dfrac{H}{S_1}\Delta h \tag{3-18}$$

式中　e——合力偏心距；

H——车体重心至轨顶面高，货车为 2220mm，客车为 2057.5mm；

Δh——未被平衡超高值；

S_1——两轨头中心线距离。

将式（3-18）式代入式（3-17）中，得：

$$n=\dfrac{S_1^2}{2H\cdot\Delta h} \tag{3-19}$$

根据我国铁路运营经验，为保证行车安全，n 值不应小于 3。我国铁路设计规范规定，最大超高值为 150mm，若以最不利情况（曲线上停车，即速度 $v=0$）来校核其稳定系数 n，并考虑 4mm 的水平误差在内，即过超高 $\Delta h=154$mm，可计算得到

$$e=\dfrac{S_1^2}{2H\cdot\Delta h}=\dfrac{1.5^2}{2\times 2.2\times 0.154}=3.3（大于3，满足要求）。$$

由以上分析可知，在单线铁路上，上下行列车速度相差悬殊的地段，如设置过大的超高，将使低速列车对内轨产生很大的偏压并降低稳定系数。从工程经验出发，规定其最大超高值为 125mm。

(5) 曲线轨道上的超高限速

在既定设置的超高条件下，通过该曲线的列车最高速度必定受到未被平衡容

许超高的限制，其容许最高行车速度 $V_{\max}$ 为：

$$V_{\max} = \sqrt{\frac{(h + h_{QY})R}{11.8}} \tag{3-20}$$

式中　　h——按平均速度 V_p 设置的超高（mm）；
　　　　h_{QY}——未被平衡的容许欠超高（mm）；
　　　　R——曲线半径（m）。

同理，通过该曲线的容许最低行车速度 $V_{\min}$ 为：

$$V_{\min} = \sqrt{\frac{(h - h_{GY})R}{11.8}} \tag{3-21}$$

式中，h_{GY} 为未被平衡的容许过超高，其余符号同前。

当曲线半径较小时，按最大超高值 150mm 计算，曲线上的超高限速与曲线半径的关系如下：

$$h_{QY} = 75\text{mm 时，} V_{\max} = \sqrt{\frac{(150 + 75)R}{11.8}} = 4.3\sqrt{R};$$

$$h_{QY} = 90\text{mm 时，} V_{\max} = \sqrt{\frac{(150 + 90)R}{11.8}} = 4.5\sqrt{R}。$$

故一般情况下，曲线上的超高限速按下式计算：

$$V_{\max} = 4.3\sqrt{R} \tag{3-22}$$

当最大超高值为 125mm 时，未被平衡超高 Δh 按特殊情况采用 90mm，最大行车速度为：

$$V_{\max} = 4.25\sqrt{R} \tag{3-23}$$

3.4.3　缓　和　曲　线

（1）缓和曲线的作用及其几何特征

行驶于曲线轨道的机车车辆，出现一些与直线运行显著不同的受力特征。如曲线运行的离心力，外轨超高不连续形成的冲击力等。为使上述诸力不致突然产生和消失，以保持列车曲线运行的平稳性，需要在直线与圆曲线轨道之间设置一段曲率半径和外轨超高均逐渐变化的曲线，称为缓和曲线。当缓和曲线连接设有轨距加宽的圆曲线时，缓和曲线的轨距是呈线性变化的。概括起来，缓和曲线具有以下几何特征：

1）缓和曲线连接直线和半径为 R 的圆曲线，其曲率由零至 $1/R$ 逐渐变化。

2）缓和曲线的外轨超高，由直线上的零值逐渐增至圆曲线的超高值，与圆曲线超高相连接。

3）缓和曲线连接半径小于 350m 的圆曲线时，在整个缓和曲线长度内，轨距加宽呈线性递增，由零至圆曲线加宽值。

因此，缓和曲线是一条曲率和超高均逐渐变化的空间曲线。

(2) 缓和曲线的几何形位条件

图 3-19 所示的一段缓和曲线，其始点与终点用 ZH 与 HY 表示，曲率半径为 ρ。根据如图所示的直角坐标系，缓和曲线的线形应满足以下条件：

1) 为保持连接点的几何连续性，缓和曲线在平面上的形状应当是：在始点处，横坐标 $x = 0$，纵坐标 $y = 0$，倾角 $\varphi = 0$；在终点处，横坐标 $x = x_0$，纵坐标 $y = y_0$，倾角 $\varphi = \varphi_0$。

图 3-19 缓和曲线坐标图

2) 一旦列车进入缓和曲线，车体将受到离心力 $J = m\dfrac{v^2}{\rho}$ 的作用。为保证列车运行的平稳性，应使离心力不突然产生和消失，即在缓和曲线始点处，$J = 0$，或 $\rho = \infty$；在缓和曲线终点处，$J = m\dfrac{v^2}{R}$。

3) 缓和曲线上任何一点的曲率应与外轨超高相配合。

外轨超高顺坡的形状有两种形式：一种形式是直线形，如图 3-20（a）所示；另一种形式是曲线形，如图 3-20（b）所示。

图 3-20 超高顺坡

列车通过直线顺坡的缓和曲线始点和终点时，因其外轨超高顺坡成折角变化，对外轨都有冲击作用。为保持列车运行的平稳性，必须取用相对平缓的超高顺坡。直线形顺坡的缓和曲线的曲率 k，在始点处为 $1/\rho = 0$，终点处为 $1/\rho = 1/R$，在缓和曲线范围内呈线性变化，如图 3-21 所示。

高速行车的线路，为了消除列车对外轨的冲击作用，宜采用曲线形超高顺坡。其几何特征是缓和曲线始点及终点处的超高顺坡倾角 $\gamma = 0$，即在始点和终点处应有：

图 3-21 直线形超高顺坡缓和曲线的曲率

$$\tan\gamma = \frac{dh}{dl} = 0$$

式中 h——外轨超高，其值为：

$$h = \frac{S_1 v_p^2}{g\rho}$$

l——曲线上任何一点至缓和曲线起点的曲线距离。其余符号意义同前。

对某一特定曲线，平均速度 v_p 可视为常数。

令

$$\frac{S_1}{g} v_p^2 = E(常数)$$

则

$$h = E \frac{1}{\rho} = Ek$$

可见缓和曲线上各点的超高为曲率 k 的线性函数。因此，在缓和曲线始、终点处应有：

$$\frac{dh}{dl} = 0, 或 \frac{dk}{dl} = 0$$

在缓和曲线范围内，$\frac{dk}{dl}$ 应保持连续变化。

4）列车在缓和曲线上运行时，其车轴与水平线的倾斜角 ψ 不断变化，导致车体发生侧滚运动。为使车体倾转的作用力不致突然发生和消失，在缓和曲线始、终点处应使倾转的角加速度为零，即 $\frac{d^2\psi}{dt^2} = 0$。在缓和曲线范围内 $\frac{d^2\psi}{dt^2}$ 应保持连续。

图 3-22 车轴与水平面倾斜角

由图 3-22 可见，$\psi \approx \sin\psi = \frac{h}{S_1}$

式中 $h = Ek$

由此得

$$\frac{d^2\psi}{dt^2} = \frac{E}{S_1} \frac{d^2k}{dt^2}$$

因

$$v = \frac{dl}{dt}$$

故

$$\frac{d^2\psi}{dt^2} = \frac{E}{S_1} \cdot \frac{d^2k}{dt^2} = \frac{E}{S_1} \cdot \frac{d^2k}{dl^2} \cdot \left(\frac{dl}{dt}\right)^2 = \frac{Ev^2}{S_1} \cdot \frac{d^2k}{dl^2}$$

为满足缓和曲线始、终点 $\frac{d^2\psi}{dt^2} = 0$，应有 $\frac{d^2k}{dl^2} = 0$。在缓和曲线范围内，$\frac{d^2k}{dl^2}$ 应保持连续。

综上所述，缓和曲线的线形条件，可归纳如表 3-9。

缓和曲线线形条件表　　　　　表 3-9

顺　序	符　号	始点（ZH）$l=0$	终点（HY）$l=l_0$	ZH ~ HY 之间
1	y	0	y_0	
2	φ	0	φ_0	
3	k	0	$\frac{1}{R}$	连　续
4	$\frac{dk}{dl}$	0	0	
5	$\frac{d^2k}{dl^2}$	0	0	

可以看出，表中前两项是基本的几何形位要求，而后三项则是由行车平稳性的力学条件所推导的几何形位要求。在行车速度不高的线路上，满足前三项要求的缓和曲线尚能适应列车运行的要求；而在速度较高的线路上，缓和曲线的几何形位就必须考虑后两项要求。

（3）常用缓和曲线

满足表 3-9 中前三项要求的缓和曲线，是目前世界铁路上最常用的缓和曲线，也称为常用缓和曲线。

常用缓和曲线的外轨超高顺坡为直线顺坡，其基本方程必须满足的条件为：

当 $l=0$ 时，$k=0$；当 $l=l_0$ 时，$k=\frac{1}{R}$。R 是圆曲线半径。

由超高与曲率的线性关系可知，满足这些条件的基本方程应为：

$$k = k_0 \frac{l}{l_0} \tag{3-24}$$

式中　k——缓和曲线上任意一点的曲率，等于曲率半径 ρ 的倒数 $\frac{1}{\rho}$；

　　　l——缓和曲线上某一点至 ZH 点（或 HZ 点）的曲线长度；

　　　k_0——缓和曲线 HY 点（或 YH 点）的曲率，等于 $\frac{1}{R}$；

　　　l_0——一端缓和曲线总长度。

由式（3-24）可见，缓和曲线长度 l 与其曲率 k 成正比。符合这一条件的曲线称为放射螺旋线。

由图 3-23 可见：

$$d\varphi = \frac{dl}{\rho} = \frac{l}{Rl_0}dl$$

图 3-23 缓和曲线计算图

缓和曲线的偏角 φ 为：

$$\varphi = \int_0^l d\varphi = \int_0^l \frac{l}{Rl_0}dl = \frac{l^2}{2Rl_0} = \frac{l^2}{2C} \quad (3\text{-}25)$$

式中，$C = Rl_0$

在缓和曲线终点处，$l = l_0$，缓和曲线偏角为：

$$\varphi_0 = \frac{l_0^2}{2Rl_0} = \frac{l_0}{2R} \quad (3\text{-}26)$$

因为 $dx = dl\cos\varphi; dy = dl\sin\varphi$

由式 (3-25) 可见，在缓和曲线长度范围内，偏角 φ 数值很小，可取近似值：

$$\sin\varphi \approx \varphi$$
$$\cos\varphi = 1 - 2\sin^2\frac{\varphi}{2} \approx 1 - 2\left(\frac{\varphi}{2}\right)^2 = 1 - \frac{\varphi^2}{2}$$

于是可得

$$dx = \left(1 - \frac{\varphi^2}{2}\right)dl = \left(1 - \frac{l^4}{8C^2}\right)dl$$

$$dy = \varphi dl = \frac{l^2}{2C}dl$$

积分上两式得

$$x = \int_0^l \left(1 - \frac{l^4}{8C^2}\right)dl = l - \frac{l^5}{40C^2} \quad (3\text{-}27)$$

$$y = \int_0^l \frac{l^2}{2C}dl = \frac{l^3}{6C} \quad (3\text{-}28)$$

这就是放射螺旋线的近似参变数方程式，是我国铁路常用的缓和曲线方程式。如消去上两式中的参变数 l，则得

$$y = \frac{x^3}{6C}\left(1 + \frac{3x^4}{40C^2} + \cdots\right) \quad (3\text{-}29)$$

这就是放射螺旋线的近似直角坐标方程式。必须指出，在曲线半径较小的铁路上，采用第一项作为近似式尚存在较大偏差。

(4) 高次缓和曲线

满足表 3-9 中前四项或全部五项要求的缓和曲线通称为高次缓和曲线。高次缓和曲线的特征是其外轨超高顺坡为曲线形顺坡，具有较优越的性能，适应于高速行车的需要。

其缓和曲线方程的推导方法，可先确定一个符合 $\dfrac{\mathrm{d}k}{\mathrm{d}l}$ 或 $\dfrac{\mathrm{d}^2 k}{\mathrm{d}l^2}$ 条件的基本方程，再逐步推导，最后得出所需求的缓和曲线方程式。

表 3-10 及表 3-11 列出了几种高次缓和曲线及其性能特征。

高次缓和曲线方程式 表 3-10

缓和曲线	基 本 方 程	方　程　式
三次抛物线	$k = \dfrac{l}{Rl_0}$	$y = \dfrac{l^3}{6Rl_0}$
五次抛物线	$\dfrac{\mathrm{d}^2 k}{\mathrm{d}l^2} = \dfrac{6}{Rl_0^2}\left(1 + \dfrac{2l}{l_0}\right)$	$y = \dfrac{l_0^2}{2R}\left[\dfrac{1}{2}\left(\dfrac{l}{l_0}\right)^4 - \dfrac{1}{5}\left(\dfrac{l}{l_0}\right)^5\right]$
*赵氏七次式	$\dfrac{\mathrm{d}^2 k}{\mathrm{d}l^2} = \dfrac{120}{Rl_0^5} l\left(l - \dfrac{l_0}{2}\right)(l - l_0)$	$y = \dfrac{l_0^2}{R}\left[\dfrac{1}{7}\left(\dfrac{l}{l_0}\right)^7 - \dfrac{1}{2}\left(\dfrac{l}{l_0}\right)^6 + \dfrac{1}{2}\left(\dfrac{l}{l_0}\right)^5\right]$
七次四项式	$\dfrac{\mathrm{d}^2 k}{\mathrm{d}l^2} = \dfrac{10}{Rl_0^2}\left[1 - 6\left(\dfrac{l}{l_0}\right) + 12\left(\dfrac{l}{l_0}\right)^2 - 8\left(\dfrac{l}{l_0}\right)^3\right]$	$y = \dfrac{l_0^2}{84R}\left[35\left(\dfrac{l}{l_0}\right)^4 - 42\left(\dfrac{l}{l_0}\right)^5 + 28\left(\dfrac{l}{l_0}\right)^6 - 8\left(\dfrac{l}{l_0}\right)^7\right]$
拟九次式	$\dfrac{\mathrm{d}^2 k}{\mathrm{d}l^2} = \dfrac{1120}{Rl_0^7} l\left(l - \dfrac{l_0}{2}\right)^3 (l - l_0)$	$y = \dfrac{l_0^2}{3R}\left[\dfrac{10}{9}\left(\dfrac{l}{l_0}\right)^9 - 5\left(\dfrac{l}{l_0}\right)^8 + 9\left(\dfrac{l}{l_0}\right)^7 - \dfrac{49}{6}\left(\dfrac{l}{l_0}\right)^6 + \dfrac{7}{2}\left(\dfrac{l}{l_0}\right)^5\right]$
沙氏正弦形	$\dfrac{\mathrm{d}^2 k}{\mathrm{d}l^2} = \dfrac{2\pi}{Rl_0^2}\sin 2\pi\dfrac{l}{l_0}$	$y = \dfrac{l_0^2}{R}\left[\dfrac{1}{6}\left(\dfrac{l}{l_0}\right)^3 - \dfrac{1}{4\pi^2}\left(\dfrac{l}{l_0}\right) + \dfrac{1}{8\pi^3}\sin\dfrac{2\pi l}{l_0}\right]$
半波正弦形	$\dfrac{\mathrm{d}k}{\mathrm{d}l} = \dfrac{\pi}{2Rl_0}\sin\pi\dfrac{l}{l_0}$	$y = \dfrac{l_0^2}{6R}\left[\dfrac{3}{2}\left(\dfrac{l}{l_0}\right)^2 + \dfrac{3}{\pi^2}\left(\cos\dfrac{\pi l}{l_0} - 1\right)\right]$

* 赵氏七次式是原长沙铁道学院赵方民教授于 1957 年提出。

高次缓和曲线性能特征 表 3-11

线 型	内移量 p	内移量相同时缓和曲线长度的比较	内移量相同时缓和曲线超高递升率 f 的增加倍数	超高递升率 f 相同时缓和曲线长度比值	缓和曲线始终点 $\dfrac{\mathrm{d}k}{\mathrm{d}l}$ 或 $\dfrac{\mathrm{d}^2 k}{\mathrm{d}l^2}$ 的情况
三次抛物线	$1.000\dfrac{l_0^2}{24R}$	$1.000 l_0$	$1.000 f$	$1.000 l_0$	$\dfrac{\mathrm{d}k}{\mathrm{d}l} \neq 0, \dfrac{\mathrm{d}^2 k}{\mathrm{d}l^2} \neq 0$
五次抛物线	$0.600\dfrac{l_0^2}{24R}$	$1.291 l_0$	$1.162 f$	$1.500 l_0$	$\dfrac{\mathrm{d}k}{\mathrm{d}l} = 0$
赵氏七次式	$0.428\dfrac{l_0^2}{24R}$	$1.529 l_0$	$1.226 f$	$1.875 l_0$	$\dfrac{\mathrm{d}k}{\mathrm{d}l} = 0, \dfrac{\mathrm{d}^2 k}{\mathrm{d}l^2} = 0$
七次四项式	$0.714\dfrac{l_0^2}{24R}$	$1.180 l_0$	$1.059 f$	$1.250 l_0$	$\dfrac{\mathrm{d}k}{\mathrm{d}l} = 0$

续表

线 型	内移量 p	内移量相同时缓和曲线长度的比较	内移量相同时缓和曲线超高递升率 f 的增加倍数	超高递升率 f 相同时缓和曲线长度比值	缓和曲线始终点 $\dfrac{dk}{dl}$ 或 $\dfrac{d^2k}{dl^2}$ 的情况
拟九次式	$0.555\dfrac{l_0^2}{24R}$	$1.342 l_0$	$1.087 f$	$1.458 l_0$	$\dfrac{dk}{dl}=0,\ \dfrac{d^2k}{dl^2}=0$
沙氏正弦形	$0.392\dfrac{l_0^2}{24R}$	$1.597 l_0$	$1.252 f$	$2.000 l_0$	$\dfrac{dk}{dl}=0,\ \dfrac{d^2k}{dl^2}=0$
半波正弦形	$0.568\dfrac{l_0^2}{24R}$	$1.327 l_0$	$1.184 f$	$1.571 l_0$	$\dfrac{dk}{dl}=0$

注：1. 表中各比值是以三次抛物线作为比较标准；

2. 曲线超高递升率 $f=\max\dfrac{dh}{dl}$。

(5) 缓和曲线的长度

缓和曲线长度是铁路线路平面设计的主要参数之一。为保证列车运行的安全和旅客乘坐舒适度的要求，缓和曲线应有足够的长度，但过长的缓和曲线长度又将制约平面选线和纵断面变坡点设置的灵活性，增大工程投资。因此，应合理确定缓和曲线的长度。

缓和曲线长度的计算，取决于超高顺坡率允许值、未被平衡的横向加速度时变率允许值（欠超高时变率允许值）、车体倾斜角度允许值（超高时变率允许值）等相关参数的取值，并可概括为下列三项指标。

1) 由脱轨安全性要求计算的缓和曲线长度

机车车辆行驶在缓和曲线上，若不计轨道弹性和车辆弹簧作用，则转向架一端的两轮贴着钢轨顶面；另一端的两轮，在外轨上的车轮贴着钢轨顶面，而在内轨上的车轮是悬空的，如图 3-24 所示。为保证行车安全，应使车轮轮缘不爬越内轨顶面。设外轨超高顺坡坡度为 i_0，最大固定轴距为 L_{max}，则车轮离开内轨顶面的高度为 $i_0 L_{max}$。当悬空高度大于轮缘最小高度 f_{min} 时，车轮就有脱轨的危险。因此必须保证：

$$i_0 L_{max} \leqslant f_{min}$$

$$i_0 \leqslant \dfrac{f_{min}}{L_{max}} \tag{3-30}$$

式中 i_0——外轨超高顺坡坡度。

缓和曲线长度 l_0 应满足：

$$l_0 \geqslant \dfrac{h}{i_0} \tag{3-31}$$

式中 h——圆曲线设计超高。

图 3-24 转向架上四个车轮在轨道上可能形成的三点支承

铁路轨道设计规范规定：新建铁路外轨超高应在缓和曲线全长范围内递减顺接。改建铁路在困难条件下，反向曲线超高坡度可延伸至圆曲线上，但圆曲线始终点的未被平衡超高，不得超过表 3-8 中的规定。改建铁路递减率顺坡可延伸至直线上或在直线上顺坡；设计速度大于 120km/h 的轨道，递减率不应大于 $\frac{1}{10v_{max}}$；困难条件下不应大于 $\frac{1}{8v_{max}}$；其他轨道不应大于 $\frac{1}{9v_{max}}$。困难条件下不应大于 $\frac{1}{7v_{max}}$，当 $\frac{1}{7v_{max}}$ 大于 2‰时，按 2‰设置。

2）乘坐舒适度允许的未被平衡横向加速度时变率（即欠超高时变率限值）要求的缓和曲线长度为：

$$l_0 \geqslant \frac{v_{max}}{3.6} \cdot \frac{h_q}{[\beta]} \tag{3-32}$$

式中 v_{max}——设计最高速度（km/h）；

$[\beta]$——欠超高时变率限值（mm/s），一般条件下取 23mm/s，困难条件下取 38mm/s；

h_q——圆曲线设计欠超高（mm）。

3）乘坐舒适度允许的车体倾斜角速度（即超高时变率限值）要求的缓和曲线长度为：

$$l_0 \geqslant \frac{v_{max}}{3.6} \cdot \frac{h}{[f]} \tag{3-33}$$

式中 v_{max}——设计最高速度（或该曲线限制速度）（km/h）；

h——圆曲线设计超高（mm）；

$[f]$——超高时变率允许值（mm/s），一般条件下取 25mm/s，困难条件下取 31mm/h。

计算结果取式（3-31）、式（3-32）及式（3-33）三式要求中的最大值，并取为 10m 的整倍数。

我国《新建时速 200km 客货共线铁路设计暂行规定》推荐的缓和曲线长度见表 3-12。限速地段可根据表 3-13 选用。另外，新建客运专线、提速 200km/h 的既有线，对缓和曲线长度均有相应规定。

缓和曲线长度 表 3-12

曲线半径（m）	推荐缓和曲线长度（m）	最小缓和曲线长度（m）
12000	50	40
10000	60	50（40）
8000	70	60（50）
7000	80	70（60）
6000	90	80（70）
5000	110	90（80）
4500	120	100（90）
4000	140	110（100）
3500	160	130（120）
3000	180	150（130）
2800	200	170

注：括号内数值为特殊困难条件下，经技术经济比选后方可采用的最小缓和曲线长度。

限速曲线半径和缓和曲线长度 表 3-13

限速 v_x（km/h）	限速半径 R_x（m）	限速最小缓和曲线长度 L_x（m）
180	2600	140（120）
	2000	160（150）
160	2000	130（110）
	1600	160（140）
140	1600	110（100）
	1200	150（130）
120	1200	90（80）
	800	150（130）

注：括号内数值为特殊困难条件下，经技术经济比选后方可采用的限速地段最小缓和曲线长度。

第4章 道　岔

4.1 道岔的种类

　　道岔是使机车车辆从一股轨道分支进入另一股轨道，或跨越另一股轨道的线路设备，它的基本功能是实现线路的连接和交叉。线路连接和交叉设备总称为道岔和交叉。铁路工程界习惯称为道岔。用于铁路列车的到发、会让、越行、调车以及机车摘挂等作业的线路都必须采用道岔；道岔还用于铁路路网与厂矿、港口专用铁路的连接，以及在区间两线之间改变行驶线路的连接。

　　道岔（线路连接和交叉设备）包括道岔、交叉以及道岔与交叉的组合三种。并可再分为以下主要的种类。

```
                         ┌ 单开道岔
                         │ 单式异侧道岔 ┌ 对称（双开）道岔
                         │              └ 不对称道岔
                   ┌ 道岔┤ 单式同侧道岔
                   │     │ 三开道岔 ┌ 对称道岔
                   │     │          └ 不对称道岔
                   │     └ 套线道岔 ┌ 三轨套线道岔
线路连接和交叉      │                └ 四轨套线道岔
 （习惯称道岔）  ──┤ 交叉┬ 直角交叉
                   │     │          ┌ 直线菱形交叉
                   │     └ 菱形交叉 ┤ 直线与曲线菱形交叉
                   │                └ 曲线与曲线菱形交叉
                   │              ┌ 单式交分道岔
                   └ 道岔与交叉组合┤ 复式交分道岔
                                   │ 单渡线道岔
                                   └ 交叉渡线道岔
```

各种线路连接与交叉的主要几何特征见表 4-1。

各种线路连接与交叉的主要几何特征　　　　表 4-1

名词术语	说　明
单开道岔	主线为直线，侧线向主线的左侧或右侧分支的道岔

续表

名词术语	说　　明
单式对称道岔	把直线轨道分为左右对称的两条轨道的道岔（又称双开道岔）
单式不对称道岔	把直线轨道分为左右不对称的两条轨道的道岔
单式同侧道岔	把直线轨道在同一侧分为两条轨道的道岔
三开道岔	主线为直线，用同一部位的两组转辙器，将一条轨道分为三条，两侧对称分支的道岔
不对称三开道岔	主线为直线，在不同部位用两组转辙器，将一条轨道分为三条，两侧不对称分支的道岔
左开道岔	站在道岔前端，面向尖轨，侧线向左分支的道岔
右开道岔	站在道岔前端，面向尖轨，侧线向右分支的道岔

续表

名词术语	说　　明
交叉	两条轨道在同一平面上相互交叉的设备
菱形交叉	两直线轨道相交成菱形的交叉
直角交叉	两条直线轨道以直角相交的交叉
交分道岔	在两条轨道交叉地点，能使列车转线的设备，是单式交分道岔和复式交分道岔的总称
单式交分道岔	在两条轨道交叉地点，列车只能一侧转线的交分道岔
复式交分道岔	在两条轨道交叉地点，列车能两侧转线的交分道岔
渡线	使列车由一线转入它线的设备，由两组单开道岔及一条连接轨道组成

续表

名词术语	说明
交叉渡线	相邻两线路间由两条相交的渡线和一组菱形交叉组成的设备
套线	将一条轨道纳入另一条轨道，共同使用轨下基础的设备
套线道岔	三股钢轨并行铺设，两种不同轨距套线用的道岔

4.2 单开道岔构造

单开道岔由转辙器、辙叉与护轨、连接部分以及岔枕组成，如图 4-1（a）、（b）所示。其构造说明如下。

4.2.1 转辙器

（1）转辙器组成

转辙器由两根基本轨、两根尖轨及各种联结零件组成。其作用是引导车轮从一线进入另一线，如图 4-2（a）、（b）所示。

（2）基本轨

转辙器基本轨由标准钢轨断面的钢轨制成，一侧为直基本轨，一侧为曲基本轨。

基本轨除承受车轮的垂直压力外，还与尖轨共同承受车轮的横向水平推力，并保持尖轨位置的稳定，如图 4-3 所示。

直基本轨不进行弯折。曲基本轨应按支距进行弯折，以保持转辙器轨距、方向的正确以及尖轨和基本轨的密贴。图 4-4 是 60kg/m 钢轨 12 号道岔的曲基本轨的弯折形式。

（3）尖轨

列车依靠尖轨的开通方向不同而进入道岔直股或侧股线路。

图 4-1 单开道岔
(a) 单开道岔构造；(b) 单开道岔构造实物图

以下介绍尖轨的平面与断面型式、尖轨与基本轨接触型式以及跟端结构型式。

1) 尖轨的平面型式有直线型与曲线型之分。

A. 直线型尖轨。直线型尖轨的工作边为一直线，它与基本轨工作边所成的

图 4-2 转辙器
(a) 转辙器构造；(b) 转辙器构造实物图
1—基本轨；2—尖轨；3—跟部结构；4—轨撑；5—顶铁；6—连接杆；
7—辙前垫板；8—滑床板；9—通长垫板；10—辙后垫板

交角称转辙角 β，与尖端角 β_0 相等，也与车轮轮缘冲击尖轨工作边的角 β_c 相等，如图 4-5 (a) 所示。转辙角的大小决定了通过侧股速度的高低，并应与导曲线半径大小相匹配。

直线尖轨可用于左开或右开单开道岔，加工制造简单，便于修换，是我国目前应用较广泛的一种尖轨。其缺点是道岔长；尖轨尖端轨距宽加大，影响列车沿正线运行的平稳性；转辙角 β 较大，当列车逆向进入侧线时，轮缘对尖轨的冲击较大，列车摇晃，尖轨也较易于磨损。

B. 曲线型尖轨。曲线型尖轨的工作边除尖端前部有一小段直线外,其余均为圆曲线,冲击角 β_c 一般小于直线型尖轨 [如图 4-5（b）所示],从而可提高列车运行平稳性与旅客舒适度。由于尖轨与导曲线的衔接较为圆顺,与同号码直线型尖轨道岔相比,可增大导曲线半径,缩短道岔全长。其缺点是左右开道岔不能通用,加工较为复杂。

图 4-3　基本轨受力图

曲线型尖轨又分为切线型、半切线型、割线型、半割线型四种,如图 4-6 所示。我国铁路主要采用半切线型和半割线型曲线尖轨,切线型也有采用。

a. 切线型。尖轨曲线的理论起点与基本轨工作边相切。为了加强尖轨尖端和缩短尖轨长度,在尖轨某断面宽（b_q = 3mm 或 5mm）前取一段长 100～300mm 的直线段,直线段与尖轨曲线不相切 [如图 4-6（a）所示]。我国新设计的 60kg/m 钢轨 12 号提速道岔及秦沈客运专线 38 号道岔已采用切线型尖轨。

图 4-4　曲基本轨的弯折形式

图 4-5　转辙角、尖端角与冲击角间的关系图

b. 半切线型。尖轨曲线的理论起点与基本轨工作边相切,在尖轨某断面（b_q 一般采用 25mm 左右）作切线,将尖轨前部取直,如图 4-6（b）所示,属我国曲线尖轨主要型式,其尖轨强度高于切线型。

c. 割线型。曲线尖轨工作边与基本轨工作边相割,如图 4-6（c）所示。与同号数切线或半切线型曲线尖轨的道岔相比较,其导曲线半径更大,道岔全长更短。但尖轨冲击角大,尖轨前易于产生列车摇晃。故多用于低速道岔。

d. 半割线型。曲线尖轨工作边与基本轨工作边相割,在尖轨某断面（b_q）处作切线,将尖轨前部取直,如图 4-6（d）所示。多用于道岔长度受限的工矿企业小号码道岔,因其尖轨冲击角大,运行条件差,一般情况下不宜采用。

图 4-6 曲线型尖轨类型

(a) 切线型；(b) 半切线型；(c) 割线型；(d) 半割线型

2) 尖轨断面型式有普通钢轨断面与特种断面之分。

A. 普通钢轨断面尖轨。尖轨可采用普通钢轨断面制造。尖轨刨切部分断面较弱，需在轨腰两侧加设补强板，两补强板用螺栓与钢轨联结，置于尖轨尖端至尖轨刨切起点之间，如图 4-7 所示。因尖轨轨底重叠于基本轨轨底之上，其轨底需要刨切。为减少轨底刨切量并增加尖轨的刚度，其尖轨轨顶面高于基本轨 6mm （如图 4-8 所示），导致列车过岔的垂直不平顺。另外，补强板的加工制造也较为复杂。

图 4-7 普通钢轨断面尖轨型式

图 4-8 顶面高出基本轨的尖轨

B. 特种断面尖轨

我国提速铁路采用矮型特种断面钢轨（简称 AT 轨，是其汉语拼音的缩写）。现已推广使用的 50AT 和 60AT 轨高度（如图 4-9 所示）都比之同型普通钢轨低 24mm。使用时在 AT 轨下设高度 24mm 的滑床台，跟部锻压成普通标准轨型断面，以便与导轨连接。75kg/m 轨道岔也采用 60AT 尖轨，其滑床台高为 48mm。

图 4-9　60AT 轨断面图　　　图 4-10　藏尖式尖轨

AT 轨的主要优点如下：

a. 取消了普通钢轨断面尖轨 6mm 抬高量（如图 4-8 所示），消除了列车过岔的垂向不平顺，可提高道岔直股过岔速度。

b. AT 轨整体性强，刚度大，便于维护。

c. AT 轨下设 24mm 高的滑床台，可设置扣压基本轨轨底的结构，增加基本轨的稳定性。

d. 较高的滑床台，可减少沙尘与冰雪的影响，提高行车的安全性。

3）尖轨尖端与基本轨的接触型式有贴尖式与藏尖式之分。

A. 贴尖式。我国 1975 年设计的道岔（75 型）均采用贴尖式（如图 4-7 所示），基本轨轨颚不刨切，加工简单，备品方便。

B. 藏尖式。我国 1992 年颁布的"92"型 AT 轨道岔基本上采用藏尖式（如图 4-10 所示），尖轨尖端藏于基本轨工作边之内，防止车轮砸伤尖轨，并保持尖轨在动荷载作用下的竖向稳定性。因其基本轨轨颚需要刨切，要求基本轨和尖轨的刨切接触面良好，严格加工，并需备用曲、直基本轨。

4）尖轨跟端构造型式有间隔铁式与可弯式之分。

A. 间隔铁式（活接头式）。间隔铁式如图 4-11（a）及图 4-11（b）所示。它用间隔铁保持基本轨与尖轨、基本轨与导轨的间隔尺寸，并设内外轨撑与辙跟垫板联结，以防止辙跟爬行或跳动。在跟部设双头螺栓保持间隔铁与夹板的距离，以使尖轨扳动灵活，如图 4-11（c）所示。其尖轨跟部不能固定，形成活接头，稳定性较差，容易发生病害。

B. 可弯式。可弯式如图 4-12（a）所示。其跟部采用普通钢轨接头型式，用间隔铁保持尖轨与基本轨的距离，并用轨撑保持跟部位置和稳定性。为减轻扳动力，在间隔铁前将尖轨轨底一侧或两侧施以刨削（长约 1~2m），成为柔性点，以使尖轨弹性可弯。其结构简单、易于保养。我国的提速道岔 AT 尖轨已不在理论可弯段刨切轨底，以增加尖轨强度。图 4-12（b）表示了尖轨断面变化。

图 4-11 间隔铁式尖轨跟端构造图
1—辙跟间隔铁；2—辙跟夹板；3—辙跟外轨撑；4—辙跟内轨撑；
5—辙跟垫板；6—螺栓；7—辙跟螺栓；8—长方头螺栓

图 4-12 可弯式尖轨
(a) 可弯式尖轨跟端构造图；(b) 尖轨断面变化图

(4) 转辙器主要零件

1) 滑床板。

在整个尖轨长度范围内的岔枕面上,有承托尖轨和基本轨的滑床板。滑床板有分开式和不分开式两类。不分开式用道钉将轨撑、滑床板直接与岔枕联结;分开式是轨撑由垂直螺栓先与滑床板联结,再用道钉或螺纹道钉将垫板与岔枕联结。尖轨放置于滑床板上,与滑床板间无扣件联结。图 4-13 是一种提速道岔的滑床板结构。

图 4-13 提速道岔滑床板结构

2) 道岔顶铁。

道岔顶铁设置在尖轨轨头刨切起点之后的尖轨或基本轨轨腰上。其作用是保持尖轨与基本轨的距离,使基本轨与尖轨共同承受水平力,并防止尖轨跳动。

我国早期使用的道岔顶铁如图 4-14 所示,由扁钢热弯而成。新近采用如图 4-15 所示,用方钢锻造而成的道岔顶铁。当顶铁与轨腰的间隙大于 1mm 时,可用顶铁调整片调整。

图 4-14 我国早期使用的道岔顶铁　　　图 4-15 我国新近使用的道岔顶铁

3) 轨撑。

轨撑一般安设在转辙器基本轨外侧,以防基本轨横向移动或向外翻转,并保持轨距。

我国早期使用的道岔轨撑为双墙式,如图 4-16 所示,其组装图如图 4-17 所示。

图 4-16 我国早期使用的轨撑

图 4-17 我国早期使用的轨撑组装图
1—六角螺栓；2—长方头螺栓；3—轨撑；
4—铁座；5—垫板

新近采用道岔轨撑的结构型式如图 4-18 所示，为可调式轨撑，由轨撑、调整楔、垫板挡铁、两个垂直螺栓和一个水平螺栓组成。通过拧紧调整楔的螺栓，可将基本轨固定在滑床板上。调整楔设有突出部分卡住轨撑，以防止基本轨爬行。

图 4-18 我国新近采用的道岔轨撑结构型式
1—轨撑；2—调整楔；3—滑床板；4—六角螺栓；5—开口销；
6—沉头螺栓；7—平垫圈；8—滑床台；9—挡铁

4）道岔拉杆及连杆。

道岔拉杆及连杆是连接两尖轨，以增强尖轨的框架刚度，提高尖轨的稳定性的连接设备。拉杆与转辙设备相连，用以转换尖轨位置，如图 4-2 所示。

5）各种形式的垫板。

有铺设在尖轨之前的辙前垫板和之后的辙后垫板；铺设在尖轨尖端和尖轨跟端的通长垫板；为保持曲线的正确位置而设置的支距垫板等。

6）转辙机械。

最常用的道岔转换设备的种类有机械式和电动式。若按操纵方式分类，则有集中式和非集中式两类。机械式转换设备可以为集中式或非集中式，电动式转换设备则为集中式。道岔转换设备必须具备转换（改变道岔方向）、锁闭（锁闭道岔，在转辙杆中心处尖轨与基本轨之间，不允许有4mm以上的间隙）和显示（显示道岔的正位或反位）等三种功能。

4.2.2 辙叉及护轨

(1) 辙叉的组成及类型

1) 辙叉组成。

辙叉由叉心及翼轨联结而成，如图 4-19 所示。其功能是使车轮跨越轨线。

图 4-19 辙叉的组成

2) 辙叉的类型：

A. 按平面几何型式分有：直线辙叉和曲线辙叉。

直线辙叉：两工作边均为直线的辙叉称直线辙叉，如图 4-19 所示。直线辙叉可通用于左右开道岔，是我国目前辙叉的主要型式。

曲线辙叉：两工作边有一条或两条为曲线的辙叉叫曲线辙叉。曲线辙叉的优点是可加大道岔导曲线半径或缩短道岔全长，有利于提高侧向行车速度，但其加工复杂，左右开道岔也不能通用。目前我国单开道岔标准设计中尚未采用。

B. 按辙叉心的构造型式分有：固定型辙叉和活动心轨辙叉。

(2) 辙叉中的名词术语

1) 辙叉咽喉：两翼轨工作边距离最小处（如图 4-19）。

2) 叉心理论尖端：辙叉心轨两工作边的交点（如图 4-19）。

3) 叉心实际尖端：辙叉心实际加工成型的尖端,宽约 8~10mm（如图 4-19）。

4) 有害空间：固定型辙叉咽喉至叉心实际尖端的区域（如图 4-19）。

5) 辙叉趾及辙叉趾距：图 4-20 中的 E、F 点称辙叉趾，P_n 为辙叉趾距。

图 4-20 辙叉尺寸

6) 辙叉跟及辙叉跟距：图 4-20 中的 A、B 点称辙叉跟，P_m 为辙叉跟距。

7) 辙叉前部长度 n：辙叉趾端至理论尖端 C 的距离（如图 4-20）。

8) 辙叉后部长度 m：辙叉跟端至理论尖端 C 的距离（如图 4-20）。

9) 辙叉全长：辙叉趾端至辙叉跟端的长度，其值等于 $n+m$，如图 4-20 中的 EB，FA 线段长度表示辙叉全长。

(3) 道岔号数

直线辙叉跟端心轨两工作边的交角称为辙叉角。曲线辙叉以其曲线工作边的切线与直线工作边的交角表示，如图 4-21 所示。

图 4-21 辙叉角
(a) 直线辙叉；(b) 曲线辙叉

我国《铁路道岔号数系列》(GB 1246—76) 规定，道岔号数 N 以辙叉角 α 的余切值表示，由图 4-21 可知，

$$N = \frac{AC'}{BC'} = \cot\alpha \tag{4-1}$$

式中　BC' ——叉心工作边上任一点 B 至另一工作边的垂直距离；

　　　AC' ——由辙叉理论尖端沿工作边量至垂足 C' 的长度；

　　　α ——叉心工作边夹角：$\alpha = \arctan\frac{1}{N}$。

道岔号数在现场可用下法测定：先在心轨顶面找出 100mm 和 200mm 两处顶宽位置，然后量出这两处间的垂直距离（mm），用其除以 100，所得数即为道岔号数。

按 GB 1246—76 规定，我国标准轨距铁路道岔号数与辙叉角的对应关系见表 4-2。

道岔号数与其辙叉角　　　　　　　　　　　　　　表 4-2

道岔号数 N	6	7	9	12	18	30	38
辙叉角 α	9°27′44″	8°07′48″	6°20′25″	4°45′49″	3°10′47″	1°54′33″	1°30′26.8″

我国铁路主要采用的道岔号数为 6、7、9、12、18、30、38 号等，其中 12 号是我国主型道岔。

道岔号数越大，允许列车侧向通过道岔的速度越高。

道岔号数的选用应符合有关设计规范的规定。

（4）辙叉的构造

1）固定型辙叉

固定型辙叉有钢轨组合式辙叉、高锰钢整铸辙叉以及高锰钢拼装辙叉三种。图4-22是一种固定型辙叉的道岔。

图4-22　固定型辙叉

①钢轨组合式。用普通钢轨经过弯折、刨切加工而组成的辙叉称为钢轨组合式辙叉，如图4-23所示。它由长心轨、短心轨、翼轨、间隔铁、垫板及联结零件组成。该结构易于取材，加工制造方便，但其结构零件多，整体性差，养护工作量大，在我国铁路干线上已很少使用，站线上组合式辙叉的比例也在减少。

图4-23　钢轨组合式辙叉

②高锰钢整铸辙叉。高锰钢整铸辙叉采用含锰量11%~14%和含碳量1.0%~1.4%的高锰钢铸造而成，其翼轨和心轨成为一个整体，如图4-24及图4-25所示。

高锰钢整铸辙叉具有较高的强度和良好的抗冲击韧性，并具有坚韧耐磨、稳定性好、维修工作量少、使用寿命长等优点。此外，它的主要尺寸基本上和钢轨组合式辙叉相同，因而可以互换使用。目前，我国铁路正线上的道岔已基本上使用了高锰钢整铸辙叉。

先期使用的高锰钢整铸辙叉底板直接用螺纹道钉与枕木联结。因行车振动等原因，螺纹道钉与枕木的联结失效较多。新型辙叉将其改为分开式联结，辙叉下设垫板，辙

图4-24　高锰钢辙叉平面图

图 4-25 高锰钢固定式辙叉剖面图

叉与垫板用扣件联结,垫板与枕木用螺纹道钉联结,从而方便了辙叉的更换,也可防止螺纹道钉松动失效。

③高锰钢拼装辙叉。叉心与部分翼轨用高锰钢铸成一体,再与普通钢轨制造的翼轨及带部分翼轨的心轨等组成的辙叉称为高锰钢拼装辙叉,如图 4-26 所示。其优点是节省锰钢,铸铁简单,易获得高质量的铸件,当某部件损坏时可以更换。其缺点是整体性差,零件多,组装加工困难,维修工作量大。

图 4-26 高锰钢拼装辙叉

固定型辙叉因其工作边的不连续性致使进入辙叉的车轮重心发生起伏。若车轮逆向进岔(图 4-27 由左向右方向),随着锥形车轮踏面由翼轨驶向叉心,车轮滚动圆逐渐减小,致使车轮重心下降,直至车轮滚动至心轨,又回复至原有车轮重心高度,反之亦然,如图 4-27 所示。

为了避免车轮在翼轨与心轨之间过渡所产生的冲击,辙叉心轨端部轨面须适当降低,翼轨顶面相应提高。

翼轨顶面的提高值根据原型车轮和磨耗车轮的踏面坡度计算值和辙叉实际的磨耗情况确定。实践证明,翼轨的提高值在辙叉理论尖端至心轨顶面宽 40mm 的范围内提高 3mm 为宜。其两侧坡度,向前顺至咽喉,向后顺至心轨顶面宽

图 4-27 车轮逆向进岔示意图

50mm 处。轨顶的横坡采用 1:20。12 号固定辙叉的心轨及翼轨顶面纵坡如图 4-28 所示。

我国常用标准道岔中辙叉的几何尺寸见表 4-3。

图 4-28　12 号固定辙叉的心轨及翼轨顶面纵坡图

标 准 辙 叉 尺 寸 (mm)　　　　　　　　　表 4-3

钢轨类型（kg/m）	道岔号数	辙叉全长	n	m	P_n	P_m
75、60	18	12600	2851	9749	258	441
75、60	12	5927	2127	3800	177	317
50	12	4557	1849	2708	154	225
60	9	4309	1538	2771	171	308
50	9	3588	1538	2050	171	228

2）可动心轨辙叉

可动心轨辙叉由翼轨及可动心轨组成，其长短心轨均采用 60AT 轨制造，长心轨与短心轨之间用间隔铁联结。长心轨为弹性可弯式，在理论弹性可弯部分轨底作刨切。长心轨跟端用模压成形工艺制成 60kg/m 钢轨断面，与岔后连接轨可采用普通接头夹板联结或焊接，短心轨跟端为滑动端，与叉跟尖轨联结，12 号可动心轨辙叉见图 4-29，38 号可动心轨辙叉道岔见图 4-30。

翼轨采用 60kg/m 钢轨制造，长心轨跟部设三个双孔间隔铁，用 6 个 ϕ27 高强螺栓与长翼轨联结，增强辙叉整体稳定性，阻止长心轨位移。

图 4-29　可动心轨辙叉

可动心轨辙叉以其特殊的结构，保持两个行车方向轨线的连续性，消除了固定辙叉中的有害空间，从而提高了列车运行的平顺性，并延长辙叉使用寿命，显著减小养护维修工作量。但其结构较复杂，辙叉后部长度大于固定型辙叉，主要用于高速客运线路的正线及渡线。

广深准高速线及沪宁正线上全线铺设 60kg/m 钢轨 12 号可动心轨辙叉单开道岔，秦沈客运专线正线铺设 60kg/m 钢轨 18 号及 38 号可动心轨道岔。此外，我国线路上还铺有 75kg/m 钢轨 12 号及 18 号可动心轨单开道岔。长期的运营实践

图 4-30 可动心轨辙叉道岔

和动态测试表明,可动心轨辙叉的使用寿命为同型号高锰钢整铸辙叉的 6~9 倍,养护维修工作量减少 40%。

(5) 护轨

护轨设于固定辙叉的两则,用于引导车轮轮缘,使之进入适当的轮缘槽,防止与叉心碰撞。目前我国道岔的护轨结构类型主要有间隔铁型(如图 4-31)、H 型(如图 4-32)和槽型(如图 4-33)三种。

护轨的防护范围,应包括辙叉咽喉至叉心顶宽 50mm 的一段长度,并要求有适当的余裕。辙叉护轨由中间平直段、两端缓冲段和开口段组成,如图 4-34 所示。护轨平直段是实际起着防护作用的部分,缓冲段及开口段的作用是将车轮平顺地引入护轨平直段。缓冲段的冲击角应与列车允许的通过速度相配合。

图 4-31 间隔铁型护轨结构

图 4-32 H 型护轨结构

图 4-33 槽型护轨结构

图 4-34 护轨的组成及防护范围

4.2.3 连接部分

连接部分是转辙器和辙叉之间的连接线路,包括直股连接线和曲股连接线(亦称为导曲线)。直股连接线与区间线路构造基本相同。导曲线的平面形式可以是圆曲线、缓和曲线及其组合。我国铁路道岔导曲线多为圆曲线,38号道岔采用圆曲线与三次抛物线组合的导曲线形式。导曲线一般不设外轨超高和轨底坡,仅有提速道岔设有轨底坡。

图 4-35 道岔连接部分

为防止导曲线钢轨在动荷载作用下的外倾及轨距扩大,其中应设置一定数量的轨撑或轨距拉杆。为防止道岔钢轨爬行,应按规定设置一定数量的防爬器及防爬撑。

连接部分一般配置8根钢轨,直股连接线4根,曲股连接线4根。配轨时要考虑轨道电路绝缘接头的位置和满足对接接头的要求,并尽量采用12.5m或25m长的标准钢轨。连接部分使用的短轨,一般不应短于6.25m;在困难的情况下,不短于4.5m。

我国标准的9、12及18号道岔连接部分的配轨如图 4-35 所示,尺寸见表 4-4。

标准道岔的配轨尺寸 (mm)　　　　　　表 4-4

N	9	12	18	N	9	12	18
l_1	5324	11791	10226	l_5	6836	12500	16574
l_2	11000	12500	18750	l_6	9500	9385	12500
l_3	6894	12500	16903	l_7	5216	11708	10173
l_4	9500	9426	12500	l_8	11000	12500	18750

4.2.4 岔　枕

在我国铁路上,岔枕多使用木枕,客运专线及高速铁路设计使用混凝土岔枕。为便于安置道岔转辙机械,提速道岔的转辙牵引点采用钢岔枕。

木岔枕断面高为160mm,宽为240mm,但断面尺寸 160mm×220mm 的岔枕仍多有使用。长度分为12级,其中最短为2.60m,最长为4.80m,级差为0.20m,采用螺纹道钉与垫板联结。

钢筋混凝土岔枕最长者为

图 4-36 钢岔枕断面图

4.90m,级差为 0.10m。断面高度 220mm,顶宽 260mm,底宽 300mm,与Ⅲ型混凝土枕具有相当的有效支承面积,采用无挡肩形式,岔枕顶面平直。

为了适应大型养路机械设备的需要,提速道岔中还设计并采用了钢岔枕。钢岔枕内腔应满足电务转换设备的安装要求,同时考虑允许尖轨或心轨±15mm的伸缩量。其断面如图4-36所示。钢岔枕与垫板、外锁闭设备间设有绝缘部件。

4.3 单开道岔的几何形位

4.3.1 单开道岔各部分的轨距

道岔直线轨道的轨距为 1435mm,曲线轨道轨距应根据导曲线半径并结合机车车辆的通过条件确定。

单开道岔中,应重点检测的轨距加宽部位有:基本轨前接头处轨距 S_1、尖轨尖端轨距 S_0、尖轨跟端直股及侧股轨距 S_h、导曲线中部轨距 S_c、导曲线终点轨距 S,如图4-37所示。

图4-37 单开道岔各部分轨距加宽

道岔各部位的轨距 S,按机车车辆以正常强制内接条件计算,即

$$S = q_{max} + (f_0 - f_i) + \frac{1}{2}\delta_{min} - \Sigma\eta \tag{4-2}$$

式中 q_{max}——最大轮对宽度;

f_0——外轨作用边形成的矢矩;

f_i——内轨作用边形成的矢矩;

δ_{min}——轮轨间的最小游间;

$\Sigma\eta$——机车车辆轮轴对应的横动量之和。

我国铁路标准道岔上各部分的轨距值见表4-5。

标准道岔各部分的轨距尺寸 (mm)　　　　　　　　表 4-5

N	9	12		18
		直线尖轨	曲线尖轨	
S_1	1435	1435	1435	1435
S_0	1450	1445	1437	1438
S_h	1439	1439	1435	1435
S_c	1450	1445	1435	1435

道岔各部分的轨距加宽，应有适当的递减距离。尖轨尖端的轨距加宽，应按不大于 6‰ 的递减率向尖轨外方递减。S_0 与 S_h 的差数，应在尖轨范围内均匀递减。导曲线中部轨距加宽的递减距离，至导曲线起点方向为 3m，至导曲线终点方向为 4m。尖轨跟端直股轨距 S_h 的递减距离为 1.5m。

我国新设计的道岔中，如提速道岔及客运专线道岔，除尖轨尖端宽 2mm 处因刨切引起的轨距构造加宽外，其余部分均采用标准轨距 1435mm。

道岔各部分的轨距管理标准较为严格，无论是正线、到发线、站线或专用线，一律不得超过 +3mm 或 -2mm，有控制锁的尖轨尖端不得超过 ±1mm。

4.3.2 道岔各部分的间隔尺寸

(1) 转辙器部分的间隔尺寸

道岔各部分的间隔尺寸必须与机车车辆走行部的尺寸合理匹配，以保证行车安全。为此需要控制各部分的间隔尺寸。

转辙器部分需要控制的间隔尺寸主要有最小轮缘槽 $t_{\min}$ 和尖轨动程 d_0。

1) 尖轨的最小轮缘槽 $t_{\min}$。

尖轨的最小轮缘槽应保证直向过岔的轮对，在最不利条件下，即具有最小宽度的轮对一侧车轮轮缘紧贴直股尖轨时，另一侧车轮轮缘能顺利通过而不冲击尖轨的非工作边，如图 4-38 所示。曲线尖轨在其最突出处的轮缘槽最小，称曲线尖轨的最小轮缘槽 $t_{\min}$。轮缘槽的宽度应满足以下最不利组合时的数值：

图 4-38　曲线尖轨轮缘槽

$$t_{\min} \geqslant S_{\max} - (T + d)_{\min} \tag{4-3}$$

式中，$S_{\max}$ 为曲线尖轨突出处直向线路轨距的最大值。计算时，应考虑轨道的弹性扩张与轨道不利公差。以提速道岔为例，采用车辆轮对数值，代入计算式 (4-3)，求得：

$$t_{\min} \geqslant 1435 + 3 - (1350 + 22 - 2) = 68(\text{mm})$$

$t_{\min}$ 是控制曲线尖轨长度因素之一。为了控制尖轨长度，根据运营经验，t

图 4-39 直线尖轨尖端与跟端

可减少至 65mm。

直线尖轨的 t_{min} 处于尖轨跟端。尖轨跟端轮缘槽 t_0 应不小于 74mm。相应的跟端支距 $y_g = t_0 + b$，如图 4-39 所示。b 为尖轨跟端钢轨头部的宽度，取 $b = 70mm$，代入有关数据，可得 $y_g = 144mm$。

2) 尖轨动程 d_0。

尖轨动程为尖轨尖端非作用边与基本轨作用边之间的摆动幅度，距尖轨尖端 380mm 的第一根连接杆中心处量取。尖轨动程应保证尖轨扳开后，具有最小宽度的轮对不挤压尖轨非作用边。曲线尖轨的动程由 t_{min}、曲线尖轨最突出处的钢轨顶宽、曲线半径 R 等因素确定。直线尖轨则要求尖轨尖端开口不小于 $(y_g + S_0 - S_h)$。鉴于目前各种转辙机的动程业已定型，尖轨的动程应与之配合。目前大多数转辙机的标准动程为 152mm，因此《铁路线路维修规则》规定：尖轨在第一连杆处的最小动程，直尖轨为 142mm，曲尖轨为 152mm。

(2) 导曲线支距

导曲线部分几何形位，以导曲线外轨工作边上各点与直向基本轨作用边之间的横坐标即导曲线支距确定。为使机车车辆平稳通过导曲线，应经常保持其圆顺度。

试以圆曲线型导曲线直线尖轨转辙器为例，说明计算导曲线支距的方法。

图 4-40 导曲线支距

取直股基本轨上正对尖轨跟端轨缝中点后半个鱼尾钣长度的 0 点为坐标原点（即导曲线起点），如图 4-40 所示。这时，导曲线始点的横坐标 x_0 和支距 y_0 分别为：

$$x_0 = 0, y_0 = y_g \tag{4-4}$$

在导曲线的终点，其横坐标 x_n 和支距 y_n 则分别为：

$$x_n = R(\sin\gamma_n - \sin\beta)$$

$$y_n = y_g + R(\cos\beta - \cos\gamma_n) \tag{4-5}$$

式中　R——导曲线外轨作用边半径；
　　　β——尖轨的转辙角；
　　　γ_n——导曲线终点 n' 所对应的偏角，显然 $\gamma_n = \alpha$。

令导曲线上各支距测点 i 点的横坐标为 x_i（自坐标原点 O 点开始，依次为 $2m$ 的整数倍），其对应的支距 y_i 为：

$$y_i = y_0 + R(\cos\beta - \cos\gamma_i) \quad (i = 1, 2, \cdots) \tag{4-6}$$

式中的 γ_i 与 x_i 有下列近似关系：

$$\sin\gamma_i = \sin\beta + \frac{x_i}{R} \quad (i = 1, 2, \cdots) \tag{4-7}$$

与 x_n 对应的导曲线终点支距 y_n，可用下式计算：

$$y_n = S - K\sin\alpha \tag{4-8}$$

式中，K 为导曲线后插直线长。

(3) 辙叉和护轨部分的间隔尺寸

1) 固定辙叉

固定辙叉及护轨需要控制的间隔尺寸，主要是辙叉咽喉轮缘槽 t_1、查照间隔 D_1 及 D_2、护轨轮缘槽 t_g、翼轨轮缘槽 t_w 和有害空间 l_h。

A. 辙叉咽喉轮缘槽 t_1。

辙叉咽喉轮缘槽应保证具有最小宽度的轮对一侧车轮轮缘紧贴基本轨时，另一侧车轮轮缘不撞击撤叉的翼缘，如图 4-41 所示。其最不利的组合应满足

$$t_{\min} \geqslant S_{\max} - (T + d)_{\min} \tag{4-9}$$

考虑到道岔轨距允许的最大误差 3mm，及轮对车轴弯曲导致内侧距减小 2mm，取车辆轮计算，则

图 4-41　查照间隔

$$t_1 \geqslant (1435 + 3) - (1350 - 2) - 22 = 68\text{mm}$$

为避免扩大有害空间，t_1 也不宜规定过宽。

B. 查照间隔 D_1 及 D_2。

护轨作用边至心轨作用边的查照间隔 D_1 应使最大宽度的过叉轮对，其一侧轮缘受护轨的引导，而另一侧轮缘不冲击叉心或滚入另一线。其最不利的组合应满足：

$$D_1 \geqslant (T + d)_{\max} \tag{4-10}$$

考虑到车轴弯曲致使轮背内侧距增大 2mm 的影响，取 $(T + d)$ 较车辆轮更大的机车轮计算，求得：

$$D_1 \geq (1356 + 2) + 33 = 1391 \text{mm}$$

护轨作用边至翼轨作用边的查照间隔 D_2 应使最小宽度的轮对直向通过时不被卡住,必须有:

$$D_2 \leq T_{\min} \tag{4-11}$$

取 T 较机车轮更小的车辆轮计算,并考虑车辆轴弯后轮对内侧距 2mm 的减小值,则:

$$D_2 \leq 1350 - 2 = 1348 \text{mm}$$

显然,D_1 只能有正误差,不能有负误差,容许变化范围为 1391~1394mm。同样,D_2 只能有负误差,不能有正误差,容许变化范围为 1346~1348mm。

C. 护轨中间平直段轮缘槽 t_{g1}。

如图 4-42 所示,护轨中间平直段轮缘槽 t_{g1} 应确保 D_1 不超出规定的容许范围,并由下式计算:

$$t_{g1} = S - D_1 - 2 \tag{4-12}$$

式中,2mm 为护轨侧面磨耗限度。

因 $S = 1345 \text{mm}$,$D_1 = 1391 \sim 1394 \text{mm}$,可取 $t_{g1} = 39 \sim 42 \text{mm}$。

图 4-42 护轨尺寸

为使车轮轮缘能顺利进入护轨轮缘槽内,护轨平直段两端应分别设置缓冲段及开口段。终端轮缘槽 t_{g2} 应保证等同于辙叉咽喉轮缘槽的通过条件,即 $t_{g2} = t_1 = 68 \text{mm}$。在缓冲段的外端,再各设开口段,开口段终端轮缘槽 t_{g3} 应保证线路轨距最大的条件下,能顺利通过最小宽度的轮对,不撞击护轨的终端开口。由此得

$$t_{g3} = 1455 - (1350 + 22 - 2) = 86 \text{mm}$$

现行采用 $t_{g3} = 90 \text{mm}$。

护轨平直部分长 x,覆盖辙叉咽喉至叉心顶宽 50mm 处,外加两侧各 100~300mm 的范围。缓冲段长 x_1 按两端轮缘槽宽计算确定,开口段长 $x_2 = 150 \text{mm}$。

D. 辙叉翼轨平直段轮缘槽 t_w。

根据图 4-42,辙叉翼轨轮缘槽 t_2 应保证两查照间隔不超出规定的容许范围,并由下式计算,

$$t_w = D_1 - D_2 \tag{4-13}$$

采用不同的 D_1、D_2 组合,得到 t_w 的变化范围为 43~48mm。我国采用 46mm,从辙叉心轨尖端至心轨顶宽 50mm 处,t_w 均应保持此宽度。

辙叉翼轨轮缘槽也有过渡段与开口段,其终端轮缘槽宽度、缓冲段的转折角与护轨相同。辙叉翼轨各部分长度可比照护轨进行计算。

E. 有害空间 l_h。

辙叉有害空间长度 l_h 可采用下式计算：

$$l_h = \frac{t_1 + b_1}{\sin a} \qquad (4\text{-}14)$$

式中，b_1 为叉心实际尖端宽度，可取为 10mm。在道岔中可近似地取 $\frac{1}{\sin a} \approx \frac{1}{\tan a}$ = $\cot a$ = N，由此，式 (4-14) 可近似地表示为：

$$l_h \approx (t_1 + b_1)N \qquad (4\text{-}15)$$

取 $t_1 = 68$mm，$b_1 = 10$mm，9号、12号及18号道岔与之对应的有害空间长度分别为 702mm、936mm 及 1404mm。

2) 可动心轨辙叉

可动心轨辙叉的主要间隔有辙叉咽喉轮缘槽与翼轨端部轮缘槽。可动心轨辙叉与固定式辙叉不同，其咽喉宽度不能用最小轮背距和最小轮缘厚度进行计算，而应根据转辙机的参数来决定。现有电动转辙机的动程为 152mm，调整密贴的调整杆的轴套摆度最小可达 90mm，因此，可动心轨辙叉咽喉的理论宽度 t_1 不应小于 90mm，并不大于 152mm。现已使用的 60kg/m 钢轨 12 号可动心轨辙叉中，该值采用 120mm。翼轨端部的轮缘槽宽度 t_2 不应小于固定式的辙叉咽喉宽度 (68mm)，一般采用 $t_2 > 90$mm。若可动心轨辙叉中设置有防磨护轨，护轨轮缘槽应确保心轨不发生侧面磨耗以保持心轨与翼轨的密贴。

4.4 单开道岔总布置图设计

4.4.1 道岔总布置图设计内容

在我国铁路提速工程中，道岔提速是其中的重要环节，在既有道岔类型不能满足提速要求的情况下，需要根据道岔通过速度的要求设计新型道岔。道岔设计包括道岔总布置图设计与结构设计。本节介绍单开道岔总布置图设计。道岔结构设计已超出本课程内容，有需要的读者可参考刘语冰编《道岔构造和设计》（中国铁道出版社，1983）。

单开道岔总布置图设计应根据道岔通过速度及运营条件，选定道岔类型、道岔号数、导曲线半径、以及转辙器尖轨类型，在此基础上进行道岔总布置图设计，其内容包括：转辙器计算，辙叉计算，道岔主要尺寸计算，配轨计算，导曲线支距计算，各部分轨距计算，以及岔枕布置等。以上计算完成后，应绘制道岔布置总图并提出材料数量表。其设计顺序如图 4-43 所示。

图 4-43 道岔总布置图设计顺序

4.4.2 曲线尖轨、直线辙叉的单开道岔计算

(1) 转辙器计算

曲线尖轨大多采用圆曲线型，其曲线半径由侧向过岔速度确定（计算方法在 4.5 节中介绍），通常与导曲线半径相同，以保持转辙器与导曲线的容许通过速度一致。如下以半切线型尖轨说明转辙器计算。半切线型尖轨如图 4-44 所示。

半切线型尖轨曲线的理论起点 O 与基本轨相切，从尖轨顶宽为 b' 处（通常

图 4-44 半切线型尖轨

为 20～40mm）开始，将曲线改为切线，为避免尖轨尖端过于薄弱，在顶宽 3～5mm 处再作一斜边。这种曲线尖轨比较牢固，加工也比较简单，侧向行车条件优于直线尖轨，是我国目前大号道岔的标准尖轨型式。

曲线尖轨转辙器应确定的主要尺寸包括：曲线尖轨长度 l_0、直向尖轨长度 l'_0、基本轨前端长 q、基本轨后端长 q'、尖轨尖端始转辙角 β_1、尖轨转辙角 β 和尖轨辙跟支距 y_g。

设侧股轨道中心线的半径为 R_0，尖轨工作边的曲率半径为 R，则 $R = R_0 + 717.5$mm。

尖轨尖端始转辙角 β_1 是曲尖轨或导曲线工作边实际起点 B 的半径与垂直线的夹角，由图 4-44 可得：

$$\beta_1 = \arccos \frac{R - b'}{R} \tag{4-16}$$

图 4-44 中，B 点的切线为 AB，理论切点 O 与 A、B 点所形成的三角形中，有 $OA = AB$。由于始转辙角极小，可近似认为尖轨实际尖端至理论起点的距离与尖轨实际尖端至尖轨顶宽 b' 处的距离相等。则 A_0 可采用下式计算：

$$A_0 = R \tan \frac{\beta_1}{2} \tag{4-17}$$

基本轨前端长 q 是道岔与连接线路或与另一组道岔之间的过渡段。为使两组道岔对接时，道岔侧线的理论顶点能设置在道岔前端接头处，尖轨尖端前部基本轨的长度 q 应不小于 $A_0 - \frac{\delta}{2}$（δ 为基本轨端部轨缝）。同时，q 值还应满足轨距递变的限值，即 $q_0 \geq \frac{S_0 - S}{i}$，$S_0$ 为尖轨尖端处的轨距值，S 为正常轨距值，i 为容许的轨距递变率，i 不应大于 6‰，q 值的长短还应考虑到岔枕的布置。我国在 9 号和 12 号标准道岔上，在满足岔枕合理布置的前提下，统一采用 $q = 2646$mm。

尖轨跟部所对的圆心角为 β，称转辙角。

$$\beta = \arccos \frac{R - y_g}{R} \tag{4-18}$$

由图 4-44 可知，曲线尖轨的长度为：

$$l_0 = AB + BC = A_0 + \frac{\pi}{180} R(\beta - \beta_1) \tag{4-19}$$

式（4-19）所确定的 l_0 值，应保证曲线尖轨扳开后，其最小轮缘槽应满足式（4-3）的宽度值要求。否则，应调整尖轨跟端支距 y_g，即改变 β 值，重新计算 l_0，并校核轮缘槽宽度，直至符合要求为止。

尖轨长度 l_0 对应的轮缘槽最小宽度值可通过下述方法确定。

首先确定最小轮缘槽的坐标位置 x_t（以尖轨理论切点为坐标原点）：

如图 4-45 所示，设尖轨跟端支距为 y_g，尖轨转辙杆安装在离尖轨尖端 x_0 处，尖轨的动程为 d_0；尖轨扳开后，尖轨突出处距尖轨理论起点的距离为 x，尖轨工作边与基本轨工作边之间的距离为 T。

利用曲边三角形的关系，有公式：

$$T \approx \frac{x^2}{2R} + \frac{d_0(l_0 + q - x)}{l_0 - x_0} \tag{4-20}$$

图 4-45 曲线尖轨轮缘槽

令 $\dfrac{dT}{dx} = 0$,则可得到尖轨最突出点(即最小轮缘槽 $t_{\min}$ 位置)距尖轨理论起点的距离 x_t 为:

$$x_t = \dfrac{d_0 R}{l_0 - x_0} \qquad (4\text{-}21)$$

由此,可计算尖轨非工作边与基本轨工作边之间的最小轮缘槽宽 $t_{\min}$:

$$t_{\min} = \dfrac{x_t^2}{2R} + \dfrac{d_0(l_0 + q - x_t)}{l_0 - x_0} - b \qquad (4\text{-}22)$$

尖轨的长度还与跟部的构造有关。间隔铁式尖轨跟端结构,其 l_0 可按式(4-19)计算。弹性可弯式跟端结构,按公式求得的尖轨长度还需要增加 1.0~2.0m,以其作为尖轨跟部的固定部分。

转辙器中与曲线尖轨相对应的直向尖轨为直尖轨。直尖轨以曲线尖轨实际尖端与跟端在水平方向的投影长作为其长度,以保持两尖轨的尖端及跟端对齐。直尖轨长 l'_0 为:

$$l'_0 = A_0 + R(\sin\beta - \sin\beta_1) \qquad (4\text{-}23)$$

基本轨后端长 q' 主要决定于尖轨跟端联结结构、岔枕布置及配轨要求。

新设计的 60kg/m 钢轨 12 号提速单开道岔,转辙器中采用的是切线型尖轨,仅于尖轨尖端轨头宽 $b_2 = 2$mm 处作补充刨切,使尖端藏于基本轨轨线以内。其主要尺寸的计算原理与半切线尖轨相一致,基本参数如下:

$R = 350717.5$mm,$q = 2916$mm,$b_2 = 2$mm,$y_g = 311$mm,$l_0 = 13880$mm,$l'_0 = 13880$mm,尖轨尖端轨距加宽值为 2mm,导曲线理论起点离尖轨实际尖端为 886mm,导曲线实际起点离尖轨实际尖端为 298mm。

(2) 锐角辙叉主要几何尺寸

锐角辙叉的主要尺寸包括趾距、跟距及辙叉全长。

直线锐角辙叉的长度,应根据给定的钢轨类型、辙叉角或辙叉号数进行计算。首先,根据辙叉的构造要求,即夹板的孔型布置,以各个夹板螺栓顺利穿入为控制条件,计算辙叉的容许最小长度,再按岔枕布置及护轨长度等条件进行调整,最后确定其采用值。我国铁路标准 9、12 及 18 号道岔直线辙叉的长度可参见表 4-3。新设计的 60kg/m 钢轨 12 号提速道岔,锰钢固定式辙叉的长度是 $n = 2038$mm,$m = 3954$mm。

(3) 道岔的主要尺寸计算

在转辙器及辙叉计算结果的基础上,应根据道岔平面几何尺寸协调性原则,进行道岔主要尺寸计算。

试以半切线型尖轨、直线辙叉单开道岔进行说明,其主要尺寸如图 4-46 所示,图中各项符号的意义如下:

图 4-46 单开道岔总图

道岔号数 N,辙叉角 α,轨距 S,轨缝 δ,转辙角 β,尖轨长 l_0、l_0',尖轨跟端支距 y_g,基本轨前端长 q;

辙叉趾距 n,辙叉跟距 m;

导曲线外轨半径 R、导曲线后插入直线长度 K;

O 点为道岔直股中心线与侧向线路中心线的交点,又称道岔中心。

需要确定的尺寸如下:

道岔前长 a(道岔前轨缝中心至道岔中心的距离),道岔后长 b(道岔中心至道岔后轨缝中心的距离);

道岔理论全长 L_t(尖轨理论尖端至辙叉理论尖端的距离);

道岔实际全长 L_Q(道岔前后轨缝中心之间的距离);

导曲线后插入直线长 K,导曲线外轨半径 R。

导曲线后插入直线段 K 的作用是减少车辆对辙叉的冲击,避免车轮撞击辙叉前接头,使辙叉两侧的护轨完全置于直线上。一般要求 K 有 2~4m 的长度,最短不得小于辙叉趾距 n 加上夹板长度 l_H 的一半，即：$K_{min} \geq n + \dfrac{l_H}{2}$。

道岔的主要尺寸必须满足下列几何协调关系：

将道岔外股钢轨作用边 $ACDEF$ 投影到直股中线上，得：

$$L_t = R\sin\alpha + K\cos\alpha - A_0 \tag{4-24}$$

将其投影至直股中线的垂直线上，得：

$$S = y_g + R(\cos\beta - \cos\alpha) + K\sin\alpha \tag{4-25}$$

通过转辙器及辙叉计算，式 (4-24) 及式 (4-25) 中 A_0、y_g、β 均为已知，其中 α 及 R 由道岔设计条件选定（计算方法在 4.5 节中介绍），从而可计算 K 值：

$$K = \dfrac{S - R(\cos\beta - \cos\alpha) - y_g}{\sin\alpha} \tag{4-26}$$

计算中，也可先选定 K 值反求 R：

$$R = \dfrac{S - K\sin\alpha - y_g}{\cos\beta - \cos\alpha} \tag{4-27}$$

总之，应根据控制条件式 (4-24) 及式 (4-25) 反复调整 K 及 R，使之满足设计要求，而后分别计算 L_Q，b，a。

$$L_Q = q + L_t + m + \delta \tag{4-28}$$

$$b = \dfrac{S}{2\tan\dfrac{\alpha}{2}} + m + \dfrac{\delta}{2} \tag{4-29}$$

$$a = L_Q - b \tag{4-30}$$

例：60kg/m 钢轨 12 号提速道岔，曲线尖轨、固定型直线辙叉单开道岔，$N = 12$，$R = 350717.5$mm，$n = 2038$mm，$m = 3954$mm，曲线尖轨长 $l_0 = 13880$mm（与之对应的直线尖轨长 $l'_0 = 13880$mm），基本轨前端长 $q = 2916$mm，$S = 1435$mm，跟端支距 $y_g = 311$mm，$\delta = 8$mm，导曲线理论起点离尖轨实际尖端 886mm，导曲线实际起点离尖轨实际尖端 298mm（见图 4-47）。

图 4-47　12 号固定型辙叉提速道岔平面主要尺寸

有关计算结果如下:
据式 (4-18), 有:

$$\cos\beta = \frac{350717.5 - 311}{350717.5} = 0.9991132, \beta = 2°24'47''$$

由 $N = 12$, 得:

$$\alpha = 4°45'49'', \cos\alpha = 0.99654580, \sin\alpha = 0.08304495$$

$$\tan\frac{\alpha}{2} = 0.0415931$$

$$K = \frac{S - R(\cos\beta - \cos\alpha) - y_g}{\sin\alpha}$$

$$= \frac{1435 - 350717.5 \times (0.9991132 - 0.99654580) - 311}{0.08304495} = 2692 \text{mm}$$

$$L_t = R\sin\alpha - A_0 + K\cos\alpha$$

$$= 350717.5 \times 0.08304495 - 886 + 2692 \times 0.99654580 = 30922 \text{mm}$$

$$L_Q = q + L_t + m + \delta = 2916 + 30922 + 3954 + 8 = 37800 \text{mm}$$

$$b = \frac{S}{2\tan\frac{\alpha}{2}} + m + \frac{\delta}{2} = \frac{1435}{2 \times 0.04159431} + 3954 + 4 = 21208 \text{mm}$$

$$a = L_Q - b = 37800 - 21208 = 16592 \text{mm}$$

(4) 配轨计算

一组单开道岔, 除转辙器、辙叉及护轨外, 在其范围内一般有 8 根钢轨, 应通过计算确定其配置长度及接头位置。

配轨时, 应遵循以下原则:

1) 转辙器及辙叉的左右股钢轨基本长度, 应尽可能一致, 以简化基本轨备件的规格, 并有利于左右开道岔的互换;

2) 连接部分的钢轨不宜过短, 小号码道岔钢轨长度一般不应小于 4.5m, 大号码道岔不应小于 6.25m;

3) 应保持接头相对, 便于岔枕布置, 并应考虑安装轨道电路绝缘接头的可能性;

4) 充分利用整轨、标准缩短轨、整轨的整分数倍的短轨, 做到少锯切, 少废弃, 选择钢轨利用率较高的方案。

单开道岔配轨计算长度应满足下列约束条件 (参见图 4-46):

$$\left.\begin{aligned}l_1 + l_2 &= L_Q - l_j - 3\delta \\ l_3 + l_4 &= \left(R + \frac{b_0}{2}\right)(\alpha - \beta)^\circ \frac{\pi}{180} + K - n - 3\delta \\ l_5 + l_6 &= L_t - l_0' - n - 3\delta \\ l_7 + l_8 &= q + A_0 - S_0\tan\beta_1 + \left(R - S - \frac{b_0}{2}\right)(\alpha - \beta_1)^\circ \frac{\pi}{180} + K + m - 2\delta - l_j\end{aligned}\right\} \tag{4-31}$$

式中 S_0——尖轨尖端处的轨距；

$S_0\tan\beta_1$——曲线尖轨外轨起点超前内轨起点的距离；

l_j——基本轨的长度；

b_0——轨头宽度；

α、β 以（°）计。

现以 60kg/m 钢轨 12 号提速单开道岔为例进行说明：基本轨长 $l_j = 16584$mm，其他数据采用以上的计算结果。遵照式（4-31），可得以下结果：

$$l_1 + l_2 = 37800 - 16584 - 3 \times 8 = 21192 \text{ mm}$$

取 $l_1 = 7770$mm, $l_2 = 13422$mm；

$$l_3 + l_4 = (350717.5 + 35) \times (2.350555)^\circ$$
$$\times 0.01745329 + 2692 - 2038 - 3 \times 8 = 15024 \text{ mm}$$

取 $l_3 = 7804$mm, $l_4 = 7220$mm；

$$l_5 + l_6 = 30922 - 13880 - 2038 - 3 \times 8 = 14980 \text{ mm}$$

取 $l_5 = 7770$mm, $l_6 = 7210$mm；

$$l_7 + l_8 = 2916 + 298 - 1437 \times 0.000337 + (350717.5 - 1435 - 35) \times$$
$$4.760234^\circ \times 0.01745329 + 2692 + 3594 - 2 \times 8 - 16584 = 22271 \text{ mm}$$

取 $l_7 = 7804$mm, $l_8 = 14467$mm。

（5）导曲线支距计算

根据如前所述（见 4.3.2 节）的导曲线支距计算方法，以 60kg/m 钢轨 12 号提速单开道岔为例进行说明。已知的参数为：$\beta = 2°24'47''$, $\alpha = 4°45'49''$, $y_g = 311$mm。

支距计算起始点为 $x_0 = 0$, $y_0 = y_g = 311$mm。

支距计算终点坐标为：

$$x_n = R(\sin\alpha - \sin\beta) = 350717.5 \times (0.08304495 - 0.0421047) = 14358 \text{ mm}$$

$$y_n = S - K\sin\alpha = 1435 - 2692 \times 0.08304495 = 1211 \text{ mm}$$

其余各点支距可按式（4-6）进行计算。

（6）岔枕布置

为使道岔的轨下基础具有均匀的刚性，道岔的间距应尽可能保持一致。转辙器和辙叉范围内的岔枕间距，通常采用 0.9 倍区间线路的枕木间距，其他部位取为 0.95~1 倍。设置转辙杆的一孔，其间距应适当增大。道岔钢轨接头处的岔枕间距应与区间线路同类型钢轨接头处轨枕间距保持一致，并使轨缝位于间距的中心。

铺设在单开道岔转辙器及连接部分的岔枕，均应与道岔的直股方向垂直。辙叉部分的岔枕，应与辙叉角的角平分线垂直，从辙叉趾前第二根岔枕开始，逐渐由垂直角平分线方向转到垂直于直股的方向，如图 4-48 所示。岔枕的间距，在转辙器部分按直线上股计量，在导曲线及转向过渡段按直线下股计量，在辙叉部分按角平分线计量。为改善列车直向过岔时的运行条件，可动心轨道岔中所有的岔枕均按垂直于直股方向布置，间距均匀一致，均为 600mm。

图 4-48 岔枕布置图

岔枕长度在道岔各个部位差别很大。岔枕端部伸出钢轨工作边的距离 M 应与区间线路基本保持一致，即 $M = \dfrac{2500 - 1435}{2} = 532.5 \text{mm}$。按 M 值要求计算出的岔枕长度各不相等，为减少道岔上出现过多的岔枕长度级别，需要集中若干长度相近者为一组，相差不应超过岔枕标准级差的二分之一。

4.4.3 直线尖轨转辙器的计算

直线尖轨、直线辙叉与上述的曲线尖轨、直线辙叉单开道岔的计算方法和步骤基本上一致。此外尚应注意如下特点：

（1）两根尖轨都是直线型的，因此冲击角、始转辙角和转辙角均相一致。

（2）直线尖轨的跟部结构通常采用间隔铁鱼尾板式，尖轨非工作边与基本轨工作边之间的最小距离发生在尖轨辙跟处。

（3）在导曲线与尖轨跟部之间设置一段前插入直线 k，以利于辙跟鱼尾钣的设置。

（4）侧股线路的轨距加宽要大于曲线尖轨。

4.4.4 可动心轨辙叉的计算

(1) 主要参数

可动心轨需要确定的主要参数有：心轨转换过程中不发生弯折的长度 l_1，弹性肢长 l_2，转辙机的扳动力 P_2，心轨角 β，第一、第二转辙杆处的心轨动程 t_1 和 t_2 等，如图 4-49 所示。

图 4-49 可动心轨辙叉

在计算中，心轨 l_1 段视为绝对刚体，l_2 段视为一端弹性可弯另一端固定的梁，在第一、第二转辙杆处作用有 P_1 和 P_3 力。根据这样的力学模型可得到上述参数的一系列计算公式。但是上述参数都是互相关连的未知量，无法直接计算出来。实用的工程方法是先假定某几个值，计算其他的量，从而得到一系列变化关系曲线。在此曲线上查找合适的数据，同时考虑构造上的要求及岔枕布置，最后定出合理的参数。

如果可动心轨只设一根转辙杆，其参数的选择主要取决于转辙设备的动程、功率的大小、心轨截面及可弯部分在心轨转换时的弯曲应力值。通常可根据工程经验，参照转辙器部分尖轨的转换条件进行选定。

(2) 心轨摆动部分的长度

心轨实际尖端至弹性可弯中心的一段（图 4-49 中的 AN）为心轨摆动部分。心轨摆动部分的长短与转辙机的扳动力及摆度、心轨危险截面的弯曲应力等因素有关。心轨摆动部分的长度加长，对上述各项指标有利。

(3) 辙叉趾距 n

可动心轨辙叉的最小趾距，应根据趾端的稳定性来决定，并与道岔配轨、岔枕布置等一并考虑。

(4) 辙叉跟距 m

可动心轨辙叉的辙叉跟距是指辙叉轨距线交点至辙叉跟端的距离。当叉跟不设置伸缩接头时，辙叉跟距是指轨距线交点至心轨跟端间的距离，这时应满足：

$$m_{\min} \geq L + l_1 - \frac{t_1}{2\sin\dfrac{\alpha}{2}} \tag{4-32}$$

式中 L——长心轨的尖端至可弯中心的距离；

l_1——心轨可弯中心至辙叉跟端的距离，该值不应小于2m；

t_1——心轨尖端处的咽喉宽。

对应60kg/m钢轨12号可动心轨辙叉，辙叉跟距为5861mm。

4.4.5 几种常用普通单开道岔的主要尺寸

在我国铁路常用普通单开道岔主要尺寸见表4-6。

几种常用普通单开道岔的主要尺寸（mm）　　　表4-6

钢轨类型(kg/m)	道岔号数	道岔全长	道岔前部实际长	道岔后部实际长	基本轨前端至尖轨尖	尖轨长度	尖轨后直线长	辙叉尖前直线长	辙叉全长	趾距	跟距	趾宽	跟宽	辙叉角 α	转辙角 β	导曲线半径 R
60	12	37907	16853	21054	2646	11300	0	2548	5922	2125	3797	177	316	4°45′49″	1°04′18″	350717.5
60	9	29569	13839	15730	2646	6450	0	2058	4307	1536	2771	170	306	6°20′25″	1°21′56″	180717.5
50	12	36815	16853	19962	2646	7700	0	2483	4557	1849	2708	154	226	4°45′49″	1°04′18″	330717.5
50	9	28848	13839	15009	2646	6250	0	2115	3588	1538	2050	171	228	6°20′25″	1°19′12.7″	180717.5

4.5 列车通过道岔的容许速度及高速道岔

列车通过道岔的速度包括直向通过速度和侧向通过速度。道岔的容许速度是控制铁路区段行车速度的重要因素之一。道岔容许通过速度取决于道岔构件的强度及其平面几何形式两个方面，其中，道岔构件的强度已由试验研究证实，一般不属于控制过岔速度的因素，故而应当研究道岔平面几何形式与过岔速度的关系。

4.5.1 侧向过岔容许速度

单开道岔有转辙器、导曲线、辙叉及岔后连接线路等四个部分控制侧向通过速度，其中的辙叉部分，无论是其结构型式、强度条件或平面设计，都不是控制侧向过岔速度的关键。岔后的连接线路不属于道岔的设计范围，且一般规定，岔后连接线路的通过速度不低于道岔导曲线的容许通过速度。因此侧向通过速度主要由转辙器和导曲线这两个部位的容许速度来决定。

（1）评估道岔侧向通过容许速度的三个参数

机车车辆由直线进入道岔侧线时，道岔转辙器迫使其改变运行方向，因其半径较小，又无外轨超高，因此，必然发生车辆与钢轨的撞击。此刻，车体中的一部分动能，将转变为挤压钢轨的位能，并且伴随有未被平衡的离心加速度发生，导致尖轨的横向弹性变形和列车摇摆，影响列车运行的平稳性、舒适性和安全性。为此，道岔设计中采用以下三个基本参数来评估列车通过道岔侧线的容许速度:动能损失、未被平衡的离心加速度、未被平衡离心加速度的时变率。

1) 动能损失 ω

假定撞击前后车体质量为常数,并视车体为一个作用于冲击部位的质点,同时略去道岔受冲击后的弹性变形,那么车辆撞击钢轨的动能损失,将正比于车体运行速度损失的平方。由图 4-50 可见,车轮在 C 点与直线尖轨撞击后,运行方向被迫由 $\overline{AC}$ 变成 $\overline{CB}$,运行方向上的速度由 v 变成 $v\cos\beta'$(式中 β' 为冲击角),速度的损失为 $v\sin\beta'$,若速度以 V(km/h)表示,则撞击时的动能损失为:

图 4-50 直线尖轨冲击角

$$\Delta\omega = \frac{1}{2}mV^2\sin^2\beta' \quad (4-33)$$

从工程实用的角度出发,取其与速度有关的部分表示动能损失,即动能损失表示为:

$$\omega = V^2\sin^2\beta' \quad (4-34)$$

车辆自直线进入道岔撞击圆曲线型尖轨时,轮缘与钢轨之间的游间 δ 与曲线半径 R、冲击角 β' 之间的关系由图 4-51 可知:

$$\delta = R(1 - \cos\beta') = 2R\sin^2\frac{\beta'}{2} \quad (4-35)$$

一般 β' 很小,可近似认为:

$$\sin^2\frac{\beta'}{2} \approx \left(\frac{\beta'}{2}\right)^2 \approx \frac{1}{4}\sin^2\beta'$$

图 4-51 曲线尖轨冲击角

代入上式可得到冲击角为:

$$\beta' = \arcsin\sqrt{\frac{2\delta}{R}} \quad (4-36)$$

以此代入动能损失计算公式,可得 ω(km²/h²):

$$\omega = \frac{2\delta}{R}V^2 \quad (4-37)$$

为保证列车侧向过岔运行的平稳性、舒适性和安全性,ω 必须限制在一个容许值 ω_0 之内。我国道岔设计中规定动能损失的容许值 $\omega_0 = 0.65 \text{km}^2/\text{h}^2$。

从而列车侧向通过道岔的速度应满足:

$$V \leqslant \sqrt{\frac{\omega_0 R}{2\delta}} \quad (4-37a)$$

式中 V——侧向过岔速度(km/h);

R——导曲线半径(m);

δ——轮轨游间(m);

ω_0——动能损失容许值 (km^2/h^2)。

2) 未被平衡的离心加速度 α

道岔导曲线一般采用圆曲线,且不设超高。因此,列车在导曲线上运行时,将产生未被平衡的离心加速度 α (m/s^2),其计算式为:

$$\alpha = \frac{v^2}{R} \quad (4-38)$$

为保证列车侧向通过道岔的平稳性、舒性性和安全性,α 必须小于容许值 α_0。我国建议 α 的容许限度值 α_0 取为 $0.5 \sim 0.65 m/s^2$,从而侧向过岔的容许速度应满足:

$$v \leq \sqrt{\alpha_0 R} \quad (4-38a)$$

式中 v——列车速度 (m/s);

R——导曲线半径 (m);

α_0——未被平衡加速度容许值 (m/s^2)。

3) 未被平衡的离心加速度时变率 ψ

车辆从直线进入道岔圆曲线时,未被平衡的离心加速度是渐变的。其单位时间内的时变率为 $\psi = d\alpha/dt$。同样,ψ 也必须控制在一个容许值 ψ_0 之内,我国规定 $\psi_0 = 0.5 m/s^3$。未被平衡的离心加速度变化,可以近似地假定为在车辆全轴距范围内完成,当导曲线不设超高时,ψ 可采用下式计算:

$$\psi = \frac{d\alpha}{dt} = \frac{v^2/R}{l/v} = \frac{v^3}{Rl} \quad (4-39)$$

式中,l 为车辆全轴距,可采用全金属客车的值,即 $l = 18m$。

从而列车侧向过岔的容许速度应满足:

$$v \leq \sqrt[3]{Rl\psi_0} \quad (4-39a)$$

式中,列车速度 v (m/s),导曲线半径 R (m),车辆全轴距 l (m),ψ_0 (m/s^3)。

由上可知,通过 ω、α、ψ 三个参数可以评估侧向通过道岔的容许速度,而道岔的曲线半径大小直接与过岔速度有关。

在综合考虑上述三个主要参数的基础上,结合现有各类道岔的结构情况,我国铁路线路维修规则规定,道岔的侧向容许通过速度见表 4-7。

道岔侧向容许通过速度(km/h) 表 4-7

尖轨类型	道岔号数					
	8	9	10	11	12	18
普通钢轨尖轨	25	30	35	40	45	80
AT型弹性可弯尖轨	—	—	—	—	50	—

(2) 提高道岔侧向通过速度的途径

根据以上分析,增大导曲线半径,减小车轮对道岔各部位的冲击角,是提高道岔侧向通过速度的主要途径。此外，加强道岔结构，也有利于提高侧向通过速度。

增大导曲线半径，同时也需要采用大号数的道岔。但道岔号数增加后，道岔的长度也相应增加。如我国 18 号道岔全长为 54m，较 12 号道岔长 17m，较 9 号道岔长 25m，从而需要相应地增加站坪长度。因而在土地使用上受到限制时，就需要采用对称道岔。在道岔号数相同时，对称道岔的导曲线半径约为单开道岔的一倍左右，可提高侧向通过速度 30% ~ 40%。但对称道岔两股均为曲线，因而仅适用于两个方向上的列车通过速度或行车密度相接近的地段。

在道岔号数固定的条件下，改进平面设计，例如采用曲线尖轨、曲线辙叉，也可以达到加大导曲线半径的目的。

采用变曲率的导曲线，可以降低轮轨撞击时的动能损失并减缓未被平衡离心加速度及其变化率，但仅在大号码道岔中才有实际意义。导曲线设置超高，可以减缓未被平衡离心加速度及其增量，但其实施困难，且超高值很小，只能起到改善运营条件（如防止出现反向超高）的作用，而不能显著提高侧向通过速度。

4.5.2 直向过岔容许速度

(1) 影响道岔直向通过速度的因素

1) 道岔平面冲击角的影响

当列车逆岔直向通过时（由转辙器进入道岔），车轮轮缘将与辙叉上护轨缓冲段作用边碰撞，而当顺岔直向通过时，则将与护轨另一缓冲段作用边碰撞，如图 4-52 所示。

图 4-52　护轨冲击角

图 4-53　翼轨冲击角

与护轨相似，翼轨缓冲段上也存在冲击角，产生的问题与护轨相类似，如图 4-53 所示。

在一般辙叉设计中，直向和侧向翼轨多作成对称的形式，冲击角采用与护轨相同的数值，即 $\beta_w = \beta_g$。

当列车逆向通过辙叉时，轮对若一侧车轮靠近基本轨运行，另一侧的车轮则必然发生轮缘对翼轨的冲击，其冲击角与道岔号数有关，一般常见的道岔上，其值较其他几个冲击角为大，是直向过岔速度的一个重要控制因素。我国现有的标准 12 号固定辙叉道岔，翼轨从辙叉咽喉至叉心尖端上的冲击角 β_w 可采用下式计算得出一个 $\sin\beta_w$ 的参考值。

$$\sin\beta_w = \frac{t_1 - t_2}{Nt_1} = \frac{68 - 46}{12 \times 68} = 0.0270$$

$$\beta_w = 1°32'40'$$

式中　t_1——辙叉咽喉宽；

　　　t_2——辙叉轮缘槽宽；

　　　Nt_1——辙叉咽喉至辙叉理论交点间的距离。

2）道岔立面几何不平顺的影响

车轮通过辙叉由翼轨滚向心轨时，轮踏面为一锥体的车轮逐渐离开翼轨，致使车轮下降，当其滚至心轨后，又逐渐恢复至原水平面。反之亦然。车轮通过辙叉垂直几何不平顺，引起车体的振动和摇摆。

车轮由基本轨过渡到尖轨时，锥形踏面车轮也会出现先降低随后升高的现象，车轮犹如在高低不平顺的轨面上行驶，产生附加动力作用，限制过岔速度的提高。

(2) 直向过岔速度的容许值

目前尚无成熟的直向通过速度计算方法，根据我国的运营实践和试验研究，固定叉心道岔结构的直向通过速度限制为同等级区间线路容许速度的80%~90%，可动心轨道岔一般可达到区段的设计速度。

车辆直向通过道岔时，虽然不存在未被平衡离心加速度和加速度变化率的问题，但仍然有车轮对护轨和翼轨的撞击问题。作为辅助性的理论分析，也应控制轮轨撞击时的动能损失 ω 不超过容许限值 ω'_0。由于列车直向过岔时，不存在迫使其改变运动方向的问题，因而参与撞击的列车质量较侧向过岔时小很多，故 ω'_0 有较高的限值，我国规定 $\omega'_0 = 9 \text{km}^2/\text{h}^2$。

另外，为保证直向过岔时车轮不爬轨（主要是指辙叉咽喉至叉心尖端的翼轨部分），应取 $V\sin\beta$ 不超过某一容许限值 ω''_0。这一数值在我国取为 3km/h。

我国铁路线路维修规则规定的道岔直向容许过岔速度见表4-8。

道岔直向容许通过速度（km/h）　　　　　表 4-8

钢轨 (kg/m)	尖轨类型	辙叉类型	道岔号数		
			9	12	18
43	普通钢轨尖轨	高锰钢整铸	85	95	—
50	普通钢轨尖轨	高锰钢整铸	90	110	120
	AT弹性可弯尖轨	高锰钢整铸	—	120	—
	AT弹性可弯尖轨	可动心轨	—	—	160
60	普通钢轨尖轨	高锰钢整铸	100	110	—
	AT弹性可弯尖轨	高锰钢整铸	—	120	—
	AT弹性可弯尖轨	高锰钢整铸（提速道岔）	140	160	—
	AT弹性可弯尖轨	可动心轨	—	—	160

(3) 提高直向过岔速度的途径

提高直向过岔速度的根本途径是道岔部件采用新型结构和新材料。其次，道岔的平面及构造应采用合理的型式及尺寸，以消除或减少影响直向过岔速度因素的作用，目前有以下的途径。

1) 转辙器部分可采用特种断面尖轨代替普通断面钢轨，采用弹性可弯式固定型尖轨跟部结构，增强尖轨跟部的稳定性。避免道岔直线方向上不必要的轨距加宽。将尖轨及基本轨进行淬火，增强耐磨性。

2) 采用活动心轨型辙叉代替固定辙叉，从根本上消灭有害空间，保证列车过岔时线路连续性。适当加长翼轨、护轨缓冲段长度，减少冲击角，或采用不等长护轨，以满足直向高速度的要求。

3) 为减少车辆直向过岔时车轮对护轨的冲击，可以使用弹性护轨。

4) 加强道岔的维修保养，及时修换磨耗超限的道岔零部件，经常保持道岔处于良好的技术状态。

4.5.3 高速道岔

(1) 国外高速道岔发展概况

世界上一些发达国家，早在20世纪30年代就开始研究高速铁路。特别是"二战"以后，在恢复世界经济的潮流推动下，加速了铁路高速化进程。1964年10月，日本建成世界第一条高速铁路后，欧美铁路竞相修建。高速道岔是高速铁路必不可少的线路设备，先后出现了法国的20、33、46及64号，德国的18.5、26.5及42号，日本的16、18号，美国的20、24号（对称）以及前苏联的18、22号等大号码道岔，从而将道岔容许过岔速度直向提高到160~200~250km/h，而侧向提高到80~120~160~200km/h的水平。1990年法国铁路创造了501km/h的直向过岔速度。法国、德国和日本高速铁路的道岔线型、结构设计各有特点，主要型号和参数见表4-9。

法国、德国和日本高速铁路道岔的主要几何特征　　　　表4-9

国别	道岔号数	道岔侧股线型	道岔全长 (m)	允许通过速度 (km/h) 直向	允许通过速度 (km/h) 侧向	注
法国	1:15.3	圆曲线，R = 820m	53.5	300	80	用于正线与到发线的连接
	1:46	圆曲线，R3000m (3350) + 三次抛物线 ($\rightarrow \infty$)	136.7/136.9	300	160/170	1. 用于线间距为4.2m的渡线 2. 分母为改进型
	1:65	圆曲线，R6720m (7350) + 三次抛物线 ($\rightarrow \infty$)	193.4/193.7	300	220/230	1. 用于高速线区间出岔 2. 分母为改进型

续表

国别	道岔号数	道岔侧股线型	道岔全长(m)	允许通过速度(km/h) 直向	允许通过速度(km/h) 侧向	注
德国	1:32.5	$R6000m + R3700m$	122.252	300	160	
德国	1:39.11	三次抛物线 + $R4000m$ + 三次抛物线	141.088	300	160	
德国	1:41.5	三次抛物线 + $R6100m$ + 三次抛物线	164.292	300	200	为西班牙设计,用于线间距4.3m的渡线
德国	1:42	复曲线 $R7000m$ + $R6000m$	154.266	300	200	
日本	18	圆曲线,$R = 1106m$	71.349	300	70	用于正线与到发线的连接
日本	38	复曲线 $R8400m$ + $R4200m$ + $R8400m$	134.790	300	160	用于高速线区间出岔

1) 法国高速铁路道岔

46号道岔侧向允许通过速度为160km/h,用于连接线间距为4.2m的渡线,两反向道岔直接连接。初期设计采用$R=3000m$的圆曲线与三次抛物线组合,后来将尖轨前段圆曲线半径改为$R=3550m$,使侧向速度提高到170km/h。新46号道岔的欠超高为96mm,欠超高时变率39mm/s,全切线型尖轨(长44.5m),道岔全长136.743m。

65号道岔仍采用圆曲线 + 三次抛物线,早期侧向设计速度为220km/h,随后将圆曲线半径加大,侧向速度达230km/h。

2) 德国高速铁路道岔

道岔号码有14号、18.5号、26.5号、32.5号、39.11号、41.5号和42号。允许通过速度直向一般为250km/h,侧向因道岔的号数不同而不同。14号、18.5号道岔一般用于正线与到发线的连接,32.5号、42号道岔一般用于区间渡线或两条高速线的连接。

32.5号道岔侧向允许通过速度为160km/h,其线型为$R6000/R3700$的复圆曲线。后来又将该道岔线型改为缓和曲线 + 圆曲线($R4000$) + 缓和曲线,未被平衡的离心加速度$0.5m/s^2$,道岔全长141.088m,线间距4.0m,号数改为39.11号。42号道岔侧向允许通过速度为200km/h,早期采用的线型为$R7000/R6000$的复合圆曲线,后改为缓和曲线 + 圆曲线($R6100$) + 缓和曲线,道岔全长164.292m,号数改为41.5号。最近又将$R6100m$改为$R8000m$,侧向允许过岔速度提高到220km/h,道岔全长增加到183m。

3）日本新干线道岔

中间站正线与到发线的连接一般采用 18 号道岔。该道岔全长 $L=71.349$m，前端长 $a=32.890$m，后端长 $b=38.459$m，辙叉角 $\alpha=3°11'$，线型为单圆曲线，导曲线半径 $R=1106$m。尖轨采用特种断面轨制造，长 18m。转换采用一机三点联动方式，设置密贴检查器。尖轨跟部弹性可弯段轨底刨切。尖轨、心轨不设限位器。翼轨、心轨采用锰钢制造，心轨的短肢采用类似于伸缩调节器的方式与曲股连接，翼轨、心轨的长肢与钢轨采用胶结或冻结方式连接。心轨采用一机两点的转换方式。无密贴检查器。扣件采用弹簧压板式，轨枕为合成材料制成的弹性枕。允许通过速度直向 300km/h、侧向 70km/h（设计为 80km/h）。

目前新干线只有一组 30 号道岔，铺设在上越新干线高崎站新泻方向 3.3km 处，允许通过速度直向 300km/h、侧向 160km/h。道岔全长 134.790m，辙叉角 $\alpha=1°30'28''$，线型采用复曲线，半径为 8400m + 4200m + 8400m，欠超高允许值 90mm，欠超高时变率 85mm/s，离心加速度时变率 0.57m/s^3。

表 4-10 列出了法国、德国、日本三国高速道岔的主要结构特征。

法国、德国和日本高速道岔的主要结构特征　　　　表 4-10

国别	道岔轨型	转辙器	辙叉	轨下基础	注
法国	UIC60	UIC60A 藏尖式可弯尖轨，带 1:40 轨底坡（轨顶坡），尖轨联动，多点牵引转换，有外锁闭装置	可动心轨辙叉，UIC60A 组合心轨，高锰钢铸造翼轨并与标准轨焊接	预应力混凝土岔枕	可动心轨辙叉区直侧向均设置护轨，心轨双弹性肢
德国	UIC60	Zu1-60 藏尖式可弯尖轨，带 1:20 轨底坡（轨顶坡），尖轨分动，多点牵引转换，有外锁闭装置，弹性滑床板	可动心轨辙叉，Vol-60 特种断面与标准轨焊接心轨，标准轨制造翼轨	预应力混凝土岔枕	可动心轨辙叉区不设护轨，心轨有双弹性肢及侧股斜接头 2 种形式
日本	60	90S 藏尖式可弯尖轨，带 1:40 轨底坡（轨顶坡），尖轨联动，多点牵引转换，内锁闭装置	可动心轨辙叉，高锰钢铸造翼轨及心轨（经焊接）及标准轨制造翼轨+90S 焊接心轨	板式基础	可动心轨辙叉区，侧向设防磨护轨，心轨侧股斜接头滑动端

（2）我国提速道岔

我国铁路在提速工程建设中，设计了 12 号系列提速道岔，并研制了 18、30、38 号提速道岔。结合秦沈客运专线工程建设，又专门设计了 18 号和 38 号道岔。

1）12 号提速 I 型、II 型、III 型道岔

4.5 列车通过道岔的容许速度及高速道岔

提速主型道岔即 60kg/m 钢轨 12 号单开道岔,按照直向允许通过速度和性能分为 I 型、II 型和 III 型,其主要结构比较见表 4-11。

60kg/m 钢轨 12 号提速道岔三种类型主要结构比较　　　　表 4-11

	I 型	II 型	III 型
道岔全长（m）	43.3	37.8	37.8
辙叉型式	可动心轨	固定型	固定型
导曲线半径（m）	350	350	350
尖轨长度（m）	13.88	12.4	12.4
尖轨线型	切线	半切	半切
轨底（顶）坡	1:40	1:40	无
直向速度（km/h）	≤200	≤160	联动内锁时≤120
电务结构	分动外锁闭	分动外锁闭	分动外锁时≤120

三种道岔都采用了大断面混凝土岔枕及轨距可调式弹条扣件,尖轨跟端采用弹性可弯式限位器结构,能适应跨区间无缝线路要求。可动心轨辙叉为钢轨组合式。I 型和 II 型道岔还安装了外锁闭装置,提高了列车过岔安全性(外锁闭装置是一种固定辙叉尖轨的新型装置)。

直向 200km/h 过岔速度的 60kg/m 钢轨 12 号可动心轨单开道岔已在京秦线提速改造中铺设,其平面布置如图 4-54 所示。

图 4-54　60kg/m 钢轨 12 号提速 I 型道岔平面布置图

2) 18 号提速道岔

60kg/m 钢轨 18 号提速道岔全长 60000mm,导曲线采用圆曲线,半径 R 为 800m。尖轨与基本轨的平面连接采用半切线型,切点在尖轨顶宽 20mm 断面处,尖轨尖端由顶宽 3mm 断面处向前 274mm 作藏尖刨切,跟部采用限位器结构,尖轨长度为 15680mm,用 60kg/mAT 轨制造,跟端为弹性可弯式。

可动心轨辙叉采用钢轨组合型,长度为 17392mm。心轨用 60AT 轨,长心轨后部设弹性可弯段,短心轨末端为滑动端,长心轨尖端采用热加工锻出一个"转换凸缘"直线与外锁闭装置接头铁联结,实现心轨的转换。翼轨采用长翼轨,用

60kg/m 钢轨制造。

牵引点布置：①尖轨设 3 个牵引点，采用分动外锁闭装置。第二牵引点距第一牵引点 3000mm，第三牵引点距第二牵引点 4200mm；第一牵引点动程为 160mm，第二牵引点动程为 122mm，第三牵引点动程为 69mm。②心轨两牵引点之间的距离为 3600mm，第一牵引点动程为 98mm，第二牵引点动程为 56mm。

3）30 号提速道岔

30 号提速道岔侧向过岔速度 120km/h，用于 5m 线间距的渡线。

60kg/m 钢轨 30 号提速道岔全长 102400mm，导曲线采用单一的圆曲线，半径 R 为 2700m。尖轨与基本轨的平面连接采用半切线型，辙叉为曲线型可动心轨。尖轨长度为 27980mm，采用两根 60kg/mAT 轨加工焊接而成，跟端为弹性可弯式，尖轨尖端部位在顶面宽 2mm 处作藏尖刨切，刨切长度为 206mm，跟部设两个限位器。

可动心轨辙叉长度为 24596mm，心轨用 60AT 钢轨拼装制造，长心轨跟端为弹性可弯式，短心轨跟端为滑动端，采用长翼轨，用 60kg/m 钢轨制造。

心轨尾部与翼轨之间用四个铸钢间隔铁和 8 根 $\phi 27$ 高强螺栓联结，螺栓扭矩为 700~900N·m，翼轨一侧的轨腰螺栓为长圆孔，容许心轨和翼轨有相对错动。当错位至极限位置时，可将区间钢轨温度力放散近 600kN，从而减少传递至翼轨、尖轨的温度力。

牵引点布置：①尖轨转换采用多点多机、分动及钩型外锁闭，共设 6 个牵引点。各牵引点间距为 3.8m，最后两点间为 3.7m。第一牵引点至第六牵引点的动程分别为 120、110、100、85、65mm、23mm。②心轨转换采用多点多机及燕尾型外锁闭，共设 3 个牵引点。各牵引间距为 3.2m 和 3.8m。第一牵引点至第三牵引点动程分别为 97.5mm、76mm、50mm。

4）18 号、30 号、38 号提速道岔主要尺寸

18 号、30 号、38 号提速道岔的主要尺寸如表 4-12 所示。有关 18 号提速道岔的平面布置如图 4-55 所示。

18 号、30 号、38 号提速道岔的主要尺寸（mm）　　表 4-12

道岔号数	道岔全长	道岔前部实际长	道岔后部实际长	基本轨前端至尖轨尖	尖轨长度	辙叉				导曲线半径 R	允许通过速度 (km/h)	
						全长	趾距	跟距	辙叉角 α		直向	侧向
18	60000	22744	37256	3520	15680	17392	4146	13246	3°10′47″	800000	160	80
30	102400	42701	59699	3620	27980	24592	7938	16645	1°54′33″	2700000	200	120
38	136200	48771	87429	3165	37630	29392	5521	23871	1°30′26.8″	3300000	250	140

图 4-55 18 号提速道岔的平面布置图

(3) 我国秦沈客运专线 18 号、38 号高速道岔

1) 18 号和 38 号道岔主要技术性能指标及参数

①动能损失 $\omega \leqslant 0.5 \text{km}^2/\text{h}^2$。

②未被平衡离心加速度 $a \leqslant 0.5 \text{m/s}^2$。

③未被平衡离心加速度时变率 $\psi \leqslant 0.4 \text{m/s}^3$（圆曲线用 $0.5 \sim 1.0 \text{m/s}^3$ 进行校核）。

④夹直线长度 $L \geqslant 0.4v$（v 为设计行车速度），困难条件下不小于 20m。大号码道岔夹直线长度不满足要求时，采用两反向缓和曲线直接连接。

⑤18 号道岔侧股平面线型采用 $R = 1100\text{m}$ 单圆曲线，38 号道岔侧股平面线型采用 $R = 3300\text{m}$ 圆曲线 + 三次抛物线。

⑥18 号和 38 号道岔设计速度直向 250km/h；侧向过岔速度，18 号道岔为 80km/h，38 号道岔 140km/h，且满足旅客列车舒适度要求。

18 号和 38 号道岔主要参数如表 4-13 所示。

秦沈客运专线 18 号和 38 号道岔主要几何尺寸　　　　表 4-13

道岔号数	导曲线形式及参数	尖轨长度 (m)	辙叉长度 (m)	长心轨长度 (m)	侧向护轨长度 (m)	道岔全长 /m	拉杆数量	设计允许通过速度 (km/h)	
								直向	侧向
18	圆曲线 $R = 1000\text{m}$	22.01	18.596	13675	7.5	69	3+2	250	80
38	圆曲线 $R = 3800\text{m}$ + 三次抛物线	37.60	29.392	23875	10	136.2	6+3	250	140

2) 18 号和 38 号道岔主要结构特征

A. 钢轨件全部采用 60kg/mPD_3 钢轨制造。道岔设 1∶40 轨底坡（尖轨、心轨、翼轨设 1∶40 轨顶坡）。

B. 采用Ⅲ型弹条扣件。轨下基础为钢筋混凝土轨枕。岔枕间距按 600mm 设

置（设置电务拉杆处岔枕间距为 650mm）。

C. 尖轨为藏尖式结构。尖轨设置限位器，18 号道岔设一个，允许伸缩量为 ±10mm；38 号道岔设两个，允许伸缩量为 ±10mm。滑床台为减磨式，下设弹片弹性扣压基本轨内侧轨底。在滑床台上还设有斥离尖轨防跳限位装置。

D. 心轨为组合式。心轨与翼轨密贴段为藏尖式结构，利用心轨的藏尖来防止心轨的跳动，同时在翼轨的轨腰上加装一个卡铁压住心轨的轨底，以加大心轨防跳安全系数。长、短心轨跟部为弹性可弯（部分轨底刨切），短心轨跟端采用斜接头与岔跟尖轨连接。

E. 为提高翼轨强度，满足电务转换空间要求，翼轨采用 60AT 轨锻压成型，其平直段长度为 530mm，两端与 60kg/m 钢轨焊接。翼轨跟端与心轨采用三块间隔铁通过高强螺栓联结。

F. 道岔直股不设护轨，侧股设 H 型护轨，采用 50kg/m 标准轨制造。护轨顶面高出基本轨顶面 12mm，护轨冲击角 18 号道岔为 29′17″、38 号道岔为 20′16″。

G. 18 号道岔尖轨设置三个牵引点，心轨设置两个牵引点。38 号道岔尖轨设置六个牵引点，心轨设置三个牵引点。均采用分动钩型外锁闭装置，未设密贴检查器。转换设备安装在混凝土岔枕上。

H. 道岔绝缘接头为胶结结构。钢轨件全部焊接。道岔始、终端与区间钢轨焊连构成跨区间无缝线路。

4.6 特种道岔

本节主要介绍常用的对称道岔、交分对称及三开道岔。在这里，统称它们为特种道岔。

4.6.1 对称道岔

对称道岔是单开道岔的一种特殊形式，它具有以下特点：

（1）整个道岔对称于主线的中线或辙叉角的中分线，列车通过时无直向及侧向之分。

（2）尖轨长度相同时，尖轨作用边和主线方向所成的交角约为单开道岔之半。

（3）导曲线半径相等时，对称道岔的长度短于单开道岔，其他条件相同时，导曲线半径约为单开道岔的两倍。

（4）比之同号的单开道岔，可缩短道岔长度。

由于对称道岔的以上特点使其在编组站驼峰下、三角线上获得广泛应用，并用于工业铁路线和城市轻轨线上。对称道岔还可铺设在场地狭窄的主要线路上。

对称道岔也有直线尖轨和曲线尖轨之分。常用的曲线尖轨为半切线型圆曲线尖轨。我国标准的 $6\frac{1}{2}$ 号对称道岔为直线尖轨、直线辙叉；6号对称道岔为曲线尖轨、直线辙叉。

计算中，应注意对称道岔的特点。由于对称道岔号数小，长度短，其基本轨前端长可酌情缩短，但不能小于夹板长度之半再加上 10~15mm 的余量。K 的最小值 $K_{\min}$，在困难时也可取辙叉的趾端长，即 $K_{\min} \approx n$。在对导曲线支距进行计算时，以辙叉角的中分线为基线（与单开道岔不相同），以正对跟端的一点为坐标原点。

图 4-56 所示为一直线尖轨的对称道岔。将外股轨线投影到纵轴和横轴上，

图 4-56　对称道岔

便可得到有关的计算公式：

$$L_t = l_0 \times \cos\beta' + R'_0 \left[\sin\frac{\alpha}{2} - \sin\beta' \right] + K\cos\frac{\alpha}{2}$$

$$L_Q = q + L_t + m\cos\frac{\alpha}{2} + \delta$$

$$b = \frac{S}{2\text{tg}\frac{\alpha}{2}} + m + \frac{\delta}{2} \quad (4\text{-}40)$$

$$a = L_t - \frac{S}{2\sin\frac{\alpha}{2}} + q$$

导曲线的支距计算公式为:

$$x = 0, y_0 = \frac{S_0}{2} - l_0\sin\beta'$$

$$x = x_i, y_i = y_0 - R'_0(\cos\beta' - \cos\alpha_i) \quad (i = 1,2,\cdots)$$

$$\alpha_i = \sin\beta' + \frac{x_i}{R'_0} \quad (i = 1,2,\cdots) \quad (4\text{-}41)$$

$$y_n = y_0 - R'_0\left(\cos\beta' - \cos\frac{\alpha}{2}\right) = K \times \sin\frac{\alpha}{2}$$

$$x_n = R'_0\left(\sin\frac{\alpha}{2} - \sin\beta'\right)$$

我国对称道岔的主要尺寸见表 4-14。

对称道岔的主要尺寸 (mm) 表 4-14

	N	钢轨类型 (kg/m)	α	R	L	a	b	q	n	m	L_0
1. 标准设计	6	50	9°27′44″	175000	17457	7437	8699	1335	1220	1321	4100
	6	43	9°27′44″	180000	17457	7437	9699	1335	1220	1321	4500
2. 旧型道岔	$6\frac{1}{2}$	43	8°44′46.18″	179282.5	20008	8717	11268	1014	1119	1882	4207
	6	43	9°27′44″	180000	17457	7437	9994	1373	1220	1321	6250
	9	43	6°20′25″	300000	25354	10329	15009	1280	1538	2050	5500

4.6.2 交分道岔

交分道岔有单式、复式之分。复式交分道岔相当于两组对向铺设的单开道岔,实现不平行股道的交叉,具有道岔长度短,开通进路多及两个主要行车方向均为直线等优点,因而能节约用地,提高调车能力并改善列车运行条件。

交分道岔由菱形交叉、转辙器和连接曲线等部分组成。菱形交叉一般是直线与直线交叉。菱形交叉由两付锐角辙叉、两付钝角辙叉及连接钢轨组成。

我国常用交分道岔的基本型式为直线菱形交叉和内分复式尖轨转辙器,如图 4-57 所示。

图 4-57 固定型钝角辙叉平面图
1—钝角交叉；2—锐角交叉；3—尖轨

我国标准的 9 号和 12 号交分道岔均采用半切线型尖轨，尖轨位于菱形交叉之内，跟端采用可活动型夹板间隔铁式结构。

钝角辙叉有固定型和可动心轨两种。固定型钝角辙叉，如图 4-58 所示，因受地形限制，无法像锐角那样设置单独的护轨，只能依靠与之相对的另一钝角辙叉的护轨，来保证车轮通过有害空间时自身叉心不受轮缘的撞击。这个"自护长度" l_δ 由菱形交叉上两相对钝角辙叉弯折点间的位置差 DH、一侧车轮轮对中线至车轮与护轨接触点间的距离 $MN = HP$ 以及另一侧车轮轮对中线至车轮与叉心接触点间的距离 PT 三部分组成，如图 4-58 所示。l_δ 随钝角辙叉号数的增大而减小。根据计算，6 号以下的固定型钝角辙叉，自护长度 l_δ 大于有害空间 l_h，因而能完全自行防护。8 号及以下者 l_δ 已稍大于 l_h，但差值不大，车轮尚可借助运行的惯性闯过这一段空间，勉强能进行自护。对辙叉号数为 9 号及以上的菱形交叉，则必须采用可动心轨钝角辙叉。

图 4-58 固定型钝角辙叉

用于交分道岔的可动心轨型钝角辙叉，由基本轨、帮轨、活动心轨、扶轨、轨撑和其他连接零件组成，如图 4-59 所示。

图 4-59 可动心轨型钝角辙叉
1—基本轨；2—帮轨；3—活动心轨；4—扶轨；5、6—轨撑；7—防跳卡铁；8、9—垫板；10—辙跟夹板；11—拉杆；12—连接杆

左右两根活动心轨用一根拉杆一根转辙器连接在一起，用一台转辙机联动。整个交分道岔上，用 4 根转辙杆操纵，两根操纵尖轨，另外两根操纵活动心轨，通过不同组合，达到改换行车方向的目的。

在我国铁路上常用的 9、12 号交分道岔见表 4-15。

交分道岔主要尺寸（mm） 表 4-15

N	钢轨类型 (kg/m)	辙叉角度 α	导曲线半径（股道中心）R	道岔全长 L	道岔中心至辙叉跟端的距离 b	尖轨长度 l_0	活动心轨长度 L_0
12	60	4°45′49″	380000	42132	21054	7450	3800
	50			39950	19962	7400	4200
	43					7405	—
9	60	6°20′25″	220000	31490	15730	5310	2771
	50			30050	15009	5250	3700
	43					5256	

4.6.3 三开道岔

三开道岔，又称复式异侧对称道岔，是复式道岔中使用较多的一种型式。它相当于两组异侧顺接的单开道岔组合，但其长度却远小于两组单开道岔的长度之和，因此，常用于铁路轮渡桥头引线、驼峰编组场以及地形狭窄等特殊地段。

三开道岔由一组转辙器，一组中间辙叉和二组同号数的后端辙叉所组成，如图 4-60 所示。

三开道岔的转辙器有四根尖轨,其中直向的为直线尖轨,侧向的可为直线型或曲线型尖轨。直向及侧向尖轨在构造上的结合型式可为切底式或覆盖式。中间辙叉的平面型式可为直线型或曲线型。前者将使导曲线半径显著减小,但有可能采用标准型号的辙叉;而后者能

图 4-60 三开道岔

保持其与道岔号数相适应的导曲线半径。两组后端辙叉多为对称铺设。由于直线方向无法设置护轨,故需采用特殊构造的辙叉,如自护辙叉、可动心轨辙叉、缩小咽喉或延长翼轨轮缘槽平直段的固定式锐角辙叉等措施。

三开道岔结构复杂,维修困难,运行条件差,不宜轻易采用。

4.7 轨 道 连 接

轨道连接有岔线、渡线、梯线以及回转线等多种型式。

4.7.1 岔　　线

岔线有直线出岔和曲线出岔两种。线路从直线上出岔后,在道岔尾部,应有一段插直线 g,如图 4-61 所示。g 值一般不小于 12.5m。后接曲线的半径 r 不应小于道岔的导曲线半径。

在线路的曲线地段铺设道岔,称为曲线出岔。具体做法是将曲线中的一部分取直,在这一直线段上铺设道岔,而在这一直线段的前后,对原有曲线作相应调整,使之圆顺地连接。

曲线取直的方法有弦线取直、切线取直和割线取直三种,其中以割线取直时线路的总移动量最小。

图 4-61 直线出岔的岔线

图 4-62 曲线出岔的岔线

割线取直法,如图 4-62 所示。原曲线的一部分 ACB,被一段割线 FG 和两条连接曲线 ADF 和 GEB 所代替。FG 为取直的割线,道岔便铺设在这一直线上。

割线 FG 应取标准道岔的全长加 30~40m,使道岔前后各有一段 15~20m 的

直线。两端连接曲线的半径 r，决定于列车在曲线 DF 和 GE 上的通过速度。若不大于列车侧向过岔速度，可取道岔导曲线的半径，否则，应尽可能地接近原曲线的半径 R。改动后的线路参数可通过计算求得。

4.7.2 渡　　线

渡线用于平行股道之间的连接。渡线分正常渡线、缩短渡线和交叉渡线三种。

正常渡线由两组类型和号数相同的道岔组成，道岔的尾部用一直线段连接，如图 4-63 所示。正常渡线一般适用于线间距 $D \leqslant 7\text{m}$ 时的平行股道间的连接。

图 4-63　正常渡线

在股道线间距大于 7m 的场合或渡线长度必须缩短的部位，可使用缩短渡线。两个道岔的尾部用一段反向曲线来代替直线，如图 4-64 所示。

交叉渡线由 4 组类型和号数相同的单开道岔和一组菱形的交叉以及连接钢轨组成，如图 4-65 所示。交叉渡线仅用于个别特殊场合。

图 4-64　缩短渡线

4.7.3 梯　　线

用若干组单开道岔连接一系列平行股道的线路称为梯线。梯线在编组场中有广泛的应用。

梯线按道岔组合方式的不同，分为正常梯线、缩短梯线、扇型梯线以及复式梯线等。

（1）正常梯线

凡连接各平行股道的道岔依次排列于梯线上，且所有道岔号数均相同，称之正常梯线。

正常梯线的形式有两种，一种是其本身就是牵出线的延长线，另一种是其与牵出线成 α 角，如图 4-66 所示。

在梯线上设置道岔应注意在道岔间设置插直线长度 f，其值应符合表 4-16 的

图 4-65 交叉渡线

(a)   (b)

图 4-66 正常梯线

(a) 梯线为牵出线；(b) 梯线与牵出线成 α 角

规定。

道岔间插入线长 f 值 (m)   表 4-16

道岔布置	线别	在正规列车同时通过两侧向时	
		一般情况下的最小长度	困难情况下的最小长度
直向通过速度 $v = 140$km/h	正线	12.5	
直向通过速度 $v < 140$km/h，位于基线异侧的两个对向道岔	正线	12.5	6.25
	到发线	6.25	6.25
	其他线站及次要线	0	0
位于基线同侧的两个对向道岔	正线	6.25	6.25
	到发线	6.25	0
	其他线站及次要线	0	0
位于基线异侧的两个同向道岔	正线	6.25	4.5
	到发线	4.5	0
	其他线站及次要线	0	0

(2) 缩短梯线

梯线与牵出线的倾角 δ 大于辙叉角 α 时,称之为缩短梯线。其梯线在牵出线上的投影长要明显小于正常梯线的投影长,因而可增加股道的有效长度,如图4-67所示。

图4-67 缩短梯线

由图4-67可知,梯线与牵出线所成的倾角 δ 愈大,梯线在牵出线上的投影愈短,则股道的有效长相应增加。这时,

$$\sin\delta = \frac{D}{a + f + b} \tag{4-42}$$

梯线上两相邻道岔间的直线段 f,在一般情况下不应小于6.25m。正常的 δ 角为 δ_0,

$$\delta_0 = \arcsin\frac{D}{a + 6.25 + b} \tag{4-43}$$

随着 f 的减小 δ 角增大,极限的情况是 $f = 0$,这时极限角 δ_{max} 为 $\arcsin\dfrac{D}{a+b}$。这种缩短梯线称为极限缩短梯线。

(3) 扇形梯线

扇形梯线的各股道依次在前一股道上出岔,梯线不再是一条直线,而成为一条扇形线,如图4-68所示。扇形梯线适用于股道转角比较大的停车场、调车场、货物和机务段等。其优点

图4-68 扇形梯线

是扳道时可不跨越轨道,缺点是嘹望条件较差,且向外增添股道困难。

(4) 复式梯线

复式梯线是上述不同形式梯线的组合。其布置变化多样,总的要求是把数量较多的平行股道,通过各种方式和牵出线连接起来,以便缩短梯线长度,充分利

用场地。

4.7.4 回 转 线

回转线用于机车车辆的调头。有转盘、转头线、三角线等形式。三角线是最常用的机车转向设备，多设于机务段附近。

三角线可以有几种不同的形式：

(1) 使用一组对称道岔及两组单开道岔；

(2) 使用三组对称道岔；

(3) 使用三组单开道岔，如图 4-69 所示。

其中第 3 种使用形式最为普遍。三角线运行可靠，但占地面积较大。

4.7.5 道岔与曲线的连接

道岔前部或后部与曲线的连接需考虑曲线轨距加宽，并于道岔与圆曲线之间插入一直线过渡段。对于曲线半径为 350m 及以上的曲线，轨距不需加宽。

图 4-69 三角线

图 4-70 道岔与圆曲线之间的过渡段

道岔与圆曲线之间的直线过渡段如图 4-70 所示，其长度 f 应根据轨距加宽及其递减率来确定，其值见表 4-17。如果连接曲线设有缓和曲线，可不插入此直线过渡段。道岔后的连接曲线，其半径不应小于道岔的导曲线半径，通常在 500、400、300 或 200m 系列中取用最大值，以改善列车运行条件。

道岔至圆曲线的直线过渡段的长度 f (m) 表 4-17

道岔前后圆曲线半径	曲线轨距加宽值	直线过渡长度 f		
		正线，加宽递减率 1‰	到发线，递减率 2‰	其他站线，递减率 3‰
650~451	0.005	5	2.5	2
450~351	0.010	10	5	3.5
350 以下	0.015	15	7.5	5

道岔应尽量避免布置在竖曲线范围内。在困难条件下，设有道岔的竖曲线半径在正线及到发线上不小于 10000m，在其他线路上不小于 5000m。但正线道岔范围内不得设置竖曲线。

4.7.6 警冲标和信号机位置的确定

警冲标和信号机是车站上重要的安全指示设备,又是划分股道有效长度的标志。设计车站时,需确定警冲标和信号机至道岔岔心的距离,并在设计图上标定它们的位置。它们又和轨道电路有一定关系。

(1) 无轨道电路的警冲标

1) 警冲标的位置:警冲标设于两股道汇合处,机车车辆应停在股道的警冲标以内,以保证邻线列车安全运行。

警冲标的位置,在直线段设在距离相邻线路中心各为 2m 处,如图 4-71 (a)。以机车车辆的半侧限界 1.7m,加上 0.3m 富余间隙而定。曲线地段警冲标应考虑曲线的限界加宽,警冲标至曲线线路中心的距离应为 $2+W_1$,如图 4-71 (b) 所示。

图 4-71 警冲标的位置
(a) 在直线处;(b) 在曲线处

警冲标至道岔中心距离,与道岔号数、线间距及连接曲线半径等因素有关,其计算结果见表 4-18。

警冲标至道岔中心距离 L_j (m)　　　　表 4-18

道岔号数	连接曲线半径 (m)	下列线间距离时 L_j 值 (m)							
		4.6	5.0	5.2	5.3	5.5	6.5	7.0	7.5
9	200	40.0	37.7	37.2	37.1	36.9	36.2	36.2	36.2
	300	41.4	39.0	38.2	37.3	37.3	36.4	36.2	36.2
	350	42.5	39.6	38.8	38.4	37.8	36.5	36.2	36.2
	400	47.3	40.5	39.4	39.0	38.4	36.6	36.4	36.2
	500	46.4	42.5	41.2	40.6	39.7	37.1	36.6	36.4
12	350	51.5	49.3	48.9	48.8	48.6	48.1	48.1	48.1
	400	52.0	49.7	49.1	48.9	48.7	48.1	48.1	48.1
	500	53.3	50.6	49.8	49.5	49.0	48.1	48.1	48.1
	600	55.0	51.6	50.6	50.2	49.6	48.3	48.1	48.1

2) 进站信号机的位置:车站均应设进站信号机。进站信号机应置于距进站道岔尖轨尖端或顺向道岔的警冲标不小于 50m 处,如图 4-72 所示。a_0 为尖轨尖

端至岔心的距离，a 为道岔前长。当需利用正线调车时，应将信号机外移，一般不超过 400m。如因信号显示不良需要外移也不应超过 600m。

图 4-72　进站信号机位置
(a) 靠近进站道岔尖轨尖端；(b) 靠近顺向道岔的警冲标

3) 出站信号机：出站信号机设于每一发车线路运行方向左侧并置于警冲标以内的适当地点（前方为道向道岔时，信号机设于道岔尖轨尖端处）。

出站信号机一般采用的种类有：高柱臂板信号机、高柱色灯信号机和矮型色灯信号机。前两种用于站内正线及到发线，后一种用于不办理列车通过的到发线及其他股道。

出站信号机距岔心的距离也和警冲标相仿，按信号机距相邻股道中心的垂距来确定。

高柱信号机距两侧线路中心的允许垂距为 P_1、P_2。在直线地段 $P_1 = P_2 = P = b/2 + B$，在曲线地段 $P_1 = b/2 + B$，$P_2 = b/2 + B + W_1$，如图 4-73 所示。W_1 为轨距加宽。

图 4-73　出站信号机的位置
(a) 在直线处；(b) 在曲线处

式中，b 为信号机基本宽度，高柱信号机有 380mm 和 410mm 两种。B 为信号机的建筑限界，线路通行超限货物列车时，$B = 2.44$m；不通过超限货物列车时，$B = 2.15$m。

信号机距道岔中心的距离 L_x 可经计算，制成表格。表 4-19 列出了其中部分数据。

(2) 有轨道电路的警冲标

在半自动闭塞和自动闭塞区段及装有电器集中联锁的车站上，均装有轨道电路，其信号机和警冲标的位置除满足上述要求外还应与轨道电路的钢轨绝缘缝相配合，具体要求为：

有轨道电路道岔号数为 9 号时高柱信号机
($b = 380$mm) 至道岔中心距离 L_x（m） 表 4-19

道岔号数	连接曲线半径	股道使用情况	线间距离								
			4.8	5.0	5.2	5.3	5.5	6.0	6.5	7.0	7.5	8.0
9	300	—○— / —○—				68.0	58.1	51.7	49.4	48.3	47.9	47.6
		—○— / ---			66.7	55.7	53.6	50.8	47.6	46.0	45.4	45.1	44.9
		--- / ---	56.1	51.2	48.3	47.4	46.0	43.9	43.0	42.6	42.3	42.3
	400	—○— / —○—				71.8	61.2	53.7	50.6	49.1	48.2	47.9
		—○— / ---			70.9	58.9	56.4	53.2	49.0	47.0	45.8	45.3	45.1
		--- / ---	59.9	54.0	50.8	49.6	47.8	45.1	43.6	42.9	42.6	42.4
12	600	—○— / —○—				87.3	76.7	68.7	65.6	64.1	63.6	63.3
		—○— / ---			86.0	73.5	70.9	67.5	63.1	61.2	60.2	59.9	59.8
		--- / ---		74.5	67.6	64.2	62.9	61.0	58.3	57.0	56.6	56.3	56.3

注：—○—代表通行超限货物列车；---代表不通行超限货物列车。

1) 信号机宜与钢轨绝缘缝设于同一坐标处，如图 4-74 (a)、(b) 所示。绝缘缝受其轨道长度限制的条件下，允许进站信号机处的钢轨绝缘缝置于信号机前后各 1m 范围内；出站信号机处的钢轨绝缘缝可在信号机内方 1m 或外方 6.5m 的范围内，如图 4-74 (c)、(d) 所示。当钢轨绝缘缝在信号机内方时，也可将信号机内移至与绝缘缝同坐标处。

2) 警冲标如图 4-74 所示，与钢轨绝缘缝的相互位置应满足行车安全和轨道电路运用状态的要求。警冲标必须和内方的钢轨绝缘缝相距 3.5~4m [如图 4-74 (b)、(c)、(d) 所示]，以保证车轮停在绝缘缝内时，车钩前端不致超过警冲标，并防止列车尾部停在警冲标以内而车轮仍占用道岔电路使邻线不能开通。

设计有轨道电路的出站信号机和警冲标先按表 4-18、表 4-19 查出信号机和警冲标距岔心的距离，然后根据现有轨缝考虑安设绝缘位置。如轨缝位置不能满足上述要求，可内移信号机或铺设短轨调整绝缘位置。最后，将警冲标内移至距绝缘缝 3.5~4m 处。

图 4-74 警冲标的位置
(a) 信号机位于岔头前绝缘缝处（a 为道岔前长）；(b) 信号机位于岔尾后绝缘缝处；
(c) 信号机位于绝缘缝内方 1m 范围；(d) 信号机位于绝缘缝外方 6.5m 范围

第5章 轨道力学分析

5.1 概述

轨道力学分析,是运用材料力学、结构力学以及弹性理论等力学基本原理,研究作用于轨道上的力与变形的变化规律、轨道的合理几何形位、轮轨相互作用关系、轨道的合理结构及其材料性能、轨道试验测定和检测方法以及轨道的最佳养护维修方法等。

轨道力学分析在铁路列车提速、重载运输以及高速铁路工程建设中有着广泛应用。在既有铁路列车提速工程中,需要通过轨道结构运行平稳性及安全性评估,以确定其提速列车的最高容许运营速度;高速铁路的设计过程中及其建成通车之前,必须进行轨道力学分析和相关的试验研究,以确定其新型轨道结构的合理型式、材料规格和几何形位,并通过轨道结构运行平稳性和安全性评估,方能正式开通运营。重载铁路线路的轨道结构,必须通过轨道力学分析和相关的试验研究,评估轨道几何形位的破坏(尤其是道床下沉)及各部件的伤损以确认其轨道结构的安全性。

本章介绍轨道力学分析的基本内容,包括轨道的静力计算、轨道结构动力作用的准静态方法,轨道各部件强度验算,轮轨相互作用,转向架稳态通过曲线的计算以及车辆在轨道上运行的平稳性和安全性评估等。

需要特别指出,由于轨道力学行为及其设计计算参数具有明显的随机变异性,对于需要作出准确判断的轨道结构设计及其可靠性评估,应采取轨道结构力学分析与试验研究相结合的方法。

5.2 轨道的荷载

轨道荷载是轨道力学分析首要的基本参数。轨道承受空间三个方位的荷载,即竖向荷载、横向水平荷载及纵向水平荷载。分别说明如下:

5.2.1 作用于轨道的竖向荷载

轮重是车轮通过轮轨接触面作用于轨道上的竖向力,是轨道的竖向荷载。静轮重是在机车车辆总重作用下分配于每个车轮的荷载。考虑动态作用之后,竖向力需加上附加动力的作用值,静轮重加上附加动力值称为动轮重。

5.2 轨道的荷载

轨道的竖向荷载可采用机车车辆轮重，设计中，如机车车辆类型尚未明确可采用中活载，或 ZK 活荷载。

我国主要铁路机车荷载见表 5-1。

我国铁路中活荷载见图 5-1，ZK 活荷载见图 5-2。

图 5-1　中活载图式（距离以 m 计）

图 5-2　ZK 标准活载图式

机 车 荷 载　　　　　　　　　　　表 5-1

机车类别	机车型号	轴式	轴载荷 (kN)	构造速度 (km/h)	轴距排列图式 (m)				
内燃机车	东风 4	C_0-C_0	225.6	客 120 货 100	↓ 2.75	↓ 2×1.8	↓ 8.4	↓ 2×1.8	↓ 2.75
	东风 8	C_0-C_0	225.6	100	↓ 1.2	↓ 2×1.8	↓ 12.3	↓ 2×1.8	↓ 1.2
	东风 11	C_0-C_0	225.6	160	↓	↓ 2×2.0	↓ 7.9	↓ 2×2.0	↓
电力机车	韶山 4 客、货	2(B_0-B_0)	225.6	100	↓ 3.0	↓ 3.0		↓ 3.0	↓ 3.0
	8K	2(B_0-B_0)	225.6	100	↓ 3.0	↓ 3.0		↓ 3.0	↓ 3.0
	韶山 8	B_0-B_0	220	100	↓↓ 2.9		6.1	↓↓ 2.9	
	韶山 9	C_0-C_0	205.8	170	↓↓ 2×2.15		7.27	↓↓ 2×2.15	

5.2.2 轨道的横向水平荷载

车轮通过轮轨接触面沿水平方向垂直作用于钢轨的力称为轨道的横向水平荷载。包括：
1) 机车车辆转向架通过曲线所产生的导向力；
2) 机车车辆通过曲线所产生的未被平衡离心力；
3) 基于机车车辆振动惯性力所产生的横向力；
4) 通过道岔、伸缩接头等特殊地段所产生的机车车辆横向冲击力。

5.2.3 轨道的纵向水平荷载

作用于钢轨延长方向的力称为轨道的纵向水平荷载，包括：
1) 由于钢轨温度变化所产生的力；
2) 机车车辆运行以及制动所产生的反力；
3) 机车车辆通过坡道，其轮重沿钢轨延长方向所产生的分力；
4) 机车车辆通过曲线，伴随轮对旋转所产生滑动而引起的钢轨延长方向的分力。

5.3 轨道结构静力计算

5.3.1 竖向荷载作用下轨道结构静力计算

（1）基本假设和计算模型

1）基本假设

A. 轨道和机车车辆均处于正常状态，符合铁路技术规程及有关标准。

B. 视钢轨为支承在弹性基础或支座上的等截面无限长梁，钢轨基础的竖向位移与其反力呈线性比例关系。

C. 轮载作用于钢轨对称面上，两股钢轨的荷载相等。

D. 不计钢轨自重。

2）计算模型

依弹性基础上无限长梁支承方式的不同，可分为两种：

A. 弹性点支承梁模型 [图 5-3（a）]。钢轨支承于轨枕之上，每一轨枕为弹性点支承。图中（a）为轨枕间距；钢轨支座的竖向位移与其反力呈线性比例关系，其值以 D 表示，称为钢轨支座刚度。该模型中，由于钢轨的支承是间断的，可用差分方程及有限元等方法求解。

B. 连续弹性支承梁模型 [图 5-3（b）]。基于钢轨的抗弯刚度作用，视轨枕对钢轨的支承为连续支承，从而简化为连续弹性支承梁模型。图中 $u = D/a$，将

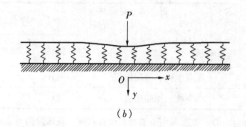

图 5-3 支承梁模型
(a) 弹性点支承梁模型；(b) 连续弹性支承梁模型

离散的支座刚度 D 折合成连续分布的支承刚度 u，称之为钢轨基础弹性模量。该模型最初由德国温克尔（E.Winkler，1867）提出，并得到德国 A.Zimmermann、美国 A.N.Talbot 等人的改进和完善。由于该模型所求得的是解析解，简单直观，方便实用，因而为世界各国和我国现行部颁标准所采用。

以上两种计算模型，对于常用的轨道，其计算结果相差不超过 5%~10%，均可满足工程应用要求。

(2) 基本计算参数

1) 钢轨抗弯刚度 EJ

钢轨材料的弹性模量 E 与钢轨截面惯性矩 J 的乘积 EJ 称为钢轨抗弯刚度。由于梁的弯矩 M 与梁的曲率 y'' 成正比关系：$M = -EJy''$。因此钢轨抗弯刚度 EJ 的力学意义为：使钢轨产生单位曲率所需的力矩。对于 60kg/m 钢轨，$EJ = 6.76 \times 10^3 \text{kN} \cdot \text{m}^2$，表示如欲将钢轨弯成 1m^{-1} 的单位曲率所需的弯矩是 $6.76 \times 10^3 \text{kN} \cdot \text{m}^2$。

2) 钢轨支座刚度 D

钢轨支座刚度 D 直接表示了弹性点支承梁模型的钢轨基础弹性特征，定义为使钢轨支座产生单位下沉时，所需施加于支座上的力，其量纲为力/长度。钢轨支座刚度 D，一般可分解为轨下胶垫压缩变形刚度 D_r，轨枕、道床及路基的刚度 D_b。根据串联弹簧刚度的计算方法有：

$$D = \frac{1}{1/D_r + 1/D_b} \tag{5-1}$$

式中　D——钢轨支座刚度（一股钢轨）；
　　　D_r——钢轨下垫板刚度；
　　　D_b——轨枕、道床及路基的组合刚度（一股钢轨）。

D 的取值可参考表 5-2 及表 5-3，其中在检算钢轨时，若需对轨下胶垫刚度加以区别，则可使用表 5-4 的值。

混凝土枕轨道 D 值　　　　　　　　　　　　　　　表 5-2

轨道类型及检算部件 D (kN/cm) 轨道特征	特重型、重型		次重型及以下	
	钢轨	轨枕、道床及基床	钢轨	轨枕、道床及基床
混凝土枕、橡胶垫板	300	700	220	420
宽枕、橡胶垫板	500	1200		

注：在检算钢轨强度和检算轨枕、道床及路基强度时，分别采用不同的最不利的 D 值。

3) 钢轨基础弹性模量 u

钢轨基础弹性模量 u 是对应于连续基础梁模型的钢轨基础弹性特征，定义为使单位长度的钢轨基础产生单位下沉所需施加于其上的分布力，量纲为力/长度^2。u 与 D 有下列近似关系：

$$u = D/a \tag{5-2}$$

u 值的试验测定较为困难，通常采用 D 的试验值推算。

木枕轨道 C、D 值　　　　　　　　　　　　　　　表 5-3

参　数	轨　道　类　型		
	特重型、重型	次　重　型	中型、轻型
D (kN/cm)	150 ~ 190	120 ~ 150	84 ~ 120
C (MPa/cm)	0.6 ~ 0.8	0.4 ~ 0.6	0.4

钢轨支座刚度 D　　　　　　　　　　　　　　　表 5-4

轨枕类型	轨下胶垫刚度 (kN/mm)	轨道类型	D (kN/mm)
Ⅱ型	110	重型，特重型	30
Ⅱ型	80	重型，特重型	27.2
Ⅲ型	80	重型，特重型	30.1

4) 道床系数 C

道床系数表征道床及路基的弹性特征，定义为使道床顶面产生单位下沉时所需施加于道床顶面单位面积上的压力，量纲为力/长度^3，如图 5-4 所示。木枕线路的 C 值见表 5-3。

钢轨支座刚度 D 与道床系数 C 的关系可通过下列方法得到：

轨枕在钢轨压力 R 作用下的变形曲线如图 5-4 所示。D_r 表示轨下垫板刚度。y_p 表示轨枕的最大下沉（发生于轨下），轨枕平均下沉为 y_c，y_c 与 y_p 的比值为

$$\alpha = y_c/y_p$$

α 称为轨枕挠曲系数，对于混凝土枕 α 取为 1，木枕 $\alpha = 0.81 \sim 0.92$。

根据道床系数的定义：

图 5-4 钢轨压力下变形曲线

$$C = \frac{2R}{\dfrac{lb}{y_c}} = \frac{2R}{\dfrac{lb}{\alpha y_p}}$$

即

$$y_p = \frac{2R}{\alpha C l b y_p} \tag{5-3}$$

因

$$D = \frac{1}{\dfrac{1}{D_r} + \dfrac{1}{D_b}} = \frac{1}{\dfrac{1}{D_r} + \dfrac{y_p}{R}}$$

得到

$$D = \frac{1}{1/D_r + 2/\alpha C l b} \tag{5-4}$$

式中 α——轨枕挠曲系数；

D_r——轨下胶垫刚度；

b，l——轨枕宽度和长度。

(3) 连续弹性基础梁微分方程及其解

1) 连续弹性基础梁微分方程

建立图 5-5 所示的坐标系，并规定钢轨弯曲凹面朝下时梁轴线的曲率为正，正弯矩使梁的顶面产生压缩，于是我们看到正弯矩产生负曲率。

$$M = -EJ\frac{d^2y}{dx^2} = -EJy'' \tag{5-5}$$

$$Q = \frac{dM}{dx} = -EJy^{(3)} \tag{5-6}$$

$$q = \frac{dQ}{dx} = -EJy^{(4)} \tag{5-7}$$

式中 E——钢轨钢的弹性模量；

J——钢轨截面对水平中性轴的惯性矩；

M——钢轨截面弯矩；

Q——钢轨截面剪力；

q——基础分布反力。

图 5-5 基础梁变形图

由文克尔假定可知：$q = uy$，由此得：
$$uy = -EJy^{(4)}$$

亦即
$$y^{(4)} + \frac{u}{EJ}y = 0$$

令
$$k = \sqrt[4]{\frac{u}{4EJ}} \tag{5-8}$$

可得：
$$y^{(4)} + 4k^4 y = 0 \tag{5-9}$$

式 (5-9) 即为连续弹性基础梁模型的微分方程，式中 k 称为钢轨基础与钢轨的刚比系数，其值一般为 $0.9 \sim 2.0 \mathrm{m}^{-1}$。$k$ 值反映了轨道结构特性。

2) 微分方程的解

式 (5-9) 是一个四阶常系数线性齐次微分方程，其特征方程为：
$$\lambda^4 + 4k^4 = 0 \tag{5-10}$$

λ 的四个根为：

$\lambda_{1,2} = (1 \pm i)k$；

$\lambda_{3,4} = (-1 \pm i)k$。

从而可得方程 (5-9) 的通解为：
$$y = C_1 e^{kx}\cos kx + C_2 e^{kx}\sin kx + C_3 e^{-kx}\cos kx + C_4 e^{-kx}\sin kx \tag{5-11}$$

其中，$C_1 \sim C_4$ 为积分常数，通过下述边界条件确定：

当 $x \to \infty$ 时，$y = 0$，得：$C_2 + C_1 = 0$

当 $x = 0$ 时，$\frac{dy}{dx} = 0$，得：$C_C = C_4 = C$

当 $x = 0$ 时，$EJy^{(3)} = \frac{P}{2}$ 或由 $2\int_0^\infty uy\,dx = P$，得：
$$C = \frac{P}{8EJk^3} = \frac{Pk}{2u}$$

代入式 (5-11)，得：
$$y = \frac{Pk}{2u}e^{-kx}(\cos kx + \sin kx) \tag{5-12}$$

$$\theta = \frac{dy}{dx} = -\frac{P}{4EJk^2}e^{-kx}\sin kx \tag{5-13}$$

$$M = -EJy'' = \frac{P}{4k}e^{-kx}(\cos kx - \sin kx) \tag{5-14}$$

$$Q = -EJy^{(3)} = \frac{P}{2}e^{-kx}\cos kx \tag{5-15}$$

$$q = uy = \frac{Pk}{2}e^{-kx}(\cos kx + \sin kx) \tag{5-16}$$

作用在轨枕上的钢轨压力（或称轨枕反力）R 近似等于基础反力集度 q 与轨枕间距 a 的乘积，得

$$R = qa = \frac{Pka}{2}e^{-kx}(\cos kx + \sin kx) \tag{5-17}$$

令

$$\left.\begin{aligned}\varphi_1(kx) &= e^{-kx}(\cos kx + \sin kx) \\ \varphi_2(kx) &= e^{-kx}\sin kx \\ \varphi_3(kx) &= e^{-kx}(\cos kx - \sin kx) \\ \varphi_4(kx) &= e^{-kx}\cos kx\end{aligned}\right\} \tag{5-18}$$

则有，

$$\left.\begin{aligned}y &= \frac{Pk}{2u}\varphi_1(kx) \\ M &= \frac{P}{4k}\varphi_3(kx) \\ R &= \frac{Pka}{2}\varphi_1(kx)\end{aligned}\right\} \tag{5-19}$$

$\varphi_1 \sim \varphi_4$ 图形见图 5-6。由以上各式可知，y、M、R 是由 e^{-kx}，$\sin kx$，$\cos kx$ 等基本初等函数复合而成的变幅周期函数。随着 kx 的增大，即离开轮载作用点愈远，y、M、R 的值愈小，当 $kx \geqslant 5$ 时，轮载的影响已非常小，可略去不计。而当 $x = 0$ 时，即在轮载作用处，各量值最大：

$$y_{\max} = \frac{Pk}{2u};\; M_{\max} = \frac{P}{4k};\; R_{\max} = \frac{Pka}{2} \tag{5-20}$$

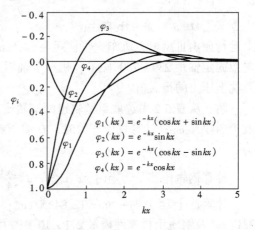

图 5-6　φ_1、φ_2、φ_3、φ_4 的数值

由式（5-20）及式（5-8）可知，随着钢轨刚度 EJ 增大，k 值减小，最大的枕上压力随之降低，即较重型的钢轨可减小最大枕上压力及钢轨下沉，从而保持轨道的平顺性。同时也可发现，随着基础

刚度的增大,最大枕上压力增大,传至道床的压力增大,不利于道床的稳定。

(4) 轮群作用下的轨道静力计算

通过上述步骤得出了一个竖向集中荷载作用下连续弹性基础梁的解。为了确定机车车辆多个车轮作用下,轨道结构的静力计算方法,必须研究多个竖向荷载即轮群作用的计算问题。

由于微分方程式 (5-9) 是线性的,其解式 (5-12) ~ 式 (5-17) 中的 y、M、R 必然与荷载 P 成正比,故力的叠加原理成立。有多个车轮同时作用的轨道,倘若计算某一截面处的 y、M、R,则应将坐标原点 O 置于该截面处,该截面称为计算截面,如图 5-7 所示,其荷载 P_3 所对应的是计算截面 3。取车轮作用点与计算截面间的距离为座标 x,分别计算各车轮对计算截面的作用量值,这些量值叠加之和,即为群轮在计算截面处共同引起的量值:

$$y = \frac{k}{2u}\sum_i P_i \varphi_1(kx_i)$$

$$M = \frac{1}{4k}\sum_i P_i \varphi_3(kx_i) \quad (5-21)$$

$$R = \frac{ka}{2}\sum_i P_i \varphi_1(kx_i)$$

图 5-7 静力计算截面

以上各式应分别将不同的车轮作用位置作为计算截面,逐个进行计算,从中产生最大 y、M、R 的车轮位置,称为最不利轮位,其有关计算的量值将作为设计和检算的依据。

(5) 算例

轨道静力计算。某 60kg/m 钢轨轨道上运行韶山Ⅲ型电力机车。轨枕间距 54.5cm。机车轴重 225kN、轴列式 3_0-3_0,转向架固定轴距 230 + 200 (cm),机车全轴距 1580cm。试计算钢轨位移、钢轨弯矩及枕上压力的最大值。

解:从表 5-2 中选取重型轨道的钢轨支座刚度。计算钢轨位移和弯矩时,D 取为 300kN/cm;计算枕上压力时,D 取 700kN/cm。计算得到钢轨基础弹性模量为:

计算钢轨位移及弯矩时:$u = \dfrac{D}{a} = \dfrac{300}{54.5} = 5.51 \text{ kN/cm}^2$

计算枕上压力时:$u = 12.84 \text{kN/cm}^2$;由 60kg/m 钢轨对水平轴的惯性矩 3217cm^4 及钢轨钢材弹性模量 2.1×10^5MPa 可计算得到 k 值为:

计算钢轨位移及弯矩时:

$$k = \sqrt[4]{\frac{u}{4EJ}} = \sqrt[4]{\frac{5.51 \times 10^3}{4 \times 2.1 \times 10^{11} \times 10^{-4} \times 3217}} = 0.01195 \quad 1/\text{cm}$$

计算枕上压力时：$k = 0.01476$ 1/cm

由于前后两转向架最近的车轮相距 720cm，相邻转向架的影响较小，可以忽略，仅以单个转向架进行计算，即图 5-7 取其中间三个轮位。因存在对称性，只取第一、第二车轮为计算轮位，计算结果列于表 5-5 中。

由表 5-5 可知，钢轨位移、钢轨弯矩及枕上压力的最大值均出现于第 2 轮位下，由式（5-21）可计算得到：

位移、弯矩、压力计算表 表 5-5

计算轮	计算值	轮位			合 计	备 注
		轮1	轮2	轮3		
轮 1	x	0	230	430		
	φ_1	1	0.0670	0.0064	1.0734	计算钢轨位移及枕上压力用
	φ_2	1	0.0356	0.0019	1.0375	
	φ_3	1	0.0609	0.0053	1.0662	计算钢轨弯矩用
轮 2	x	230	0	200		
	φ_1	0.0670	1	0.0952	1.1622	
	φ_2	0.0356	1	0.0548	1.0904	
	φ_3	0.0609	1	0.0879	1.1488	

$$y_{max} = \frac{k}{2u} \Sigma P \varphi_1 = \frac{0.01195}{2 \times 5.51} \times 112.5 \times 1.1622 = 0.142 \text{cm}$$

$$M_{max} = \frac{1}{4k} \Sigma P \varphi_3 = \frac{1}{4 \times 0.01195} \times 112.5 \times 1.1488 = 2703 \text{kN} \cdot \text{cm}$$

$$R_{max} = \frac{ka}{2} \Sigma P \varphi_1 = \frac{0.01476 \times 54.5}{2} \times 112.5 \times 1.1622 = 52.6 \text{kN}$$

5.3.2 横向水平荷载作用下轨道结构静力计算

横向水平荷载作用在钢轨头部时，发生横向变形和钢轨倾斜（以钢轨底部中央为轴线的倾斜）。这两种变形是相互耦合的，必须用联立方程式求解。但是，经过严密的分析，了解到这种耦合关系是非常微弱的，即使分开来进行分析，也不致产生过大的误差。

以下将轨道的横向变形和钢轨倾转分开来进行分析。

（1）轨道的横向变形

1）理论分析

作用在轨道上的横向水平力，即使只作用在一侧钢轨上，也会通过轨枕分散到左右两侧钢轨上去，所以，在考虑横向水平荷载对轨道的影响时，不能把左右钢轨分开来考虑。经过实验了解到，钢轨是受两种弹簧支承的：一种是钢轨和轨枕之间的扣件弹簧，其刚度为 k_1；另一种是道床中轨枕移动时的道床横向弹簧，

其刚度为 k_2。如图 5-8 所示，横向水平力作用下轨道变形可以用双弹簧支承的连续弹性支承模型进行分析。这个变形的方程式可以列为：

$$EI_y \frac{d^4 Z}{dx^4} + k_1(Z - \overline{Z}) = 0 \tag{5-22}$$

$$EI_y \frac{d^4 Z'}{dx^4} + k_1(Z' - \overline{Z}) = 0 \tag{5-23}$$

$$k_1(Z - \overline{Z}) + k_1(Z' - \overline{Z}) = 2k_2\overline{Z} \tag{5-24}$$

式中 EI_y——钢轨横向弯曲刚度；

Z、Z'、$\overline{Z}$——左股钢轨、右股钢轨、轨枕中心的横向位移。

图 5-8 横向水平力引起的轨道位移

当 $x = 0$ 时，$dZ/dx = dZ'/dx = 0$，$2EI_y d^3 Z/dx^3 = H$，$2EI_y d^3 Z'/dx^3 = H'$。

当 $x = \infty$ 时，$Z = Z' = 0$。

那末，钢轨横向位移 Z、Z' 和弯矩 M、M' 为

$$Z = \frac{1}{16EI_y}\left[\frac{H + H'}{\beta_2^3}\varphi_1(\beta_2 x) + \frac{H - H'}{\beta_1^3}\varphi_1(\beta_1 x)\right] \tag{5-25}$$

$$Z' = \frac{1}{16EI_y}\left[\frac{H + H'}{\beta_2^3}\varphi_1(\beta_2 x) - \frac{H - H'}{\beta_1^3}\varphi_1(\beta_1 x)\right] \tag{5-26}$$

$$M = \frac{1}{8}\left[\frac{H + H'}{\beta_2}\varphi_3(\beta_2 x) + \frac{H - H'}{\beta_1}\varphi_3(\beta_1 x)\right] \tag{5-27}$$

$$M' = \frac{1}{8}\left[\frac{H + H'}{\beta_2}\varphi_3(\beta_2 x) - \frac{H - H'}{\beta_1}\varphi_3(\beta_1 x)\right] \tag{5-28}$$

$$\overline{Z} = \frac{k_1(Z + Z')}{2(k_1 + k_2)} \tag{5-29}$$

式中，

$$\beta_1 = \sqrt[4]{\frac{k_1}{4EI_y}} \tag{5-30}$$

$$\beta_2 = \sqrt[4]{\frac{k_1 k_2}{4EI_y(k_1 + k_2)}} \tag{5-31}$$

另外，钢轨和轨枕间的横向压力 R 和 R'，由下列公式求得：

$$R = 2\int_0^{a/2} k_1(Z - Z')dx$$

$$= \frac{1}{2}\left\{(H+H')\left[1-\varphi_4\left(\beta_2\frac{a}{2}\right)\right]+(H-H')\left[1-\varphi_4\left(\beta_1\frac{a}{2}\right)\right]\right\} \quad (5\text{-}32)$$

$$R' = 2\int_0^{a/2} k_1(Z-Z')\mathrm{d}x$$

$$= \frac{1}{2}\left\{(H+H')\left[1-\varphi_4\left(\beta_2\frac{a}{2}\right)\right]-(H-H')\left[1-\varphi_4\left(\beta_1\frac{a}{2}\right)\right]\right\} \quad (5\text{-}33)$$

上列公式中，$\varphi_1(\cdot)$、$\varphi_2(\cdot)$、$\varphi_3(\cdot)$、$\varphi_4(\cdot)$ 与上一节具有同样的意义。

2）算例

当钢轨为 60kg/m，$a=58$cm，$k_1=5$kPa，$k_2=300$kPa，$EI_y=107.5\times 10^3$kN·m^2，断面系数 $D_y=70.6$cm^3 时，求钢轨横向变形 Z、Z'，钢轨横向压力 R_1、R'_1。

$$\beta_1 = \sqrt[4]{\frac{k_1}{4EI_y}} = \sqrt[4]{\frac{5}{4\times 107.52\times 10^3}}$$

$$= 1.85\times 10^{-4}\mathrm{m}^{-1} = 1.85\times 10^{-2}\mathrm{cm}^{-1}$$

$$\beta_2 = \sqrt[4]{\frac{k_1 k_2}{4EI_y(k_1+k_2)}} = \sqrt[4]{\frac{5\times 3}{4\times 107.52\times 10^5\times 10^2\times(5+3)}}$$

$$= 1.44\mathrm{m}^{-1} = 1.44\times 10^{-2}\mathrm{cm}^{-1}$$

① 两根钢轨分别承受 10kN 且方向相同的横压时，

$$Z = Z' = \frac{1}{16EI_y}\cdot\frac{H+H'}{\beta_2^3}\varphi_1(\beta_2 x) = \frac{1}{16\times 107.52\times 10^3}\times\frac{2\times 10}{1.44^3}\varphi_1(1.44x)$$

$$= 3.89\times 10^{-4}\varphi_1(1.44x)\mathrm{m} = 3.89\times 10^{-2}\varphi_1(1.44\times 10^{-2}x)\mathrm{cm}$$

得 $R=R'=3.41$kN。由此可见，两根钢轨受相同方向、相等的横向力作用时，位于作用点的钢轨扣件，横向压力约为钢轨横向力的 35%。

② 两根钢轨分别承受到 10kN 且方向分别来自钢轨内侧的横向力时

$$Z = Z' = \frac{1}{16EI_y}\cdot\frac{H-H'}{\beta_1^3}\varphi_1(\beta_1 x) = \frac{1}{16\times 107.52\times 10^3}\times\frac{2\times 10}{1.85^3}\varphi_1(1.85x)$$

$$= 1.84\times 10^{-4}\varphi_1(1.85x)\mathrm{m} = 1.84\times 10^{-2}\varphi_1(1.85\times 10^{-2}x)\mathrm{cm}$$

$$R = R' = \frac{1}{2}(H-H')\left[1-\varphi_4\left(\beta_1\frac{a}{2}\right)\right] = \frac{1}{2}\times 2\times 10\times\left[1-\varphi_4\left(1.85\times 10^{-2}\times\frac{58}{2}\right)\right]$$

$$= 10\times[1-\varphi_4(0.5365)] = 4.15\mathrm{kN}$$

由此可见，两根钢轨受相反方向、大小相等的横向力作用时，位于作用点的钢轨扣件，其横向力约为钢轨横向力的 40%。这一计算结果对于扣件荷载设计具有参考价值。

(2) 钢轨的倾斜（小反）

根据实验，即使钢轨发生了倾斜，也可以认为是弹性支承的，可按图 5-9 进行分析。设钢轨的扭转刚度为 C，连续扭转支承弹性系数为 k_3，钢轨的倾角为 θ，则在横向水平力 H 和轮重 W 作用下，钢轨的倾斜公式为：

$$C\frac{d^2\theta}{dx^2} - k_3\theta = 0 \tag{5-34}$$

图 5-9 横压引起的钢轨倾斜

当 $x=0$ 时，

$$C\frac{d\theta}{dx} = -\frac{1}{2}hH + We \tag{5-35}$$

当 $x \to \infty$、$\theta \to 0$ 时，

$$\theta = \frac{Hh - We}{2\sqrt{k_3 C}} e^{-\sqrt{k_3/C}x} \tag{5-36}$$

当横向水平力作用在半无限长钢轨的端部时，钢轨端部的倾斜是这个值的 2 倍。

5.3.3 轨枕的静力计算

(1) 弹性支承上有限长梁理论分析

在钢轨压力作用下，轨枕可按图 5-10 所示的弹性支承体上的有限长梁进行计算。

轨枕位移 y_t 和弯矩 M_t 计算如下：

$$y_t = \frac{P_R}{4a^3 EI_t} I\left(x - \frac{G}{2}\right)\left[\sin a\left(x - \frac{G}{2}\right)\cosh a\left(x - \frac{G}{2}\right) - \cos a\left(x - \frac{G}{2}\right)\right.$$

$$\left. \times \sinh a\left(x - \frac{G}{2}\right)\right] + y(0)\cos ax \cosh ax + \frac{1}{2a^2}y''(0)\sin ax \times \sinh ax$$

$$\tag{5-37}$$

$$M_t = -EI_t y'' = -\frac{P_R}{4a}I\left(x - \frac{G}{2}\right)\left[\cos a\left(x - \frac{G}{2}\right)\sinh a\left(x - \frac{G}{2}\right) + \sin a\left(x - \frac{G}{2}\right)\right.$$

图 5-10 弹性支承体上的轨枕

$$\times \cosh a\left(x - \frac{G}{2}\right)\right] + 2a^2 EI_t y(0)\sin ax \sinh ax - EI_t y''(0) \times \cos ax \cosh ax$$

(5-38)

式中 P_R——钢轨压力；

EI_t——轨枕刚度；

$I(x)$——阶梯函数（当 $x<0$ 时为 0，当 $x=0$ 时为 1/2，当 $x>0$ 时为 1）。

$y(0)$、$y''(0)$ 和 a 的计算如下：

$$y(0) = \frac{P_R}{4a^3 EI_t} \times$$

$$\frac{\left(\begin{array}{l}\left[\cos\frac{a}{2}(l-G)\sinh\frac{a}{2}(l-G) + \sin\frac{a}{2}(l-G)\cosh\frac{a}{2}(l-G)\right]\times \\ \left[\left(\sin\frac{a}{2}l\cos\frac{a}{2}l - \cos\frac{a}{2}l\sinh\frac{a}{2}l\right)\right] + 2\cos\frac{a}{2}(x-G)\cosh\frac{a}{2}(x-G)\cos\frac{a}{2}l\cosh\frac{a}{2}l\end{array}\right)}{\cos\frac{a}{2}l\sin\frac{a}{2}l + \cosh\frac{a}{2}l\sinh\frac{a}{2}l}$$

(5-39)

$$y''(0) = \frac{P_R}{2aEI_t} \times$$

$$\frac{\left(\begin{array}{l}2\cos\frac{a}{2}(l-G)\cosh\frac{a}{2}(l-G)\sin\frac{a}{2}l\sinh\frac{a}{2}l - \\ \left[\cos\frac{a}{2}(l-G)\sinh\frac{a}{2}(l-G) + \sin\frac{a}{2}(l-G)\cosh\frac{a}{2}(l-G)\right]\times \\ \left[\left(\cos\frac{a}{2}l\sin\frac{a}{2}l + \sin\frac{a}{2}l\cosh\frac{a}{2}l\right)\right]\end{array}\right)}{\cos\frac{a}{2}l\sin\frac{a}{2}l + \cosh\frac{a}{2}l\sinh\frac{a}{2}l}$$

(5-40)

$$a = \sqrt[4]{\frac{k_t}{4EI_t}}$$

(5-41)

式中 k_t——轨枕支承分布弹性系数；

l——轨枕长度；

G——钢轨中心距离。

(2) 刚性轨枕

我国轨道强度计算法，将混凝土枕视为刚性梁，当轨枕长为 l，宽度为 b，轨枕在道床上单位面积的支承弹性系数为 C 时，轨枕的下沉和应力如图 5-11 所示，在均匀支承的条件下，有如下计算式：

下　　沉：$y_{tr} = \dfrac{2P_R}{blC}$　　(5-42)

图 5-11　刚性轨枕的下沉和应力

轨枕压力：
$$p_{tr} = \frac{2P_R}{bl} \tag{5-43}$$

弯　　矩：

—— 轨下截面　$M_{tRr} = \frac{2P_R}{l}\int_0^{\frac{l-G}{2}} x\,dx = \frac{P_R(l-G)^2}{4l}$ (5-44)

—— 中间截面　$M_{tCr} = \frac{2P_R}{l}\int_0^{\frac{l}{2}} x\,dx - \frac{G}{2}P_R = \frac{P_R(l-2G)}{4}$ (5-45)

在轨道强度检算中，还可根据轨道受力的不利工况，假定不同的轨枕反力图式，建立相应的计算公式，其计算方法将在 5.5.2 中介绍。

5.3.4　无碴轨道弹性支承叠合梁计算

无碴轨道的受力分析和结构设计方法与有碴轨道不同。目前采用的比较简便的方法是双层或多层弹性地基上叠合梁计算方法。将板状无碴轨道沿线路纵向或横向截取一定宽度，成为纵向或横向截梁，而后用叠合梁理论求解。这种方法比更为精确的板结构或有限元方法简便，而计算结果基本能够满足工程设计要求。

(1) 无碴轨道纵向计算

1) 计算模型及微分方程

沿线路中心线截取一半轨道，由一股钢轨及其对应的轨道板构成弹性地基上的双层叠合梁模型，如图 5-12 所示。

图 5-12　弹性地基上双层叠合梁模型

上层梁为普通有接头钢轨，钢轨接头处忽略夹板的抗弯刚度，简化为铰接。接头处作用在钢轨上的轮载 P，是在静轮载基础上考虑一定的动载系数得到的，一般为静轮载的 2～3.5 倍。在普通铁路上，动轮载一般取为静轮载的 2～2.5 倍；在高速铁路上，动轮载一般取为静轮载的 3～3.5 倍。由于无碴轨道在加强轨道垂向结构强度的同时，对轨道横向强度也有极大的加强，且计算时所取动轮载较大，所以设计中通常不再考虑横向力的影响。

上层钢轨梁与下层轨道板（道床板）梁间，是由扣件简化得到的密布弹簧，其弹簧系数为一组扣件的刚度除以钢轨支点间距。下层梁为半个轨道板，由于无碴轨道须设置温度伸缩缝,所以下层梁通常是有限长的。下层梁支承模拟为密布弹簧,并符合文克尔假定。

建立两个坐标系,第一个坐标系 $x_1o_1y_1$ 的原点位于钢轨接头处,第二个坐标系 $x_2o_2y_2$ 的原点位于轨道板接缝处,将叠合梁分为两个区段。依据材料力学的知识,可以列出关于图 5-12 所示模型的挠度微分方程组:

$$\begin{cases} E_1J_1 \dfrac{d^4 y_{11}}{dx_{11}^4} + k_1(y_{11} - y_{22}) = 0 \\[2mm] E_1J_1 \dfrac{d^4 y_{12}}{dx_{12}^4} + k_1(y_{12} - y_{22}) = 0 \\[2mm] E_2J_2 \dfrac{d^4 y_{21}}{dx_{21}^4} + k_1(y_{21} - y_{11}) + k_2 y_{21} = 0 \\[2mm] E_2J_2 \dfrac{d^4 y_{22}}{dx_{22}^4} + k_1(y_{22} - y_{12}) + k_2 y_{22} = 0 \end{cases} \quad (5\text{-}46)$$

式 5-46 中 E_1J_1——单根钢轨的抗弯刚度;

E_2J_2——沿轨道中心线截取的半块轨道板的抗弯刚度;

y_{11}、y_{12}——分别为区段 l_1、l_2 内钢轨的挠度;

y_{21}、y_{22}——分别为区段 l_1、l_2 内轨道板的挠度;

k_1、k_2——分别为钢轨和轨道板单位长度的支承弹簧系数。

2)微分方程组的解

设四阶微分方程组(5-46)的通解为:

$$\begin{cases} y_{11} = Ae^{\lambda x} \\ y_{12} = Be^{\lambda x} \\ y_{21} = Ce^{\lambda x} \\ y_{22} = De^{\lambda x} \end{cases} \quad (5\text{-}47)$$

将式(5-47)代入式(5-46),得到:

$$\begin{cases} A\lambda^4 + a(A - D) = 0 \\ B\lambda^4 + a(B - D) = 0 \\ C\lambda^4 + b(C - A) + c \cdot C = 0 \\ D\lambda^4 + b(D - B) + c \cdot D = 0 \end{cases} \quad (5\text{-}48)$$

式(5-48)中:

$$\begin{cases} a = \dfrac{k_1}{E_1 J_1} \\ b = \dfrac{k_1}{E_2 J_2} \\ c = \dfrac{k_2}{E_2 J_2} \end{cases} \tag{5-49}$$

由式 (5-48)、式 (5-49) 可得到:

$$\begin{cases} \dfrac{C}{A} = \dfrac{D}{B} = \dfrac{\lambda^4 + a}{a} \\ \dfrac{C}{A} = \dfrac{D}{B} = \dfrac{b}{\lambda^4 + b + c} \end{cases} \tag{5-50}$$

由式 (5-50) 可以得到:

$$\lambda^8 + (a + b + c)\lambda^4 + ac = 0 \tag{5-51}$$

令

$$\lambda^4 = \mu$$

则有:

$$\mu^2 + (a + b + c)\mu + ac = 0$$

解得

$$\mu_{1,2} = \frac{1}{2}[-(a+b+c) \pm \sqrt{(a+b+c)^2 - 4ac}] \tag{5-52}$$

因为 $(a+b+c)^2 - 4ac < (a+b+c)^2$,所以 μ_1、μ_2 恒为负值,令

$$\alpha = \sqrt[4]{\dfrac{-\mu_1}{4}} \quad \beta = \sqrt[4]{\dfrac{-\mu_2}{4}} \tag{5-53}$$

因此有:

$$\begin{cases} \lambda^4 + 4\alpha^4 = 0 \\ \lambda^4 + 4\beta^4 = 0 \end{cases} \tag{5-54}$$

式 (5-54) 即为微分方程组 (5-46) 的特征方程组。解此特征方程组,可得到 4 对共轭复根为:

$$\lambda_{1-2} = (-1 \pm i)\alpha, \lambda_{3-4} = (-1 \pm i)\beta$$
$$\lambda_{5-6} = (1 \pm i)\alpha, \lambda_{7-8} = (1 \pm i)\beta$$

从而,微分方程组(5-46)的通解为:

$$\left.\begin{aligned}
y_{11} &= A_1 \mathrm{e}^{-\alpha x}\cos\alpha x + A_2 \mathrm{e}^{-\alpha x}\sin\alpha x + A_3 \mathrm{e}^{-\beta x}\cos\beta x + A_4 \mathrm{e}^{-\beta x}\sin\beta x \\
&\quad + A_5 \mathrm{e}^{\alpha x}\cos\alpha x + A_6 \mathrm{e}^{\alpha x}\sin\alpha x + A_7 \mathrm{e}^{\beta x}\cos\beta x + A_8 \mathrm{e}^{\beta x}\sin\beta x \\
y_{12} &= B_1 \mathrm{e}^{-\alpha x}\cos\alpha x + B_2 \mathrm{e}^{-\alpha x}\sin\alpha x + B_3 \mathrm{e}^{-\beta x}\cos\beta x + B_4 \mathrm{e}^{-\beta x}\sin\beta x \\
&\quad + B_5 \mathrm{e}^{\alpha x}\cos\alpha x + B_6 \mathrm{e}^{\alpha x}\sin\alpha x + B_7 \mathrm{e}^{\beta x}\cos\beta x + B_8 \mathrm{e}^{\beta x}\sin\beta x \\
y_{21} &= C_1 \mathrm{e}^{-\alpha x}\cos\alpha x + C_2 \mathrm{e}^{-\alpha x}\sin\alpha x + C_3 \mathrm{e}^{-\beta x}\cos\beta x + C_4 \mathrm{e}^{-\beta x}\sin\beta x \\
&\quad + C_5 \mathrm{e}^{\alpha x}\cos\alpha x + C_6 \mathrm{e}^{\alpha x}\sin\alpha x + C_7 \mathrm{e}^{\beta x}\cos\beta x + C_8 \mathrm{e}^{\beta x}\sin\beta x \\
y_{22} &= D_1 \mathrm{e}^{-\alpha x}\cos\alpha x + D_2 \mathrm{e}^{-\alpha x}\sin\alpha x + D_3 \mathrm{e}^{-\beta x}\cos\beta x + D_4 \mathrm{e}^{-\beta x}\sin\beta x \\
&\quad + D_5 \mathrm{e}^{\alpha x}\cos\alpha x + D_6 \mathrm{e}^{\alpha x}\sin\alpha x + D_7 \mathrm{e}^{\beta x}\cos\beta x + D_8 \mathrm{e}^{\beta x}\sin\beta x
\end{aligned}\right\} \quad (5\text{-}55)$$

3) 钢轨和轨道板挠曲位移和内力计算

依据式(5-50)和式(5-52),令

$$\begin{cases} \dfrac{C_{1,2,5,6}}{A_{1,2,5,6}} = \dfrac{D_{1,2,5,6}}{B_{1,2,5,6}} = \dfrac{\mu_1 + a}{a} = \xi \\[2mm] \dfrac{C_{3,4,7,8}}{A_{3,4,7,8}} = \dfrac{D_{3,4,7,8}}{B_{3,4,7,8}} = \dfrac{\mu_2 + a}{a} = \eta \\[2mm] \varepsilon = \dfrac{\eta}{\xi} \end{cases} \quad (5\text{-}56)$$

为书写简便,按式(5-18)和(5-56)将式(5-55)写为:

$$\left.\begin{aligned}
y_{11} &= A_1\varphi_1(-\alpha x) - A_2\varphi_3(-\alpha x) + A_3\varphi_1(-\beta x) - A_4\varphi_3(-\beta x) \\
&\quad + A_5\varphi_1(\alpha x) + A_6\varphi_3(\alpha x) + A_7\varphi_1(\beta x) + A_8\varphi_3(\beta x) \\
y_{12} &= B_1\varphi_1(-\alpha x) - B_2\varphi_3(-\alpha x) + B_3\varphi_1(-\beta x) - B_4\varphi_3(-\beta x) \\
&\quad + B_5\varphi_1(\alpha x) + B_6\varphi_3(\alpha x) + B_7\varphi_1(\beta x) + B_8\varphi_3(\beta x) \\
y_{21} &= A_1\xi\varphi_1(-\alpha x) - A_2\xi\varphi_3(-\alpha x) + A_3\eta\varphi_1(-\beta x) - A_4\eta\varphi_3(-\beta x) \\
&\quad + A_5\xi\varphi_1(\alpha x) + A_6\xi\varphi_3(\alpha x) + A_7\eta\varphi_1(\beta x) + A_8\eta\varphi_3(\beta x) \\
y_{22} &= B_1\xi\varphi_1(-\alpha x) - B_2\xi\varphi_3(-\alpha x) + B_3\eta\varphi_1(-\beta x) - B_4\eta\varphi_3(-\beta x) \\
&\quad + B_5\xi\varphi_1(\alpha x) + B_6\xi\varphi_3(\alpha x) + B_7\eta\varphi_1(\beta x) + B_8\eta\varphi_3(\beta x)
\end{aligned}\right\}$$

$$(5\text{-}57)$$

式 (5-57) 为钢轨和轨道板各截面挠曲位移的表达式。其中 $\varphi_1(\cdot)$、$\varphi_3(\cdot)$ 的符号意义同上一节。对位移求二阶导数并乘以截面抗弯刚度，可得到钢轨及轨道板各截面的弯矩表达式：

$$\left.\begin{aligned}
M_{11} &= 2E_1 J_1 [A_1\alpha^2\varphi_3(-\alpha x) + A_2\alpha^2\varphi_3(-\alpha x) + A_3\beta^2\varphi_3(-\beta x) + A_4\beta^2\varphi_1(-\beta x) \\
&\quad + A_5\alpha^2\varphi_3(\alpha x) - A_6\alpha^2\varphi_1(\alpha x) + A_7\beta^2\varphi_3(\beta x) - A_8\beta^2\varphi_1(\beta x)] \\
M_{12} &= 2E_1 J_1 [B_1\alpha^2\varphi_3(-\alpha x) + B_2\alpha^2\varphi_1(-\alpha x) + B_3\beta^2\varphi_3(-\beta x) + B_4\beta^2\varphi_1(-\beta x) \\
&\quad + B_5\alpha^2\varphi_3(\alpha x) - B_6\alpha^2\varphi_1(\alpha x) + B_7\beta^2\varphi_3(\beta x) - B_8\beta^2\varphi_1(\beta x)] \\
M_{21} &= 2E_2 J_2 [A_1\xi^2\varphi_3(-\alpha x) + A_2\xi^2\varphi_1(-\alpha x) + A_3\eta^2\varphi_3(-\beta x) + A_4\eta^2\varphi_1(-\beta x) \\
&\quad + A_5\xi^2\varphi_3(\alpha x) - A_6\xi^2\varphi_1(\alpha x) + A_7\eta^2\varphi_3(\beta x) - A_8\eta^2\varphi_1(\beta x)] \\
M_{22} &= 2E_2 J_2 [B_1\xi^2\varphi_3(-\alpha x) + B_2\xi^2\varphi_1(-\alpha x) + B_3\eta^2\varphi_3(-\beta x) + B_4\eta^2\varphi_1(-\beta x) \\
&\quad + B_5\xi^2\varphi_3(\alpha x) - B_6\xi^2\varphi_1(\alpha x) + B_7\eta^2\varphi_3(\beta x) - B_8\eta^2\varphi_1(\beta x)]
\end{aligned}\right\} \quad (5\text{-}58)$$

轨道板纵向弯矩是轨道板截面尺寸及配筋设计的重要参数。位移和弯矩表达式 (5-57) 和式 (5-58) 中，$A_1 - A_8$、$B_1 - B_8$ 为待定常数，可由边界条件求得。

为了给无碴轨道的横向计算提供参数，还须计算最大的钢轨支点压力。最大支点压力出现在轮载作用点处的钢轨支点上。设钢轨支点间距为 S，则可计算出最大支点压力为：

$$R_{\max} = \int_{-S/2}^{S/2} k_1(y_{11} - y_{21}) dx \quad (5\text{-}59)$$

4）求解待定常数

依据图 5-12 所示的力学模型，可以定出边界条件。在 $x_1 = 0$ 的钢轨接头处，有：

$$\left.\begin{aligned}
y''_{11} &= 0 \quad y'''_{11} = \frac{P}{2E_1 J_1} \\
y'_{21} &= 0 \quad y'''_{21} = 0
\end{aligned}\right\} \quad (5\text{-}60)$$

在 $x_1 = l_1$、$x_2 = 0$ 的轨道板接缝处，有：

$$\left.\begin{aligned}
y_{11} &= y_{12} \quad y'_{11} = y'_{12} \\
y''_{11} &= y''_{12} \quad y'''_{11} = y'''_{12} \\
y'_{21} &= 0 \quad y'''_{21} = 0 \\
y'_{22} &= 0 \quad y'''_{22} = 0
\end{aligned}\right\} \quad (5\text{-}61)$$

在 $x_2 = l_2$ 的模型边界处，认为位移和力都已经很小，因此有：

$$\left.\begin{aligned}
y_{12} &= 0 \quad y'_{12} = 0 \\
y_{22} &= 0 \quad y'_{22} = 0 (\text{模型终点不取在板的接缝处}) \\
y''_{22} &= 0 \quad y'''_{22} = 0 (\text{模型终点取在板的接缝处})
\end{aligned}\right\} \quad (5\text{-}62)$$

由上述 16 个边界条件，可以组成 16 个线性方程组，即可求得 $A_1 - A_8$、$B_1 - B_8$ 共 16 个待定常数。

(2) 无碴轨道横向计算

以轮载作用点为中心，截取一段轨道板或无碴道床，视轨道板为弹性地基上的有限长梁，并拟定钢轨支点设计荷载，以求解轨道板横向弯矩、位移等力学参数。

1) 力学模型及微分方程

轨道板横向力学分析的计算模型如图5-13所示,梁长为轨道板的宽度,梁宽为钢轨支点间距。梁下为连续弹性支承,弹性系数可依据基础刚度系数和截梁宽度进行计算。梁上作用有两个支点钢轨压力,每个支点压力可取为式(5-59)计算得到的最大支点压力,分布在一个轨底宽 e 的范围内。

图5-13 轨道板横向计算截梁模型

根据梁的受力特点,可分为五段,各段内梁挠曲位移满足的偏微分方程:

$$\begin{cases} E_2 J_3 \dfrac{d^4 y_{1,3,5}}{dx_{1,3,5}^4} + k_4 y_{1,3,5} = 0 \\ E_2 J_3 \dfrac{d^4 y_{2,4}}{dx_{2,4}^4} + k_4 y_{2,4} = r \end{cases} \tag{5-63}$$

式中 $E_2 J_3$——轨道板横向截梁的抗弯刚度;

$y_{1,3,5}$——轨道板截梁Ⅰ、Ⅲ、Ⅴ区段中各断面的挠度;

$y_{2,4}$——轨道板截梁Ⅱ、Ⅳ区段中各断面的挠度;

k_4——单位长度截梁的支承弹性系数;

r——钢轨支点压力强度,$r = R_{max}/e$,其中 R_{max} 为最大钢轨支点压力,e 为钢轨压力分布宽度。

2) 轨道板挠度及横向弯矩计算

令 $\lambda = \sqrt[4]{\dfrac{k_4}{4 E_2 J_3}}$,则微分方程(5-63)的通解为:

$$\begin{aligned} y_{1,3,5} &= C_{1,9,17} e^{\lambda x} \sin\lambda x + C_{2,10,18} e^{\lambda x} \cos\lambda x \\ &\quad + C_{3,11,19} e^{-\lambda x} \sin\lambda x + C_{4,12,20} e^{-\lambda x} \sin\lambda x \\ y_{2,4} &= \dfrac{r}{k_4} + C_{5,13} e^{\lambda x} \sin\lambda x + C_{6,14} e^{\lambda x} \cos\lambda x \\ &\quad + C_{7,15} e^{-\lambda x} \sin\lambda x + C_{8,16} e^{-\lambda x} \sin\lambda x \end{aligned} \tag{5-64}$$

式(5-64)中,$C_1 - C_{20}$ 为待定常数。写为简明表达形式,则轨道板横向挠度与弯矩为:

$$\left.\begin{aligned} y_{1,3,5} &= C_{1,9,17}\varphi_3(\lambda x) + C_{2,10,18}\varphi_1(\lambda x) \\ &\quad - C_{3,11,19}\varphi_3(-\lambda x) - C_{4,12,20}\varphi_1(-\lambda x) \\ y_{2,4} &= \frac{r}{k_4} + C_{5,13}\varphi_3(\lambda x) + C_{6,14}\varphi_1(\lambda x) \\ &\quad - C_{7,15}\varphi_3(-\lambda x) - C_{8,16}\varphi_1(-\lambda x) \end{aligned}\right\} \quad (5\text{-}65)$$

$$\left.\begin{aligned} M_{1,3,5} &= -2E_2J_3[C_{1,9,17}\varphi_1(\lambda x) + C_{2,10,18}\varphi_3(\lambda x) \\ &\quad - C_{3,11,19}\varphi_1(-\lambda x) - C_{4,12,20}\varphi_3(-\lambda x)] \\ M_{2,4} &= -2\lambda^2 E_2J_3[C_{5,13}\varphi_1(\lambda x) - C_{6,14}\varphi_3(\lambda x) \\ &\quad - C_{7,15}\varphi_1(-\lambda x) - C_{8,16}\varphi_3(-\lambda x)] \end{aligned}\right\} \quad (5\text{-}66)$$

3) 待定常数的求解

可依据图 5-13 所示力学模型的边界条件，建立方程求解待定常数。

在 $x_1 = 0$ 处，有：

$$y_1'' = 0 \quad y_1''' = 0 \quad (5\text{-}67)$$

在 $x_1 = l_1$、$x_2 = 0$ 处，

$$\begin{aligned} y_1 &= y_2 \quad y_1' = y_2' \\ y_1'' &= y_2'' \quad y_1''' = y_2''' \end{aligned} \quad (5\text{-}68)$$

在 $x_2 = l_2$、$x_3 = 0$ 处，

$$\begin{aligned} y_2 &= y_3 \quad y_2' = y_3' \\ y_2'' &= y_3'' \quad y_2''' = y_3''' \end{aligned} \quad (5\text{-}69)$$

在 $x_3 = l_3$、$x_4 = 0$ 处，

$$\begin{aligned} y_3 &= y_4 \quad y_3' = y_4' \\ y_3'' &= y_4'' \quad y_3''' = y_4''' \end{aligned} \quad (5\text{-}70)$$

在 $x_4 = l_4$、$x_5 = 0$ 处，

$$\begin{aligned} y_4 &= y_5 \quad y_4' = y_5' \\ y_4'' &= y_5'' \quad y_4''' = y_5''' \end{aligned} \quad (5\text{-}71)$$

在 $x_5 = l_5$ 处，

$$y_5'' = 0 \quad y_5''' = 0 \quad (5\text{-}72)$$

依据上述式 (5-67) ~ 式 (5-71) 中 20 个边界条件，可以建立 20 个线性代数方程组成的方程组，求解这一方程组，可得到式 (5-65) 等式中的 20 个待定常数。

5.3.5 轮轨接触应力计算

接触应力是在很小的轮轨接触面积出现的局部应力，其量值大大超过钢轨的屈服极限，易于引起头部压溃，形成高低不平的波浪形轨面。在接触应力作用

下,脆性较高的钢轨,易于产生头部劈裂和其他种类的钢轨伤损。随着高速、重载铁路的发展,接触应力及其控制日益受到铁路工程界的重视。

根据经典的赫兹接触理论,假定车轮和钢轨是两个互相垂直的弹性圆柱体,两者的接触面是一个椭圆形,最大接触应力 q_0 发生在椭圆形中心。其值为:

$$q_0 = \frac{3P}{2\omega} \tag{5-73}$$

式中　P——两柱体间的压力;
　　　ω——椭圆形面积,等于 πab,a、b 分别为椭圆形的长半轴和短半轴,其值可由下式求出:

$$\begin{cases} a = m\sqrt[3]{\dfrac{3(1-v^2)P}{2E(A+B)}} \\ b = \dfrac{n}{m}a \end{cases} \tag{5-74}$$

式中　v——泊松比,$v = 0.25 \sim 0.30$;
　　　E——钢的弹性模量,$E = 20.6 \times 10^4 \mathrm{MPa}$;

$$\begin{cases} A = \dfrac{1}{2r_1} \\ B = \dfrac{1}{2r_2} \end{cases} \tag{5-75}$$

式中　r_1、r_2——车轮踏面及钢轨顶面半径;
　　　m、n——与 θ 角有关的系数,$\cos\theta = \dfrac{B-A}{B+A}$,$m$、$n$ 的值可在求得 θ 角后从表 5-6 中查取。

m、n 与 θ 角的关系　　　　　　表 5-6

θ	30°	35°	40°	45°	50°	55°	60°	65°	70°	75°	80°	85°	90°
m	2.731	2.379	2.136	1.926	1.754	1.611	1.486	1.378	1.284	1.202	1.128	1.061	1.000
n	0.493	0.530	0.567	0.604	0.641	0.678	0.717	0.759	0.802	0.840	0.893	0.944	1.000

沿着椭圆面的法向压应力 q,按半椭圆体规律分布:

$$\frac{q^2}{q_0^2} + \frac{x^2}{a^2} + \frac{y^2}{b^2} = 1 \tag{5-76}$$

轮轨接触产生的剪应力,根据前苏联别辽耶夫(H.M.беляев)教授的研究,最大剪应力发生在轮轨接触面以下的某一深度,其值约为:

$$2\tau \approx 0.63 q_0 = 0.63 m_0 \sqrt[3]{\frac{PE^2}{r_1^2}} \tag{5-77}$$

在接触面以下发生最大剪应力的深度 h 与半轴 a 及 b 的大小有关。如:

$$\frac{b}{a} = 1 \text{ 时}, h = 0.48a$$

$$\frac{b}{a} = \frac{3}{4} 时, h = 0.41a$$

$$\frac{b}{a} = \frac{1}{2} 时, h = 0.31a$$

而在接触面上,最大剪应力为:

$$2\tau_1 = n_0 q_0 \tag{5-78}$$

当 $\frac{r_2}{r_1} \leqslant 0.33$ 时,最大剪应力将位于椭圆的中心;若 $\frac{r_2}{r_1} \geqslant 0.33$ 时,则位于椭圆长轴的端点上。式 (5-77)、式 (5-78) 中的 m_0 及 n_0 可从表 5-7 中查出。

由式 (5-77) 可知,轮轨接触应力与轮载 P 及其轮径大小有关;在固定的轮载之下,加大车轮直径可减小轮轨接触应力。

m_0 及 n_0 值   表 5-7

r_2/r_1	m_0	n_0	r_2/r_1	m_0	n_0
1.00	0.388	0.27	0.40	0.536	0.28
0.90	0.400	0.27	0.30	0.600	0.28
0.80	0.420	0.28	0.20	0.716	0.30
0.70	0.440	0.28	0.15	0.800	0.31
0.60	0.468	0.28	0.10	0.970	0.33
0.50	0.490	0.28			

5.4 轨道结构动力作用的准静态计算法

由于轨道结构存在复杂的随机性,其动力计算参数的确定极为困难,至今仍未有一种公认的动力计算方法。目前在我国可供实用的处理方法是,将轨道的静荷载乘以荷载系数(其中包括速度系数、偏载系数和横向水平力系数)以表征机车车辆和轨道相互作用的综合动力效应,在此基础上将动力问题概化为简单的静力计算。这一处理方法在我国铁路轨道工程界称之为准静态法,是我国铁路轨道强度计算规程所采用的方法。

5.4.1 速度系数

运行于直线区间轨道上的列车,其轮轨之间的动力效应导致钢轨的轮载产生增值,其增值采用速度 α 计算。

速度系数 α 表示动载增量与静轮载之比,若动轮载为 P_d,静轮载为 P_j,则:

$$\alpha = \frac{P_d - P_j}{P_j} \tag{5-79}$$

或 $P_d = (1+\alpha) P_j$。

速度系数 α 值　　　　　　　表 5-8

列车种类	速度系数		附注
	计算轨底弯曲应力用	计算钢轨下沉及轨下基础各部件荷载及应力用	
内燃	$0.004V$	$0.003V$	V 以 km/h 计
电力	$0.006V$	$0.0045V$	
蒸汽	$0.008V$	$0.006V$	

速度系数 α 与轨道状态及机车类型等有关，可以通过试验研究确定。各国所采用的速度系数公式不尽相同，一般都是经验公式，大多表示为行车速度的线性或非线性函数。我国采用的速度系数计算式如表 5-8 所示，适用于行车速度 $V \leqslant 120\text{km/h}$ 的条件，对于 120～160km/h 条件下的轨道设计，在缺乏足够实验数据的条件下，内燃和电力牵引的线路可在 120km/h 取值的基础上增加 3%～12% 作为估计值。对于更高设计速度的轨道，可参照表 5-9。

速度动力附加系数 (α)　　　　　　　表 5-9

列车种类	设计最高速度 (km/h)	轴重 $2P_0$ (t)		轮径 (mm)		速度动力附加系数 α	
		机车（动车）	车辆（拖车）	机车（动车）	车辆（拖车）	速度范围 (km/h)	
						160～200	>200
高速列车	300	19.5	14	1050	840	—	0.75～1.00
中速列车	200	23	16	1050	840	0.32～0.41	—

注：轨道设计荷载 P 按 $P = P_0(1+\alpha)$ 计算，式中 P_0 为静轮重，α 为速度动力附加系数。

日本铁路有以下的动力系数 α 表达式：

$\alpha = 0.5v/100$　（有缝线路）

$\alpha = 0.3v/100$　（无缝线路）

同时规定：α 值不大于 0.8。

德国铁路采用以下计算动力轮载 P_d：

$$P_d = P_j(1 + t \cdot \bar{s})$$

式中　P_j——轨道设计静轮重；

　　　t——与量信概率水平 p 有关的系数，按表 5-10 取值；

　　　$\bar{s}$——表示荷载离散程度的标准差，与轨道状态、行车速度和列车类型有关。

良好轨道状态　$\bar{s} = 0.1\phi$；

一般轨道状态　$\bar{s} = 0.2\phi$；

轨道状态差　　$\bar{s} = 0.3\phi$。

ϕ 为速度系数

$v \leqslant 60\text{km/h}$　$\phi = 1$；

$v > 60\text{km/h}$ 客车 $\phi = 1 + \dfrac{v-60}{380}$；

货车 $\phi = 1 + \dfrac{v-60}{180}$。

系　数（t）　　　　　　　　　　　表 5-10

$t = 0$	1	1.28	1.65	1.96	2	2.33	3
$p = 0$	68.3%	80%	90%	95%	95.5%	98%	99.7%

5.4.2 偏载系数

通过曲线的列车，由于存在未被平衡的超高（欠超高或余超高）而产生偏载，致使外轨或内轨动载增加，其增量与静轮载的比值称为偏载系数，用 β 表示。

$$\beta = \frac{\Delta P}{P_0} = \frac{P_1 - P_0}{P_0} \tag{5-80}$$

式中，P_1 为外轨（或内轨）上的轮载；P_0 为静轮载；ΔP 为外轨（或内轨）的偏载量。

以欠超高为例推求 β 的计算公式。如图 5-14 所示，轨道实设超高为 h，未被平衡的离心力 J 与车辆重力 G 形成合力 R，其适应超高为 $h + \Delta h$，将 R 分解为垂直于轨面线的分力 F 和平行于轨面线的分力 F_1，则由静力平衡条件 $\Sigma M_A = 0$，可得：

$$F_1 S_1 = F \frac{S_1}{2} + F_1 H$$

可得出

$$P_1 = \frac{1}{2} F + \frac{H}{S_1} F_1 \tag{5-81}$$

图 5-14 欠超高计算图

式中，H 为车体重心高度，货车一般取 $2.1 \sim 2.3\text{m}$；S_1 为两钢轨中心线间距。

因图 5-14 中的 α 角度及 δ 角均很小，由此得下列近似关系，

$$\begin{cases} F = R\cos\alpha = \dfrac{G}{\cos(\alpha+\delta)} \cdot \cos\alpha \approx G = 2P_0 \\ F_1 = F\mathrm{tg}\alpha \approx F \cdot \dfrac{\Delta h}{s_1} \approx 2P_0 \dfrac{\Delta h}{s_1} \end{cases} \quad (5\text{-}82)$$

将式 (5-82) 代入式 (5-81) 得到：

$$P_1 = P_0 + \frac{2P_0 H \Delta h}{S_1^2} \quad (5\text{-}83)$$

将式 (5-83) 代入式 (5-80) 得，

$$\beta = \frac{2H\Delta h}{S_1^2} \quad (5\text{-}84)$$

可见，β 与车体稳定系数 $n = \dfrac{S_1^2}{2H\Delta h}$ 互为倒数。

若取我国机车最大重心高度 $H = 2300\mathrm{mm}$，并取 $S_1 = 1500\mathrm{mm}$ 代入上式，则偏载系数可表示为欠超高 Δh 的函数。

$$\beta = \frac{2 \times 2300 \Delta h}{1500 \times 1500} = 0.002 \Delta h \quad (5\text{-}85)$$

式中 Δh——曲线欠超高 (mm)。

5.4.3 横向水平力系数

横向水平力系数 f 是考虑钢轨横向水平力和偏心竖直力联合作用下，钢轨承受横向水平弯曲及扭转，由此引起轨头及轨底的边缘弯曲应力增大而引入的系数，它等于钢轨底部外缘弯曲应力与中心应力的比值，即

$$f = \frac{\sigma_1}{(\sigma_1 + \sigma_2)/2} \quad (5\text{-}86)$$

式中，σ_1、σ_2 为轨底外缘和内缘的弯曲应力；f 可根据不同机车类型及线路平面条件通过试验测定资料的统计分析加以确定，如表 5-11 所示。仅在计算钢轨应力的动弯矩 M_d 中考虑 f 值。

横向水平力系数 f　　　　　　表 5-11

线路平面	直 线	曲线半径 (m)				
		≥800	600	500	400	300
横向水平力系数	1.25	1.45	1.60	1.70	1.80	2.00

5.4.4 准静态计算公式

用准静态法计算钢轨动挠度 y_d、钢轨动弯矩 M_d 和枕上动压力 R_d 的计算公式如下：

$$\begin{cases} y_d = y_j\ (1+\alpha+\beta) \\ M_d = M_j\ (1+\alpha+\beta)\cdot f \\ R_d = R_j\ (1+\alpha+\beta) \end{cases} \tag{5-87}$$

式中，y_j、M_j、R_j 分别为钢轨的静挠度，静弯矩及静态枕上压力。

5.5 轨道部件强度检算

基于上述轨道静态和准静态计算，可以建立轨道部件强度检算方法，其中包括钢轨、轨枕、道床应力以及路基面应力的检算。

5.5.1 钢轨应力检算

钢轨应力包括基本应力、局部应力、附加应力和残余应力等。基本应力包括竖直荷载作用下的动弯应力和因温度变化产生的温度应力。局部应力包括车轮踏面与钢轨接触产生的接触应力，螺栓孔周围及钢轨截面发生急剧变化处的集中应力。附加应力有列车牵引制动所产生的钢轨应力、桥梁与无缝线路轨道相互作用产生的钢轨伸缩应力或挠曲应力等。残余应力是指钢轨生产或承受轮载过程中产生的应力。

钢轨动弯应力用下式求取：

$$\sigma_{d1} = \frac{M_d}{W_1},\quad \sigma_{d2} = \frac{M_d}{W_2} \tag{5-88}$$

式中，σ_{d1}、σ_{d2} 为轨底最外边缘拉应力和轨头最外边缘压应力；W_1、W_2 为钢轨底部和头部的断面系数，应根据钢轨类型及垂直磨耗量确定。

钢轨温度应力 σ_t，对普通线路可按表 5-12 取值，对无缝线路应用下式进行计算。

$$\sigma_t = 2.45\Delta T \quad (\text{MPa}) \tag{5-89}$$

式中，ΔT 为钢轨温度变化幅度（℃）。

钢轨附加应力 σ_f 在桥上无缝线路轨道结构设计时考虑，其计算方法在无缝线路轨道设计一章介绍。

温度应力 σ_t（MPa） 表 5-12

轨型（kg/m）		75	60	50	43
轨长（m）	12.5	34.5	42.5	50	60
	25	41.5	51	60	70

钢轨应力的检算条件为：

轨底　　　　　　　　$\sigma_{d1}+\sigma_t+\sigma_f \leqslant [\sigma]$

轨头　　　　　　　　$\sigma_{d2}+\sigma_t+\sigma_f \leqslant [\sigma]$ （5-90）

式中，$[\sigma]$为钢轨钢的允许应力，$[\sigma] = \sigma_s/K$，其中 K 是安全系数，$K = 1.25 \sim 1.35$；σ_s 是钢轨屈服极限，其设计值见表 5-13。钢轨的断面系数见表 5-14。

5.5.2 轨枕强度检算

(1) 木枕顶面承压应力

对于木枕，应检算其横纹受压应力 σ_s，即

$$\sigma_s = \frac{R_d}{F} \leq [\sigma_s] \tag{5-91}$$

式中，σ_s 为木枕横纹承压动应力；F 为轨底或垫板与木枕的接触面积；R_d 为钢轨对木枕的动压力；$[\sigma_s]$ 为木材横纹允许承压应力；对于松木取 1.4MPa，杉木取 10.4MPa，桦木取 3.9MPa，桉木取 4.2MPa。

钢轨抗拉强度和屈服强度　　　　　　　　　　　表 5-13

序号	钢号	抗拉强度 σ_b（MPa）	屈服强度 σ_s（MPa）
1	U74	785	≥405
2	U71Mn	883	≥457
3	PD3	≥980	≥880（570）*

注：* 淬火轨取 880MPa，非淬火轨取 570MPa。

各型钢轨断面参数表　　　　　　　　　　　表 5-14

钢轨垂直磨耗（mm）	钢轨断面参数	单位	钢轨类型		
			75kg/m	60kg/m	50kg/m
	$b_底$	mm	150	150	132
0	$W_头$	mm³	432000	339400	250000
	$W_底$	mm³	509000	396000	289000
	J	mm⁴	44890000	32170000	20370000
3	$W_头$	mm³	420000	318000	242000
	$W_底$	mm³	496000	385000	283000
	J	mm⁴	43280000	30690000	19460000
6	$W_头$	mm³	405000	291000	230000
	$W_底$	mm³	482000	375000	275000
	J	mm⁴	40890000	28790000	18270000

混凝土枕抗压强度大，一般不检算其承压应力。

(2) 混凝土轨枕抗弯强度检算

混凝土轨枕需进行抗弯强度检算，木枕可不进行此项检算。计算混凝土轨枕弯矩时，轨枕视为支承在分段均匀支承或均匀支承基础上的刚性梁（对于重型轨

道则采用全部均匀支承的刚性梁)。分别选取道床对轨枕的最不利支承方式,检算轨下截面正弯矩和跨中截面负弯矩。检算轨下截面正弯矩 M_g,采用图 5-15 所示的道床支承方式。

假定轨枕中间部分完全掏空,可得如下 M_g 的验算公式

$$M_g = K_s \left(\frac{a_1^2}{2e} - \frac{b'}{8} \right) R_d \leq [M_g] \tag{5-92}$$

式中　a_1——荷载作用点至枕端距离,取 $a_1 = 50 \text{cm}$;

　　　e——一股钢轨下,轨枕的全支承长度,取 $e = 95 \text{cm}$;

　　　b'——轨下衬垫宽度,一般取轨底宽;

　　　K_s——轨枕设计系数,取为 1;

　　　$[M_g]$——轨下截面允许弯矩,与轨枕类型有关,Ⅰ型枕可取为 11.9kN·m,Ⅱ型枕可取为 13.3kN·m,Ⅲ型轨枕取 18kN·m。

检算中间截面负弯矩 M_c 时,采用图 5-16 所示的道床支承方式,即轨枕中部为部分支承,道床支承反力取全支承时的 $\frac{3}{4}$。

图 5-15　验算 M_g 支承方式　　　　图 5-16　验算 M_c 支承方式

M_c 的检算公式为:

$$M_c = -K_s \frac{3L^2 + 4e^2 - 8a_1 e - 12a_1 L}{4(3L + 2e)} R_d \leq [M_c] \tag{5-93}$$

式中　L——轨枕长度;

　　　$[M_c]$——中间截面允许负弯矩,与轨枕类型有关,Ⅰ型枕可取 8.8kN·m,Ⅱ型枕可取 10.5kN·m,Ⅲ型轨枕取 14kN·m。

对重型及特重型轨道,其轨枕中间截面负弯矩按轨枕基础全部支承图式计算,据式 (5-45) 可得检算中间截面最不利负弯矩计算公式为:

$$M_c = -\left(\frac{L - 4a_1}{4} \right) R_d \leq [M_c] \tag{5-94}$$

R_d 原则上可按准静态方法计算而得。考虑到轨枕对钢轨的支承以及道床对轨枕的支承并不是理想的均匀支承,更由于道床坍塌及空吊板的存在,用准静态

方法算得的钢轨动压力与实测值有较大的出入。为了保证轨枕的强度，我国铁道科学研究院建议在设计轨枕时 R_d 采用 $0.86 \sim 1.20P$（P 为静轮载）。此外，为了适应重载运输的要求，设计适应 25t 轴重货车运行条件的轨枕，R_d 应采用 125kN。

5.5.3 道床应力分析

(1) 道床顶面应力

道床顶面的应力，无论是沿轨枕纵向还是横向，分布都是不均匀的，压力分布如图 5-17 所示。

道床顶面上的平均压应力可近似取为：

$$\sigma_b = \frac{R_d}{b \cdot e'} \quad (5\text{-}95)$$

图 5-17 压力分布简图

式中 b——轨枕底面宽度，木枕 $b = 22\text{cm}$，混凝土枕取平均宽度 $b = 27.5\text{cm}$；

e'——一股钢轨下的轨枕有效支承长度，木枕 $e' = 110\text{cm}$，混凝土枕中间部分掏空时，取 $e' = 95\text{cm}$（适用于Ⅰ型枕），中间不掏空时，$e' = \frac{3l}{8} + \frac{e}{4}$。

当 $l = 250\text{cm}, e = 95\text{cm}$ 时，$e' = 117.5\text{cm}$（适用于Ⅱ或Ⅲ型枕）。

考虑到实际应力分布的不均匀性，道床顶面上的最大压应力为：

$$\max\sigma_b = m \cdot \sigma_b \quad (5\text{-}96)$$

式中，m 为应力分布不均匀系数，取 $m = 1.6$。

(2) 道床内部及路基顶面应力

常用的道床应力近似计算法，采用如下假设：

1) 道床上的压力以扩散角 φ 按直线扩散规律从道床顶面传递到路基顶面；
2) 不考虑相邻轨枕的影响；
3) 道床顶面的压力是均匀分布的。

道床内部压力的传递如图 5-18 所示。

轨枕横向及纵向的压力扩散线交点分别为 k_1、k_2，距枕底高度分别为 h_1、h_2。由图 5-18 中可求得：

$$h_1 = \frac{b}{2}\text{ctg}\varphi; \quad h_2 = \frac{e'}{2}\text{ctg}\varphi \quad (5\text{-}97)$$

式中 φ——压力扩散角，$\varphi = 35°$。

根据 h_1、h_2 将道床划分为三个区域，三个区域的应力分别计算。

A. 第一区域（$0 \leqslant h \leqslant h_1$）

由图 5-18 可见，在深度 h 处作一水平层面，层面上的压应力分布形成一梯

图 5-18 压力传递图

形台体,台体的高度为该处的道床应力 σ_h。台体的体积 $V = b \cdot e' \cdot \sigma_h$ 和道床顶面的压力值 R_d 相等,由此得出,

$$\sigma_h = \frac{R_d}{be'}$$

考虑到道床顶面应力的不均匀性,该区域道床最大应力为:

$$\sigma_h = m \frac{R_d}{be'} \tag{5-98}$$

B. 第二区域($h_1 < h \leqslant h_2$)

在该区域内,道床深度 h 超过 k_1 点,台体的体积 $V = \sigma_h \cdot \overline{A_1 D_1} \cdot \overline{a_1 d_1}$,而 $\overline{A_1 D_1} = 2h \mathrm{tg}\varphi$,$\overline{a_1 d_1} = e'$。因此,该区域道床应力为

$$\sigma_h = \frac{R_d}{2he' \mathrm{tg}\varphi} \tag{5-99}$$

C. 第三区域($h > h_2$)

在该区域内,道床深度 h 超过 k_2 点,台体的体积 $V = \sigma_h \cdot \overline{A_2 D_2} \cdot \overline{a_2 d_2}$,而 $\overline{A_2 D_2} = \overline{a_2 d_2} = 2h \mathrm{tg}\varphi$。因此该区域道床应力为:

$$\sigma_h = \frac{R_d}{4h^2 \mathrm{tg}^2 \varphi} \tag{5-100}$$

路基面应力 σ_r 可根据道床厚度 h 的不同,分别按式(5-96)~式(5-100)进行计算。

(3) 道床及路基面的强度检算

道床应力应满足下列强度条件:

$$\sigma_h \leqslant [\sigma_h] \tag{5-101}$$

路基面应力应满足下列强度条件:

$$\sigma_r \leqslant [\sigma_r] \tag{5-102}$$

式（5-101）和式（5-102）中，$[\sigma_h]$——道床允许承压应力，对碎石道床 $[\sigma_h]$ = 0.5MPa，筛选卵石道床 $[\sigma_h]$ = 0.4MPa，冶金矿碴道床 $[\sigma_h]$ = 0.3MPa；

$[\sigma_r]$——路基表面允许承压应力，新建线路路基 $[\sigma_r]$ = 0.13MPa，既有线路基 $[\sigma_r]$ = 0.15MPa。

5.5.4 轨道强度检算实例

（1）计算资料

1）线路及运营条件：新建铁路，曲线半径 R = 600m；牵引机车：DF₄ 内燃机车

2）轨道结构组成

钢轨：60kg/m，U71 新轨，25m 长标准轨；

轨枕：Ⅱ型混凝土轨枕 1760 根/km；

道床：碎石道碴，面碴 25cm，底碴 20cm；

路基：砂黏土；

钢轨支点弹性系数 D：检算钢轨强度时，取 30000N/mm；检算轨下基础时，取 70000N/mm；

σ_t = 51MPa；不计钢轨附加应力。

（2）轨道各部件强度检算

1）机车通过曲线轨道的允许速度的确定：

新建铁路，允许速度按 $v_{max} = 4.3\sqrt{R}$ 计算，由此得 v_{max} = 105（km/h）。

2）钢轨强度的检算：

DF₄ 内燃机车的两个转向架距离较大，彼此影响很小，可任选一个转向架作为计算架。由于三个车轮的轮重和轮距相同，两端的车轮对称，可任选 1、2 轮或 2、3 轮作为计算轮来计算弯矩的当量荷载 $\Sigma p\varphi_3$。

计算结果见表 5-15。

计算步骤如下：

A. 计算 u 值

计算钢轨强度的 D = 30000N/mm，按无缝线路的要求，轨枕均匀布置，轨枕间距 a = 1000000/1760 = 570mm，有此可得 $u = D/a$ = 30000/570 = 52.6MPa

B. 计算 k 值（按式（5-8））

$$k = \sqrt[4]{\frac{u}{4EJ}} = \sqrt[4]{\frac{52.6}{4 \times 2.1 \times 10^5 \times 3217 \times 10^4}} = 0.00118 \text{mm}^{-1}$$

式中 J——60kg/m 新轨对水平轴的惯性矩，其值为 3217×10^4（mm^4）。

C. 计算 $\Sigma P\varphi_3$

以 1、2 轮分别为计算轮计算 $\Sigma P\varphi_3$，并选取其中最大值来计算钢轨的弯矩。

$\Sigma P\varphi_3$ 计 算 值　　　　表 5-15

计算轮位	计算值	轮 位			$\Sigma P\varphi_3$
		1	2	3	
1	P（N）	115000	115000	115000	96813
	x（mm）	0	1800	3600	
	kx	0	2.214	4.248	
	φ_3	1	-0.1645	0.0063	
	$P\varphi_3$	115000	-18912	725	
2	P（N）	115000	115000	115000	77176
	x（mm）	1800	0	1800	
	kx	2.214	0	2.214	
	φ_3	-0.1645	0	-0.1645	
	$P\varphi_3$	-18912	115000	-18912	

由表 5-15 可知，计算轮 1 的 $\Sigma P\varphi_3 = 96813$ 为其中的最大值，该值用以计算钢轨静弯矩。

D. 计算钢轨静弯矩 M

$$M = \frac{1}{4k}\Sigma P\varphi_3 = \frac{1}{4 \times 0.00118} \times 96813 = 20511229 \text{N} \cdot \text{mm}$$

E. 计算钢轨动弯矩 M_d

由表 5-8 查取内燃机车计算轨底弯曲应力的速度系数公式为 $\dfrac{0.4v}{100}$，其计算值 α 为

$$\alpha = \frac{0.4}{100} \times 105 = 0.42$$

由计算偏载系数 β，式中的 $\Delta h = 75$mm

$$\beta = 0.002 \times 75 = 0.15$$

由表 5-11 选取 $R = 600$m 的横向水平系数 $f = 1.60$。

将上述系数代入式（5-87）计算 M_d，得

$$M_d = M(1 + \alpha + \beta)f$$

$$= 20511229 \times (1 + 0.42 + 0.15) \times 1.60$$

$$= 51524207 \text{N} \cdot \text{mm}$$

F. 计算钢轨的动弯应力 σ_{1d} 和 σ_{2d}

由表 5-13 可查得新轨的 $W_1 = 396000 \text{mm}^3$ 及 $W_2 = 339400 \text{mm}^3$。
再由式（5-88）得，

$$\sigma_{1d} = \frac{M_d}{W_1} = \frac{51524207}{396000} = 130 \text{MPa}$$

$$\sigma_{2d} = \frac{M_d}{W_2} = \frac{51524207}{339400} = 152.4 \text{MPa}$$

由表 5-12 查得 25m 长的 60kg/m 钢轨的温度应力 $\sigma_t = 51 \text{MPa}$。
钢轨的基本应力由式（5-90），得：

轨头　　$\sigma_{2d} + \sigma_t = 152 + 51 = 203 \text{MPa}$

轨底　　$\sigma_{1d} + \sigma_t = 130 + 51 = 181 \text{MPa}$

U71 新轨的屈服极限 $\sigma_S = 405$（MPa），安全系数 $K = 1.3$，其允许应力为：

$$[\sigma] = \frac{405}{1.3} = 312 \text{MPa}$$

上述轨头和轨底的基本应力均小于 $[\sigma]$，符合钢轨的强度检算条件。

3) 轨枕弯矩的检算

A. 计算 u 和 k 值

计算轨枕弯矩时，用 $D = 70000 \text{N/mm}$，由此可得 u 和 k 值：

$$u = \frac{70000}{570} = 123.0 \text{MPa}$$

$$k = \sqrt[4]{\frac{u}{4EJ}} = \sqrt[4]{\frac{123}{4 \times 2.1 \times 10^5 \times 3217 \times 10^4}} = 0.00146 \text{mm}^{-1}$$

B. 计算轨枕反力的当量荷载 $\Sigma P\varphi_1$

其结果见表 5-16。

取表中最大的 $\Sigma P\varphi_1 = 111810 \text{N}$。

C. 计算轨枕上动压力 R_d

速度系数按下式计算而得

$$\alpha = \frac{0.3v}{100} = \frac{0.3 \times 105}{100} = 0.32$$

偏载系数 $\beta = 0.002\Delta h = 0.002 \times 75 = 0.15$

$$R_\mathrm{d} = (1 + \alpha + \beta) R = (1 + 0.32 + 0.15) \frac{ka}{2} \Sigma P\varphi_1$$

$$= 1.47 \times \frac{0.00146 \times 570}{2} \times 111810 = 68390\mathrm{N}$$

R_d 约为静轮载的 61.3%,作为算例,以此计算值来确定轨枕弯距。

由式 (5-92) 计算轨下截面正弯矩。

$\Sigma P\varphi_1$ 计 算 值　　　　表 5-16

计算轮位	计算值	轮　位			$\Sigma P\varphi_1$
		1	2	3	
1	P (N)	115000	115000	115000	111810
	x (mm)	0	1800	3600	
	kx	0	2.628	5.256	
	φ_1	1	−0.0255	−0.00224	
	$p\varphi_1$	115000	−2932	−258	
2	P (N)	115000	115000	115000	109136
	x (mm)	1800	0	1800	
	kx	2.628	0	2.628	
	φ_1	−0.0255	0	−0.0255	
	$p\varphi_1$	−2932	115000	−2932	

$$M_\mathrm{g} = \left(\frac{a_1^2}{2e} - \frac{b'}{8} \right) R_\mathrm{d}$$

对于 II 型轨枕　$L = 2500\mathrm{mm}$,$a_1 = 500\mathrm{mm}$,$e = 950\mathrm{mm}$,$60\mathrm{kg/m}$ 轨底宽 $b' = 150\mathrm{mm}$,代如上式得

$$M_\mathrm{g} = \left(\frac{500^2}{2 \times 950} - \frac{150}{8} \right) \times 68390$$

$$= 7716307\mathrm{N}\cdot\mathrm{mm} \Rightarrow 7.716\mathrm{kN}\cdot\mathrm{m} < 13.3\mathrm{kN}\cdot\mathrm{m}\text{（通过检算）}$$

在计算轨枕中间截面弯矩时,可按式 (5-93) 和式 (5-94) 代表的两种不同中部支承方式的计算结果进行比较。

由式 (5-93) 得,

$$M_\mathrm{c} = -\left[\frac{4e^2 + 3L^2 - 12La_1 - 8ea_1}{4(3L + 2e)} \right] R_\mathrm{d}$$

$$= -\left[\frac{4 \times 950^2 + 3 \times 2500^2 - 12 \times 2500 \times 500 - 8 \times 950 \times 500}{4 \times (3 \times 2500 + 2 \times 950)} \right] \times 68390$$

$$= -6475223\mathrm{N}\cdot\mathrm{mm} \Rightarrow |-6.475|\mathrm{kN}\cdot\mathrm{m} < 10.5\mathrm{kN}\cdot\mathrm{m}\text{（通过检算）}$$

由式 (5-94) 得,

$$M_c = -\left(\frac{L-4a_1}{4}\right)R_d$$

$$= -\frac{2500 - 4 \times 500}{4} \times 68390$$

$$= -8548750 \text{N·mm} = -8.549 \text{kN·m}$$

显然,轨枕中部满支承所产生的负弯矩比中部部分支承的负弯矩大 32%。

D. 道床顶面应力的检算

由式 (5-95) 计算道床顶面应力。对于 II 型轨枕,其中部 600mm 不支承在道床上时,$e' = 950\text{mm}$;中部支撑在道床上时,$e' = 1175\text{mm}$,$b = 275\text{mm}$,所以按照上述两种支承情况可算得道床顶面压应力为:

$$\sigma_b = \frac{R_d}{be'}m = \frac{68390}{275 \times 950} \times 1.6 = 0.419 \text{MPa}$$

或

$$\sigma_b = \frac{R_d}{be'}m = \frac{68390}{275 \times 1175} \times 1.6 = 0.339 \text{MPa}$$

上述 $\sigma_b < [\sigma_b] = 0.50 \text{MPa}$,满足道床强度条件。

E. 路基面道床压应力的检算

有两个检算道床应力的方案,一是根据已知的道床厚度,检算路基面的道床压应力;或是根据路基填料的允许应力反算所需的道床厚度。

第一方案计算方法如下:

由式 (5-97) 计算 h_1 和 h_2:

$$h_1 = \frac{b}{2}\text{ctg}\varphi = \frac{275}{2}\text{ctg}\left(\frac{35 \times \pi}{180}\right) = 196.4 \text{mm}$$

$$h_2 = \frac{e'}{2}\text{ctg}\varphi = \frac{1175}{2}\text{ctg}\left(\frac{35 \times \pi}{180}\right) = 839.0 \text{mm}$$

由已知条件,道床的计算厚度 $h = 250 + 200/2 = 350\text{mm}$。所以计算厚度在 h_1 和 h_2 之间,应按式 (5-99) 计算 σ_r,即

$$\sigma_r = \frac{R_d}{2he'\text{tg}\varphi} = \frac{68390}{2 \times 3500 \times 1175 \times \text{tg}\left(\frac{35 \times \pi}{180}\right)} = 0.12 \text{ (MPa)} < [\sigma_b] = 0.15 \text{MPa}$$

第二方案计算如下:

$$h = \frac{R_d}{2e'\sigma_r\text{tg}\varphi} = \frac{68390}{2 \times 1175 \times 0.15\text{tg}\left(\frac{35 \times \pi}{180}\right)} = 277 \text{mm}$$

所需道床厚度小于设计的道床厚度，通过检算。

5.6 轮轨相互作用

5.6.1 研究意义及发展概况

(1) 研究轮轨相互作用的意义

轮轨相互作用系统形成了当代铁路运输的基本特征。轮轨相互作用是铁路科学技术的基础课题。

轮轨相互作用根据计算模型的不同有以下三类：

第一类：研究单轮对于轨道的相互作用。

第二类：研究单个机车或车辆与轨道的相互作用。这一类可称为车辆—轨道耦合动力学。

第三类：研究整个列车与轨道的相互作用。

随着工程意义的不同及其参数取值的可能性，研究人员往往采用不同的计算模型。

轮轨相互作用理论结合试验结果可为线路提速，机车车辆和轨道设计，列车运行安全，线路养护和修理等工程问题提供决策依据。工程经验表明，基于轮轨相互作用理论模型的计算，分析其定性变化规律，再用试验来验证其要点，是研究轮轨相互作用最有效的方法。

(2) 轮轨相互作用的计算模型发展概况

20世纪40年代，铁木辛柯采用单自由度集总参数轨道模型分析了正弦荷载作用下的轨道响应问题。如图 5-19 所示。

1972 年，英国莱昂（Lyon）在理论上建立了余弦形及抛物形不平顺的连续弹

图 5-19 轮轨集总
参数动力模型

图 5-20 Derby 中心的轮轨动力分析基本模型
K_u、C_u—车辆悬挂刚度与阻尼；K_t、C_t—轨道支承刚度与阻尼；EJ—钢轨抗弯刚度；m—钢轨单位长质量；V—车辆运行速度

性基础上的尤拉梁模型。该模型将车辆简化为具有一系悬挂的轮对，轮轨接触为赫兹非线性接触弹簧模型。轨道基础符合文克尔假定，阻尼为黏滞阻尼，如图 5-20 所示。

该模型用以分析钢轨接头冲击，计算出高频的 P_1 力和准静态的 P_2 力，如图 5-21 所示。车轮越过钢轨接缝后，1/4~1/2ms 时间出现高频力 P_1，7ms 后出现中频力 P_2。

1974 年，詹金斯（Jenkins）等根据理论分析结合试验研究得出下列近似计算公式：

图 5-21　P_1，P_2 力波形图

$$P_1 = P_0 + 2\alpha v \sqrt{\frac{K_H m_e}{1 + m_e/m_u}}$$

$$P_2 = P_0 + 2\alpha v \left(\frac{m_u}{m_u + m_t}\right)^{1/2} \left[1 - \frac{C_t \pi}{4 K_t (m_u + m_e)}\right] \sqrt{K_t m_u}$$

式中　2α——轮轨不平顺交角，$(2\alpha = \alpha_1 + \alpha_2)$（rad）；

m_e——有效轨道质量（kg/m），一般情况可取为 $0.4M$；

$M = m_r + m_s/l$；

m_r——钢轨单位长度质量（kg/m）；

m_s——半根轨枕质量（kg）；

l——轨枕间距（m）；

m_u——簧下质量（kg）；

m_t——当量轨道系统质量（kg）　　$m_t = \dfrac{3}{2k}M$；

K_t——当量轨道系统刚度（N/m）　　$K_t = \dfrac{2}{k}u$；

K_H——线性赫兹接触刚度（N/m）；

C_t——当量轨道系统阻尼（N·s/m），$C_t = \dfrac{2}{k}c$；

v——行车速度（m/s）；

u——轨道基础刚度（N/m²）；

c——轨道基础阻尼（N·s/m²）；

k——轨道的刚比系数（1/m）。

1979 年，英国铁路的牛顿（Newton）和克拉克（Clark）改进了莱昂的设计模型，采用了可以考虑梁的剪切变形和扭转变形的铁木辛柯梁，使 P_1 的计算值与

现场的实测值相互吻合。

英国铁路在以上研究基础上,又发现了采用尤拉梁轨道模型的不足,即在高速行车时,模型预测的轨道冲击作用力过高,为此,在尤拉梁的基础上又考虑了轨道的振动,如图 5-22 所示。

图 5-22　尤拉梁改进模型

图 5-23　"半车"轨道集总参数模型

日本佐藤裕和佐藤吉彦采用了 Sato "半车—轨道"集总参数模型。如图 5-23 所示。

国内学者结合列车安全性、高速重载铁路轨道设计等课题研究,建立了车辆—轨道系统耦合振动分析模型。

通过多年的试验研究和工程实践形成以下的认识:

1) 关于轨道模型

A. 等效集总参数轨道模型。该模型计算简便,适用于均匀的轨道。

B. 连续弹性基础梁模型与连续点支承梁模型的比较。

两种模型的地基特性均采用文克尔假定。弹性点支承可以较为方便地考虑轨道纵向弹性不均匀情况。在低速时两者计算结果相差不大,在高速时连续弹性基础梁会过高估计轨道动力作用。图 5-24 及图 5-25 展示了两种计算模型车轮动压力 $P_{(t)}$ 及其与静载 $P_{(0)}$ 比值的变化情况。

C. 单层点支承梁模型与多层点支承梁模型的比较。

单层点支承梁(将图 5-20 的钢轨基础离散为点支承)仅能反映钢轨作用加速度和作用力,以及轨枕反力;

5.6 轮轨相互作用

图 5-24 荷载比 $P_{(t)max}/P_0$ 随速度的变化
——两种理论值与实验值的比较

双层点支承梁（将图 5-22 的轨枕离散为单个的轨枕）可反映钢轨及轨枕的作用力及其加速度；

三层点支承梁可反映钢轨及轨枕的作用力及其加速度，还反映道床加速度。

2）关于车辆模型

采用车辆模型可反映各轮对的相互作用，根据计算分析邻轮对于计算轮位的影响为：在轨道弹性良好的情况下，邻轮对计算轮位处轨道位移影响较大（约 37%），各轮经由钢轨波传递而引起的动力相互作用在 200Hz 的强迫振动频率附近显得十分明显。

图 5-25 力 $P_{(t)}$ 的时间历程
——两种理论值与实验值的比较

5.6.2 轮轨的冲击振动

(1) 用落轴法分析轨道的冲击振动

1) 计算模型及其求解

落轴法是利用悬空的车轴下落使轨道产生激振,据以研究轨道的冲击振动,其概念明确,计算简便,可以获得较为真实的轨道主要振动参数,在我国和日本的轨道设计中获得应用。

落轴三自由度模型如图 5-27 所示。落轴的高度 h 可根据车轮通过钢轨接头所产生的冲击速度计算,即:

$$h = \frac{v_0^2}{2g} \tag{5-103}$$

式中　v_0——轮轨之间的冲击速度,对于低接头,如图 5-26 所示,$v_0 = (\alpha_1 + \alpha_2) v$。在一般情况下,$\alpha_1 = \alpha_2$,总折角以 2α 表示,有 $v_0 = 2\alpha v$。

v——车轮前进的水平速度,即行车速度。

一旦车轮落在轨道上,便与轨道形成一个振动系统。图 5-27 所示为三自由度有阻尼集总参数的振动系统。模型中轨道分成二个集总质量,钢轨集总质量表示为 m_1,将道床质量附着于轨枕质量上一并参与振动,表示为 m_2。

图 5-26　钢轨低接头模型　　图 5-27　落轴冲击振动计算模型

根据图 5-27 所示的模型,基于每个自由度的动力平衡微分方程,可以列出其振动微分方程组如式 (5-104):

$$\begin{cases} m_0 \ddot{y}_0 + k_0 (y_0 - y_1) = 0 \\ m_1 \ddot{y}_1 + c_1 (\dot{y}_0 - \dot{y}_2) + k_0 (y_1 - y_0) + k_1 (y_1 - y_2) = 0 \\ m_2 \ddot{y}_2 + c_1 (\dot{y}_2 - \dot{y}_1) + c_2 \dot{y}_2 + k_1 (y_2 - y_1) + k_2 y_2 = 0 \end{cases} \tag{5-104}$$

式中　m_0,m_1 和 m_2——分别为车轮、钢轨和轨下基础(包括轨枕和道床)的集总质量 (kg);

k_0，k_1 和 k_2——分别代表轮轨间接触弹簧刚度，钢轨与轨枕间弹性垫层的弹簧刚度和道床与路基的集总弹簧刚度（N/m）；

c_1 和 c_2——轨下垫层和基础的粘性阻尼系数（N·s/m）。

方程组（5-104）中的质量、弹簧刚度和阻尼系数称为集总参数，可依据下一节所述方法确定。以下是微分方程组的求解：

设
$$y_i(t) = A_i e^{pt}$$

则
$$\dot{y}_i = A_i p e^{pt} = p y_i(t);$$

$$\ddot{y}_i = A_i p^2 e^{pt} = p^2 y_i(t)$$

式中　p——振动系数的衰减及频率，一般为复数；

　　　A_i——积分常数（也称待定系数）。

于是，方程组（5-104）可转化为下列矩阵形式：

$$\begin{bmatrix} p^2 m_0 + k_0 & -k_0 & 0 \\ -k_0 & p^2 m_1 - c_0 - k_0 + k_1 & -c_1 p - k_1 \\ 0 & -c_1 p - k_1 & p^2 m_2 + c_1 + c_2 + k_0 + k_2 \end{bmatrix} \begin{bmatrix} A_0 \\ A_1 \\ A_2 \end{bmatrix} = \begin{bmatrix} 0 \\ 0 \\ 0 \end{bmatrix}$$

(5-105)

从式(5-105)可得待定系数之比，

$$\begin{cases} \dfrac{A_0}{A_1} = \dfrac{k_0}{p^2 m_0 + k_0}; \\[2mm] \dfrac{A_1}{A_2} = \dfrac{p^2 m_2 + p(c_1 + c_2) + k_1 + k_2}{p c_1 + k_1} = v; \\[2mm] \dfrac{A_0}{A_2} = \dfrac{A_0}{A_1} \cdot \dfrac{A_1}{A_2} = \dfrac{k_0}{p^2 m_0 + k_0} = u \end{cases} \quad (5\text{-}106)$$

由矩阵论可知，若式（5-106）成立，其系数矩阵的行列式为零，由此可得到特征值 p 的 6 次一元方程，并可求得 p 的三对共轭复根，记为 $p_i = R_i + j\omega_i$，（$i = 1, 2, \cdots, 6$），与之对应的各自由度振动位移函数为

$$y_k(t) = \sum_{i=1}^{6} A_{ki} e^{(R_i + j\omega_i)t}, (k = 0, 1, 2) \quad (5\text{-}107)$$

将 $p_i = R_i + j\omega_i$ 代入式（5-106），则可得 u_i，v_i，（$i = 1, 2, \cdots, 6$），18 个待定系数就转化为 6 个，可根据下列 6 个初始条件确定：

$$y_0|_{t=0} = 0, \ y_1|_{t=0} = 0, \ y_2|_{t=0} = 0;$$

$$\dot{y}_0|_{t=0}, \ v_0 = \sqrt{2gh}; \ \dot{y}_1|_{t=0} = 0; \ \dot{y}_2|_{t=0} = 0;$$

式中 h——落轴高度；

g——重力加速度。

由此可得出轮对、钢轨和轨枕的振动位移函数为

$$\begin{cases} y_0(t) = \sum_{i=1}^{6} u_i A_{0i} e^{(R_i + j\omega_i)t} \\ y_1(t) = \sum_{i=1}^{6} v_i A_{1i} e^{(R_i + j\omega_i)t} \\ y_2(t) = \sum_{i=1}^{6} A_{2i} e^{(R_i + j\omega_i)t} \end{cases} \tag{5-108}$$

对式（5-108）求出一阶及二阶导数，得出轮对、钢轨及轨枕的振动速度和加速度。根据不同的落轴高度可求得钢轨和轨枕的振动加速度、速度和位移。同理，落轴高度不变，而变化轨道结构，也可得到与之对应的钢轨和轨枕的振动加速度、速度及位移，并据以分析对比不同轨道结构的振动特性。基于轨道落轴冲击试验结果，可用以评估不同轨道类型的冲击振动参数，以及各设计参数对轨道冲击振动的影响。

2）集总参数计算

为求解图 5-27 的三自由度冲击振动模型，需要用到轨道结构的集总质量和集总刚度。所以轨道结构集总参数的计算也是轨道动力计算的重要组成部分，参数的精确与否直接影响到计算结果的精度。以下介绍参与振动的集总质量和刚度计算方法。

A. 均布质量计算

在计算轨道结构的集总质量之前，首先要计算轨道结构的均布质量。然后根据连续分布质量模型的振动能量与集总质量模型的振动能量相等原理，由均布质量换算成集总质量。以下是均布质量计算。

a. 钢轨均布质量。钢轨均布质量由每米钢轨的质量计算而得。例如，我国铁路目前干线所用的主型轨为 60kg/m 钢轨，其每米的实际质量为 60.64kg/m。此即为钢轨的均布质量。

b. 轨下基础均布质量。

轨下基础均布质量，包括轨枕和道床均布质量。轨枕的均布质量为 $\overline{m}_s$，道床均布质量为 $\overline{m}_b$，轨下基础的均布质量 $\overline{m}_2 = \overline{m}_s + \overline{m}_b$。$\overline{m}_s$ 大小决定于轨枕本身质量和轨枕间距的大小。如现有单根轨枕的质量为 W_s（kg），轨枕间距为 a（m），则单根钢轨下的轨枕的均布质量为 m_s（kg/m）

$$\overline{m}_s = \frac{W_s}{2a} \tag{5-109}$$

道床参与振动的均布质量为 $\overline{m}_b$ (kg/m)，可按下式计算

$$\overline{m}_b = \frac{d_b \omega A_t C_m}{2\alpha \tan\varphi} \tag{5-110}$$

式中　ω——道床的比重（kg/m³）；

　　　d_b——轨枕的平均底宽（m）；

　　　A_t——半根轨枕的有效支承面积（m²）；

　　　φ——道碴内摩擦角；

　　　C_m——经验系数，取 1 或略大于 1；

　　　a——轨枕间距（m）。

如考虑半枕下参与振动的道床体积呈台体形，则半枕下参与振动的道碴质量为 $\overline{m}_b$ (kg/m)

$$\overline{m}_b = \frac{d_b h_b}{a}\left(l_e l_b + h_b \tan\varphi\ (l_e + l_b) + \frac{4}{3} h_b^2 \tan^2\varphi \right) \tag{5-111}$$

式中　l_e 和 l_b——半枕与道床接触面积的长和宽；

　　　h_b——道床深度。

B. 均布弹簧刚度计算

仿照集总质量计算的思路，在计算集总刚度前首先计算均布刚度，然后根据荷载作用点位移相等原理计算集总刚度。以下是均布弹簧刚度计算。

a. 轨下垫层均布弹簧刚度计算。

轨下垫层的均布弹簧刚度取决于弹性垫层的材质、垫层厚度和轨枕间距的大小，可按下式计算：

$$\overline{k}_p = \frac{k'_p}{a} \tag{5-112}$$

式中　$\overline{k}_p$——轨下垫层均布弹簧刚度（N/m²）；可根据运营条件分别采用 100、90、60MN/m² 几种刚度值。

　　　k'_p——单块轨下垫层的刚度，(N/m)。

　　　a——轨枕间距。

b. 轨下基础均布弹簧刚度计算。

轨下基础的均布弹性刚度由道床和路基刚度两者串联组合而成，可由下式计算：

$$\overline{k}_2 = \frac{\overline{k}_b \overline{k}_s}{(\overline{k}_b + \overline{k}_s)} \tag{5-113}$$

上式道床的均布弹簧刚度 $\overline{k}_b$（N/m³）可由式（5-114）计算，路基的均布弹簧刚度 $\overline{k}_s$（N/m³）由式（5-115）计算。

$$\overline{k}_b = \frac{c\ (l-b)\ E_b}{a\ln\left[\dfrac{l\ (b+ch)}{b\ (l+ch)}\right]} \tag{5-114}$$

式中　a——轨枕间距（m）；
　　　E_b——道床弹性模量（N/m³）；
　l 和 b——轨枕长度和宽度（m）；
　　　h——道床高度（m）；
　　　$c = 2\text{tg}\varphi$，其中 φ 为道碴的内摩擦角。

$$\bar{k}_s = \frac{k_0 (l+ch)(b+ch)}{a} \tag{5-115}$$

式中　k_0——路基模量（N/m³），其余符号意义同上式。

C. 集总质量和集总刚度计算

a. 集总质量。

根据弹性地基梁上分布质量的动量 $\bar{T}$ 与集总质量的动量 T 相等的原则，进行集总质量换算，对于弹性地基梁分布质量的运动能量计算式为：

$$\bar{T} = \frac{\bar{m}}{2}\int_{-\infty}^{\infty}[v(x)]^2 dx = \frac{\bar{m}}{2}\int_{-\infty}^{\infty}[\dot{y}_0 e^{-kx}(\cos kx + \sin kx)]^2 dx$$

考虑到钢轨的下沉变形曲线对称于荷载作用点，于是有

$$\bar{T} = \frac{1}{2}\bar{m}(\dot{y}_0)^2 2\int_{-\infty}^{\infty}e^{-2kx}(1+\sin 2kx)dx = \frac{1}{2}\bar{m}(\dot{y}_0)^2 \frac{3}{2k}$$

集总质量的运动能量为：
$$T = \frac{1}{2}m(\dot{y}_0)^2$$

由 $\bar{T} = T$，可得，

$$m = \frac{3}{2k}\bar{m} \tag{5-116}$$

式中　$\bar{m}$——分布质量；
　　　m——集总质量；
　　　k——刚比系数：

$$k = \sqrt[4]{\frac{\bar{u}}{4EJ}}$$

　　　$\bar{u}$——钢轨基础弹性系数；
　　　EJ——钢轨刚度。

于是可得到钢轨、轨枕、道床的集总质量 m_r，m_s，m_b 分别为：

$$m_r = \frac{3}{2k}\bar{m}_r; \quad m_s = \frac{3}{2k}\bar{m}_s; \quad m_b = \frac{3}{2k}\bar{m}_b$$

b. 集总刚度。

在轨道集总刚度换算时，以分布质量条件下和集总质量条件下在荷载作用点的钢轨下沉位移量相等为原则进行计算。弹性地基梁分布质量条件下在荷载作用点的钢轨下沉量为：

$$y_0 = \frac{P_0}{8EJk^3} = \frac{k}{2\bar{u}}P_0$$

对集总质量模型，荷载作用点的位移为：$y_0 = \dfrac{P_0}{k_0}$

式中，P_0 为作用在钢轨上的荷载。两者相等，可得

$$k_0 = \dfrac{2}{k}\bar{u} \tag{5-117}$$

于是可得到轨下垫层、轨下基础的集总刚度 k_p，k_2 分别为：

$$k_p = \dfrac{2}{k}\bar{k}_p; \quad k_2 = \dfrac{2}{k}\bar{k}_2$$

计算无限长梁的刚比系数 k 时，钢轨基础的弹性系数 $\bar{u}$ 可按下式计算：

$$\bar{u} = \dfrac{\bar{k}_p\,\bar{k}_2}{\bar{k}_p + \bar{k}_2} \tag{5-118}$$

必须指出，为了得出符合工程实际的结果，以上的计算分析需要通过必要的试验验证方可付诸工程应用。

(2) 接头冲击振动研究的主要结果

1) 冲击荷载的时间历程

利用 Lyon 模型可测算车轮通过离散不平顺时车轮和轨道系统的冲击响应，并可获得车轮作用总荷载，以及钢轨垂向位移和钢轨弯矩等时间历程，如图 5-28 所示。

图 5-28 是机车以（45m/s）即 160km/h 的速度通过低接头的计算结果。由图 5-28（a）所示的总荷载时间历程可知，第一个峰值 P_1 约发生在 0.3～0.4ms 时刻（t 自车轮通过轨缝的瞬时起算），相距轨缝约 13～18mm。由钢轨位移的时间历程［图 5-28（b）］可知，当总荷载到达第一个峰值时，钢轨的动态位移才开始发生，即位移的相位滞后于荷载。高频荷载 P_1 力虽然数值很大，但因其作用时间很短，对轨道的影响主要集中在钢轨，尤其是轮轨接触面，未能向下传递到轨枕、道床和路基。P_1 力可引起轨缝区的轨面疲劳破坏和塑性流动、并可导致轨头"核伤"。

由图 5-28（a）可见，第一个波峰消失后，总荷载的变化逐渐缓和。第二个峰值 P_2 的时间历程约为 6.5ms，其作用点距离轨缝约 300mm。由图 5-28（a）、(b) 的对比可知，历经约 3ms 的时间之后，钢轨位移几乎与轮轨接触力同步变化。第一个波峰 P_1 消失后，车轮垂向加速度及其钢轨垂向加速度的时间历程迅速趋于一致。

在含有峰值 P_2 的第二个波形中，车轮作用于钢轨的总荷载变化较为缓慢，P_2 力所含的钢轨惯性力不大，因此 P_2 力不仅作用于钢轨，还向下传递到轨枕和道床。P_2 力很大时，不仅引起钢轨的伤损，还将引起接头区轨枕的破裂，道床的粉化和板结，以及路基的塑性变形等。

图 5-28（a）还表示了冲击荷载的一个重要特性：车轮作用于钢轨的总荷载与静荷载之比有可能小于 1，甚至可能等于零。总荷载等于零的瞬间，车轮与钢

图 5-28 低接头处几处响应的实例
（a）总载荷；（b）钢轨总位移对静位移之比；（c）钢轨总弯矩对静弯矩之比

轨将脱离接触，导致车轮的减载，增加了车轮脱轨的可能性。

2) 不同参数对 P_1 和 P_2 力的影响

通过 Lyon 模型的分析，可以发现轨道和车辆参数与 P_1、P_2 力有如下的关系：

A. 增量 $(P_1 - P_0)$ 和 $(P_2 - P_0)$ 近似正比于 $2\alpha v$（见图 5-29），这里 v 为行车速度，2α 为接头总折角，P_0 是车轮静荷载。由此可见，高速铁路的轨道必须具有很高的平顺性。

B. 车辆簧下质量对 P_1 的影响不大，但簧下质量对增量 $(P_2 - P_0)$ 有重大影响，近乎成线性关系 [见图 5-30（a）]。由此可见，减小簧下质量是控制 P_2 的有效途径。例如将快速和高速机车的轴悬式牵引电动机，改为悬挂于转向架构架或悬挂于车体的方式，可减轻簧下质量。

C. P_1 力与轨道刚度的相关性很小，P_2 则随着轨道刚度的减小而减小 [见图 5-30（b）]。

图 5-29 P_1 和 P_2 力随 $2\alpha V$ 的变化

图 5-30 P_1 和 P_2 力随簧下质量、道床刚度和轨道质量的变化

(a) 簧下质量（kg/车轮）；(b) 道床刚度（MN/m/轨枕端）；(c) 轨道质量（kg/m/钢轨）

D. P_1 随着轨道质量的增大而增大，开始增长较快，随后逐渐趋于饱和；P_2 则随着轨道质量的增大而减小 [见图 5-30 (c)]。随着钢轨质量增加，钢轨振动加速度明显减小，而 P_1、P_2 的变化不明显，如图 5-31，因而采用重型钢轨可明显改善轨道工作性能。

E. 车辆一系悬挂对 P_1 的影响甚微，对 P_2 则有一定影响。P_2 随悬挂刚度和阻尼的增大而有所增长。

3) P_1 和 P_2 的许用值

机车车辆总是不断循着大轴重高速度这一客观需要而发展，而轨道的承载能力却往往受到种种因素的制约。因此，可通过 P_1 和 P_2 许用值的合理选择，以指导新型机车车辆的发展，并充分发挥轨道的潜力。

BR（英国铁路）于 20 世纪 70 年代对其机车推荐了下列目标值：新机车在最高速度下所产生的 P_1、P_2，不大于 BR 的 55 级（Deltic）内燃机车 160.9km/

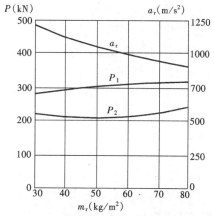

图 5-31 钢轨质量对轮轨动力作用的影响

h 速度所得的计算结果,见表 5-17。计算中采用的总折角为 0.2rad,钢轨基础刚度为 47MN/m。其货车对应的 P_1、P_2 许用值,是针对英国铁路(BR)20 世纪 70 年代初期,在用货车计算所得的结果,并取其最大值。表中还表示了 P_1、P_2 及其静载荷作用下,车轮和钢轨接触面的接触应力 σ_{p1}、σ_{p2} 和 σ_{p0} 的许用值。计算条件取全新车轮和钢轨的名义尺寸,并分别对应锥形和磨耗形两种车轮踏面外形。

英国铁路关于轮轨接触力和接触应力的许用值　　表 5-17

车　种	车轮踏面外　形	P_1	P_2	P_1+P_2	σ_{p1}	σ_{p2}	σ_{p0}
		(kN)			(MN/m^2)		
机　车	锥　形	480	340	820	2280	2030	
	磨耗形	510	340	850	1470	1280	
货　车	锥　形	400	250	600	2300	2300	1500
	磨耗形	425	250	625	1600	1600	1000

5.6.3　轮轨系统振动特性

根据法国、日本和我国铁路的试验研究,获得如下轮轨系统振动特性:
(1) 振动频率
1) 车辆振动频率
车辆簧上质量 0~10Hz;
车辆簧下质量 20~25Hz。
2) 轨道部分主频率
钢轨部分 1000~3000Hz;
轨枕或轨道板组成的中间质量部分 500~1200Hz;
道床部分 10~250Hz。

其主频不因列车速度变化而改变。数百赫以上的高频振动,自钢轨传递到道床约降至原有值的 1/10。几百赫以下的低频区域内,其振幅则几乎不发生变化。

轨道各部件振动加速度 (g)　表 5-18

列车速度 (km/h)	钢轨	轨枕	道床
300	400	18	4
140	170	17	4

注:有扁瘢的半轮,140km/h 行车速度钢轨可达 325g 的振动加速度。

(2) 振动加速度
轨道各部分对应其振动主频率的加速度见表 5-18。
(3) 道床振动加速度与轨下基础设计参数的关系
日本铁路从落轴试验中查明道床振动加速度 a_b 与轨枕胶垫弹性系数 k_1 及轨下基础支承质量 m 有关,而与轮重以及钢轨每延米质量关系不大。a_b 与 k_1、m

有如下的正比关系：

$$a_b \propto \sqrt{k_1} \cdot \frac{1}{\sqrt{m}}$$

(4) 轴箱加速度

日本铁路的研究表明，轴箱加速度与列车速度成正比增加，并大致与钢轨的弯曲刚度 EI_x 的平方成正比。

(5) 车辆簧下质量

部分车型车辆簧下质量见表 5-19。

部分车型车辆簧下质量　　　表 5-19

车　　型	簧下质量（kg）
普通客车 YZ$_{22}$	1350
提速客车 QHSC	1900
四方厂准高速车	1900
长春厂高速车	1400
日本高速车 JR300	1650
普通货车 C$_{62A}$	1200
25t 轴重货车	1145

5.7 车辆转向架稳态通过曲线计算

5.7.1 蠕滑和蠕滑力

转向架通过曲线时，其轮对不可能始终维持纯滚动状态，车轮真实的前进速度并不等于其滚动形成的线速度，车轮相对于钢轨会产生很微小的滑动，即蠕滑，又称为弹性滑动。在轮轨接触面上存在着切向力，这个切向力即蠕滑力与轮轨间蠕滑的大小有关，蠕滑力的方向总是与蠕滑的方向相反。蠕滑的大小以蠕滑率（也可简称蠕滑）表示，蠕滑率用车轮上接触斑和钢轨上接触斑（钢轨与车轮相接触的椭圆）的刚体运动速度加以定义。设钢轨上接触斑沿钢轨纵、横向的刚体运动速度分别为 V'_1 和 V'_2，绕垂直轴的旋转速度为 Ω'_3，车轮踏面上接触斑的刚体运动速度分别为 V_1、V_2 和 Ω_3（如图 5-32 所示），则纵、横向蠕滑率 γ_1、γ_2 和旋转蠕滑率 ω_3 可表示为：

$$\begin{cases} \gamma_1 = \dfrac{2(V'_1 - V_1)}{V'_1 + V_1} \\ \gamma_2 = \dfrac{2(V'_2 - V_2)}{V'_1 + V_1} \\ \omega_3 = \dfrac{2(\Omega_3 - \Omega'_3)}{V'_1 + V_1} \end{cases} \quad (5\text{-}119)$$

当曲线几何参数一定时，可依据轮对在曲线上的几何位置和运动速度计算出轮轨间的蠕滑率。

当蠕滑较小时，蠕滑力和蠕滑之间存在线性关系；蠕滑较大时，蠕滑力与蠕滑率呈现非线性关系。在线性范围内即小蠕滑的情况下，依据 Kalker 的研究结果，纵、横向蠕滑力 T_1、T_2 和旋转蠕滑力矩

图 5-32　轮轨蠕滑定义图示

M_3 可表示为：

$$\begin{cases} T_1 = -f_{11}\gamma_1 \\ T_2 = -f_{22}\gamma_2 - f_{23}\omega_3 \\ M_3 = f_{23}\gamma_2 - f_{33}\omega_3 \end{cases} \quad (5\text{-}120)$$

式 (5-120) 中，f_{ij} 称为蠕滑力系数，由式 (5-121) 确定。

$$\begin{cases} f_{11} = E(ab)C_{11} \\ f_{22} = E(ab)C_{22} \\ f_{23} = E(ab)^{3/2}C_{23} \\ f_{33} = E(ab)^2 C_{33} \end{cases} \quad (5\text{-}121)$$

式 (5-121) 中，a 和 b 分别为轮轨接触椭圆的长半轴和短半轴；E 为轮轨材料的弹性模量；C_{ij} 为无量纲系数，又称 Kalker 系数，可根据 a、b 进行计算并制成表格以备查用。

旋转蠕滑力的影响较小，在锥形踏面的车轮条件下，一般只有纵、横向蠕滑的百分之几，因此通常可以忽略不计。

当轮轨间蠕滑较大时，Kalker 的线性蠕滑理论不再适用，蠕滑力与蠕滑率之间呈非线性关系。Johnson 的研究表明，这一关系为三次曲线。因此，当蠕滑较大时，首先采用 Kalker 线性理论进行计算，而后采用 Johnson 三次曲线进行修正。设轮轨间合成蠕滑力 T_R 为：

$$T_R = \sqrt{T_1^2 + T_2^2} \quad (5\text{-}122)$$

则蠕滑力的修正系数为：

$$\xi = \begin{cases} 1 - \dfrac{1}{3}\left(\dfrac{T_R}{\mu P}\right) + \dfrac{1}{27}\left(\dfrac{T_R}{\mu P}\right)^2 & (\text{当 } T_R < 3\mu P) \\ \dfrac{T_R}{\mu P} & (\text{当 } T_R \geqslant 3\mu P) \end{cases} \quad (5\text{-}123)$$

式中，μ 为轮轨间的摩擦系数，P 为轮轨间的垂向压力，μP 即为轮轨间的最大库仑摩擦力（或最大黏着力）。

在车轮产生大蠕滑以至打滑的情况下，蠕滑力趋向饱和，最大的蠕滑力即为库仑摩擦力。蠕滑力与蠕滑的关系如图 5-33 所示。图中的原点 O 为车轮纯滚动状态，轮轨间切向力为零；从 O 点到 A 点之间，轮轨间处于蠕滑状态，轮轨蠕滑力与蠕滑率服从 Johnson 三次曲线关系，当蠕滑较小时，蠕滑力与蠕滑可简化为线性关系；A 点以后，蠕滑力达到饱和，等于库仑摩擦

图 5-33 蠕滑力与蠕滑关系曲线

力，轮轨间出现真滑动。

假设一个具有踏面斜率 λ 的自由轮对在曲线上作纯滚动，轮对中心运动的轨迹称为纯滚动线，纯滚动线与轨道中心线为同心圆。纯滚动线总是位于轨道中心线外侧（图5-34），相距为 y_0。

$$y_0 = -\frac{ar_0}{\lambda R} \qquad (5\text{-}124)$$

式中　负号表示 y_0 位于曲线中心线外侧。

　　　r_0——车轮名义滚动半径；
　　　a——轮对的左右两轮与钢轨接触点之间的距离；
　　　λ——车轮踏面的锥度；
　　　R——线路曲线的半径。

对于一定的轮对踏面斜率 λ 和一定半径的曲线，纯滚动线的位置是确定的。

图 5-34　自由轮对滚动位置图

如轮对中心不在纯滚动线上，轮轨之间必然出现蠕滑，从而产生蠕滑力。蠕滑力的大小及方向皆由相对位移 $y^* = y - y_0$ 决定。y 是轮对中心相对线路中心线向外移动的距离，规定向外为负，向内为正。也就是说当轮对中心移向纯滚动线之外时，y^* 为负，此时外轮滚动半径大于纯滚动所需的半径，滚动一周所走距离相对于纯滚动时的位置是超前的。相反，内轮的滚动半径则小于纯滚动时的半径，滚动一周所走的距离相对于纯滚动时的位置是滞后的。由于车轮踏面的锥形效应，此时外轮必将向后滑动，内轮必将向前滑动，因此，外轮所受的纵向蠕滑力与蠕滑方向相反，是向前的，内轮的纵向蠕滑力是向后的。同理，当轮对中心相对线路中心线向外移动的距离较小，y^* 为正时，就会出现与上述相反的情况。无论如何，外轮与内轮上的纵向蠕滑力方向总是相反的，在小蠕滑情况下大小近似相等，形成一个蠕滑力偶。对于大半径曲线，y_0 量值很小，有可能形成一个顺时针方向的力矩，减小轮缘导向力的作用，有利于转向架转向，甚至完全实现轮踏面蠕滑导向。对于较小的半径曲线，除依靠轮踏面蠕滑导向之外，还必须依靠导向轮轮缘力进行导向。

设轮对中心相对线路曲线上中心存在横向偏移 y 和摇头角 ψ，则可计算出车轮上和钢轨上轮轨接触斑的刚体速度。

接触斑的纵向刚体运动速度：

车轮上：左侧（曲线外侧）车轮 $\left(\dfrac{r_0 - \lambda y}{r_0}\right) V$，右侧（曲线内侧）车轮 $\left(\dfrac{r_0 + \lambda y}{r_0}\right) V$；

钢轨上：左侧钢轨 $\left(1 + \dfrac{a}{R}\right) V$，右侧钢轨 $\left(1 - \dfrac{a}{R}\right) V$。

接触斑的横向刚体运动速度：

车轮上：左侧车轮 $a\psi V$，右侧车轮 $a\psi V$；

钢轨上：左侧钢轨 0，右侧钢轨 0。根据蠕滑率的定义，纵横向蠕滑率可表达为：

纵向蠕滑率

$$\begin{cases} \gamma_{1r} = -\left(\dfrac{\lambda y}{r_0} + \dfrac{a}{R}\right) \\ \gamma_{1l} = \dfrac{\lambda y}{r_0} + \dfrac{a}{R} \end{cases} \tag{5-125}$$

下角标 r、l 分别表示右轮和左轮。

纵向蠕滑力

$$\begin{cases} T_{1r} = -f_{11}\gamma_{1r} = -f_{11}\left[-\dfrac{\lambda}{r_0}\left(y + \dfrac{r_0 a}{\lambda R}\right)\right] = f_{11}\dfrac{\lambda y^*}{r_0} \\ T_{1l} = -f_{11}\gamma_{1l} = -f_{11}\left[\dfrac{\lambda}{r_0}\left(y + \dfrac{r_0 a}{\lambda R}\right)\right] = -f_{11}\dfrac{\lambda y^*}{r_0} \end{cases} \tag{5-126}$$

横向蠕滑率 $\quad\quad\quad \gamma_{2r} = \gamma_{2l} = \dfrac{\Delta V}{V} = \dfrac{-V\psi}{V} = -\psi$

横向蠕滑力 $\quad\quad\quad F_{2r} = F_{2l} = -f_{22}r_2 = f_{22}\psi$ $\quad\quad$ (5-127)

ψ 角规定顺时针转为正，逆时针转为负。

5.7.2 转向架稳态通过曲线的力学模型

车辆转向架稳态通过模型，能计算轮轨之间的冲角和轮缘导向力，反映其平均值的变化。目前我国使用两轴转向架居多，因此可采用四自由度转向架稳态曲线通过的力学模型。

四自由度的转向架稳态曲线通过模型，可分别考虑轮缘与轨头侧面接触和不接触两种情况，可考虑车辆转向架的定位刚度，但不计车体对转向架的约束及二系悬挂刚度。其计算表达式较为简洁，同时又能反映转向架与曲线轨道横向相互作用的主要特征。

车辆转向架如图 5-35（a）所示，图中 K_{px}、K_{py} 分别表示一系弹簧的纵向刚度和横向刚度。它反映了我国主型客货车转向架的基本特征。K_b、K_s 是 Wickens 定义的整个转向架的广义剪切刚度和弯曲刚度：

剪切刚度　$K_s = \dfrac{\text{由后轮对的横移而作用在前轮对上的横向力}}{\text{后轮对的横移}}$

弯曲刚度　$K_b = \dfrac{\text{由后轮对的偏移而作用在前轮对上的偏转力}}{\text{后轮对的偏转位移}}$

对于传统式样的转向架，K_b、K_s 可用下列公式计算：

$$\begin{cases} K_b = d^2 K_{px} \\ K_s = \dfrac{d^2 K_{px} K_{py}}{d^2 K_{px} + b^2 K_{py}} \end{cases} \tag{5-128}$$

式中　d——纵向定位弹簧距离之半。Wickens 指出，对于传统式样的转向架，应使之 $K_s < \dfrac{K_b}{b^2}$，目前我国铁路主要类型客、货车均能满足这一条件。

试看图 5-35（b）。首先，分析转向架通过时发生轮缘接触的极限条件。一个刚性转向架，轮对纯滚动线偏离轨道中心线的横向位移为：

$$y_0 = \dfrac{ar_0}{\lambda R} \tag{5-129}$$

式中　λ，r_0，a，R——车轮踏面难度、车轮滚动圆半径、车轮轮距之半和曲线半径。

图 5-35　车辆转向架及曲线模型

（a）车辆转向架 k_s，k_b；（b）自由稳态曲线通过模型

只要轮对的中心线在横向与纯滚动线相重合，并对准曲线径向位置，车轮踏

面与钢轨之间就不会发生纵向和横向蠕滑。它所描述的是一个自由轮对在曲线上的一种"均衡状态",这时,轮对上既无横向力,也无偏转力矩作用(不计侧旋的影响)。

只要纯滚动线的横向偏移小于轮轨的有效游间,一个自由轮对便可沿纯滚动线通过曲线。然而,如果纯滚动线的横向偏移量超过了轮轨有效游间,则轮对将被迫处于纯滚动线以内的位置,从而导致轮缘与钢轨接触的约束。换言之,若 y_0 等于轮轨之间的游间,便导致轮缘与轨头侧面的接触。一个绝对刚性的两轴转向架,两个轮对自然不可能同时处于纯滚动的径向位置,而只能以"均衡状态"通过曲线。于是,两个轮对必定在横向相对于纯滚动线偏移一个相同的距离,该偏移量为:

$$y_1 = y_2 = \frac{ar_0}{\lambda R}\left(\frac{b^2}{a^2}\right)$$

一个刚性转向架的总偏移量为 y_t,等于 $y_0 + y_1$,即

$$y_t = y_0 + y_1 = \frac{ar_0}{\lambda R}\left(1 + \frac{b^2}{a^2}\right) \tag{5-130}$$

当刚性转向架的总偏移量 y_t 小于轮轨之间的有效游间 y_{fc} 时,不发生轮缘与钢轨接触。$y_t = y_{fc}$ 是极限状态。

通过式(5-130)可确定出转向架通过曲线时,轮缘不接触轨头侧面的最小半径为 R_L。当曲线半径 $R < R_L$ 时,车辆通过将发生轮缘与轨头侧面接触。根据式(5-130)计算,我国主型货车 C62 的转向架为刚性时,$R_L = 930$m。

由式(5-130)还可看出,刚性转向架不发生轮缘接触的最小曲线半径与蠕滑系数无关。以下通过四自由度的线性模型分析一个柔性转向架稳态通过曲线,其中包括轮缘与轨头侧面接触和不接触的两种情况。

如图 5-34 所示,四自由度稳态曲线通过模型的线性方程用矩阵表示为:

$$\begin{pmatrix} -K_s & bK_s + 2f & K_s & bK_s \\ bK_s - 2f\dfrac{a\lambda}{r_0} & -b^2K_s - K_b & -bK_s & -b^2K_s + K_b \\ K_s & -bK_s & -K_s & -bK_s + 2f \\ bK_s & -b^2K_s + K_b & -bK_s - 2f\dfrac{a\lambda}{r_0} & -b^2K_s - K_b \end{pmatrix} \begin{Bmatrix} y_1 \\ \psi_1 \\ y_2 \\ \psi_2 \end{Bmatrix} = \begin{Bmatrix} F_f - \dfrac{F_c}{2} \\ -2K_b\dfrac{b}{R} \\ -\dfrac{F_c}{2} \\ 2K_b\dfrac{b}{R} \end{Bmatrix}$$

$$\tag{5-131}$$

式中 f——横向和纵向蠕滑力系数;

F_c——未被平衡的离心力或向心力；

F_f——轮缘导向力。

当导向力 $F_f = 0$ 时（轮缘与轨头侧面不接触），从式（5-131）可解得与之对应的轮对横向位移 y_1，y_2 和摇头角 ψ_1：

$$y_1 = \frac{\dfrac{b}{R}\left[\dfrac{br_0}{\lambda a} + \dfrac{f}{K_s}\right] + \dfrac{bF_c}{4f}\left[\dfrac{bf}{K_b} - 1\right]}{1 + \dfrac{f^2 \lambda a}{K_s K_b r_0}}$$

$$\psi_1 = \frac{y_1 + \dfrac{bF_c}{4f}\left[1 - \dfrac{r_0}{\lambda s} - \dfrac{f}{bK_s}\right]}{\dfrac{br_0}{\lambda s} + \dfrac{f}{K_s}} = -\psi_2 - \frac{F_c}{2f}$$

$$y_2 = \frac{\left[1 - \dfrac{f}{K_s}\cdot\dfrac{\lambda a}{br_0}\right]y_1 + \dfrac{bF_c}{2f}}{1 + \dfrac{\lambda af}{K_s K_b r_0}}$$

轮缘不与轨头侧面接触的最大曲率由下式计算：

$$\left.\frac{1}{R}\right|_{y_1 + y_0 = y_{fc}} = \frac{y_{fc}\left[1 + \dfrac{f^2 a\lambda}{K_s K_b r_0}\right] - \dfrac{bF_c}{4f}\left[\dfrac{bf}{K_b} - 1\right]}{\dfrac{r_0}{a\lambda}(a^2 + b^2) + \dfrac{bf}{K_s} + \dfrac{a^2 f^2}{K_s K_b}} \qquad (5\text{-}132)$$

式中 y_{fc}——为轮轨之间的游间之半。

刚性转向架（$K_s \to \infty$，$K_b \to \infty$）有下列计算式：

$$y_1 + y_0 = \frac{ar_0}{\lambda R}\left(1 + \frac{b^2}{a^2}\right) - \frac{bF_c}{4f} \qquad (5\text{-}133)$$

$$y_2 + y_0 = \frac{ar_0}{\lambda R}\left(1 + \frac{b^2}{a^2}\right) + \frac{bF_c}{4f} \qquad (5\text{-}134)$$

从式（5-133）和式（5-134）两式可知，未被平衡的离心力使刚性转向架向曲线内侧偏转。还可看出，F_c 的存在，使非轮缘接触的曲线半径下降。表 5-20 表示了 C62 货车通过曲线时轮缘与轨头侧面不接触的最小曲线半径。

轨缘不与轨头侧面接触的最小曲线半径 R_L 表 5-20

序 号	欠超高（mm）	F_c（kN）	R_L（m）
1	0	0	930
2	20	5.2	918
3	40	10.4	903
4	60	15.6	888

从式 (5-132) 可知，当 $\dfrac{bf}{K_b} < 1$ 时，F_c 的存在反而加大了非轮缘接触的曲线半径。纵向定位刚度较小的客车转向架将可能发生这种情况。

当导向力 $F_f \neq 0$ 时（轮缘与钢轨接触），从式 (5-131) 可得出相应的计算公式。虽然在轮对发生大的横向偏移条件下，轮缘与轨头侧面接触的几何关系以及蠕滑力已表现出很强的非线性，但用线性模型仍然可以作为定性分析的手段。当导向轮对的横向偏移量超过轮轨之间的有效游间时，轮对的横向重力刚度剧增，作为一种近似描述，规定导向轮对的横向偏移量为 $y_1 + y_2 = y_{fc}$。考虑到大蠕滑条件下将导致蠕滑饱和，计算中应适当降低蠕滑系数 f 值，以使总的蠕滑力不超过轮轨之间的粘着力。为简化计算，可不加区别的对各个方向采用同一等效斜度和蠕滑系数，这样便可得到方程式 (5-135)、式 (5-136)：

$$\frac{F_f}{4f} = \frac{\dfrac{1}{R}\left[\dfrac{r_0}{\lambda}\left(\dfrac{b}{a}+\dfrac{a}{b}\right)+\dfrac{f}{K_s}\left(1+\dfrac{a^2 f}{bK_b}\right)\right]+\dfrac{F_c}{4f}\left[\dfrac{bf}{K_b}-1\right]-\dfrac{y_{fc}}{b}\left[1+\dfrac{f^2 \lambda a}{K_s K_b r_0}\right]}{\dfrac{bf}{K_b}+\dfrac{f}{bK_b}+\left(\dfrac{r_0}{\lambda a}-1\right)} \tag{5-135}$$

$$\psi_1 = \frac{y_{fc}-\dfrac{ar_0}{\lambda R}}{\dfrac{br_0}{\lambda a}+\dfrac{f}{K_s}}+\frac{F_c}{4f}\left[2-\dfrac{1}{\dfrac{r_0}{\lambda a}+\dfrac{f}{bK_s}}\right]-\frac{F_c}{4f}\left[1-\dfrac{1}{\dfrac{r_0}{\lambda a}+\dfrac{f}{bK_s}}\right] \tag{5-136}$$

$$\psi_2 = -\psi_1+\frac{F_f}{2f}-\frac{F_c}{2f} \tag{5-137}$$

$$y_1 = y_{fc}-\frac{r_0 a}{\lambda R} \tag{5-138}$$

$$y_2 = \frac{\left[1-\dfrac{f}{K_s}\dfrac{\lambda a}{br_0}\right]y_1-\dfrac{b}{2f}(F_f-F_c)}{\left[1+\dfrac{f}{K_s}\dfrac{\lambda a}{br_0}\right]} \tag{5-139}$$

从式 (5-139) 可知，随着导向力 F_f 的增大，转向架的第二轮对将朝着偏离外轨的方向偏转，而仅有导向轮的轮缘与轨头侧面接触。研究资料表明，当 $K_s \leqslant K_s^*$ 时，将出现两个轮对的外轮缘同时与轨头侧面接触，其中：

$$K_s^* = \frac{f}{b}\left[\frac{\dfrac{ar_0}{\lambda R}-y_{fc}}{\dfrac{ar_0}{\lambda R}\left(1+\dfrac{b^2}{a^2}\right)-y_{fc}-\dfrac{F_c}{4f}\dfrac{ar_0}{\lambda R}}\right] \tag{5-140}$$

在满足方程式 (5-140) 的条件下，方程式 (5-136) 已不再有效。通过计算可知,只有在大半径曲线上车辆以高速通过时,才会产生这种情形。车辆稳态通过曲线计算参数见表5-21。

货车和客车稳态通过曲线计算参数　　　　　表5-21

参　数　名　称	C62货车	客　车
车轮踏面斜率 λ	0.08	
轮轨之间总游间之半 y_{fc}（mm）	10.0	
轮轨之间摩擦系数 μ	0.4	
横向和纵向蠕滑力系数 f（MN）	6.5	
转向架一系悬挂弹簧纵向刚度 K_{px}（MN/m）	300	5
转向架一系悬挂弹簧横向刚度 K_{py}（MN/m）	300	5
转向架一系悬挂弹簧距离之半 d（m）	0.965	
转向架固定轴距之半 b（m）	0.875	1.2
车轮名义滚动圆半径 r_0（m）	0.42	0.4575
轮对两接触点之间距离之半 a（m）	0.7465	
车辆总重 W_u（MN）	0.78	0.55

5.8　车辆运行平稳性和安全性及其评估标准

车辆运行平稳性和安全性评估,在高速铁路建设和既有线路提速工程中占重要地位。列车提速之前,必须进行相关的试验测定和理论分析,根据既定的评估方法分别对于机车车辆、轨道结构的运行平稳性和安全性作出评估,确认其达到设计标准后,方可开始提速列车的正式运营。高速铁路的建设运营,也需要经历同样的步骤。下面介绍常用的评估方法和标准。

5.8.1　车辆运行平稳性及其评估标准

(1) Sperling 平稳性指标

欧洲铁路联盟（UIC）以及前社会主义国家铁路合作组织（ОСЖД）均采用Sperling平稳性指标来评定车辆运行的平稳性。Sperling等人在大量单一频率振动的实验基础上提出影响车辆平稳性的两个重要因素。其中一个重要因素是位移对时间的三次导数,亦即 $\dddot{z} = \dot{a}$（加速度变化率）。若上式两边均乘以车体质量 M_c,并将 $M_c a$ 之积改写为 F,则 $M_c \dddot{z} = \dot{F}$ 或 $\dddot{z} = \dfrac{\dot{F}}{M_c}$。由此可见,$\dddot{z}$ 在一定意义上代表力的变化率。F 的增减变化引起乘客冲动的感觉。

如果车体作简谐振动,$z = z_0 \sin\omega t$,则 $\dddot{z} = -z_0\omega^3\cos\omega t$,其幅值为:

$$|\ddot{z}|_{\max} = z_0 (2\pi f)^3$$

影响平稳性指数的另一个因素是振动时的动能大小,车体振动时的最大动能为:

$$\frac{1}{2}M_c \dot{z}^2 = \frac{1}{2}M_c (z_0\omega)^2 = \frac{1}{2}M_c (z_0 2\pi f)^2 = E_d$$

故

$$(z_0 2\pi f)^2 = \frac{2E_d}{M_c}$$

Sperling 在确定平稳性指标时,把反映冲动的 $z_0(2\pi f)^3$ 和反映振动动能 $(z_0 2\pi f)^2$ 之乘积 $(2\pi)^5 z_0^3 f^5$ 作为衡量标准来评定车辆运行品质。车辆运行平稳性指数的经验公式为:

$$W = 2.7 \sqrt[10]{z_0^3 f^5 \ F(f)} = 0.896 \sqrt[10]{\frac{a^3}{f} F(f)} \tag{5-141}$$

式中　　z_0——振幅(cm);

　　　　f——振动频率(Hz);

　　　　a——加速度(cm/s²),其值为:

$$a = z_0 (2\pi f)^2$$

　　　　$F(f)$——与振动频率有关的加权系数。对于垂向振动和横向振动取不同的值。

对于垂向振动的加权系数 $F(f)$:

当 $f = 0.5 \sim 5.9$ Hz 时,　　　　$F(f) = 0.325 f^2$

当 $f = 5.9 \sim 20$ Hz 时,　　　　$F(f) = \dfrac{400}{f^2}$

当 $f > 20$ Hz 时,　　　　$F(f) = 1$

对于横向振动的加权系数 $F(f)$:

当 $f = 0.5 \sim 5.4$ Hz 时,　　　　$F(f) = 0.8 f^2$

当 $f = 5.4 \sim 26$ Hz 时,　　　　$F(f) = \dfrac{650}{f^2}$

当 $f > 26$ Hz 时,　　　　$F(f) = 1$

以上的平稳性指标只适用一种频率一个振幅的单一振动。考虑到车辆在线路上运行产生振动的随机性(振动频率和振幅都是随时间变化的),车辆平稳性指标的计算,应将实测的车辆振动加速度记录,通过频率分解,进行频谱分析,求出每段频率范围的振幅值,并计算每一频段的平稳性指标 W_i,然后再求出全部频段总的平稳性指标:

$$W_{\text{tot}} = (W_1^{10} + W_2^{10} + \cdots + W_n^{10})^{0.1}$$

(2) 车辆运行平稳性评估标准

5.8 车辆运行平稳性和安全性及其评估标准

由于客车和货车运送的对象不同,因此对其平稳性指标的要求是不同的。即使用同一种评估方法,世界各国的标准也不相同。

我国对车辆的运行品质,主要用 Speling 的平稳性指标来评价车辆的平稳性等级。国家标准《铁道车辆动力学性能评定和试验鉴定规范》(GB 5599—85)规定的客车货车平稳性等级见表 5-22。

客货车平稳性等级　　表 5-22

平稳性等级	评语	平稳性指标 W	
		客车	货车
一级	优	<2.5	<3.5
二级	良好	2.5~2.75	3.5~4.0
三级	合格	2.75~3.0	4.0~4.25

注:凡新造的客货车,其平稳性等级不应低于二级标准。

我国还规定,可以利用平均最大加速度来确定客货车平稳性等级,并利用最大加速度来确定货车的限制速度。

当车辆进行动力学试验时,每次记录的分析时段为 6s,在每个分析段中选取一个最大加速度 $a_{i\max}$,若每个速度等级有 m 个分析段,则平均最大加速度为:

$$\bar{a}_{\max} = \frac{\sum_{i=1}^{m} a_{i\max}}{m} \quad (i = 1, 2, \cdots, m) \tag{5-142}$$

当用平均最大加速度评定 $V \leqslant 140\text{km/h}$ 的客车平稳性等级时,采用下列公式:

$$\bar{a}_{\max} \leqslant 0.00027 V + C_\text{p}$$

式中　$\bar{a}_{\max}$——客车车体平均最大振动加速度(cm/s²);
　　　V——车辆运行速度(km/h);
　　　C_p——评定客车平稳性等级的常数。

当用平均最大加速度评定速度 $V \leqslant 100\text{km/h}$ 的货车平稳性等级时,采用下列公式:

垂向振动　　　$\bar{a}_{\max} \leqslant 0.00215 V + C_\text{f}$
横向振动　　　$\bar{a}_{\max} \leqslant 0.00315 V + C_\text{f}$

式中　C_f——评定货车平稳性等级的常数;
　　　$\bar{a}_{\max}$ 和 V 的意义同上;
　　　C_p 和 C_f 列于表 5-23。

评定平稳性等级常数 C_p、C_f　　表 5-23

运行平稳性等级	C_p		C_f	
	垂向振动	横向振动	垂向振动	横向振动
优	0.025	0.010	0.06	0.08
良好	0.030	0.018	0.11	0.13
合格	0.035	0.025	0.16	0.18

货车以最大加速度为振动强度极限值，垂向振动的最大加速度为 $0.7g$；横向振动的最大加速度为 $0.5g$。在 100km 试验区段内，按规定标准测定货车通过直道、弯道、车站侧线时的最大振动加速度，在货车的限制速度范围内超限加速度不应大于 3 个。若超限加速度大于 3 个，则应重新规定被试验货车的限制速度。

5.8.2 车辆运行安全性及其评估标准

影响车辆运行安全的有车体在弹簧上的倾覆、车辆倾覆和车轮脱轨等。目前我国高速及提速铁路的轨道运行安全主要以车轮脱轨安全性来控制。为了保证车辆在线路上安全运行，不发生任何脱轨等事故，在轨道设计、施工及维护工作中，应采取各种措施保证轮轨之间正常接触，以使车辆与轨道的受力保持在安全范围之内。

车辆以正常工作条件沿轨道直线部分运行时，车轮的踏面部分与钢轨顶面相接触。当车辆进入曲线时，由于横向力的作用（如离心力、风力、横向振动惯性力），致使前轮的轮缘贴靠外股钢轨侧面。如果轮对前进方向相对轨道有正冲角，则轮轨接触点 A 不在其轮对中心线的垂向平面内，轮缘贴靠点 A' 离开垂向平面有一个导前量，如图 5-36 所示。在接触点 A' 处，车轮施以钢轨的横向作用力为 Q。钢轨对车轮的横向反力称为导向力，在导向作用下轮对连同转向架沿曲线方向前进。在某种特定组合条件下，车轮可能施以钢轨很大的横向力 Q，而对钢轨的垂向力 P 却很小，以致车轮在滚动过程中其新的接触点 A' 逐渐移向轮缘顶部，致使车轮逐渐升高。如果轮缘上接触点的位置到达轮缘圆弧面上的拐点，即轮缘根部与中部圆弧连结处轮缘倾角最大的一点，便到达爬轨的临界状态。如果在到达临界状态之前 Q 值减小或 P 值增大，则轮对仍有可能向下滑动，恢复到原有稳定位置。当接触点超过临界状态以后，如果 Q、P 维持原有的大小，则由于轮缘倾角的变小，车轮有可能逐渐爬上钢轨直至轮缘顶部达到钢轨顶面而脱轨。车轮爬上钢轨需要一定时间，这种脱轨方式称为爬轨，一般发生在车辆低速运行时刻。另一种脱轨方式发生在高速运行情况之下，是由于轮轨之间的冲击力造成车轮跳上钢轨，这种脱轨方式称跳轨。另外还因轮轨之间的横向力过大，致使轨距扩宽，车轮落入轨道而脱轨。

轮对脱轨安全性的评估及其标准有如下几个方面：

（1）根据车轮作用于钢轨的横向力 Q 评定车轮脱轨安全性

设有一车轮，已经开始爬轨并达到临界点（即已到达轮缘倾角最大点），为了简化分析不考虑轮对冲角和轮轨接触点提前量的作用。

取轮缘上轮轨接触斑为割离体，见图 5-36（b）。作用在接触斑上的车轮垂向力为 P，横向力为 Q，钢轨作用在接触斑上的作用力有法向力 N，钢轨作用于接触斑的摩擦力为 μN，阻止车轮向下滑动。设轮缘角为 α。接触斑在以上各力作用下处于平衡状态，亦即车轮趋于下滑而未能滑动的状况。将作用于接触斑 A

图 5-36 轮轨接触与作用力

上的力分解为法线方向和切线方向的分量后可求得车轮爬轨的条件：

$$\left.\begin{array}{r}P\sin\alpha - Q\cos\alpha = \mu N \\ N = P\cos\alpha + Q\sin\alpha\end{array}\right\} \quad (5\text{-}143)$$

式中　α——最大轮缘倾角（简称轮缘角）；
　　　μ——轮缘与钢轨侧面的摩擦系数。

解方程（5-143）可得：

$$\frac{Q}{P} = \frac{\tan\alpha - \mu}{1 + \mu\tan\alpha} \quad (5\text{-}143a)$$

上式表示轮对在爬轨临界点的平衡状态。如果 $\frac{Q}{P}$ 大于式（5-143a）中右项，车轮有可能爬上钢轨，反之则向下滑动。因而车轮爬轨的条件为：

$$\frac{Q}{P} \geq \frac{\tan\alpha - \mu}{1 + \mu\tan\alpha} \quad (5\text{-}143b)$$

比值 $\frac{Q}{P}$ 称为车轮脱轨系数，$\frac{\tan\alpha - \mu}{1 + \mu\tan\alpha}$ 为车轮脱轨与不脱轨的临界值，简称车轮脱轨系数临界值。临界值的大小与轮缘角 α 和轮缘与钢轨侧面的摩擦系数 μ 有关。图 5-37 给出不同摩擦系数 μ 和不同轮缘角 α 时车轮脱轨临界值。

由图 5-37 可见，轮缘角 α 的小值及摩擦系数 μ 的大值组合条件易于出现爬轨。我国标准锥形车轮的轮缘角为 $69°12'$，实测值为 $68° \sim 70°$，轮缘摩擦系数一般为 $0.20 \sim 0.30$。若取 $\alpha = 68°$，而 $\mu = 0.32$，则，

$$\frac{\tan\alpha - \mu}{1 + \mu\tan\alpha} = 1.2$$

根据国家标准（GB 5599—85）规定，当横向作用力 Q 的作用时间大于 0.05s 时，脱轨系数的评估标准为：

容许值：　　　　　　　　　　$\frac{Q}{P} \leq 1.2$

安全值：　　　　　　　　　　$\frac{Q}{P} \leq 1.0$

（2）根据构架力 H 评定轮对脱轨安全性

由于轮轨之间的横向力 Q 难以测量，在提速试验中往往采用轮对与转向架相互作用的构架力 H 来评定轮对的脱轨系数。

试看图 5-38，设有一轮对，其左轮处于爬轨的临界状态，即轮对趋于下滑而未能滑动状态，这时左右钢轨施以左右车轮的摩擦力方向都处于阻止轮对向右滑动的方向。分别取左轮接触斑 A 和右轮接触斑 B 为割离体，左轮作用在接触斑 A 上的垂向力和横向力分别为 P_1、Q_1，右轮作用在接触斑 B 上的垂向力和横向力分别为 P_2、Q_2。左轨作用在接触斑 A 上的力分别为法向力 N_1 和阻止车轮向下滑的摩擦力 $\mu_1 N_1$，右轨作用在接触斑 B 上的力分别为法向力 N_2 和阻止车轮滑动的摩擦力 $\mu_2 N_2$。由于左右接触斑上的作用力平衡，可以根据 $\mu_2 N_2$ 确定 Q_2 的方向。

图 5-37　车轮脱轨系数临界值　　　图 5-38　轮对与轨道的接触及相互作用力

由左右轮轨接触斑 A、B 上各力平衡的条件可得：

$$\left. \begin{array}{l} \dfrac{Q_1}{P_1} = \dfrac{\tan\alpha_1 - \mu_1}{1 + \mu_1 \tan\alpha_1} \\[2mm] \dfrac{Q_2}{P_2} = \dfrac{\tan\alpha_2 + \mu_2}{1 - \mu_2 \tan\alpha_2} \end{array} \right\} \qquad (5\text{-}144)$$

式中　α_1、α_2——分别为左轮轮缘角和右轮踏面倾角；

　　　μ_1、μ_2——分别为左轮轮缘和右轮踏面与钢轨之间的摩擦系数。

左右车轮给左右接触斑的水平力 Q_1、Q_2 是由构架力产生的，由图 5-38 知，$H = Q_1 - Q_2$，于是：

$$\frac{H}{P_1} = \frac{Q_1}{P_1} - \frac{Q_2}{P_1} = \frac{Q_1}{P_1} - \frac{P_2}{P_1} \frac{\tan\alpha_2 + \mu_2}{1 - \mu_2 \tan\alpha_2} \qquad (5\text{-}144a)$$

因 $\tan\alpha_2$ 数值不大，近似取 $\tan\alpha_2 \approx 0$，于是可得轮对脱轨条件：

$$\frac{Q_1}{P_1} \approx \frac{H + \mu_2 P_2}{P_1} \geqslant \frac{\tan\alpha_1 - \mu_1}{1 + \mu_1 \tan\alpha_1} \qquad (5\text{-}144b)$$

$\dfrac{H + \mu_2 P_2}{P_1}$ 称为轮对脱轨系数，我国规定 μ_2 取 0.24，同时规定了由侧架力确定的脱轨系数标准。当 H 的作用时间大于 0.05s 时，轮对脱轨系数评估标准为：

容许值：
$$\frac{H+0.24P_2}{P_1} \leq 1.2$$

安全值：
$$\frac{H+0.24P_2}{P_1} \leq 1.0$$

(3) 根据轮重减载率评定车轮脱轨安全性

以上所分析的轮轨横向力及构架横向力导致脱轨的原因，是横向力 Q_1 大而垂向力 P_1 小的结果。但在实际运行中还发现，在横向力并不很大而一侧车轮严重减载的情况也有脱轨的可能。下面分析轮重严重减载情况。

如果构架力 H 很小，设 $H \approx 0$，而 P_2 很大，P_1 很小，即 $P_2 \gg P_1$，由于某种原因，左轮轮缘可能已处在轮缘角最大点与钢轨接触的状态。由于右轮在很大的踏面摩擦力 $\mu_2 N_2$ 的作用下，左轮仍旧可以保持脱轨的临界状态。从式 (5-144a) 可以导出轮重减载与脱轨的关系。

令式 (5-144a) 中的 $H=0$，并将式 (5-144b) 中的 $\dfrac{Q_1}{P_1}$ 与摩擦系数和轮缘角之间关系代入式 (5-144a) 中得：

$$\frac{P_2}{P_1}\left(\frac{\tan\alpha_2+\mu_2}{1-\mu_2\tan\alpha_2}\right) \geq \frac{\tan\alpha_1-\mu_1}{1+\mu_1\tan\alpha_1} \tag{5-145}$$

令
$$P=\frac{1}{2}(P_1+P_2) \qquad \Delta P=\frac{1}{2}(P_2-P_1)$$

于是
$$P_1=P-\Delta P \qquad P_2=P+\Delta P \tag{5-145a}$$

式中　P——左右车轮平均轮轨垂向力即轮重；

ΔP——轮重减载量。

将式 (5-145a) 的关系代入式 (5-145)，经整理后得：

$$\frac{\Delta P}{P} \geq \frac{\dfrac{\tan\alpha_1-\mu_1}{1+\mu_1\tan\alpha_1}-\dfrac{\tan\alpha_2+\mu_2}{1-\mu_2\tan\alpha_2}}{\dfrac{\tan\alpha_1-\mu_1}{1+\mu_1\tan\alpha_1}+\dfrac{\tan\alpha_2+\mu_2}{1-\mu_2\tan\alpha_2}} \tag{5-146}$$

上式中的 $\dfrac{\Delta P}{P}$ 为轮重减载率。

当
$$\frac{\Delta P}{P} = \frac{\dfrac{\tan\alpha_1-\mu_1}{1+\mu_1\tan\alpha_1}-\dfrac{\tan\alpha_2+\mu_2}{1-\mu_2\tan\alpha_2}}{\dfrac{\tan\alpha_1-\mu_1}{1+\mu_1\tan\alpha_1}+\dfrac{\tan\alpha_2+\mu_2}{1-\mu_2\tan\alpha_2}} \tag{5-146a}$$

其值称为轮重减载率临界值。

当轮重减载率超过其临界值后，轮对有可能脱轨。式 (5-146a) 为轮重减载率临界值计算式。设 $\mu_2=\dfrac{\mu_1}{1.2}$ 及 $\alpha_2=\tan^{-1}\left(\dfrac{1}{20}\right)$，若以不同的 α_1、μ_1 代入轮重减载率临界值中，可得如图 5-39 所示的结果。

图 5-39 轮重减载率临界值与 μ_1 的关系

我国 TB 449—76 标准锥形踏面的 $\alpha_1 = 68° \sim 70°$；$\alpha_2 = \tan^{-1}\left(\frac{1}{20}\right)$，$\mu_1 = 0.2 \sim 0.25$，则 $\frac{\Delta P}{P} \geq 0.65$ 时，车轮有爬轨的危险。我国规定轮重减载率为：

$$\left.\begin{array}{ll} \text{容许标准} & \dfrac{\Delta P}{P} \leq 0.65 \\ \text{安全标准} & \dfrac{\Delta P}{P} \leq 0.60 \end{array}\right\} \quad (5\text{-}146b)$$

(4) 车轮跳轨的评定标准

我国对轮轨瞬时冲击而导致车轮跳上钢轨的脱轨系数无明确规定。国外规定，当轮轨间横向作用力的作用时间小于 0.05s 时，容许的脱轨系数为：

$$\frac{Q_1}{P_1} \leq \frac{0.04}{t} \quad (5\text{-}147)$$

式中 t——轮轨间横向力作用时间 (s)。

(5) 轮轨间最大横向力 Q 的标准

轮轨间横向力过大将导致轨距扩宽，道钉拔起或线路严重变形（如轨枕在道床中横向移动或钢轨挤翻等）。轮轨间最大横向力 Q 的限制标准如下。

1）道钉拔起，道钉应力为弹性极限的限度：

$$Q \leq 19 + 0.3 P_{st} \quad (5\text{-}148)$$

2）道钉拔起，道钉应力为屈服极限的限度：

$$Q \leq 29 + 0.3 P_{st} \quad (5\text{-}149)$$

3）线路严重变形的限度：

木轨枕

$$H \leq 0.85\left(10 + \frac{P_{st1} + P_{st2}}{2}\right) \quad (5\text{-}150)$$

混凝土轨枕

$$H \leq 0.85\left(15 + \frac{P_{st1} + P_{st2}}{2}\right) \quad (5\text{-}151)$$

式中 Q——轮轨横向力 (kN)；

H——轮轴横向力（构架力）(kN)；

P_{st}、P_{st1}、P_{st2}——分别为车轮平均及左轮、右轮静载荷 (kN)。

5.8.3 我国秦沈客运专线试验段安全性与平稳性评估标准

我国秦沈客运专线试验段，采用"中华之星"动力集中型电力动车组。该车组由 2 辆动力车和 9 辆拖车组成，最大轴重 21.0t。试验列车速度为 160～300km/h，最高试验速度达 321.5km/h。

(1) 试验列车运行安全性标准

脱轨系数：$Q/P \leqslant 0.8$，当 $Q/P > 1.0$ 时停止提速。

轮重减载率：准静态 $\Delta P/P \leqslant 0.65$；动态 $\Delta P/P \leqslant 0.8$。

当 $\Delta P/P > 0.8$ 时停止提速（连续式测力轮对减载时间超过 0.01s、间断式测力轮对连续两个峰值减载）。

轮轴横向力：$H \leqslant 0.85 \ (10 + P_{st}/3)$，当 $H > 0.85 \ (10 + P_{st}/2)$ 时停止提速。

横向稳定性：当车轴构架加速度滤波 10Hz，峰值连续振动 6 次以上达到和超过极限值 $8 \sim 10 \text{m/s}^2$ 时，判为转向架失稳，立即停止提速。

(2) 试验列车运行平稳性标准

1) 车辆振动加速度

车辆横向振动加速度最大峰值不得大于 1.96m/s^2，车体垂向振动加速度最大峰值不得大于 2.95m/s^2。

2) 平稳性指标（W）

动力车：垂向平稳性指标，3.10；横向平稳性指标，3.10。

拖车：$W \leqslant 2.5$ 优

　　　$2.5 < W \leqslant 2.75$ 良

　　　$2.75 < W \leqslant 3.0$ 差

第6章 无缝线路轨道设计

6.1 概 述

如前所述,无缝线路是一项铁路现代化轨道技术,它具有良好的运营功能和明显的经济效益。根据美国 AREA 统计,无缝线路比普通线路的钢轨寿命延长约 40%;日本铁路发现,采用无缝线路的钢轨(50kg/m 型)更换周期由原来的 400Mt 延长到了 500Mt。前苏联统计,通过总重 500Mt 以后的钢轨(P65 型)抽换数降低了三倍。我国的统计数字表明,无缝线路轨道的钢轨使用寿命延长 1.25 倍。世界各国在高速与快速客运线路上均铺设无缝线路。截至 2003 年,我国铺设无缝线路已达 39158km,占正线延长的 45%。国外铺设无缝线路数量统计见表 6-1。

世界各国无缝线路数量统计　　　　表 6-1

国　家	法　国	德　国	英　国	美　国	俄罗斯	日　本
无缝线路总数(km)	20500	76000	18000	106200	58000	12716
无缝线路占营运线路(%)	59.06	占Ⅰ级线路 96%	50.63	39.51	48.33	占新干线 96%,占既有线 20%

目前,无缝线路轨道常用的结构型式是温度应力式,在两段长钢轨轨道之间设置 2~4 对标准长度钢轨组成缓冲区,如图 6-1 所示。

图 6-1　温度应力式无缝线路轨道布置图

大桥上铺设的无缝线路,在桥梁中间某些部位可设置钢轨温度调节器,以释放其中某个部位的钢轨温度应力。

近年来,随着高速铁路的发展,出现了跨区间无缝线路。这一新型结构型式,取消了长轨条两端的缓冲区,将区间轨道及道岔的全部轨条焊接或胶接成为连续的轨条。如果区间的轨道全部焊接成为连续的轨条,而道岔的轨条不加以焊接,则称为区间无缝线路。

无缝线路轨道需要遵照专门的规范进行设计,并满足相应的设计要求。我国铁路轨道设计规范规定,采用 60kg/m 及以上等级钢轨的Ⅰ、Ⅱ级铁路应按无缝线路设计,其旅客列车设计速度为 200km/h 时,应按跨区间无缝线路设计;采用

50kg/m 钢轨的 Ⅰ、Ⅱ 级铁路宜按无缝线路设计。

6.2 长钢轨轴向温度力

6.2.1 完全约束的长钢轨温度力

在长钢轨的温度伸缩变形受到完全约束的条件下，其相应的轴向温度应力为：

$$\sigma_t = E\varepsilon_t \tag{6-1}$$

式中 E——钢轨的弹性模量，其值为 $2.1 \times 10^5 \text{MPa}$；

ε_t——被约束的钢轨应变，与轨温变化幅值 ΔT 有关；

设长度为 l 的钢轨，被约束的伸长量为 Δl，则，

$$\varepsilon_t = \frac{\Delta l}{l} = \frac{\alpha \Delta T l}{l} = \alpha \Delta T \tag{6-2}$$

式中 α——钢轨的线膨胀系数，取 $11.8 \times 10^{-6}/\text{℃}$；

ΔT——轨温变化幅度。

显然，

$$\Delta T = T_s - T \tag{6-3}$$

式中 T_s——钢轨锁定轨温，又称零应力轨温（℃）；

T——钢轨计算温度（℃），高温时，取当地气温加 20℃，低温时取当地气温；长隧道内，最高轨温可按当地最高气温计。全国各地区最高、最低气温见附录 A。

将式 (6-2) 代入式 (6-1) 有：

$$\sigma_t = E\alpha \Delta T \tag{6-4}$$

将 E、α 的值代入式 (6-4) 可得 σ_t（MPa）：

$$\sigma_t = 2.48 \Delta T \tag{6-5}$$

一根钢轨所受轴向温度力 P_t（N）为：

$$P_t = \sigma_t \cdot F = 248 \Delta TF \tag{6-6}$$

式中 F——钢轨断面积（cm^2）。

由式 (6-5) 可知，对于 60kg/m 钢轨，轨温增长 1℃，所对应的约束温度力为 19270N，其余的数值见表 6-2。

钢轨轨温变化 1℃时一般钢轨的温度力 表 6-2

钢轨类型（kg/m）	断面积（mm²）	温度力（N）
75	9503.7	23760
60	7708	19270
50	6580	16450
45	5761	14400
43	5700	14250

式(6-5)表明,钢轨伴随轨温变化的伸缩变形完全受到约束时,其温度应力 σ_t 仅仅与其轨温变化幅度 ΔT 呈线性关系,而与钢轨的长度无关。由此可见,只要能够实现钢轨的完全约束,无缝线路可以任意的增加长度而不会增加钢轨应力。温度应力式无缝线路工程技术正是建立在这个基本原理的基础上。

【例 6-1】 郑州地区 $T_{max} = 63℃$,$T_{min} = -17.9℃$;拟定锁定轨温设计值 $T_s = 25℃$,锁定轨温变化范围取 $25℃ \pm 5℃$,即 $20 \sim 30℃$,由此得:

最大温升幅度 $\max \Delta T_1 = 63.0 - 20.0 = 43.0℃$

最大温降幅度 $\max \Delta T_2 = 30.0 - (-17.9) = 47.9℃$

对于 60kg/m 钢轨,最大温度压力:

$$\max P_{t1} = 248\max\Delta T_1 F = 248 \times 43 \times 77.45 = 808.4 \text{kN}$$

最大温度拉力:

$$\max P_{t2} = 248\max\Delta T_2 F = 248 \times 47.9 \times 77.45 = 900.5 \text{kN}$$

6.2.2 设有缓冲区的长钢轨温度力

(1) 长钢轨的约束——线路纵向阻力

长钢轨依赖无缝线路轨道的道床、扣件和接头联结零件阻止其随轨温变化而发生的伸缩,形成其温度变形约束。轨道结构对于长钢轨伸缩变形的约束力就是道床纵向阻力、扣件阻力和接头阻力。设有缓冲区的长钢轨温度力,与线路纵向阻力约束的变化有明显关系。以下介绍线路纵向阻力的变化特性及其设计取值。

1) 道床纵向阻力

道床纵向阻力系指道床抵抗轨道框架(钢轨和轨枕组装而成,也称轨排)纵向位移的阻力。处于正常状态下的轨道,单根轨枕的道床纵向阻力随着位移的增大而增加,当位移达到一定量值后,轨枕盒的道碴颗粒之间的啮合被破坏,即使位移继续增加,阻力也不再增大。在正常轨道条件下,在混凝土轨枕位移小于 2mm,木枕位移小于 1mm 的范围,道床纵向阻力近似呈线性增长,位移超过上述限值后,纵向阻力增长缓慢,并趋向饱和,如图 6-2 所示。

因此,在无缝线路设计中,道床纵向阻力,以轨枕位移 2mm 所对应的阻力为依据,取为确定的常数。道床纵向阻力可按表 6-3 取值,其中,单根轨枕的道床纵向阻力 Q_L(N)与一股钢轨下单位长度道床的纵向阻力 p(N/cm)有如下关系:

$$p = \frac{Q_L}{2a}$$

图 6-2 单根轨枕的道床纵向阻力与位移的关系曲线

式中 a——轨枕间距（cm）。

无缝线路道床纵向阻力 表 6-3

轨道特征		单根轨枕的道床纵向阻力 Q_L（kN）	一股钢轨下单位道床纵向阻力 p（N/cm）		
			1840 根轨枕/km	1760 根轨枕/km	1667 根轨枕/km
混凝土轨枕线路	Ⅱ型	10	92	88	
	Ⅲ型	12			100
木枕线路		7	64	61	

道床纵向阻力与道床密实度的关系最为显著，此外还与道碴粒径、材质、道床断面、捣固质量及脏污程度有关。道床在清筛松动后纵向阻力明显下降，随着运营时间的推移，可逐渐恢复正常量值。

2）扣件阻力

扣件阻力是指中间扣件及防爬器抵抗钢轨相对于轨枕沿线路纵向移动的阻力。为使钢轨与轨枕牢固扣着形成轨道框架，有效地约束轨道的温度伸缩位移，在一般情况下，中间扣件阻力必须大于道床阻力。

试验表明，扣件阻力随钢轨纵向位移的增加而增大，并与扣件的类型及其扣压力有关，如图 6-3 所示。

位移小于 1.0mm 时，扣件阻力近似地处于弹性范围，随后开始出现滑移趋势。弹条扣件每个节点的纵向阻力 Q_j，由下式计算：

$$Q_j = 2p\mu \qquad (6-7)$$

图 6-3 扣件阻力图

式中 p——每个扣件的扣压力（kN）；

μ——扣件与钢轨、钢轨与垫板综合摩擦系数。轨下胶垫为橡胶垫板时，μ 取 0.8；对于不锈钢橡胶复合垫板，μ 取 0.5。

当缺乏计算数据时，可综合考虑扣件的工作状态，对弹条型扣件阻力按表 6-4 取值；其他类型扣件的阻力可按表 6-5 取值。

弹条型扣件阻力 表 6-4

扣件阻力（kN/组） 螺母扭矩	Ⅰ型	Ⅱ型	Ⅲ型
80N·m	9.0	9.3	16.0
150N·m	12.0	15.0	16.0

其他类型扣件阻力　　　　　　　　　　　　　　　　　表 6-5

扣件类型	初始状态扣件扭矩（N·m）		垫板压缩 1mm 时扣件转矩（N·m）		建议采用值（N）
	70~80	140~150	70~80	140~150	
	每组扣件阻力（N）				
70 型扣件	12500	19000	4220	6750	4000
67 型扣件	10100	18000	6230	9800	6000
K 型扣件	7500	15000			7500
道钉混合型扣件	500				500
防爬器	16000				15000

3）接头阻力

接头阻力是长钢轨两端的接头夹板阻止钢轨伸缩（纵向位移）的阻力，是通过拧紧接头螺帽实现的。不同扭矩条件下的接头阻力见表 6-6。《轨道设计规范》规定，无缝线路接头螺栓扭矩不应低于 900N·m，接头阻力采用 400kN。并规定，正线轨道钢轨接头螺栓应采用 10.9 级及以上高强接头螺栓；站线轨道应采用 8.8 级及以上高强接头螺栓。高强度螺栓性能见表 6-7。

接　头　阻　力　　　　　　　　　　　　　　　　　表 6-6

接头阻力(kN) ＼ 扭矩(N·m)　钢轨类型	600	700	800	900	1000	备　注
50kg/m	300	370	430	490		高强度螺栓 10.9 级 $\phi24$mm
60kg/m			490	510	570	高强度螺栓 10.9 级 $\phi24$mm
75kg/m	350	430	500	550		高强度螺栓 10.9 级 $\phi24$mm

高强度螺栓性能　　　　　　　　　　　　　　　　　表 6-7

强度等级	材　料	抗拉强度（MPa）	屈服强度（MPa）	螺帽标记
10.9 级	20MnSi	1040	940	平头
8.8 级	Q275	830	660	半圆

注：螺栓强度等级说明：

第一个数 $(A) = \sigma_b/100$；第二个数 $(B) = \sigma_s/\sigma_b$；其中 σ_b——抗拉强度（MPa），σ_s——屈服强度（MPa）；

如：$\sigma_b = 1040$MPa，$\sigma_s = 940$MPa，

则 $(A) = 1040/100 = 10.4 \approx 10$，$(B) = 940/1040 = 0.904 \approx 0.9$，该螺栓为 10.9 级。

图 6-4 展示了钢轨接头阻力与钢轨位移的关系。由图可知，接头阻力对于钢轨伸缩位移的约束限制有一个上限值，钢轨温度作用力超过接头阻力之后，随着轨温变化幅度的增长其轨端伸缩位移增加，直至钢轨接头的构造轨缝功能终结，

钢轨伸缩位移方才终止。

(2) 设置有缓冲区的长钢轨温度力分布

设置有缓冲区的长钢轨,受到接头阻力和道床纵向阻力的约束。若长钢轨的温度力超过了约束其变形的线路阻力,便发生伸缩位移,并伴随有钢轨温度力的释放,形成梯形状的钢轨温度力分布。试看图 6-5,横坐标表示长钢轨的长度,纵坐标表示钢轨温度力 P_t,其正向指向下方表示钢轨压力,长钢轨温度力 P_t 小于接头阻力 R_j 时,P_t 呈矩形分布。当 $P_t > R_j$ 时,钢轨温度力 P_t 呈梯形分布。其梯形斜边的斜度为 p(道床纵向阻力每单位长度值)。当轨温变化幅度 ΔT 到达最大值 $\max \Delta T$ 时,P_t 的最大值 $\max P_t$ 为

$$\max P_t = E\alpha(\max \Delta T) F \tag{6-8}$$

图 6-4 钢轨接头阻力与钢轨位移关系曲线

图 6-5 钢轨温度力纵向分布图

在图 6-5 中,梯形两端上部的阴影部分是伴随钢轨收缩而释放的温度力。在设计中,称 L 长度范围为伸缩区,该区域内,钢轨有纵向位移发生。长钢轨中部无钢轨位移发生的区域称为固定区。伸缩区 L 由下式计算:

$$L = \frac{\max P_t - R_j}{p} = \frac{E\alpha(\max \Delta T) F - R_j}{p} \tag{6-9}$$

式中　R_j——钢轨接头阻力 (N);

　　　p——道床纵向阻力 (N/cm/轨);

　　　$\max \Delta T$——最大轨温变化幅度 (℃)。

必须指出,长钢轨的伸缩区在运营中将伴随轨温的变化而伸缩,其道床及扣件的状态易于发生变化,是无缝线路轨道的薄弱环节。

(3) 长钢轨的温度力峰

理论分析和运营观测表明,长钢轨的伸缩区随着轨温的反复变化,在高温季节还可能出现钢轨温度力峰,如图 6-6 所示。

长钢轨温度力峰值 P_c 按下式计算:

图 6-6 长钢轨的温度力峰

图 6-7 长钢轨温度力变化图

$$P_c = \frac{\max P_{td} + \max P_{tu}}{2} \tag{6-10}$$

其位置以距离 S 表示:

$$S = \frac{\max P_{td} - \max P_{tu}}{2p} \tag{6-11}$$

式中　$\max P_{td}$——长钢轨固定区最大温度拉力;

$\max p_{tu}$——长钢轨固定区最大温度压力;

p——道床纵向阻力。

长钢轨温度力峰 P_c,在 $\max P_{td} > \max P_{tu}$ 并有轨温反复变化的条件下发生。当 $\max P_{td} = \max P_{tu}$,即锁定轨温取为中间轨温(最高轨温与最低轨温的平均值)时则无温度力峰出现。说明如下。

若长钢轨的锁定轨温 T_s 的设计值高于中间轨温,对应于每年最低与最高轨温的钢轨温度力 $\max P_{td}$、$\max P_{tu}$ 便不会相等,并有 $\max P_{td} > \max P_{tu}$,如图 6-7 所示。长钢轨铺设锁定后,若轨温开始下降,便形成上梯形钢轨温度力分布图,最低轨温时,温度拉力最大值为 $\max P_{td}$,缓冲区长轨端轨缝因长钢轨收缩而达到最大值。此后,随着轨温的回升,长钢轨内部温度拉力在全长范围内开始均匀下降,直至轨温回复至锁定轨温,长钢轨随之伸长,轨缝减小。在此过程中,道床纵向阻力反过来阻止钢轨伸长,由于钢轨受到道床纵向阻力的约束作用,形成斜阴影钢轨温度力分布图形，其黑色三角形部分是释放的钢轨温度力。由于道床纵向阻力的约束，轨温回复至锁定轨温时，长钢轨轨端并不能伸长回复至原有的位置，钢轨温度力也不能完全释放为零应力状态。在此条件下，若轨温继续上升，长钢轨的整个长度范围将均匀增加等量钢轨温度力，直至其中部到达 $\max P_{tu}$ 为止。同理，由于接头阻力及道床纵向阻力的不完全约束作用，长钢轨温度力在钢轨端部随之有部分释放。由于 $\max P_{td} > \max P_{tu}$，与之对应的伸缩区长度也不相同，即最低轨温时伸缩区长度大于最高轨温时伸缩区长度。由钢轨温度力图的几何叠加关系可知，在最高轨温时，梯形两端肩部形成温度力峰。

6.3 无缝线路轨道稳定性计算

6.3.1 无缝线路轨道稳定性概念

处于高温条件下的无缝线路轨道易于发生横向位移，形成线路方向不良，影响列车行驶的平稳性，甚至引发列车脱轨事故。因此，无缝线路轨道稳定性成为铁路运输业普遍关注的问题之一。

无缝线路轨道稳定性主要研究高温条件下轨道横向位移与钢轨温度力的变化规律，并针对轨道及其运营环境条件，确定相应的轨温变化幅度及横向变形位移容许值，制定相应的轨道设计标准及线路维修标准。因而，无缝线路轨道稳定性不应视为单纯的稳定理论问题，而是一个工程技术问题，并应根据普遍的力学原理结合工程实际要求加以处理。

无缝线路轨道在横向受到道床的约束，由于钢轨制造、线路维修、轨温变化及列车运行等原因，导致轨道方向不良，即存在所谓的"轨道原始弯曲"。在上述条件下，无缝线路轨道的横向位移 f 与钢轨温升幅度 ΔT 之间存在着如图（6-8）的关系。f_0 表示轨道存在的原始弯曲矢度，依横向位移随钢轨温升的变化特征，曲线变化可分为三个阶段：

第一阶段，$O' \to A$：轨温上升，因轨道横向位移受到道床的约束，轨道保持原始弯曲的状态，横向位移不发生增长。

第二阶段，$A \to B$：轨道随钢轨温升发生横向位移，轨道的弯曲矢度进一步扩大，习惯称为胀轨阶段。

图 6-8 轨道横向位置与钢轨温升幅度关系曲线

第三阶段，$B \rightarrow C$（经过 S 点）：钢轨温升超过 ΔT_B 之后，轨道将发生突发性横移，即位移骤然扩大，并可能伴随有轻微响声，习惯称为跑道。

在普遍的力学原理中，对于存在原始弯曲（初始缺陷）的受压杆件，其受力平衡状态曲线有如图 6-9 所示的形状，极值点 B 对应着压杆失稳。从实用的观点出发，各国铁路工程界趋向于采取以下两个稳定性判别准则来处理无缝线路稳定性问题：

（1）安全温升法

前苏联米辛柯（Мищенко）、美国柯尔（Kerr）等人主张采用值 ΔT_s 作为控制无缝线路稳定性设计的取值，ΔT_s 称为安全温升，如图 6-9 所示。以安全温升判别无缝线路稳定性，其主要出发点是：当钢轨温升幅值小于 ΔT_s 时，无论轨道的原始弯曲

图 6-9 受压杆件受力平衡状态曲线

以及外力作用所引起的横向变形积累扩展到何等程度，其轴向温度压力不会超过 B 点，线路也不会发生胀轨跑道。

（2）极限状态法

我国铁道部颁布的统一无缝线路稳定性计算公式规定，由钢轨温升所引起的轨道横向位移最大值不得超过 2mm，该值所对应的钢轨温升幅度 ΔT_N 为容许温升幅度，如图 6-9 所示。其主要出发点是：轨道横向位移超过 2mm 时，将易于形成轨道横向变形积累，增大钢轨弯曲矢度，逐渐降低无缝线路的稳定性，最后导致无缝线路胀轨跑道。

6.3.2 影响无缝线路稳定性的因素

试验研究及运营经验表明，影响无缝线路稳定性的主要因素有：钢轨的温升幅度，轨道原始不平顺，道床横向阻力以及轨道框架刚度等。前两项是促使无缝线路轨道失稳的因素，后两项是保持稳定性的因素。另外，道床纵向阻力和中间扣件的抗扭转作用对无缝线路轨道稳定性影响较小。

（1）钢轨的温升幅度

钢轨的温升幅度是钢轨相对于锁定温度的轨温升高值。已如上述，随着轨温的升高，长钢轨不断积累的温度压力超过某个极限值后，轨道将丧失稳定，横向变形迅速增长，形成轨道方向不良，危及行车安全。钢轨温升幅度的增长是无缝线路丧失稳定的最关键因素。

（2）轨道原始弯曲

轨道原始弯曲是指无缝线路轨道在钢轨零应力状态下固有的方向不平顺。钢轨的焊接、制造、运输以及养护维修等作业过程中的不良后果，都可导致轨道的原始弯曲。轨道原始弯曲通常包括塑性原始弯曲和弹性原始弯曲。塑性原始弯曲是钢轨在轧制、运输、焊接和铺设过程中形成的塑性变形，呈现钢轨轴线不平直。弹性原始弯曲是在温度力和列车横向力的反复作用下产生的，钢轨弹性原始弯曲的特点是积蓄有弹性形变位能。

图 6-10 变形曲线图

轨道的原始弯曲呈现有各种形状，有单波形，也有多波形。根据我国铁路轨道的现场观测，多为单波形，多波形出现的概率较小，故弹性原始弯曲的变形曲线形式可近似采用正弦函数描述，如图 6-10（a）所示，其坐标公式为：

$$y_{oe} = f_{oe}\sin\frac{\pi x}{l} \tag{6-12}$$

式中　f_{oe}——弹性原始弯曲矢度；

　　　l——弹性原始弯曲波长。

塑性原始弯曲可采用圆曲线描述，如图 6-10（b）所示，并以下列近似坐标公式计算：

$$y_{op} = \frac{(l-x)x}{2R_{op}} \tag{6-13}$$

式中　l——塑性原始弯曲波长；

　　　R_{op}——塑性原始弯曲半径，

$$R_{op} = \frac{l^2}{8f_{op}};$$

　　　f_{op}——塑性原始弯曲矢度。

由塑性原始弯曲和弹性原始弯曲所组成的原始弯曲如图 6-10（c）所示。

由弹性原始弯曲的表示式（6-12）可知，当 f_{oe} 及 l 两个参数确定后，弹性原始弯曲的形状便得以确定。原始弯曲是轨道实际存在的一种几何状态，其特征参数 f_{oe} 及 l 可以通过调查观测由数理统计方法加以确定。由于 f_{oe} 及 l 是相互对应相互依存的，故而必须同时调查 l 对应的 f_{oe}。调查研究和工程经验表明，采用比值 $\frac{f_{oe}}{l^2}$ 可反映轨道原始弹性弯曲形状的基本特征。塑性原始弯曲也可采用同样的统计方法。基于这一思想，在后续的理论分析中，比值 $\frac{f_{oe}}{l^2}$ 及 R_{op} 将视为一个定值。

根据无缝线路现场观测和统计分析，轨道原始弯曲特征可取 $\frac{f_0}{l^2} = 2.103 \times 10^{-6} \text{cm}^{-1}$，$f_0 = f_{oe} + f_{op}$，如 6-10（c）所示，其中 $\frac{f_{op}}{l^2}$ 占 $\frac{f_0}{l^2}$ 的 83%。

(3) 道床横向阻力

道床抵抗轨道框架横向位移的阻力称为道床横向阻力。它是防止无缝线路胀轨跑道，保证无缝线路稳定性的主要因素。铁路工程经验表明，在稳定轨道框架的因素中，道床的贡献约为 65%，钢轨约为 25%，扣件约为 10%。

道床横向阻力的构成是：道床肩部的阻力占 20%~30%，轨枕两侧占 20%~30%，轨枕底部占 50%。为使道床横向阻力达到设计要求，不仅要求道床断面符合标准尺寸，还应捣固紧密，其道床密实度

图 6-11 道床阻力与横向位移关系

应达到 1.7g/cm^3。

道床对每根轨枕的横向阻力 Q_0，可用试验方法获得。试验表明，Q_0 与轨枕横向位移 f 呈非线性关系，如图 6-11 所示。

道床横向阻力 Q_0 与轨枕类型、道床断面尺寸、道碴材料及其密实度有关。由图 6-11 可见，混凝土宽轨枕线路横向道床阻力最高，混凝土轨枕线路次之，木枕线路最低。根据美国和英国铁路的试验研究，在同类轨道的条件下，经过长期运营密实稳定的道床横向阻力最大，机械捣固后阻力显著减小。密实道床的阻力—位移曲线，在起始阶段，阻力随位移增长，超过横向阻力顶点后，道床即遭破坏，阻力显著下降。松软的道床，其阻力最低，当阻力达到较大量值后，将维持缓慢增长的趋势，如图 6-12 所示。

图 6-12 阻力—位移曲线

道床肩宽对于道床横向阻力有一定的影响,轨枕横移将挤动碴肩的道碴棱体,形成破裂面,如图 6-13 所示。碴肩的宽度必须覆盖这一破裂面,以保证具有较大的阻力。破裂面的顶宽用下式计算:

$$b = H\tan\left(45° + \frac{\phi}{2}\right)$$

式中　H——轨枕端部高度;

　　　ϕ——摩擦角,一般 $\phi = 35° \sim 50°$。

图 6-13　道床宽度对阻力的影响

据有关测试比较,与 300mm 的肩宽相比,肩宽增加到 500mm 时,阻力值可增加 16%,若再加宽,阻力将不再增加。日本铁路认为,碴肩宽度超过 40～60cm 的道床,横向阻力将不再增加。因此,有关国家对碴肩宽度规定了限值:美国为 0.5m;日本为 0.55m;前苏联为 0.45m;我国普通线路为 0.3m,无缝线路为 0.4～0.5m。

国内外的试验表明,道床肩部堆高可提高道床横向阻力。碴肩堆高比碴肩加宽效果更明显,并可节约道碴。这项措施为国内外无缝线路广泛采用。我国铁路碴肩一般堆高 0.15m,法国铁路堆高 0.1m,呈三角形,阻力值增加 10%～15%;日本铁路堆高 0.1m,呈三角形,每根轨枕的横向阻力由 6000～7000N 提高到 10000N;英国和法国的碴肩堆高已列为无缝线路道床断面标准。英国还规定:凡半径小于 800m 的曲线,肩宽 350～600mm,并堆高碴肩。

标准道床对每根轨枕的横向阻力 Q_0(N)与道床单位横向阻力 q(N/cm)有下列关系:

$$q = \frac{Q_0}{a} \tag{6-14}$$

式中　a——轨枕间距(cm)。

通过试验研究,可得出 q 与轨道横向位移 f 的如下关系式:

$$q = q_0 - c_1 f^z + c_2 f^n \tag{6-15}$$

式中　q——道床单位横向阻力(N/cm);

　　　q_0——道床单位横向阻力的初始值($f=0$ 时)(N/cm),其值见表 6-8;

　　　c_1, c_2, z, n——参数,其值参见表 6-8。

横向阻力初始值及参数值　　　　　　　表 6-8

线路特征		q_0	c_1	c_2	z	n	附注
木枕	道床肩宽 40cm	12.4	215.0	296.0	1.0	2/3	轨枕配置为 1840 根/km
木枕	道床密实，标准断面	20.0	8.0	60.0	1.7	1/3	
混凝土枕	道床肩宽 40cm	15.0	444.0	583.0	1.0	3/4	
混凝土枕	道床密实，标准断面	22.0	38.0	110.0	1.5	1/3	

宽枕道床横向阻力可采用如下表达式：

$$q = q_0 - c_1 f + c_2 f^{1/2} \tag{6-16}$$

式中参数见表 6-9。

宽枕道床横向阻力参数　　　　　　　表 6-9

轨道特征		q_0	c_1	c_2
宽枕 1760 根/km	道床密实，标准断面	4.8	1440	36000
宽枕 1760 根/km	刚垫沙，未回填	4.0	532	3890
宽枕 1760 根/km	垫沙回填后 44h	2.5	1260	6410

(4) 轨道框架刚度

轨道框架刚度 EJ_y 反映轨道框架抵抗横向弯曲的能力。轨道框架刚度越大，抵抗横向弯曲变形的能力就越强。轨道框架刚度是两股钢轨的横向水平刚度及钢轨与轨枕节点间的阻矩抵抗横向弯曲能力的总和。

轨道框架的水平刚度可取为：

$$EJ_y = \beta EJ \tag{6-17}$$

式中　β——轨道框架刚度的换算系数；

　　　EJ——两根钢轨的横向水平刚度（N·cm²）。

对于木枕轨道，由于使用普通道钉，节点阻矩可视为零，即 β 值取为 1。

对于混凝土轨枕轨道，因其中间扣件的扣压力较大，EJ_y 比之木枕轨道约高出 50%以上，但因扣件扭矩作用增值对于计算结果影响不明显，出于偏安全的考虑，采用 $\beta = 1$。

6.3.3　计算模型及其求解

(1) 计算模型的建立

如前所述，无缝线路轨道出现的原始弯曲大多数是单波形的，如图 6-14 所示。轨道原始不平顺的总长度以 l_0 表示，随着钢轨轴向压力的增长，其中 l 长度范围内将发生新的横向位移增量，并以虚线表示，其位移变形矢度为 f，与之对应的原始弯曲矢度为 f_0，线路曲率半径 R 所对应的矢度是 f_r。根据力学分析原理可取出 l 长度范围的一段轨道作为脱离体，分析无缝线路轨道稳定性，于是得到如图 6-15 所示的力学计算模型，并建立下列基本假定：

1）视轨道为置于道床介质中的压杆，其原始弯

图 6-14　轨道原始单波形弯曲

曲由弹性原始弯曲 y_{oe} 及塑性原始弯曲 y_{op} 两部分组成（见图 6-16），其中，

$$y_{oe} = f_{oe}\sin\frac{\pi x}{l} \tag{6-18}$$

$$y_{op} = \frac{(l-x)x}{2R_{op}} \tag{6-19}$$

式中　f_{oe}——弹性原始弯曲变形矢度；

R_{op}——塑性原始弯曲半径；

l——原始弯曲波长。

图 6-15　轨道弯曲力学模型

图 6-16　弹性塑性弯曲线

2) 对于半径为 R 的圆曲线轨道有坐标公式

$$y_r = \frac{(l-x)x}{2R}$$

考虑原始塑性弯曲的圆曲线，其合成曲率为：

$$\frac{1}{R'} = \frac{1}{R} + \frac{1}{R_{op}} \tag{6-20}$$

3) 道床单位横向阻力 q（N/cm）与轨道的横向位移有下列关系：

$$q = q_0 - c_1 y_f^z + c_2 y_f^n \tag{6-21}$$

式中　q_0, c_1, c_2, z, n——是已知参数，由试验及统计分析确定；
　　　　y_f——轨道横移量（cm）。

4) 由轨温变化引起的轨道横向位移为：

$$y_f = f\sin\frac{\pi x}{l} \tag{6-22}$$

式中　f——轨温变化引起的横向变形矢度，其容许值为 0.2cm；
　　　　l——轨道变形波长。

5) 扣件的结点阻矩对轨道横向弯曲刚度的影响用 β 表示，轨道横向刚度表示为 βEJ，其中 EJ 是两根钢轨的横向水平刚度。

(2) 计算模型求解

无缝线路轨道稳定性属于不精确求解的力学命题，通常运用势能法求解。由势能驻值原理可知，结构体系处于平衡状态时其势能取驻值。无缝线路轨道稳定性问题的求解，可以在假定轨道横向变形形状的基础上，计算出轨道结构体系在钢轨温度压力作用下的势能，从而将势能表达成为位移参数的函数。由上述基本假定可知，轨道横向变形位移函数 y_f 可以通过位移参数 f 来表示。设轨道的总势能为 Π，并表示为位移参数 f 的函数 $\Pi(f)$。根据势能驻值原理，轨道结构体系的力学平衡方程为：

$$\frac{\partial \Pi(f)}{\partial f} = 0 \tag{6-23}$$

轨道结构的总势能 Π 由 A_1，A_2，A_3 三部分能量组成，其中
A_1——钢轨温度压力所作的功；
A_2——轨道框架抵抗弯曲变形所作的功；
A_3——道床横向阻力所作的功。

于是有，

$$\frac{\partial \Pi(f)}{\partial f} \equiv \frac{\partial A_1}{\partial f} - \frac{\partial A_2}{\partial f} - \frac{\partial A_3}{\partial f} = 0 \tag{6-24}$$

以下分别进行分析计算：
1) 钢轨温度压力 P 所作的功 A_1。

6.3 无缝线路轨道稳定性计算

在温度压力 P 作用之下，线路产生弯曲变形，由两端向中间收缩，设 Δl 为轨道变形后引起的长度变化，则温度压力 P 作的功为：$A_1 = P \cdot \Delta l$。Δl 为变形后的弧弦差 Δl_T 减去变形前的弧弦差 Δl_0。变形前的弧弦差 (Δl_0) 是考虑到线路在承受温度压力 P 以前，固有原始弯曲（包括弹性弯曲及塑性弯曲）形成的钢轨弧弦差。

$$\Delta l_0 = \int_0^l \mathrm{d}\Delta l = \int_0^l (\mathrm{d}s - \mathrm{d}x) = \int_0^l \sqrt{1+(y_o')^2}\,\mathrm{d}x - \int_0^l \mathrm{d}x \approx \frac{1}{2}\int_0^l (y_o')^2\,\mathrm{d}x$$

式中，$y_o = y_{oe} + y_{op} + y_r$

同理，线路承受温度压力 P 后，曲线中点产生横向位移 f，线路变形曲线为：$y_f = f\sin\dfrac{\pi x}{l}$，其弧弦差为：

$$\Delta l_T = \frac{1}{2}\int_0^l (y_s')^2\,\mathrm{d}x$$

其中，$y_s = y_f + y_{oe} + y_{op} + y_r$

故

$$A_1 = P \cdot \Delta l = P[\Delta l_T - \Delta l_0] = P\left\{\frac{1}{2}\int_0^l (y_s')^2\,\mathrm{d}x - \frac{1}{2}\int_0^l (y_o')^2\,\mathrm{d}x\right\}$$

$$= P\left\{\frac{1}{2}\int_0^l \left[f\sin\frac{\pi x}{l} + f_{oe}\sin\frac{\pi x}{l} + \frac{1}{R'}\frac{(l-x)x}{2}\right]'^2\,\mathrm{d}x\right.$$

$$\left. - \frac{1}{2}\int_0^l \left[f_{oe}\sin\frac{\pi x}{l} + \frac{1}{R'}\frac{(l-x)x}{2}\right]'^2\,\mathrm{d}x\right\}$$

$$= P\left\{\frac{1}{2}\int_0^l \left[\frac{\pi^2}{l^2}(f^2 + 2f\cdot f_{oe})\cos^2\frac{\pi x}{l} + \frac{\pi}{l}f\frac{1}{R'}(l-2x)\cos\frac{\pi x}{l}\right]\mathrm{d}x\right\}$$

$$= P\left\{\frac{1}{2}\left[\frac{\pi^2}{l^2}(f^2 + 2f\cdot f_{oe})\frac{l}{2} + \frac{\pi}{l}f\frac{4}{R'}\frac{l^2}{\pi^2}\right]\right\}$$

$$= P\left[\frac{\pi^2}{4l}(f^2 + 2f\cdot f_{oe}) + \frac{4lf}{\pi R'}\right]$$

由此得，

$$\frac{\partial A_1}{\partial f} = \frac{P}{2}\left[\frac{\pi^2}{l}(f + f_{oe}) + \frac{4l}{\pi R'}\right] \tag{6-25}$$

2）轨道框架抵抗弯曲变形所作的功 A_2。

由材料力学可知，梁抵抗弯曲变形功 $A_2 = \int M\dfrac{\mathrm{d}\theta}{2}$，其中 M 为梁所受弯矩，θ 为梁轴线挠曲的转角。而 $M = EJy''$，$\mathrm{d}\theta = y''\mathrm{d}x$（其中 EJ 是梁的抗弯刚度，y 是梁轴线的挠度）。轨道抵抗弯曲变形功由两部分组成，第一部分是抵抗弹性原始弯曲的内力矩 M_{oe} 对轨道变形转角所作的功；第二部分是抵抗温度压力所致弯曲变形的内力矩 M_f 所作的功。当 M_f 作功时，原有的 M_{oe} 也继续作功。所以，轨道框架抵抗弯曲变形的功 A_2 为：

$$A_2 = \frac{1}{2}\int_0^l M_f\mathrm{d}\theta_f + \int_0^l M_{oe}\mathrm{d}\theta_f$$

式中 $d\theta_f$ ——对应 M_f 之转角微分。

$$d\theta_f = y''_f dx = (y_s - y_o)'' dx$$
$$M_f = \beta EJ y''_f = \beta EJ(y_s - y_o)''$$
$$M_{oe} = \beta EJ(y_o - y_{op})''$$

则
$$y_o = y_{oe} + y_{op}$$
$$A_2 = \frac{1}{2}\int_0^l \beta EJ[(y_s - y_o)'']^2 dx + \int_0^l \beta EJ(y_o - y_{op})''(y_s - y_o)'' dx$$

因
$$y_f = y_s - y_o = f\sin\frac{\pi x}{l}; (y_s - y_o)'' = -f\frac{\pi^2}{l^2}\sin\frac{\pi x}{l};$$

$$[(y_s - y_o)'']^2 = f^2\frac{\pi^4}{l^4}\sin^2\frac{\pi x}{l}$$

$$y_{oe} = y_o - y_{op} = f_{oe}\sin\frac{\pi x}{l}; (y_o - y_{op})'' = -f_{oe}\frac{\pi^2}{l^2}\sin\frac{\pi x}{l}$$

故
$$A_2 = \frac{\beta EJ}{2}\int_0^l f^2\frac{\pi^4}{l^4}\sin^2\frac{\pi x}{l}dx + \beta EJ\int_0^l \left(-f_{oe}\frac{\pi^2}{l^2}\sin\frac{\pi x}{l}\right)\left(-f\frac{\pi^2}{l^2}\sin\frac{\pi x}{l}\right)dx$$

$$= \frac{\beta EJ f^2 \pi^4}{2l^4}\cdot\frac{l}{2} + \frac{\pi^4}{l^4}\beta EJ f \cdot f_{oe} \cdot \frac{l}{2}$$

$$= \frac{\beta EJ \pi^4}{2l^3}\left(\frac{f^2}{2} + f\cdot f_{oe}\right)$$

由此得，

$$\frac{\partial A_2}{\partial f} = \frac{\beta EJ \pi^4}{2l^3}(f + f_{oe}) \tag{6-26}$$

3) 道床横向阻力所作的功 A_3。

在轨道发生横向变形的范围内，道床横向阻力 q 随着轨枕的横向位移量而变化，不仅在轨道横向是变量，沿着线路方向也是变量，因此

$$A_3 = \int_0^l \int_0^{y_f} q \, dy_f dx \tag{6-27}$$

将式 (6-21) 的 q 表达式代入上式得到：

$$A_3 = \int_0^l \left[\int_0^{y_f}(q_0 - c_1 y_f^z + c_2 f_f^n)dy_f\right]dx$$

$$= \int_0^l\left[q_0 y_f - \frac{c_1 y_f^{z+1}}{z+1} + \frac{c_2 y_f^{n+1}}{n+1}\right]dx$$

$$= q_0\int_0^l f\sin\frac{\pi x}{l}dx - \frac{c_1}{z+1}f^{z+1}\int_0^l \sin^{z+1}\frac{\pi x}{l}dx + \frac{c_2 f^{n+1}}{n+1}\int_0^l \sin^{n+1}\frac{\pi x}{l}dx$$

$$= \frac{2}{\pi}lq_0 f - \frac{c_z c_1}{z+1}f^{z+1}l + \frac{c_n c_2 f^{n+1}l}{n+1}$$

由此得，

$$\frac{\partial A_3}{\partial f} = \left[\frac{2}{\pi}q_0 - c_z c_1 f^z + c_n c_2 f^n\right]l \tag{6-28}$$

式中，$c_n = \dfrac{2^n}{\pi} \cdot \dfrac{\Gamma\left(\dfrac{n}{2}+1\right) \cdot \Gamma\left(\dfrac{\pi}{2}+1\right)}{\Gamma(n+2)}$ （适用于 $n = n, z$）

其中，$\Gamma(\cdot)$ 是 Γ 函数，其值见附录 B。

将式 (6-25)、式 (6-26)、式 (6-28) 代入式 (6-24)，则有，

$$\frac{P}{2}\left[\frac{\pi^2}{l}(f + f_{oe}) + \frac{4l}{\pi R'}\right] - \frac{\beta EJ\pi^4}{2l^3}(f + f_{oe})$$

$$- \left[\frac{2}{\pi}q_0 - c_z c_1 f^z + c_n c_2 f^n\right]l = 0$$

得

$$P = \frac{\beta EJ\pi^2 \dfrac{(f + f_{oe})}{l^2} + \dfrac{4}{\pi^3}\left[q_0 - \dfrac{\pi}{2}(c_z c_1 f^z - c_n c_2 f^n)\right]l^2}{f + f_{oe} + \dfrac{4l^2}{\pi^3 R'}}$$

令

$$Q = q_0 - \frac{\pi}{2}(c_z c_1 f^z - c_n c_2 f^n) \tag{6-29}$$

则

$$P = \frac{\beta EJ\pi^2 \dfrac{(f + f_{oe})}{l^2} + \dfrac{4}{\pi^3}Ql^2}{f + f_{oe} + \dfrac{4}{\pi^3 R'}l^2} \tag{6-30}$$

式 (6-30) 中的 Q（N/cm）称为等效道床阻力。

由结构稳定理论可知，式 (6-30) 表示了无缝线路轨道在钢轨轴向温度压力 P 作用下的平衡状态，因 $\beta EJ, Q, f$ 均为已知量，故平衡状态曲面 P 依赖于 f_{oe}、f_{op}、l 等三个未知参量。基于现场观测数据的统计分析，在三个未知量中已知 $\dfrac{f_{op}}{l^2}$、$\dfrac{f_{oe}}{l^2}$ 各为一个常数。其中，

$$\frac{f_{op}}{l^2} = \frac{1}{8R_{op}} \tag{6-31}$$

令

$$t = \frac{f_{oe}}{l^2} \tag{6-32}$$

求式 (6-30) 在满足式 (6-31) 及式 (6-32) 的条件极值可得到

$$l^2 = \frac{\omega + \sqrt{\omega^2 + \left(\dfrac{4Q}{\pi^3} - \dfrac{\omega t}{f}\right) \cdot f\beta EJ\pi^2}}{\dfrac{4Q}{\pi^3} - \dfrac{\omega t}{f}} \tag{6-33}$$

式（6-30）及式（6-33）中：

P——两根钢轨计算温度压力（N）；

E——钢轨弹性模量，$2.1 \times 10^5 \mathrm{MPa}$；

J——两股钢轨对垂直中和轴线的惯性矩；

$\qquad$ 50kg/m 钢轨 $J = 2 \times 377 = 754 \mathrm{cm}^4$

$\qquad$ 60kg/m 钢轨 $J = 2 \times 524 = 1048 \mathrm{cm}^4$

$\qquad$ 75kg/m 钢轨 $J = 2 \times 665 = 1330 \mathrm{cm}^4$

β——轨道框架刚度系数，取为 1；

l——轨道弯曲波长（cm）；

f_{oe}——轨道弹性弯曲矢度（cm）；

以 $\dfrac{f_\mathrm{o}}{l^2}$ 表示轨道原始弯曲的相对曲率（cm^{-1}），可采用

$$\frac{f_\mathrm{o}}{l^2} = 2.103 \times 10^{-6}(\mathrm{cm}^{-1})$$，其中塑性弯曲占 83%，弹性弯曲占 17%。

f——轨道弯曲变形矢度，采用 0.2cm；

$\dfrac{1}{R_{\mathrm{op}}}$——轨道塑性原始弯曲曲率（$\mathrm{cm}^{-1}$）；

R——曲线轨道半径（cm）；

Q——等效道床阻力，可取 8.43N/cm。

$$\frac{1}{R'} = \frac{1}{R} + \frac{1}{R_{\mathrm{op}}}\left(\text{其中取} \frac{1}{R_{\mathrm{op}}} = 8 \times 0.83 \times 2.103 \times 10^{-6} \mathrm{cm}^{-1}\right)$$

$$t = \frac{f_{\mathrm{oe}}}{l^2}(\text{取} \ t = 0.17 \times 2.103 \times 10^{-6} \mathrm{cm}^{-1})$$

$$\omega = \beta E J \pi^2 \left(t + \frac{4}{\pi^3 R'} \right)$$

式（6-30）及式（6-33）称为改进的无缝线路稳定性统一计算公式，它完善了我国 1978 年铁道部发布的无缝线路稳定性统一计算公式。改进的无缝线路稳定性统一计算公式纳入铁道部《铁路轨道设计规范》、《京沪高速铁路设计暂行规定》、《新建时速 200km 客货共线铁路设计暂时规定》以及《秦沈客运专线跨区间无缝线路暂行规定》等设计规范，广泛应用于铁路工程设计。

6.3.4 无缝线路轨道稳定性计算例题

已知：60kg/m 钢轨，Ⅲ型枕，1667 根·km^{-1}，曲线半径 $R = 900\mathrm{m}$，$Q = 84.3\mathrm{N} \cdot \mathrm{cm}^{-1}$，轨道弯曲变形矢度 $f = 0.2\mathrm{cm}$。试计算无缝线路轨道温度压力 P 及容许温度压力 $[P]$。

（1）计算原始弯曲参数：

轨道原始弯曲曲率为 $\dfrac{f_0}{l^2} = 2.103 \times 10^{-6}(\mathrm{cm}^{-1})$, $f_0 = f_{\mathrm{op}} + f_{\mathrm{oe}}$, 其中塑性弯曲占 83%, 弹性弯曲占 17%。

轨道原始塑性弯曲曲率：

$$\frac{1}{R_{\mathrm{op}}} = 8 \times \frac{f_{\mathrm{op}}}{l^2} = 8 \times \frac{0.83 \times f_0}{l^2} = 8 \times 0.83 \times 2.103 \times 10^{-6} = 1.4 \times 10^{-5}\,\mathrm{cm}^{-1}$$

(2) 换算曲率：

$$\frac{1}{R'} = \frac{1}{R} + \frac{1}{R_{\mathrm{op}}} = \frac{1}{90000} + 1.4 \times 10^{-5} = 2.51 \times 10^{-5}\,\mathrm{cm}^{-1}$$

轨道原始弹性弯曲曲率：

$$t = \frac{f_{\mathrm{oe}}}{l^2} = 0.17 \times \frac{f_0}{l^2} = 0.17 \times 2.103 \times 10^{-6} = 3.575 \times 10^{-7}\,\mathrm{cm}^{-1}$$

(3) 计算：$\omega = \beta E J \pi^2 \left(t + \dfrac{4}{\pi^3 R'} \right)$

$$= 1 \times (2.1 \times 10^7 \times 2 \times 524) \times 3.14^2$$
$$\times \left(3.575 \times 10^{-7} + \frac{4}{3.14^3} \times 2.51 \times 10^{-5} \right)$$
$$= 7.813 \times 10^5\,\mathrm{N \cdot cm}$$

其中：轨道框架刚度系数 β, 取 1

钢轨钢的弹性模量 E, 取 $2.1 \times 10^5\,\mathrm{MPa} = 2.1 \times 10^7\,\mathrm{N/cm^2}$

两根钢轨截面对垂直轴的惯性矩 J, 60kg/m 钢轨, 取 $2 \times 524\,\mathrm{cm^4}$

(4) 计算：

$$l^2 = \frac{\omega + \sqrt{\omega^2 + \left(\dfrac{4Q}{\pi^3} - \dfrac{\omega t}{f}\right) \cdot f \beta E J \pi^2}}{\dfrac{4Q}{\pi^3} - \dfrac{\omega t}{f}} = \frac{7.813 \times 10^5}{\dfrac{4 \times 84.3}{3.14^3} - \dfrac{7.813 \times 10^5 \times 3.575 \times 10^{-7}}{0.2}}$$

$$+ \frac{\sqrt{(7.813 \times 10^5)^2 + \left(\dfrac{4 \times 84.3}{3.14^3} - \dfrac{7.813 \times 10^5 \times 3.575 \times 10^{-7}}{0.2}\right) \times 0.2 \times 2.1 \times 10^7 \times 2 \times 524 \times 3.14^2}}{\dfrac{4 \times 84.3}{3.14^3} - \dfrac{7.813 \times 10^5 \times 3.575 \times 10^{-7}}{0.2}}$$

$$= 1.8878 \times 10^5\,(\mathrm{cm}^2)$$

(5) 计算：$f_{\mathrm{oe}} = t \cdot l^2 = 3.575 \times 10^{-7} \times 1.8878 \times 10^5 = 0.0675\,\mathrm{cm}$

(6) 计算：

$$P = \frac{\beta E J \pi^2 \cdot \dfrac{f + f_{\mathrm{oe}}}{l^2} + \dfrac{4}{\pi^3} Q l^2}{f + f_{\mathrm{oe}} + \dfrac{4}{\pi^3}\left(\dfrac{1}{R'}\right) l^2}$$

$$= \frac{2.1 \times 10^7 \times 2 \times 524 \times 3.14^2 \times \frac{0.2 + 0.0675}{1.8878 \times 10^5} + \frac{4 \times 84.3 \times 1.8878 \times 10^5}{3.14^3}}{0.2 + 0.0675 + \frac{4}{3.14^3} \times 2.51 \times 10^{-5} \times 1.8878 \times 10^5}$$

$$= 2.6868 \times 10^6 \text{N}$$

(7) 计算容许温度压力：$[P] = \frac{P}{K} = \frac{2.6868 \times 10^6}{1.3} = 2.0668 \times 10^6 \text{N}$

其中，安全系数 K，取 1.3。

6.4 路基上的无缝线路轨道设计

6.4.1 一般规定

（1）据铁路轨道设计规范的规定，Ⅰ、Ⅱ级铁路采用 60kg/m 及以上等级钢轨时，应按无缝线路轨道设计；旅客列车设计行车速度为 200km/h 时，应按跨区间无缝线路设计；采用 50kg/m 钢轨时，宜按无缝线路设计。

（2）无缝线路轨道长钢条及缓冲区钢轨的接头夹板连接应采用高强度螺栓。

（3）铺设无缝线路轨道的曲线半径不宜小于 400m；半径小于 400m 的曲线地段，应采取措施增大道床横向阻力，并进行无缝线路特殊设计。

（4）无缝线路的容许铺设线路坡度，原则上不作限制，但轨条全长位于连续长大下坡道、制动坡段及行驶重载列车坡段，应采取加强措施。

（5）桥梁上的无缝线路设计应按《新建铁路桥上无缝线路设计暂行规定》的有关条文实施。

6.4.2 设计参数

（1）最高轨温应按当地历年最高轨温加 20℃ 计，长隧道内最高轨温可按当地历年最高轨温计。最低轨温按当地历年最低轨温计。各地区历年最高、最低轨温见附录 A。

（2）扣件及有砟道床的设计参数应满足下列要求：

1）正线上的无缝线路轨道缓冲区钢轨接头螺栓应采取 10.9 级高强度接头螺栓，螺母应采用 10 级高强螺母，垫圈应采用单层弹簧垫圈。

2）接头螺栓扭矩不应小于 900N·m，接头阻力应采用 400kN。

3）弹条扣件每个节点的纵向阻力 Q_j 按式（6-7）计算。

4）有砟轨道结构的扣件纵向阻力应大于道床纵向阻力，但桥上小阻力扣件除外。

5）有砟轨道道床稳定状态的主要参数不应低于表 6-10 的规定值。

道床稳定状态参数指标（平均值）　　表 6-10

指标 \ 轨枕类型	速度（km/h）		
	$80 < V \leqslant 120$	$120 < V \leqslant 160$	$160 < V \leqslant 200$
	Ⅱ型	Ⅲ型	Ⅲ型
道床横向阻力（kN/枕）	9（6.5）	10	10
道床纵向阻力（kN/枕）	10（9）	12	12
道床支承刚度（kN/mm）	70（60）	100	100
道床密度（g/cm³）	1.7	1.7	1.7

注：1. 括号内数字为开通速度 80km/h 的标准值；

2. 铁路改建采用Ⅱ型枕且 $120 < V \leqslant 160$ 时，道床稳定状态参数可采用：横向阻力 9kN/枕，纵向阻力 11kN/枕，支承刚度 70kN/mm，道床密度 1.7g/cm³。

6.4.3　容许轨温变化幅度计算

无缝线路轨道的容许轨温变化幅度，包括容许温升、容许温降变化幅度。容许温升变化幅度由无缝线路轨道稳定性及钢轨受压强度两个条件控制，设计中应采取其不利值；容许温降幅度由钢轨受拉强度条件控制。

（1）由轨道稳定性条件计算容许温升幅度

按下式由轨道稳定性计算容许温升 $[\Delta T_u]$：

$$[\Delta T_u] = \frac{[P]}{2E\alpha F} \tag{6-34}$$

式中　E——钢轨钢弹性模量，$E = 2.1 \times 10^5$ MPa；

F——钢轨断面积；

α——钢轨钢线膨胀系数；

$[P]$——无缝线路轨道稳定性容许温度压力：

$$[P] = \frac{P}{k}$$

其中，P——轨道稳定性计算温度压力（N），按式（6-30）、式（6-33）计算；

k——安全系数，一般取 1.25～1.3。

（2）由钢轨强度条件计算容许温升、温降幅度。不失一般性，列出由钢轨强度确定容许温降 $[\Delta T_d]$ 的计算式：

$$[\Delta T_d] = \frac{[\sigma] - \sigma_d - \sigma_f}{E\alpha} \tag{6-35}$$

式中　E、α——同前；

$[\sigma]$——钢轨容许应力（MPa），按轨道强度计算法取值；

σ_d——钢轨动弯应力计算值（MPa）；

计算容许温升幅度 $[\Delta T_u]$ 时，取最大压应力；

计算容许温降幅度 $[\Delta T_d]$ 时，取最大拉应力；

σ_f——线路大坡道的制动地段，需考虑制动应力，可根据有关线路牵引计算设计资料取值。

6.4.4 设计锁定轨温确定

无缝线路设计锁定轨温应根据当地气象资料，无缝线路轨道的容许温升、容许温降，并考虑一定的修正量计算确定。

设计锁定轨温可根据下式进行计算：

$$T_s = \frac{T_{max} + T_{min}}{2} + \frac{[\Delta T_d] - [\Delta T_u]}{2} \pm \Delta T_k \quad (6\text{-}36)$$

式中　T_s——设计锁定轨温（℃）；

T_{max}——当地历年最高轨温（℃）；

T_{min}——当地历年最低轨温（℃）；

$[\Delta T_u]$——轨道允许温升（℃）；

$[\Delta T_d]$——轨道允许温降（℃）；

ΔT_k——修正值，一般为 0~5℃。

考虑到无缝线路铺设中锁定轨温控制的实际可操作性，一般容许实际锁定轨温相对于设计锁定轨温 T_s 有 ±5℃ 的波动；桥上或寒冷地区的无缝线路，当 $[\Delta T_d] + [\Delta T_u] - (T_{max} - T_{min}) < 10℃$ 时，容许波动值可取 ±3℃。因此实际锁定轨温的上限 T_m 及下限 T_n 分别为：

$$T_m = T_s + (3 \sim 5)℃ \quad (6\text{-}36a)$$

$$T_n = T_s - (3 \sim 5)℃ \quad (6\text{-}36b)$$

同时，实际锁定轨温上、下限应满足下列条件：

$$T_m - T_{min} \leq [\Delta T_d] \quad (6\text{-}36c)$$

$$T_{max} - T_n \leq [\Delta T_u] \quad (6\text{-}36d)$$

长钢轨最大温度力 $\max P_t$ 应按下式计算：

$$\max P_t = EF\alpha(\max \Delta T) \quad (6\text{-}37)$$

式中　$\max \Delta T$——相对于锁定轨温变化上、下限的轨温差；

E、F、α——钢轨弹性模量、截面积、线膨胀系数。

长钢轨最大温度拉力：

$$\max P_{t1} = EF\alpha(T_m - T_{min}) \quad (6\text{-}37a)$$

长钢轨最大温度压力：

$$\max P_{t2} = EF\alpha(T_{max} - T_n) \quad (6\text{-}37b)$$

此外，设计锁定轨温还应满足下列规定：跨区间无缝线路和区间无缝线路，相邻单元轨节的锁定轨温之差不应大于5℃；同一区间单元轨节的最大锁定轨温与最低锁定轨温之差不应大于10℃；左右两股钢轨锁定轨温之差，行车速度高于160km/h时不应大于3℃，160km/h及以下时，不应大于5℃。

6.4.5 伸缩区长度计算

伸缩区长度 L（m）由下式计算：

$$L = \frac{\max P_\text{t} - R_j}{p} \tag{6-38}$$

式中 $\max P_\text{t}$——钢轨最大温度拉力或压力（kN）；

R_j——接头阻力，采用400kN；

p——每股钢轨单位长度线路纵向阻力（kN/m）。

根据我国的运营经验，在设计中伸缩区的长度宜按100m计。

6.4.6 缓冲区预留轨缝计算

无缝线路缓冲区宜设置 2~4 对缓冲轨，缓冲轨采用普通标准长度钢轨，缓冲区构造如图6-17所示。其中部如设有胶接绝缘接头，相邻缓冲轨之间的轨缝 Δ_1 应保持不变，其值宜为 8~10mm。需要计算的预留轨缝应为长轨条与缓冲轨之间的轨缝 Δ。预留轨缝应保证在最高轨温时两轨端不顶紧（其轨缝

图 6-17 缓冲区示意图

大于或等于零），在最低轨温时轨缝不应超过构造轨缝（18mm），以使螺栓不受弯剪作用。对于普通无缝线路、跨区间无缝线路及区间无缝线路均应计算缓冲区预留轨缝。

预留轨缝与轨端的伸缩量有关，其值按下述方法计算。

(1) 轨端伸缩量计算

1) 长轨端伸缩量计算

不失一般性，以长钢轨伸长量为例加以说明。

试看最高轨温条件下长钢轨温度力分布图6-18，取长轨条左端伸缩区分析其伸长量。由于长钢轨受到不完全约束，伸缩区长度 L 范围内钢轨温度力的释放导致了长轨条端部的伸长。梯形部分是积蓄在钢轨内部的温度力，而梯形肩部上的三角形部分是被释放的钢轨温度力。

取 L 范围内某一钢轨微分段 $\text{d}x$，设单位长度道床纵向阻力为 p，微分段 $\text{d}x$ 所释放的钢轨温度力为 $px\text{d}x$，若钢轨的断面积为 F，钢轨弹性模量为 E，则释放

图 6-18 长钢轨温度力分布

的温度应力为：

$$\sigma = \frac{px}{F}dx$$

应变为 $\varepsilon = \frac{\sigma}{E}$

dx 的伸长量

$$d\lambda_1 = \varepsilon dx = \frac{px}{EF}dx$$

伸缩区 L 范围的轨端伸长量为

$$\lambda_1 = \int_0^L \frac{px}{EF}dx = \frac{pL^2}{2EF} \tag{6-39}$$

将式（6-38）代入式（6-39）得

$$\lambda_1 = \frac{(\max P_t - R_j)^2}{2EFp} \tag{6-40}$$

由式（6-40）可知，长轨端伸长量等于长钢轨温度力图所释放的面积除以 EF。

图 6-19 温度力图

2) 缓冲轨伸缩量计算

基于以上的分析，缓冲轨一端的伸长量可通过其温度力图释放的面积除以 EF 来计算。

缓冲轨长度较小，在最高轨温时形成如图 6-19 所示的温度力图，其一端释放的温度力图面积为 S，则对应的伸长量 λ_2 为：

$$\lambda_2 = \frac{S}{EF}$$

通过计算可以得到 λ_2 的计算公式为：

$$\lambda_2 = \frac{1}{2EF}\left[(\max P_t - R_j)l - \frac{1}{4}pl^2\right] \tag{6-41}$$

式中 $\max P_t$——最高（最低）轨温对应的长钢轨温度力；

R_j——接头阻力；

l——缓冲轨长度；

E——钢轨弹性模量；

F——钢轨断面积。

(2) 缓冲区预留轨缝计算

缓冲区内的轨缝 Δ_1 按常规线路轨缝设置。缓冲区标准轨与长轨之间的轨缝必须进行单独设计。其轨缝值 Δ（mm）应满足下列条件：

$$\Delta' < \Delta < \Delta'' \tag{6-42}$$

式中 Δ'——轨温升高时，保证轨缝不顶严的预留轨缝值；

Δ''——轨温降低时,保证接头轨缝不超过构造轨缝的控制值。

Δ'由下式计算:

$$\Delta' = \lambda'_1 + \lambda'_2 \tag{6-43}$$

式中 λ'_1、λ'_2——最高轨温时,长轨端与缓冲轨端的伸长量。

Δ''由下式计算:

$$\Delta'' = \delta_0 - \lambda'' \tag{6-44}$$

式中 δ_0——构造轨缝(18mm);

λ''——最低轨温时,长轨端与缓冲轨端收缩量 λ''_1、λ''_2 之和,即:$\lambda'' = \lambda''_1 + \lambda''_2$。

长轨条端部伸长量 λ'_1 或收缩量 λ''_1 按式(6-40)计算,并用 λ_1 表示,即:

$$\lambda_1 = \frac{(\max P_t - R_j)^2}{2EFp}$$

式中 $\max P_t$——长钢轨固定区的最大温度力(N)分别按升温或降温计算,即:

升温 钢轨最大温度拉力取 $\max P_{t1} = EF\alpha(T_s - T_{\min})$

降温 钢轨最大温度压力取 $\max P_{t2} = EF\alpha(T_{\max} - T_s)$

其中,T_s——设计锁定轨温;

$T_{\min}$——当地最低轨温;

$T_{\max}$——当地最高轨温。

缓冲区标准长度钢轨轨端的伸长量 λ'_2 或收缩量 λ''_2,按式(6-41)计算,并用 λ_2 表示,即:

$$\lambda_2 = \frac{1}{2EF}\left[(\max P_t - R_j)l - \frac{1}{4}pl^2\right]$$

式中 $\max P_t$——长钢轨固定区最大温度力,分别按温升或降温计算。

(3)缓冲区预留轨缝计算例题

北京地区铺设60kg/m钢轨无缝线路,R_j = 400kN,δ_0 = 18mm,p = 10kN/m,缓冲轨长度 l = 25m。

北京地区最高轨温:$T_{\max}$ = 62.6℃,北京地区最低轨温:$T_{\min}$ = -22.8℃

轨道强度允许温降[ΔT_d] = 89.9℃,轨道稳定性允许温升[ΔT_u] = 73.8℃

1)设计锁定轨温 T_s 计算

$$T_s = \frac{T_{\max} + T_{\min}}{2} + \frac{[\Delta T_d - \Delta T_u]}{2} \pm \Delta T_k$$

$$= \frac{62.6 - 22.8}{2} + \frac{89.9 - 73.8}{2} \pm (0 \sim 5)$$

$$= 28 \pm (0 \sim 5)℃$$

其中,修正值 ΔT_k,本题取为 -3℃,得出锁定轨温 T_s 为25℃。

最大温升幅度 $\max\Delta T_1 = 62.6 - 25.0 = 37.6℃$

最大温降幅度 $\max\Delta T_2 = 25.0 - (-22.8) = 47.8℃$

2) 对于 60kg/m 钢轨

最大温度压力：$\max P_{t1} = E\alpha\max\Delta T_1 F = 247.8 \times 37.6 \times 77.45 = 7.216 \times 10^5 \text{N}$
$$= 721.6\text{kN}$$

最大温度拉力：$\max P_{t2} = E\alpha\max\Delta T_2 F = 247.8 \times 47.8 \times 77.45 = 9.173 \times 10^5 \text{N}$
$$= 917.3\text{kN}$$

3) 长轨条一端部伸长量 λ'_1

$$\lambda'_1 = \frac{(\max P_t - R_j)^2}{2EFp}$$

$$= \frac{(721.6 - 400)^2}{2 \times 2.1 \times 10^8 \times 77.45 \times 10^{-4} \times 10} = 0.0032(\text{m}) = 3.2\text{mm}$$

其中，钢轨钢的弹性模量 E 取 $2.1 \times 10^5 \text{MPa} = 2.1 \times 10^8 \text{kN/m}^2$

60kg/m 钢轨断面积 $F = 77.45 \times 10^{-4} \text{m}^2$

缓冲轨一端伸长量 λ'_2：

$$\lambda'_2 = \frac{1}{2EF}\left[(\max P_t - R_j)\cdot l - \frac{1}{4}pl^2\right]$$

$$= \frac{1}{2 \times 2.1 \times 10^8 \times 77.45 \times 10^{-4}}$$

$$\times\left[(721.6 - 400) \times 25 - \frac{1}{4} \times 10 \times 25^2\right] = 0.002\text{m}$$

$$= 2.0\text{mm}$$

$$\lambda' = \lambda'_1 + \lambda'_2 = 3.2 + 2.0 = 5.2\text{mm}$$

4) 长轨条一端缩短量 λ''_1：

$$\lambda''_1 = \frac{(\max P_t - R_j)^2}{2EFp}$$

$$= \frac{(917.3 - 400)^2}{2 \times 2.1 \times 10^8 \times 77.45 \times 10^{-4} \times 10}$$

$$= 0.0082\text{m} = 8.2\text{mm}$$

缓冲轨一端缩短量 λ''_2：

$$\lambda''_2 = \frac{1}{2EF}\left[(\max P_t - R_j)\cdot l - \frac{1}{4}pl^2\right]$$

$$= \frac{1}{2 \times 2.1 \times 10^8 \times 77.45 \times 10^{-4}}$$

$$\times\left[(917.3 - 400) \times 25 - \frac{1}{4} \times 10 \times 25^2\right] = 0.0035\text{m}$$

$$= 3.5\text{mm}$$

$$\lambda'' = \lambda''_1 + \lambda''_2 = 8.2 + 3.5 = 11.7\text{mm}$$

5) 预留轨缝计算

由 $\Delta \geq \lambda'$ 得 $\Delta \geq 5.2\text{mm}$

由 $\Delta \leqslant \delta_0 - \lambda''$ 得 $\Delta \leqslant 18 - 11.7 = 6.3$mm

计算预留轨缝为：$5.2\text{mm} < \Delta < 6.3\text{mm}$，本设计取 $\Delta = 6\text{mm}$。

6.4.7 长轨条布置

(1) 普通无缝线路长轨条布置应符合下列规定：

1) 长轨条长度不应小于 200m；

2) 下列地段宜单独布置长轨条，并在其两端设置缓冲区：

A. 站内线路；

B. 设有胶接绝缘接头的每个自动闭塞区间；

C. 道岔与长轨条之间或两段长轨条之间；

D. 小半径曲线钢轨伤损严重的区段；

E. 其他特殊地段。

3) 长大隧道长轨条接头宜设在距隧道口内侧 50m 处；隧道群的长轨条宜连续布置，每座隧道距离隧道口内侧 50m 范围，应按伸缩区要求加强锁定。

4) 缓冲区宜设置 2~4 对同类型钢轨。

5) 缓冲区和伸缩区不应设置在宽度大于 4.5m 的道口上；桥上的伸缩区，长轨条接头宜设在护轨梭头范围以外。

(2) 跨区间无缝线路和区间无缝线路的长轨条布置应满足下列要求：

1) 跨区间无缝线路长轨条长度不受限制，区间无缝线路的长轨条长度应以车站最外道岔间的距离减两个缓冲区长度计算。

2) 长轨条由若干单元轨节组成。区间内单元轨节长度宜为 1000~2000m，最短不应小于 200m，每组无缝道岔应按一个单元轨节计。

3) 下列地段宜单独设计为一个或数个单元轨节：

A. 长大桥梁及两端线路护轨梭头范围之内；

B. 长度超过 1000m 的隧道；

C. 大跨度连续梁的两端设置调节器时，单元轨节长度应与每联连续梁长度相同。

(3) 单元轨节始、终端左右股钢轨接头相错量不应大于 100mm。

(4) 绝缘接头性能应符合国家现行标准《胶接绝缘接头技术条件》（TB/T2975）规定。胶接绝缘钢轨不宜小于 12.5m。

6.5 桥上无缝线路

6.5.1 桥上无缝线路的附加力

桥上无缝线路设计除计算长钢轨的温度力作用之外，还应计算桥上纵向附加力作用,包括:伸缩力,挠曲力,断轨力及制动力。

(1) 伸缩力

梁跨结构因温度变化而伸缩。在明桥面上,梁跨结构翼缘的这种纵向变形(即伸缩位移),受到梁轨间联结的约束,使钢轨产生纵向附加力的作用。在有碴桥上,道床也对梁、轨间的相对位移产生约束阻力,使钢轨形成附加纵向力。伴随温度变化,因梁轨相对位移而产生的钢轨纵向附加力称之为伸缩力。

(2) 挠曲力

在列车荷载作用下,梁跨结构因挠曲引起梁轨相对位移而产生的钢轨纵向附加力称之为挠曲力。

(3) 制动力

如果列车在桥上制动,列车制动引起钢轨伸缩而产生的纵向附加力称为制动附加力。

以上钢轨纵向附加力通过梁轨相互作用而传递于梁跨结构和固定支座,致使桥梁墩台承受附加水平力作用并产生弹性变形,发生墩顶纵向位移。

(4) 断轨力

因桥上长钢轨折断,引起桥跨结构与长钢轨相对纵向位移而产生的纵向力称为断轨力。断轨力通过梁、轨间的约束传递于墩台的固定支座。

6.5.2 伸缩力、挠曲力计算方法

(1) 计算假定

桥上无缝线路伸缩力、挠曲力的计算,采用下列基本假定:

1) 桥梁固定支座是理想的铰支座,不计活动支座对梁体纵向位移的影响;
2) 梁体温度变化仅为单方向的升温和降温,不考虑梁温升降的交替变化;
3) 计算挠曲力时,简支梁按两跨梁上布置列车荷载计算,连续梁在边跨(1跨)或固定支座至梁端的多跨梁上布置荷载计算;
4) 不考虑伸缩力、挠曲力的相互影响,伸缩力、挠曲力分别计算。

(2) 基本方程式

图 6-20 钢轨微段受力示意图

1) 力学平衡微分方程

在钢轨计算长度范围内,截取微段长度 dx,其所受之力如图 6-20 所示:

由力的平衡条件得:$P + dP = P + r \cdot dx$

$$dP = r \cdot dx$$

$$\frac{dP}{dx} = r \tag{6-45}$$

dx 的变形量 dy:

$$\mathrm{d}y = \frac{P}{EF}\mathrm{d}x \tag{6-46}$$

对式（6-46）取微分，得：

$$\frac{\mathrm{d}P}{\mathrm{d}x} = EFy'' \tag{6-47}$$

由式（6-45）、式（6-47）得：

$$EFy'' = r \tag{6-48}$$

式中 E——钢轨钢的弹性模量；

　　　F——钢轨的截面积；

　　　r——线路纵向阻力（取扣件阻力与道床纵向阻力二者之中最小值）；

　　　y——钢轨位移。

2）变形协调方程

A．第一变形协调方程

一般情况下，在梁跨某个部位存在梁、轨相对位移为零（即轨、梁的位移量相等）的点，由此建立梁轨变形协调方程：

$$z = y - \delta = 0$$

即：

$$y = \delta \tag{6-49}$$

式中 z——梁、轨相对位移；

　　　y——钢轨的位移；

　　　δ——梁的纵向位移。

计算伸缩力时，梁的纵向位移 δ：

$$\delta = \alpha \cdot \Delta T \cdot x - \frac{P_\mathrm{H}}{K} \tag{6-50}$$

式中 α——梁的线膨胀系数；

　　　ΔT——梁温度差（梁体温度变化幅度）（℃）；

　　　x——计算点距梁固定支座的距离（cm）；

　　　P_H——作用在墩台顶的纵向附加力（N）；

　　　K——墩台顶纵向水平线刚度（N/cm）。

计算挠曲力时，梁的纵向伸缩量 δ：

$$\delta = \Delta - \frac{P_\mathrm{H}}{K} \tag{6-51}$$

式中 Δ——梁在列车活荷载作用下，梁部上翼缘的纵向位移。

其他符号同式（6-50）。

B．第二变形协调方程

位于无缝线路固定区的桥梁，在伸缩力和挠曲力的分布范围内，钢轨拉伸和压缩变形的代数和应为零，其变形协调方程式为：

$$\Sigma y = 0 \tag{6-52}$$

3) 边界条件

在无缝线路固定区，发生钢轨位移的起点及终点，其位移及钢轨附加力均为零，即存在下列边界条件：

A. $y = 0$

B. $P = 0$

式 (6-49) 和式 (6-52) 是计算伸缩力、挠曲力的基本方程式，将式 (6-48)、式 (6-50) 或式 (6-51) 代入式 (6-49)、式 (6-52) 组成的方程组，采用解析或数值法求解，即可求得钢轨位移量和附加纵向力。

(3) 伸缩力计算例题

在桥上无缝线路设计中，线路纵向阻力取为常数，由式 (6-45) 可知，其长钢轨的纵向附加力是呈折线变化的，线路阻力 r 在各梁跨的梁、轨位移相等点发生方向变化，与之对应的钢轨纵向附加力图的斜率也发生改变。作为伸缩力计算例题，拟定简支梁的伸缩力变化如图 6-21 所示，并可通过逐步试算的方法求解，具体说明如下：

图 6-21 伸缩力变化图

图 (6-21) 为 $2 \times 32\text{m}$ 上承式钢板梁桥，桥上扣件布置为 1—2—1（表示每隔两个扣件，松开一个扣件，以减小桥上长钢轨的纵向阻力），桥上线路阻力 $r = 86\text{N/cm}$，桥两端线路阻力 $r_0 = 64\text{N/cm}$，桥梁日温度差 25℃，50kg/m 钢轨，钢轨截面积 $F = 65.8\text{cm}^2$，轨钢弹性模量 $E = 2.1 \times 10^7 \text{N/cm}^2$。不计墩顶位移。求简支梁无缝线路钢轨伸缩附加力及钢轨位移。

计算从第一跨固定端开始，先假定一个 l_0 值，根据温度力图逐步计算钢轨的位移，并根据梁轨位移协调条件计算出各跨梁轨位移相等的位置 l_{ki} 值，在此基础上，最后验算钢轨的变形协调条件是否成立，若条件不满足，则重新设定 l_0 值继续上述计算步骤，直至钢轨第二变形协调条件满足为止。

设 $l_0 = 2060\text{cm}$

对应于 A 点伸缩力 $P_1 = r_0 l_0 = 64 \times 2060 = 131840\text{N}$

设第一跨内梁、轨位移相等的点 K_1 距离固定端为 l_{K1}，计算梁 K_1 截面的位移

$$\delta_{K1} = \alpha \cdot \Delta T \cdot l_{K1} \tag{a}$$

式中　δ_{K1}——梁 K_1 截面位移；

　　　l_{K1}——梁 K_1 截面至固定支座距离；

　　　α——梁的线膨胀系数。

计算 K_1 点钢轨的位移：

$$y_{K1} = \frac{S_{K1}}{EF} = \frac{r_0 l_0^2/2 + (P_1 + P_1 + rl_{K1})\, l_{K1}/2}{EF} \tag{b}$$

式中，S_{K1} 是 K_1 点之左钢轨伸缩附加力图的面积之和。

根据第一变形协调条件 $y_{K1} = \delta_{K1}$ 并代入式（a）、式（b）两式得：

$$\alpha \cdot \Delta T \cdot l_{K1} = \frac{r_0 l_0^2/2 + (P_1 + P_1 + rl_{K1})\, l_{K1}/2}{EF} \tag{c}$$

将已知参数代入上式得：

$$86 l_{K1}^2 - 550520 l_{K1} + 27.16 \times 10^7 = 0$$

$$l_{K1} = 539\text{cm}$$

$$P_{K1} = P_1 + rl_{K1} = 131840 + 86 \times 539 = 178194\text{N}$$

将 l_{K1}、P_1 的计算值代入（b）式，计算 K_1 点钢轨位移：

$$y_{K1} = \frac{S_{K1}}{EF} = \frac{r_0 l_0^2/2 + (P_1 + P_1 + rl_{K1})\, l_{K1}/2}{EF}$$

$$= \frac{1}{2 \times 2.1 \times 10^7 \times 65.8} \left[64 \times 2060^2 + (131840 + 178194) \times 539 \right]$$

$$= 0.159\text{cm}$$

计算 B 截面 P_2 及 y_B：

$$P_2 = P_{K1} - r(L - l_{K1}) = 178194 - 86 \times (3200 - 539) = -50652\text{N}（压力）$$

$$y_B = y_{K1} + \frac{(P_{K1} - P_2)/r \cdot (P_{K1} + P_2)/2}{EF} = y_{K1} + \frac{1}{2EFr}(P_{K1}^2 - P_2^2)$$

$$= 0.159 + \frac{178194^2 - (-50652)^2}{2 \times 2.1 \times 10^7 \times 65.8 \times 86}$$

$$= 0.282\text{cm}$$

求第二跨梁、轨位移相等点 K_2 至固定支座的距离：

设 K_2 点距离固定端为 l_{K2}。

K_2 点的钢轨位移为：

$$y_{K2} = y_B + \frac{P_2 + P_{K2}}{2EF} \cdot l_{K2} \tag{d}$$

$$P_{K2} = P_2 + r \cdot l_{K2}$$

K_2 点的梁位移为:$\delta_{K2} = \alpha \cdot \Delta T \cdot l_{K2}$ \hfill (e)

根据 K_2 点的平衡条件 $y_{K2} = \delta_{K2}$ 并代入式 (d)、式 (e) 得:

$$\alpha \cdot \Delta T \cdot l_{K2} = y_B + \frac{P_2 + P_{K2}}{2EF} \cdot l_{K2} \qquad (f)$$

将已知参数代入上式得:

$$86 l_{K2}^2 - 916566 l_{K2} + 7.79 \times 10^8 = 0$$

解方程得:
$$l_{K2} = 931 \text{cm}$$
$$P_{K2} = P_2 + r l_{K2} = -50652 + 86 \times 931 = 29414 \text{N}$$

将已知的计算值代入 (d) 式,计算 K_2 点的钢轨位移为:

$$y_{K2} = y_B + \frac{P_2 + P_{K2}}{2EF} \cdot l_{K2} = 0.282 + \frac{-50652 + 29414}{2 \times 2.1 \times 10^7 \times 65.8 \times 86} \times 931 = 0.277 \text{cm}$$

计算 C 截面 P_3 及 y_C:

$$P_3 = P_{K2} - r(L - l_{K2}) = 29414 - 86 \times (3200 - 931) = -165720 \text{N}$$

$$y_C = y_{K2} + \frac{1}{2EFr}(P_{K2}^2 - P_3^2) = 0.277 + \frac{29414^2 - (-165720)^2}{2 \times 2.1 \times 10^7 \times 65.8 \times 86} = 0.165 \text{cm}$$

计算 N 点的钢轨位移 y_{01}:

$$y_{01} = y_C - \frac{P_3 l_{01}}{2EF} = y_C - \frac{P_3 \cdot |P_3|}{2EFr_0}$$

$$= 0.165 - \frac{(165720)^2}{2 \times 2.1 \times 10^7 \times 65.8 \times 64} = -0.0097 \text{cm}$$

可得到 $l_{01} = \frac{P_3}{r_0} = \frac{165720}{64} = 2589 \text{cm}$

凡 $|y_{01}| \leq 0.01 \text{cm}$,可满足工程精度要求。现 $|y_{01}| = 0.0097 \text{cm} < 0.01 \text{cm}$,无需继续试算。

(4) 挠曲力计算例题

1) 列车荷载作用下简支梁纵向位移计算

梁跨结构在列车荷载作用下发生挠曲,致使其翼缘发生纵向位移。对于上承式简支梁,一般需计算其上翼缘的位移。

以下以简支梁为例,说明列车荷载作用下,梁体上翼缘纵向位移计算方法。

将列车荷载化为等代均布荷载 q,如图 6-22 (a) 所示。

试看图 6-22,承受均布荷载 q 的简支梁,由材料力学得知,任一截面的转角为:

$$\theta_x = \int \frac{M_x M_0}{E_1 J} dx \qquad (6\text{-}53)$$

由于 $M_x = q \frac{lx}{2} - q \frac{x^2}{2}$,$M_0 = 1$,通过边界条件 $\theta \big|_{\frac{L}{2}} = 0$ 得到:

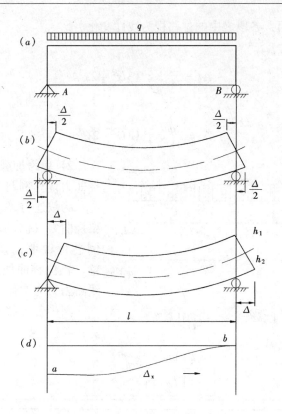

图 6-22 上承简支梁上缘位移计算图

$$\theta_x = \frac{q}{24E_1J}(6lx^2 - 4x^3 - l^3) \tag{6-54}$$

梁上任意截面上缘纵向位移由下式求取：

$$\Delta_x = h_1\theta_x + h_2\theta_l \tag{6-55}$$

式中　h_1、h_2——梁的上下缘至中和轴距离；

θ_l——在 $x = l$ 时梁固定端的截面转角；

$h_2\theta_l$——梁的纵向平移值；

q——换算均布荷载；

E_1——梁跨结构材料的弹性模量；

J——梁的换算惯性矩，$J = \frac{\Sigma J_n l_n}{l}$，其中 l_n 为 $J = J_n$ 的分段长度。

当 $h_1 \neq h_2$ 时，

$$\Delta_x = \frac{ql^3 h_1}{24E_1J}(6C^2 - 4C^3 - 1) + \frac{ql^3 h_2}{24E_1J} \tag{6-56}$$

其中，$C = \frac{x}{l}$，其值可等于 0.01、0.02……，表示将梁跨截成若干小段，计

算各段点的 Δ_x 值，各段之中的位移视为线性变化。

当 $h_1 = h_2$ 时

$$\Delta_x = \frac{qh}{24E_1J}(3lx^2 - 2x^3)$$

同理可得

$$\Delta_x = \frac{qhl^3}{24E_1J}(3C^2 - 2C^3) \tag{6-57}$$

图 6-23　上翼缘各截面转角计算图

2) 单跨加载条件下，简支梁挠曲力计算例题

为叙述方便，现以单跨简支梁挠曲力（活动端迎车）计算为例进行说明，其钢轨挠曲力及梁、轨位移曲线如图 6-24 所示。线路阻力为常数。

图中各点挠曲力值由下式计算：

图 6-24　活动端迎车挠曲力计算图

$$P_1 = r_1 \cdot l_0$$
$$P_2 = P_1 - r_2 \cdot l_1$$
$$P_K = P_2 - r_3(L - l_1 - l_K)$$
$$P_3 = P_K + r_3 \cdot l_K$$

式中　r_1——$A'A$ 段轨面无载情况下，线路纵向阻力；

r_2——机车下 AC 段无缝线路纵向阻力；

r_3——车辆下 CB 段无缝线路纵向阻力；

r_4——BB' 段轨面无载情况下，线路纵向阻力。

钢轨各段的变形量由下式计算：

$A'A$ 段：$y_1 = \dfrac{P_1 l_0}{2EF}$

AC 段：$y_2 = \dfrac{(P_1 + P_2) l_1}{2EF}$

CK 段：$y_3 = \dfrac{(P_2 + P_K)(L - l_1 - l_K)}{2EF}$

KB 段：$y_4 = \dfrac{(P_k + P_3) l_k}{2EF}$

BB' 段：$y_5 = \dfrac{P_3 \cdot \left|\dfrac{P_3}{r_4}\right|}{2EF} = \dfrac{P_3 \cdot |P_3|}{2EFr_4}$

梁、轨位移相等点 K 的钢轨位移：

$$y_K = y_1 + y_2 + y_3$$

变形协调条件：

不计墩顶位移，注意到式（6-51）得出 $\delta_x = \Delta_x$，故变形协调条件为：

$$\delta_K = y_1 + y_2 + y_3$$

$$\Sigma y = y_1 + y_2 + y_3 + y_4 + y_5 = 0$$

以上两个方程包含两个未知数 l_0、l_K，可以通过数值方法求解，从而可计算出挠曲力和钢轨位移。计算方法与伸缩力计算基本相同。

K 点的梁体纵向位移可通过下列近似的方法计算：

由计算结果可知，梁的上翼缘纵向位移为非线性曲线，为了计算方便，将梁的位移曲线分为若干近似线性变化段，间距为 2m，梁上各分段点的位移表示为 δ_0，δ_1，…δ_{i-1}，δ_i，…

梁在任一截面 K 的位移由下式计算：

$$\delta_\xi = \delta_i - \dfrac{\delta_i - \delta_{i-1}}{C} l'_\xi$$

式中　δ_i，δ_{i-1}——相邻于 ξ 点的梁体纵向位移；

　　　l'_ξ——ξ 点至 i 点的距离；

　　　C——分段长度（2m）。

以下是挠曲力计算参数及其计算步骤：

已知上承式钢板梁桥，跨度 32m，扣件布置为 1—6—1，机车荷载位于桥梁固定端。

当 $C = 2$m 时，梁的上翼缘纵向位移计算值见表 6-11。

纵向位移计算值　　　　　　　表 6-11

距活动端距离 (m)	0	2	4	6	8	10	12	14	16
位移 (mm)	0	0.11	0.42	0.91	1.54	2.28	3.11	4.00	4.92
距活动端距离 (m)	18	20	22	24	26	28	30	32	
位移 (mm)	5.48	6.73	7.56	8.30	8.93	9.42	9.73	9.84	

当扣件布置为 1—6—1 时，线路阻力取 $r_1 = 46\text{N/cm}$，$r_2 = 138\text{N/cm}$，$r_3 = 39\text{N/cm}$，$r_4 = 46\text{N/cm}$，取 $l_1 = 750\text{cm}$。

计算从固定端开始：

设 $l_0 = 2230.0\text{cm}$

则，$P_1 = r_1 l_0 = 46 \times 2230 = 102580\text{N}$

$$y_1 = \frac{P_1 l_0}{2EF} = \frac{102580 \times 2230}{2 \times 2.1 \times 10^7 \times 65.8} = 0.083\text{cm}$$

$$P_2 = P_1 - r_2 l_1 = 102580 - 138 \times 750 = -920\text{N}$$

$$y_2 = \frac{(P_1 + P_2) l_1}{2EF} = \frac{(102580 - 920) \times 750}{2 \times 2.1 \times 10^7 \times 65.8} = 0.0276\text{cm}$$

现在来判断 l_1 截面处与梁轨位移相等点 K 的相对位置。由表 6-11 可知，当计算截面距活动端距离 $l_1 = 24\text{m}$ 时，梁的位移 $\delta_i = 0.83\text{cm}$，可以估计其钢轨位移 y_i 稍大于 $y_2 = 0.0276\text{cm}$（y_2 的位置对应于 $l_i = L - l_1 = 24.5\text{m}$）。但是 $\delta_i > y_i$，从而可以判断梁、轨位移相等点 K 在 P_2 以右。

继续试算 $l_i = 600\text{cm}$ 处的钢轨位移：

$$y_i = y_1 + y_2 + y'_i = y_1 + y_2 + \frac{(P_2 + P_i)}{2EF}(L - l_1 - l_i)$$

$$P_i = P_2 - r_3(L - l_1 - l_i)$$

$$y_i = 0.083 + 0.0276 + \frac{-920 \times 2 - 39 \times (3200 - 750 - 600)}{2 \times 2.1 \times 10^7 \times 65.8} \times (3200 - 750 - 600)$$

$$= 0.061\text{m}$$

$l_i = 400\text{cm}$ 处的钢轨位移：

$$y_{i-1} = y_1 + y_2 + y'_{i-1}$$

$$= 0.083 + 0.0276 + \frac{-920 \times 2 - 39 \times (3200 - 750 - 400)}{2 \times 2.1 \times 10^7 \times 65.8} \times (3200 - 750 - 400)$$

$$= 0.05\text{cm}$$

由表 6-11 查得 δ_i 与以上 y_i 对照可得：

$l_i = 600\text{cm}$ 时，$\delta_i = 0.091\text{cm} > y_i$

$l_i = 400\text{cm}$ 时，$\delta_{i-1} = 0.042\text{cm} < y_{i-1}$

所以，在 $l_i = 600\text{cm} \sim 400\text{cm}$ 之间存在梁、轨位移相等点 K。

梁、轨位移相等的点 K 的钢轨位移：

$$y_K = y_1 + y_2 + y_3 = 0.083 + 0.0276 + \frac{(P_2 + P_K)}{2EF}(L - l_1 - l_K)$$

$$= 0.1106 + \frac{2P_2 - r_3(L - l_1 - l_K)}{2EF}(L - l_1 - l_K)$$

梁、轨位移相等的点 K 的梁位移：

$$\delta_K = \delta_i - \frac{\delta_i - \delta_{i-1}}{C}l'_K = 0.091 - \frac{0.091 - 0.042}{200}(600 - l_K)$$

根据变形协调条件 $\delta_K = y_K$ 可建立一元二次方程，解方程得 $l_K = 443\text{cm}$，从而计算得出

$$P_K = -920 - 39 \times (3200 - 750 - 443) = -79193\text{N}$$

$$y_K = 0.1106 + \frac{(-920 - 79193)}{2 \times 2.1 \times 10^7 \times 65.8} \times (3200 - 750 - 443) = 0.0524\text{cm}$$

$$P_3 = -79193 + 39 \times 443 = -61916\text{N}$$

$$y_3 = \frac{(P_k + P_3)}{2EF}l_K = \frac{(-79193 - 61916)}{2 \times 2.1 \times 10^7 \times 65.8} \times 443 = -0.023\text{cm}$$

$$y_4 = \frac{P_3 \cdot |P_3|}{2EFr_4} = \frac{-(61916)^2}{2 \times 2.1 \times 10^7 \times 65.8 \times 46} = -0.03\text{cm}$$

$\Sigma y = y_1 + y_2 + y_3 + y_4 + y_5 = y_k + y_4 + y_5 = 0.0524 - 0.023 - 0.03 = -0.0006\text{cm}$

凡 $|\Sigma y| \leq 0.001\text{cm}$，可满足工程精度要求。现 $|\Sigma y| = 0.0006\text{cm} < 0.001\text{cm}$，无需继续试算。

6.5.3　桥上无缝线路设计

（1）基本参数

1）梁温度差按以下规定取值：

有砟轨道混凝土梁：15℃

无砟轨道混凝土梁：20℃

钢　　　　　梁：25℃

2）有砟轨道线路（每轨）纵向阻力取值应符合以下规定：

A. 桥上无缝线路采用与桥梁两端路基无缝线路一致的轨道结构。

计算伸缩力，纵向阻力取 70N/cm。

计算挠曲力，轨面无载时，纵向阻力取 70N/cm；轨面有载时，机车下纵向阻力取 110N/cm，车辆下纵向阻力取 70N/cm。

计算断轨力，纵向阻力取 110N/cm。

B. 轨道结构与桥梁两端路基无缝线路不同的桥上无缝线路，其扣件的扣压力以及摩擦系数低于路基无缝线路时，线路纵向阻力 r（N/cm）值应按下式计算：

$$r = 2\xi P\mu/a \tag{6-58}$$

式中 ξ——线路纵向阻力系数，计算伸缩力，ξ 取 0.65；计算挠曲力，轨面无载时，ξ 取 0.65，轨面有载时，机车下阻力系数 ξ 取 1.0，车辆下阻力系数 ξ 取 0.65；计算断轨力，ξ 取 1.0；

P——单个扣件的扣压力（N）；

μ——钢轨与轨下胶垫的综合摩擦系数，轨下胶垫为橡胶垫板时，μ 取 0.8，轨下胶垫为不锈钢复合胶垫或钢轨与铁垫板直接接触时，μ 取 0.5；

a——轨枕间距（cm）。

3) 无碴轨道线路（每轨）纵向阻力计算应符合以下规定：

A. 钢梁桥上采用 K 型分开式扣件，扣件布置形式为 1（紧）- n（松）- 1（紧）（螺母扭力矩 80~120N·m），线路纵向阻力 r（N/cm）值应按下式计算：

$$r = \xi(P_1 + nP_2)/(n+1)a \tag{6-59}$$

式中 ξ——线路纵向阻力系数，计算伸缩力，ξ 取 0.75；计算挠曲力，轨面无载时，ξ 取 0.75，轨面有载时，机车阻力系数 ξ 取 1.15，车辆下阻力系数 ξ 取 0.75；计算断轨力，ξ 取 1.0；

P_1——扣紧轨底的 K 型扣件节点阻力，取 7500kN；

P_2——不扣紧轨底的 K 型扣件节点阻力，取 500kN；

a——轨枕间距（cm）。

B. 混凝土桥梁无碴轨道，线路纵向阻力 r（N/cm）值应按下式计算：

$$r = 2\xi P\mu/a \tag{6-60}$$

式中 ξ——线路纵向阻力系数，计算伸缩力，ξ 取 0.75，计算挠曲力，轨面无载时，ξ 取 0.75，轨面有载时，机车下阻力系数 ξ 取 1.15，车辆下阻力系数 ξ 取 0.75，计算断轨力，ξ 取 1.0；

P——单个扣件的扣压力（N）；

μ——钢轨与轨下胶垫的综合摩擦系数，轨下胶垫为橡胶垫板时，μ 取 0.8，轨下胶垫为不锈钢复合胶垫或钢轨与铁垫板直接接触时，μ 取 0.5；

a——轨枕间距（cm）。

(2) 桥上无缝线路纵向附加力计算规定

1) 位于 60kg/m 无缝线路固定区的等跨混凝土简支梁，其相邻桥墩纵向水平线刚度之差小于较小墩的 50% 时，伸缩力可按表 6-12 取值；采取中活载设计的桥梁，挠曲力按表 6-13 取值；采用 ZK 标准活荷载设计的桥梁，挠曲力按表 6-14 取值。

6.5 桥上无缝线路

固定区单股钢轨作用于桥梁的伸缩力　　　　　　　　　　表 6-12

梁型	跨度 (m)	桥墩刚度 (kN/cm·线)	轨道结构	伸缩力 (kN)	
				桥台（固定支座）	桥　墩
混凝土简支梁	≤12	150	混凝土枕	55	10
	16	200	混凝土枕	70	10
	20	250	混凝土枕	85	15
	24	400	混凝土枕	95	25
	32	500	混凝土枕	115	35
	40	750	混凝土枕	135	45

设计荷载采用中活载时，单股钢轨作用于桥梁的挠曲力　　　　表 6-13

梁型	跨度 (m)	梁高 (m)	桥墩刚度 (kN/cm·线)	轨道结构	车前墩台挠曲力 (kN)	
					桥台（固定支座）	桥　墩
T型混凝土简支梁	12	1.61	150	混凝土枕	20	5
	16	1.96	200	混凝土枕	30	10
	20	2.06	250	混凝土枕	40	15
	24	2.16	400	混凝土枕	60	25
	32	2.56	500	混凝土枕	90	45

设计荷载采用 ZK 标准活载时，单股钢轨作用于桥梁的挠曲力　　表 6-14

跨度及梁型	梁高 (m)	轨道结构	车前墩台挠曲力 (kN)	
			桥台（固定支座）	桥　墩
16m 双线 T 梁	1.6	混凝土枕	30	5
20m 单线箱梁	2.0	混凝土枕	35	10
20m 双线箱梁	2.0	混凝土枕	35	10
24m 单线箱梁	2.2	混凝土枕	50	20
24m 双线箱梁	2.2	混凝土枕	50	20
32m 单线箱梁	2.7	混凝土枕	65	35
32m 双线箱梁	2.6	混凝土枕	65	35

位于无缝线路伸缩区的简支梁，伸缩力 T_1 (N) 按下式计算：

$$T_1 = r \times L \tag{6-61}$$

式中　r——伸缩区纵向阻力（N/cm）；

L——简支梁的跨度（cm），若 L 大于无缝线路伸缩区长度，L 取用伸缩区长度。在连续梁的一端设置钢轨伸缩调节器时，伸缩力 T_1 (N) 按下式计算：

$$T_1 = r \times L \tag{6-62}$$

式中 r——伸缩区纵向阻力（N/cm）；

L——连续梁的联长（cm），若 L 大于无缝线路伸缩区长度，L 取用伸缩区长度。

在连续梁的中部或两端设置钢轨伸缩调节器时，无缝线路作用在连续梁桥墩的伸缩力可不计。

位于无缝线路固定区的连续梁，其伸缩力与挠曲力应根据桥上无缝线路设计规定专门计算。

2) 位于无缝线路固定区的简支梁桥，断轨力 T_3（N）按下式计算：

$$T_3 = r \times L \tag{6-63}$$

式中 r——固定区线路阻力（N/cm）；

L——简支梁的跨度（cm），若 L 大于伸缩区长度，L 取用伸缩区长度。

若在连续梁中部设置钢轨伸缩调节器，断轨力按下式计算：

$$T_3 = r \times L/2 \tag{6-64}$$

式中 r——线路纵向阻力（N/cm）；

L——连续梁联长（cm），若 $L/2$ 大于无缝线路断轨所形成的伸缩区长度，$L/2$ 取用断轨的伸缩区长度。

(3) 允许温升计算

桥上无缝线路允许温升应根据线路稳定性计算确定，并考虑无缝线路纵向力的影响。桥上无缝线路允许温升 ΔT_u 按下式计算：

$$\Delta T_u = \frac{[P] - 2\Delta P}{2EF\alpha} \tag{6-65}$$

式中 $[P]$——桥上无缝线路允许温度压力；

ΔP——桥上无缝线路伸缩压力、挠曲压力中的较大值；

E——钢轨钢的弹性模量；

α——钢轨钢的线胀系数；

F——钢轨截面面积。

(4) 允许温降计算

桥上无缝线路允许温降由钢轨强度检算确定，并考虑无缝线路纵向力的影响。

允许温降 ΔT_d 按下式计算：

$$\Delta T_d = \frac{[\sigma] - \sigma_d - \sigma_f}{E\alpha} \tag{6-66}$$

式中 E——钢轨钢的弹性模量；

α——钢轨钢的线胀系数；

$[\sigma]$——钢轨的允许应力；

σ_d——列车活载作用下轨底边缘动弯应力；

σ_f——桥上无缝线路钢轨最大纵向附加应力（不包括温度应力，取伸缩拉应力、挠曲拉应力中的最大值）。

(5) 设计锁定轨温计算

桥上无缝线路设计锁定轨温应根据气象资料、允许温降、允许温升计算确定，并应满足桥上无缝线路断缝检算要求。同时还应满足无缝线路相邻单元轨节间的锁定轨温差不大于 5℃，同一设计锁定轨温无缝线路区段内单元轨节的最高与最低锁定轨温差不大于 10℃。

桥上无缝线路设计锁定轨温按式（6-37）计算。

钢轨断缝按下式验算：

$$\lambda = \frac{EF(\alpha \cdot \Delta T)^2}{r} \leq [\lambda] \tag{6-67}$$

式中 ΔT——无缝线路最大温降（$\Delta T = T_m - T_{\min}$）；

r——线路纵向阻力；

E——钢轨钢的弹性模量；

α——钢轨钢的线胀系数；

$[\lambda]$——钢轨折断允许断缝值，一般取 7cm，条件困难时可适当加大，但不得超过 10cm。

(6) 单元轨节布置

桥上无缝线路由一个或若干个单元轨节组成，并应与桥梁两端路基无缝线路焊接，使之成为区间无缝线路的一部分，在连续梁的两端设置钢轨伸缩调节器时，单元轨节宜按联分段；在连续梁的跨中或一端设置钢轨伸缩调节器时，单元轨节的长度可根据线路条件等因素确定。

(7) 钢轨伸缩调节器设置

钢轨伸缩调节器的设置部位与数量应视桥梁墩台及线路设计情况确定。

温度跨度大于 100m 的钢梁，应在活动支座梁端设置一组钢轨伸缩调节器。温度跨度是指桥墩相邻两联梁（含简支梁）固定支座间的距离，或与桥台毗邻的桥墩固定支座至桥台挡碴墙间的距离。

温度跨度大于 120m 的混凝土连续梁，应设置一组或多组钢轨伸缩调节器，多联连续梁可考虑共用钢轨伸缩调节器。

钢轨伸缩调节器不应设置在曲线半径 $R \leq 1500$m 的曲线上，也不宜设置在竖曲线上。

两端设置钢轨伸缩调节器的大跨度钢桁连续梁，桥面系未设置活动纵梁时，K 型扣件全部扣紧轨底；桥面系设置活动纵梁时，K 型扣件扣紧轨底的长度宜为全联长度的 1/3。

(8) 纵向力组合及墩台检算

1) 纵向力组合

铺设无缝线路的桥梁墩台除按桥梁设计有关规定进行检算外，还应增加纵向力组合作用下的检算。

桥上无缝线路纵向组合原则是：

A. 同一股钢轨的伸缩力、挠曲力、断轨力相互独立，不作叠加；
B. 伸缩力、挠曲力、断轨力不与同线的离心力或制动力等组合；
C. 伸缩力、挠曲力归属于主力荷载，断轨力归属于特殊荷载。

桥梁墩台设计荷载除按《铁路桥涵设计规范》(TB 10002.1~5—99)规定组合外，所增加的纵向力各种组合应符合表6-15的规定。

纵 向 力 组 合　　　　　　表6-15

墩台类型	序号	荷载分类	纵向力组合
单线墩台	1	主　力 无　车	①恒载+两股钢轨伸缩力 ②恒载+两股钢轨挠曲力 ①与②比较取大值
	2	主力+特殊荷载 无　车	恒载+一股钢轨伸缩力+另一股钢轨断轨力
双线墩台	1	主　力 双线无车	①恒载+四股钢轨伸缩力 ②恒载+四股钢轨挠曲力 ①与②比较取大值
	2	主力+纵向附加力 一线有车 一线无车	恒载+一线活载+一线列车制动力或牵引力 +另一线两股钢轨伸缩力或挠曲力较大值 +其他纵向附加力
	3	主力+特殊荷载 双线无车	恒载+一线一股钢轨断轨力+另一股钢轨伸缩力 +另一线两股钢轨伸缩力或挠曲力较大值
	4	主力+特殊荷载 一线无车 一线有车	恒载+一线一股钢轨断轨力+另一股钢轨伸缩力 +另一线活荷载

2）墩台检算

铺设无缝线路的桥梁，应进行支座、墩身及基础的检算，并检算桥墩线刚度。

简支梁桥墩顶纵向水平线刚度应不小于表6-16的规定。

简支梁桥台顶纵向水平线刚度不宜小于3000kN/cm·双线。

简支梁桥墩顶纵向水平线刚度限值　　　　表6-16

跨度（m）	≤12	16	20	24	32	40	48
桥墩顶线刚度 (kN/cm·双线)	120	200	240	300	400	700	1000

注：单线墩台顶的最小水平线刚度限值按表中规定值的二分之一计。

第 7 章 线路维护与管理

7.1 我国线路维护管理体制

7.1.1 线路的破坏与线路修理

如前所述，铁路轨道在自然环境和机车车辆动力的作用下，几何形位将发生一系列变化，其变化可分为弹性变形和永久变形两类。轨道的弹性变形是指荷载或作用（如温度）释放后，其变形量得以恢复；而轨道永久变形是不能自行恢复的，如轨面的不均匀磨耗以及道床不均匀沉陷所引起的轨道几何不平顺等。轨道的几何不平顺将导致轮轨相互作用的加剧，削弱轨道的强度和稳定性，从而降低列车运行的舒适性，并形成轨道永久变形的积累及轨道几何形位的劣化。永久变形的积累超过一定限度后，将成为事故隐患，危及铁路行车安全。因此，必须通过线路的经常维护和定期的修理，及时消除轨道的永久变形，恢复轨道的正常状态，使之符合规定的技术标准，以确保列车按规定的速度，安全、平稳和不间断运行。轨道结构的工作过程是一个边运营、边破坏、边修理的过程，这也是轨道结构有别于一般工程结构的显著工作特征。

需要指出，由于铁路轨道结构与路基同属一个相互联系的线路工程结构系统，并由同一组织机构维护管理，故铁路管理部门将轨道和路基系统的维护管理统称为线路修理与管理，或线路维护与管理。本章着重介绍其中轨道维护与管理的有关内容。

7.1.2 线路修理工作分类

我国将线路修理分为大修、中修和维修，铁路工务部分称其为修程。线路大修的任务是彻底消除线路永久变形，对线路的损耗部分实行周期性的更新和修理，恢复或提高设备强度，其主要工作内容是全面更换钢轨、清筛并补充道床、更换失效轨枕等。线路中修是两次大修之间的作业，以消除线路的永久变形为主要目标，其主要工作内容是加强道床，解决道床不洁及强度不足问题，同时更换失效轨枕。在两次大修之间，一般进行 2~3 次中修。线路维修是在大、中修间或两次中修间进行消除一般线路病害或计划预防性的工作或作业。线路维修工作依其工作性质又可分为综合维修、经常保养和临时补修。

7.1.3 线路维护组织管理形式

我国铁路线路维护管理的最高部门是铁道部运输局基础部,各铁路局设有工务处,下设若干工务段。

线路大、中修由各铁路局工务处管理,并委派线路设计和施工专业机构组织实施。线路维修由工务段组织实施。工务段管辖范围(营业长度),单线约为300~400km,双线和山区铁路约为250km。在工务段管辖范围内设有枢纽或编组站时,应适当减少管辖的营业长度。使用大型养路机械时,则设置机械化线路维修段,负责综合维修。

工务段下设的线路维修管理组织有:养路领工区、养路工区及机械化工队;专业性较强且工作量较大的工作,可设专业工队并由工务段直接领导。

线路维修管理组织分为修养分开和修养合一两种形式。

(1) 修养分开组织形式

1) 机械化线路维修段负责综合维修,工务段配合施工,工务段主要负责经常保养和临时修补。这一组织形式适宜于繁忙铁路干线,并使用大型养路机械利用"天窗"进行综合维修(所谓"天窗"是指列车运行图中计划规定列车运行的时间间隔,在"天窗"内,实行线路区间封锁,用以实施工务、电务及供电修理等作业)。

2) 工务段直接领导的机械化维修队负责综合维修,养路领工区负责经常保养和临时补修。适宜于小机群利用"天窗"作业的繁忙干线。

3) 养路领工区下设一个机械化工队和6~8个保养工区,机械化工队负责综合维修,保养工区负责经常保养和临时补修。适宜于站间距离小,交通方便并利用列车间隔进行线路作业的区段。

(2) 修养合一组织形式

养路领工区领导的3~4个机械化工区或6~8个养路工区负责全面线路维修工作。有大站时可设站线养路工区、道岔工区。适宜于站间距离较大,能乘坐轻型轨道车或汽车上、下班,并利用列车间隔时间进行线路作业的区段。

机械化养路工区管辖的营业长度,一般单线铁路应不大于20km,双线应不大于15km,站线工区的管辖线路延长以12~20km为宜。

养路工区管辖的营业长度一般不大于10km。

7.2 线路修理周期

世界铁路将线路修理及其周期视为一项重要的技术决策。随着铁路运输业的发展,各国铁路普遍地设立专门机构研究线路作业组织和工艺,在强化轨道结构的基础上,结合各国铁路的运营经验和试验研究成果,制定了相应的线路修理决

策系统。其主要特征是:

(1) 根据不同线路等级和轨道结构类型,按规定的周期进行线路作业;

(2) 采用大型综合性线路机械,在"天窗"进行线路作业并注重提高"天窗"利用率和综合经济效益。线路大修施工封锁"天窗"应不少于180min,线路中修应不少于150min。

线路修理周期不仅是技术问题,也是一项政策性很强的工作,我国为确定线路大修周期开展了大量研究工作,并以钢轨使用寿命作为确定线路大修周期的依据。我国线路修路周期见表7-1,周期以通过总重(Mt·km/km)计,通过总重$W_{累计}$按式(7-1)计算。

$$W_{累计} = \Sigma W_{年} \tag{7-1}$$

式中 $W_{年}$——年通过总重(Mt·km/km),按式(7-2)计算。

$$W_{年} = \frac{10^3 W_{运} + [(n_{货} + n_{货双} + n_{单} + n_{路})W_{货机} + (n_{客} + n_{客双})W_{客机}]L}{10^6 L} \tag{7-2}$$

式中 $W_{年}$——铁路线路单位长度一年内通过的总质量(Mt·km/km);

$W_{运}$——区段各种运输总量(kt·km);

L——区段长度(km);

$n_{货}$——区段年开行货物列车列数(列);

$n_{货双}$——区段年开行货物列车列数中双机牵引列数(列);

$n_{单}$——区段年单机走行次数(列);

$n_{路}$——区段年路用车开行次数(列);

$W_{货机}$——该区段主要货物列车的机车整备重(t);

$n_{客}$——区段年开行旅客列车列数(列);

$n_{客双}$——区段年开行旅客列车列数中的双牵引列数(列);

$W_{客机}$——该区段主要旅客列车的机车整备重(t)。

铁路线路大、中修及综合维修周期表 表7-1

轨道条件			周期(通过总重)(Mt·km/km)		
轨型	轨枕	道床	中修	大修	综合维修
75kg/m 无缝线路	混凝土枕	碎石	400~500	900	200
75kg/m 普通线路	混凝土枕	碎石	350~400	700	100
60kg/m 无缝线路	混凝土枕	碎石	300~400	700	180

续表

轨道条件			周期（通过总重）(Mt·km/km)		
轨型	轨枕	道床	中修	大修	综合维修
60kg/m 普通线路	混凝土枕或木枕	碎石	300～350	600	90
50kg/m 无缝线路	混凝土枕或木枕	碎石	300	550	150（一般不超过3年）
50kg/m 普通线路	混凝土枕或木枕	碎石	250	450	70（一般不超过2年）
43kg/m 普通线路	混凝土枕或木枕	碎石	160	250	30（一般不超过2年）

注：1. 当 $v>120$km/h、轴重 >23t、牵引定数 >5000t 时，铁路线路大、中修周期可适当缩短；
  2. 铺设全长淬火轨地段，线路大修周期可适当延长；
  3. 采用一级道碴的线路，其综合维修可适当延长。

  作为研究和探索，可采用工程类比分析法和经济寿命分析法预测线路大修周期。

  所谓工程类比法，是依据以往的线路大修实施周期，结合轨道力学分析，类比不同运营条件下不同轨道结构破坏程度，推算维修费与投资费之和为最小的轨道匹配关系，进而预测大修周期。

  所谓经济寿命分析法，是假设钢轨失效符合威布尔（W. Weibull）分布，并应用经济动态的基本原理，推算逐年线路设备修理费的年金值，年金值最低年限即为线路大修周期。

  两种方法均以长期的实际运营情况为依据，所预测的结果与实际情况吻合。

7.3 线路设备大修

7.3.1 线路设备大修分类

铁路线路设备大修分类规定如下：
(1) 线路大修（工程数量以千米计）：
1) 线路换轨大修；
2) 铺设无缝线路前期工程；
3) 铺设无缝线路。

  线路因钢轨疲劳伤损或轨型不符合要求，不能适应当前或近期铁路运输需要时，必须全面更换新钢轨。

  线路换轨大修时，不能铺设无缝线路的区段，采用普通轨道结构型式，列为换轨大修工程件名；能够铺设无缝线路的区段，必须采用无缝线路轨道结构型式，并大力发展全区间或跨区间无缝线路，按施工阶段分别列为铺设无缝线路前期工程和铺设无缝线路。

(2) 线路中修（以千米计）。

(3) 成段更换再用轨（以千米计）。

(4) 成组更换新道岔和新岔枕（以组计）。

(5) 成段更换新混凝土枕或再用混凝土枕（以根计）。

(6) 成段铺设混凝土宽枕（以根计）。

(7) 成段更换混凝土枕扣件（以根计）。

原有轨枕扣件变形，或扣压力不足，或需要改变扣件类型的线路区段，可列为成段更换混凝土枕扣件工程件名。

(8) 道口大修（以万元计）。

(9) 其他大修（以万元计）。

7.3.2 线路设备大修工作内容

(1) 线路换轨大修主要工作内容

1) 校正、改善线路纵断面和平面。

2) 全面更换新钢轨及配件，更换桥上钢轨伸缩调节器及不符合规定的护轨，更换绝缘接头及钢轨接续线。

3) 更换失效轨枕、严重伤损的混凝土枕及扣件，补足轨枕配置根数，有条件时应将线路上木枕地段成段更换为混凝土枕（另列工程件名）。

4) 清筛道床，补充道碴，改善道床断面，改换天然级配卵石道床或砂道床为碎石道床。整治基床翻浆冒泥地段。

5) 成组更换新道岔和新岔枕（另列工程件名）。

6) 安装轨道加强设备。

7) 整修路肩、路基面排水坡，清理侧沟，清除路堑边坡弃土。

8) 整修道口。

9) 抬高因线路大修需要抬高的邻线道岔、桥梁，加高有碴桥挡碴墙。

10) 补充、修理并刷新由工务部门管理的各种线路标志、信号标志、钢轨纵向位移观测桩及备用轨架。

11) 回收旧料，清理场地，设置常备材料。

(2) 铺设无缝线路前期工程主要工作内容

1) 校正、改善线路纵断面和平面。

2) 抽换轻伤持续发展的钢轨及配件。

3) 均匀轨缝，螺栓涂油，整修、补充防爬设备，锁定线路。

4) 更换失效轨枕、严重伤损的混凝土枕及扣件，补充轨枕配置根数，有条件时应将线路上木枕地段成段更换为混凝土枕（另列工程件名）。

5) 清筛道床，补充道碴，改善道床断面，改换天然级配卵石道床或砂道床为碎石道床。整治基床翻浆冒泥地段。

6）整修道岔。

7）整修路肩、路基面排水坡，清理侧沟，清除路堑边坡弃土。

8）整修道口。

9）抬高因线路大修需要抬高的邻线道岔、桥梁，加高有碴桥挡碴墙。

10）补充、修理并刷新由工务部门管理的各种线路标志、信号标志、钢轨纵向位移观测桩及备用轨架。

11）回收旧料，清理场地，设置常备材料。

(3) 铺设无缝线路工程主要工作内容

1）焊接、铺设新钢轨及扣件，更换桥上钢轨伸缩调节器及不符合规定的护轨，焊接、铺设胶结绝缘钢轨和无缝线道岔并按设计锁定轨温锁定线路，埋设钢轨纵向位移观测桩。

2）整修线路（调整轨距，整正扣件，方正接头轨枕），安装轨道加强设备。

3）整修道口。

4）回收旧料，清理场地，设置常备材料。

(4) 线路中修主要工作内容

1）校正线路纵断面和平面。

2）清筛道床，补充道碴，改善道床断面，改换天然级配卵石道床或砂道床为碎石道床。整治基床翻浆冒泥地段。

3）抽换轻伤持续发展的钢轨及失效联结零件，均匀轨缝，螺栓涂油，整修、补充防爬设备，锁定线路。

4）对无缝线路进行应力放散，按设计锁定轨温锁定线路并做好记录。

5）更换失效轨枕及失效扣件，修理伤损轨枕。

6）整修道岔，抽换失效岔枕。

7）整修道口。

8）整修路肩、路基面排水坡，清理侧沟，清除路堑边坡弃土。

9）补充、修理并刷新由工务部门管理的各种线路标志、信号标志、钢轨纵向位移观测桩及备用轨架。

10）回收旧料，清理场地，设置常备材料。

有关线路设备大修的其他工程件名的工作内容从略，如有需要可参考《铁路线路设备大修规则》。

7.4 线 路 维 修

铁路线路维修分为综合维修、经常保养和临时补修。

综合维修是根据线路变化的规律和特点，以全面改善轨道弹性、调整轨道几何形位和更换、整修失效零部件为重点，按周期、有计划地对线路进行综合修理，以恢复线路的标准技术状态。

经常保养是根据线路变化情况，全年度在线路全长范围内进行有计划、有重点地养护，以保持线路质量处于均衡状态。

临时补修是及时整修超过临时补修容许偏差管理值及其他不良处所的临时修理，以保证行车平稳和安全。

综合维修计划应根据规定的综合维修周期和线路设备修理总量计算办法，结合线路大中修计划和线路设备实际状态，因地制宜地安排。

线路修理总量 X_k 按下式计算：

$$X_k = \frac{L^2 \times W_年}{\Sigma l \times G} \tag{7-3}$$

式中　L——正线延展长度（km）；

$W_年$——年通过总重（Mt·km/km），按式（7-2）计算；

l——每一种钢轨的延展长度（km）；

G——各种修程的修理周期（Mt·km/km），按表7-1取用。

(1) 线路（含道岔）综合维修基本内容

1) 根据线路状态适当起道，木枕地段全面捣固；混凝土枕地段，撤除调高垫板，全面捣固或重点捣固；混凝土宽枕地段，垫碴与垫板相结合整平轨道。

2) 改道、拨道，调整线路、道岔各部尺寸，全面拨正曲线。

3) 清筛轨枕盒不洁道床和边坡土垄，处理道床翻浆冒泥，补充道碴和整理道床。

4) 更换、方正和修理轨枕。

5) 调整轨缝，整修、更换防爬设备，整治线路爬行，锁定线路、道岔。

6) 矫直钢轨硬弯，焊补、打磨钢轨，综合整治接头病害。

7) 整修、更换和补充连接零件，并有计划地涂油。

8) 整修路肩，疏通排水设备，清除道床杂草和路肩杂草。

9) 整修道口及其排水设施，修理、补充和刷新标志，收集旧料。

10) 其他预防和整治病害工作。

(2) 线路（含道岔）经常保养基本内容

1) 根据轨道几何尺寸超过经常保养容许偏差管理值的状态，成段地整修线路。

2) 处理道床翻浆冒泥，均匀道碴和整理道床。

3) 更换和修理轨枕。

4) 调整轨缝，锁定线路。

5) 更换伤损钢轨，焊补、打磨钢轨和整治接头病害。

6) 有计划地成段整修扣件，进行扣件和接头螺栓涂油。

7) 进行无缝线路应力放散和断缝原位焊复或插入短轨焊复。

8) 整修防沙、防雪设备和整治冻害。

9) 整修道口，疏通排水设备，清除道床杂草和路肩杂草。

10) 季节性工作、周期短于综合维修的单项工作和其他工作。

(3) 线路（含道岔）临时补修的主要内容

1) 整修轨道几何尺寸超过临时补修容许偏差管理值的处所。

2) 更换重伤钢轨和达到更换标准的伤损夹板，更换折断的接头螺栓和护轨螺栓。

3) 调整严重劣化的轨缝。

4) 进行无缝线路地段钢轨折断、重伤钢轨和重伤焊缝的处理。

5) 疏通严重淤塞的排水设备，处理严重冲刷的路肩和道床。

6) 整修严重劣化的道口设备。

7) 垫入或撤出冻害垫板。

8) 其他需要临时补修的工作。

7.5 轨道几何形位的检测与管理

7.5.1 轨道几何形位检测

(1) 轨道几何形位检测的作用

如前所述，为了保证列车运行的平稳性、舒适性和安全性，必须对轨道几何形位实行严格地控制，其主要措施是有计划地进行线路修理。为了实现线路修理工作的科学管理，必须采取有效的检测手段，及时掌握轨道几何形位的变化，以便在分析轨道形位变化的基础上，合理安排轨道的修理工作，使轨道经常处于良好的运营状态。

(2) 检测分类及其内容

轨道几何形位的检测分为静态检测与动态检测两类。

静态检测项目有：线路的轨距、水平、高低、方向、三角坑等五个项目。

动态检测项目有：除包括静态检测项目外，还需要检测车体垂向振动加速度和横向振动加速度，共七个项目。

(3) 检测制度

1) 静态检测

养路工长对管内正线、到发线的线路和道岔，应每月检查两次。（凡当月有轨检车检查线路可减少一次），对其他线路和道岔，每月检查一次，并填写记录。

养路领工员对管内线路、道岔每季度至少应全面检查一次，并填写记录。

工务段长、副段长和主任领工员每季度应有计划地检查线路、道岔和其他设备，并着重检查重点地段和薄弱环节。

2）动态检测

轨道检查车的检查，是线路动态质量检查的主要手段。检测周期应视其线路通过运量及其状态而定。

A. 铁道部基础设施检测中心轨道检查车，应根据铁道部运输局安排，对容许速度大于120km/h的线路及其他主要繁忙干线进行定期检查。

B. 铁路局轨道检查车，对容许速度大于120km/h的线路每月检查不少于2遍（含铁道部基础设施检测中心轨道检查车检查），对年通过总重不小于80Mt·km/km的正线15～30d检查1遍，对年通过总重为25～80Mt·km/km以内的正线每月检查1遍，对年通过总重小于25Mt·km/km的正线每季检查1遍，对状态较差的线路，可适当增加检查遍数。

7.5.2 轨道几何形位管理

(1) 轨道几何不平顺的类型

依照轨道几何不平顺对行车形成的影响，可归纳为下述类型：

1）短波不平顺（$l<$ 数米）。这种不平顺主要源于轨面的凹凸不平及轨道的支承不均匀性，易于激发行车噪声及轮重变化，可通过打磨钢轨（特别是打磨焊接接头）和消除轨枕"空吊板"以降低其不利影响。为此，各国对轨面不平顺均作出严格规定，表7-2列举了四个国家高速线路的限值。

2）中波不平顺（数米 $<l\leqslant 20$m）。这种不平顺不利于行车平稳，可通过控制10m弦不平顺以排除或降低其不利影响。

3）长波不平顺（20m $<l\leqslant 100$m）。这种不平顺主要影响旅客舒适性，可通过控制长波不平顺以提高旅客乘车舒适度。

轨面不平顺的规定限值　　　　　　　表7-2

国别 项目	日　本	德　国	法　国	中国（200km/h专线）
轨面不平顺	±0.4mm/2m	0.4mm/1m	0.2mm/1m	—
焊接接头不平顺	+0.3mm/1m -0.1mm/1m	+0.3mm/1m 0mm/1m	0.2mm/1m	+0.3mm/1m 0mm/1m

研究表明，长波不平顺可能激发列车蛇行共振并降低乘车舒适度。为此，随着铁路运营速度的提高，长波不平顺的管理日益受到世界各国的关注。

当列车以速度v运行时，可能使列车产生横向共振摇摆的线路横向不平顺敏感波长l为：

$$l = \frac{v}{3.6f}$$

式中 v——行车速度（km/h）；

l——线路不平顺敏感波长（m）；

f——车体横向自振频率，例如，中国目前采用的车体横向自振频率为 1~1.5Hz，日本 100 系高速车体的横向自振频率为 1.2Hz。

线路横向不平顺敏感波长　　　　　　　表 7-3

V (km/h)	f 1Hz	1.2Hz	1.5Hz	V (km/h)	f 1Hz	1.2Hz	1.5Hz
50	14	12	9	140	39	32	26
60	17	14	11	160	44	37	30
70	19	16	13	200	56	46	37
80	22	19	15	220	61	51	41
90	25	21	17	250	69	58	46
100	28	23	19	300	83	69	56
120	33	28	22				

表 7-3 列出各种行车速度情况下对应于车体自振频率的线路不平顺敏感波长。由表列数据可知，每一速度都对应一个敏感波长，当列车行驶速度较低时，敏感波长不平顺与维修作业管理标准值相接近，故通过正常维修已得到控制。当高速行车时，未能得到控制的线路不平顺敏感波长，便激发车体共振，增大横向加速度，致使旅客感到不适。因此，高速铁路不但应注意控制 10m 左右的线路不平顺，也应注意消除相应敏感波长的线路不平顺，以提高旅客的舒适性。例如，日本高速铁路在行车速度 200km/h 时，测得的对列车左右摇摆影响最大的不平顺波长为 45~55m，与表 7-3 数据基本吻合。为此，提出了 40m 弦长不平顺的维修标准：高低 ±7mm/40m，方向 ±6mm/40m。

(2) 线路动态不平顺管理方式及评定标准

1) 管理方式

如前所述，我国的线路不平顺管理采取静态不平顺管理与动态不平顺管理相结合的方法。日常养护维修是保持线路静态平顺性的手段，而线路静态平顺性是保证行车条件下线路动态平顺性的基础。因此，必须做好线路的静态检查和养护维修工作。

线路的动态检查由轨道检查车来实现。按照轨道检查车检测数据分析与运用方法的不同，线路动态不平顺的管理方式分为二类：即峰值管理和均值管理。

峰值管理，是按线路局部不平顺划分不平顺等级，以保证行车安全为目标。

均值管理，是对线路区段整体不平顺状态进行管理，以保证线路质量均衡为目标。

2) 评定标准

A. 峰值管理

现以我国快速铁路（行车速度 120~160km/h）的管理方法为例进行说明。

按照线路动态检测评定的七个项目(轨距、水平、高低、轨向、三角坑、车体垂直振动加速度和横向振动加速度),各项划分为三个偏差等级,并制定相应的扣分标准:Ⅰ级为保养标准,每处超限扣 1 分;Ⅱ级为舒适度标准,每处扣 5 分;Ⅲ级为临时补修标准,每处扣 100 分。各级偏差管理值(峰值)见表 3-4(b)。

基于上述规定,按每千米为单位,计算扣分总数,以此评定线路动态不平顺状态。

每公里扣分总数(S)按下式计算

$$S = \sum_{i=1}^{3}\sum_{j=1}^{7} K_i T_j C_{ij}$$

式中　S——每千米扣分总数(各级、各项偏差扣分的总和);

　　　K_i——各级偏差的扣分数;

　　　T_j——各项的加权系数,$T_1 \sim T_7$ 均为 1;

　　　C_{ij}——各检查项目各级偏差的个数。

凡每千米线路扣分总数在 50 分以内的为优良;51~300 分为合格;301 分以上为失格。

B. 均值管理

均值管理是评价线路整个区段整体质量的方式。英国采用均方差管理,日本采用超越某限值的概率管理,与我国的均值管理相类似。

线路区段整体不平顺(均值管理)的动态质量用轨道质量指数(TQI)评定。在检查中,每 250m 采集高低(左右股)、轨向(左右股)、轨距、水平、三角坑等七项偏差数据,由计算机按单元区段长(200m)算出各项偏差的标准差(σ_i)值,七项标准差之和即为轨道质量指数(TQI)。

轨道质量指数(TQI)按下式计算:

$$\text{TQI} = \sum_{i=1}^{7} \sigma_i$$

$$\sigma_i = \sqrt{\frac{1}{n}\sum_{j=1}^{7}(x_{ij}^2 - \overline{x^2})}$$

式中　σ_i——七项几何偏差的标准差;

　　　$\overline{x}$——各项几何偏差在单元区段中连续采样点的幅值 x_{ij} 的算术平均值;

　　　n——采样点的个数(200m 单元区段中 $n = 800$)。

我国快速铁路轨道质量指标(TQI)的管理值见表 7-4。凡超过管理值的线路,应有计划地安排维修或保养。

轨道指数(TQI)管理值　　　　表 7-4

项目	高低 (mm)	轨向 (mm)	轨距 (mm)	水平 (mm)	三角坑 (mm)	TQI
快速铁路	2.5×2	2.2×2	1.6	1.9	2.1	15.0
客运专线铁路	1.5×2	1.6×2	1.1	1.3	1.4	10.0

(3) 客运专线铁路的轨道不平顺管理

客运专线铁路主要运行旅客列车，行车速度等于或大于 200km/h。为了保证行车的平稳性、舒适性和安全性，在严格实行轨道不平顺峰值管理与均值管理的基础上，还必须考虑波长较大的不平顺对于高速行车的敏感影响，并设定专项评估标准。目前，各国铁路对此广泛采用轨道不平顺谱密度管理方法。我国客运专线对大于 30m 的波长管理设定有下列特别要求：

1) 轨道高低、轨向变化波长 30m 以上的轨道不平顺，由轨道检查车检查，当其高低变化幅度达到 11mm 或轨向变化幅值达 8mm 时，应有计划进行整治。

2) 轨道高低、轨向变化波长 30m 以上的轨道不平顺，采用轨道不平顺功率谱密度函数表示，即：

高低不平顺 $\quad S_V(\Omega) = \dfrac{A_V \Omega_c^2}{(\Omega^2 + \Omega_r^2)(\Omega^2 + \Omega_c^2)}$

方向不平顺 $\quad S_A(\Omega) = \dfrac{A_A \Omega_c^2}{(\Omega^2 + \Omega_r^2)(\Omega^2 + \Omega_c^2)}$

水平不平顺 $\quad S_C(\Omega) = \dfrac{A_V b^{-2} \Omega_c^2 \Omega^2}{(\Omega^2 + \Omega_r^2)(\Omega^2 + \Omega_c^2)(\Omega^2 + \Omega_s^2)}$

截断频率 $\quad \Omega_c = 0.8246 \text{rad} \cdot \text{m}^{-1}$;

$\Omega_r = 0.0206 \text{rad} \cdot \text{m}^{-1}$;

$\Omega_s = 0.4380 \text{rad} \cdot \text{m}^{-1}$。

下限系数（合格标准）：

$A_A = 2.119 \times 10^{-7} \text{m} \cdot \text{rad}$;

$A_V = 4.032 \times 10^{-7} \text{m} \cdot \text{rad}$。

上限系数（优良标准）：

$A_A = 6.125 \times 10^{-7} \text{m} \cdot \text{rad}$;

$A_V = 1.08 \times 10^{-6} \text{m} \cdot \text{rad}$。

轨道不平顺功率谱密度管理值见表 7-5。

轨道不平顺功率谱密度管理值　　　　　　　表 7-5

敏感波长	高 低		轨 向	
	上 限	下 限	上 限	下 限
28m	46	124	24	71
33m	66	176	34	100
35m	74	198	39	113
42m	108	288	57	163
44m	118	317	62	180
48m	141	377	74	214
56m	191	512	100	290
60m	219	586	115	333

单位：mm²/(1/m)

关于轨道不平顺功率谱密度，简要说明如下：

设轨道不平顺幅值随时间 t 的变化函数是 $x(t)$，在时间域 $[-T, T]$ 内对 $x(t)$ 进行下列计算：

$$W = \lim_{T \to \infty} \frac{1}{2T} \int_{-T}^{T} x^2(t) dt$$

W 可比拟为弹簧振子系统消耗在单位变形刚度上的平均功率。

若 $x(t)$ 模拟表示为某个纯电阻电路的电压变化，该电路的电阻值为 1Ω，则上述积分表示 $x(t)$ 在 $[-T, T]$ 时间域内的总能量，而 W 则是相应的平均功率。

通过数学运算可以得出：

$$W = \frac{1}{2\pi} \int_{-\infty}^{\infty} \lim_{T \to \infty} \frac{1}{2T} |F_x(\omega, T)|^2 d\omega$$

式中

$$F_x(\omega, T) = \int_{-T}^{T} x(t) e^{-j\omega t} dt$$

$$j = \sqrt{-1}$$

若将 $\frac{1}{2T}|F_x(\omega, T)|^2$ 视为一条曲线，则上述积分为该曲线与横坐标 ω 所围成面积的极限，而 $\lim_{T \to \infty} \frac{1}{2T} |F_x(\omega, T)|^2$ 是该面积的线密度，故称功率谱密度。

根据随机过程理论，功率谱密度 $G_x(\omega)$ 的取值，可对上述积分的被积函数取期望值得出，即：

$$G_x(\omega) = \lim_{T \to \infty} \frac{1}{2T} E[|F_x(\omega, T)|^2]$$

$G_x(\omega)$ 称为随机过程 $x(t)$ 的功率谱密度，其值已不再具有随机性，而是一个确定的数值。如果 $x(t)$ 比拟为纯电阻电路的电压变化，则功率谱密度是在单位频带内消耗在 1Ω 电阻上的平均功率。用 $x(t)$ 描述轨道不平顺，则功率谱密度反映了在单位频带内消耗在单位变形刚度上的平均功率。

7.5.3 轨道检查车

(1) 轨检车系统框图

轨道检查车是我国铁路用以检查轨道几何不平顺，发现线路病害，指导线路养护维修，保障行车安全的重要线路检查设备。

1985年，我国从美国 ENSCO 公司购进的 T-10 轨检车体现了当时世界上最先进的技术，其鲜明特点是以小型计算机为核心，用光电伺服测量系统测量轨距、轨向，并将检测装置安装在轨距吊梁上，从而构成检测原理简单的复杂机械系统。

我国技术人员学习吸收 T-10 轨检车检测原理和经验，研制了轨距轨向测量装置，用于 GJ-3 型轨检车。1997 年又研制了 GJ-4 型轨检车，检测速度 160km/h，目前已在国内推广使用。

GJ-4 型轨检车检测系统总体框图如图 7-1 所示。该系统采用惯性测量原理，应用电磁、光电、激光等新技术，实时检测轨距、轨向、水平（包括曲线超高）、高低、曲率、三角坑、车体振动加速度和轴箱振动加速度等。采用陀螺、激光传感器、光电编码器、位移计和伺服加速度计等新型传感器，将所检测的原始信号分别经调制解调、前置放大、模拟滤波等模拟预处理，再经 A/D 转换，采样量化后进入主计算机，由主计算机通过数字滤波等数字信号处理，合成轨道几何参数并计算加速度值，完成超限摘取、统计、存储、绘图等，同时将超限数据和速度、里程信息等传输到从微机进行编辑、显示和打印。

图 7-1　GJ-4 型轨检车系统框图

(2) 检测原理

1) 轨距

轨距测量分接触式测量和无接触测量两种。

A. 接触式测量：通过与钢轨接触的部件测量两接触点间的距离，获得轨距值。

B. 无接触测量：由于接触式测量易于产生机械磨损，频响差，对行车安全构成威胁，现多采用传感器实施无接触轨距测量方法。传感器有电容、电磁和光电之分。电容传感器测量范围小，介电常数变化大；电磁传感器易受外界磁场干扰，车辆振动和钢轨形状变化影响测量精度；光电传感器因频响快，分辨率高，工作可靠，从而得到广泛应用，特别是激光能量大，直线性好，亮度高，是轨距测量中理想的光源。前两种传感器现已很少采用。

图 7-2 是美国的激光伺服跟踪轨距测量系统。当左右钢轨位置改变时，光电

图 7-2 美国激光伺服跟踪轨距测量系统
1—马达；2—电子线路；3—电位计；4—光电传感

传感器输出与之相应的误差信号，该误差信号经电子线路放大后驱动马达转动，马达推动丝杠带动光电传感器跟踪钢轨而移动。

2）高低

20 世纪 60 年代以来广泛应用惯性基准法测量高低，其基本原理是把安装在轴箱（或转向架构架）上的质量 m、弹簧 K、阻尼 D 系统中的加速度计（或车体内的加速度计）A 输出值进行二次积分，得到加速度计安装部位的垂向绝对位移。用位移计测量加速度计与轴箱的相对位移 $(W-Z)$，将绝对位移和相对位移进行代数运算得到轨道高低 W，如图 7-3 所示。

图 7-3 惯性基准法原理图

3）轨向

轨向惯性基准法原理见图 7-4。

图中 y_i 为轨距梁中点的位移，由加速度二次积分得到。$G_左$ 与 $G_右$ 是位于轨距梁两端的传感器所测量的传感器与钢轨的间距。

4）水平及超高

如图 7-5，水平或超高计算式为：

$$h = S \cdot \sin\theta$$

图 7-4 轨向惯性基准法原理

图 7-5 水平与超高计算图

$$\theta = \varphi + \beta$$

$$\beta = \arctan \frac{d_1 - d_2}{L}$$

式中　S——左右轨中心距；
　　　θ——轨道水平倾角；
　　　φ——车体滚动角；
　　　β——车体与车轴相对夹角；
　　d_1，d_2——位移传感器测值；
　　　L——两位移传感器安装间距。

φ 角是水平及超高测量的关键量值。GJ-4 型轨检车测量 φ 角采用加速度自动补偿（CAS）法，其传感器安装如图 7-6。

图 7-6 CAS 法测量传感器安装图

伺服加速度计（A）测量低频车体滚动角 Φ_L，滚动陀螺测量车体高频滚动角 Φ_H，Φ_L 与 Φ_H 之和为车体滚动角 φ。摇头陀螺提供的角速度输出信号用于补偿离心加速度。车体滚动加速度、横摆加速度、重力加速度的影响分别通过补偿修正及滤波予以消除。

5）扭曲

扭曲是一定间距的两个轨道横断面水平之代数差，它描述了轨道平面特征。轨道扭曲如图 7-7。

图 7-7 轨道扭曲图

用四个传感器测量四个轮轨触点至车体的距离，其测值为 a、b、c、d，扭曲计算式为：

$$T = (a - b) - (c - d) = (a + d) - (b + c)$$

惯性法测量的左右轨高低值相减得到横向水平，按一定间距对水平测值运算，得到扭曲值。

6）曲率

曲率定义为一定弦长曲线轨道 L（如 30m）对应之圆心角，即测量一定距离 L 内轨道方向角的变化可得到曲率。方向角可用陀罗盘测量，曲率采用下式计算：

$$\frac{1}{R} = \frac{\theta}{L}$$

$$\theta = \theta_1 + \theta_2$$

式中，θ_1、θ_2 是弦长 L 起点与终点的弦切角，如图 7-8 所示。

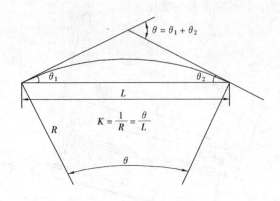

图 7-8　方向角法测量曲率图

7) 振动加速度

车体及轴箱振动加速度采用加速度计测量。应变式加速度计结构如图 7-9 所示。加速度计内充满阻尼油，并固定于被测物体。当被测物体振动时，金属块的质量为 M，在振动方向产生弹性位移 x，加速度为 a，则：

图 7-9　应变式加速度计
M—金属块质量
S—弹性金属片

惯性力 $F_2 = M \cdot a$

弹性力 $F_1 = K \cdot x$

根据动力学原理并忽略阻尼影响有：

$$F_1 = F_2$$

即

$$kx = Ma$$

或

$$x = \frac{M}{k} a$$

式中，k 为弹性系数。上式说明，加速度 a 与位移 x 成正比。由分析可知，a 正比于被测振动体的加速度。当 M、k 确定后，测量位移 x 的值，即可得到振动体加速度 a。

7.6　大型养路机械

7.6.1　大型养路机械发展状况

(1) 国外发展状况

20世纪50~60年代，工业发达国家以替代线路主要工序的人工作业为目标，首先发展诸如铺轨、道床清筛、铺碴、道床配型、捣固及起道等机械设备。进入60年代以后，随着世界各国的经济发展，各种运输方式对铁路的垄断地位提出了挑战。在此剧烈竞争的历史条件下，60年代中期，国际上出现了高速铁路和重载铁路，客运列车的速度超过了200km/h；货运列车的轴重增加到20t以上；大功率机车提高了单机的牵引力；出现了"万吨列车"；旅客列车以其良好的舒适性和周全的服务——列车的平稳运行、便捷的车内外无线通讯以及良好的通风、空调、隔声设施，从而提高了铁路的客运竞争力。同时，对于线路结构的运行品质和线路作业的要求也进一步提高，致使维护周期缩短、作业量加大。这一形势的出现迫使各国铁路和机械制造厂商积极研究线路作业的新工艺，改造旧的线路机械，以适应高速、重载线路发展的需求。从此，出现了一批成套的大型和小型机械，现代化技术在其中获得广泛应用（如计算机技术、自动化控制、激光、红外线、光电液压技术以及新材料等），整机结构趋向重型化，机械化程度和效率不断提高。各国制造业的激烈竞争致使养路机械换代的周期缩短，诸如捣固车、清筛机、大修列车、轨检车、钢轨打磨车等大型机种每3~5年便出现一次更新。最为瞩目的是出现了以高新技术装备的养路机械群。

从20世纪80年代初以来，在世界运输业的竞争中，高速和重载铁路延展长度不断增加，引发了养路机械行业更加激烈的竞争，促使养路机械更趋向大型化、高效化、智能化。

在线路更新作业中，西方国家普遍采用分开式的工艺。干线铁路一般开设5~10h以上的"天窗"，采用大修列车分别回收和铺设钢轨及轨枕（扣件由人工铺设和回收），随之清筛道床，补充道碴，最后由联合作业机组完成整形、捣固、起拨道、抄平及稳定道床等作业工艺。如"天窗"时间在8~10h及以上，撤除"天窗"后，列车可按正常速度运行，无需减速。其时所开发的新一代大修列车，名义效率达500~550km/h。如瑞士马蒂萨公司的P90LS型，为530m/h（机组全长44.62m，质量110t）。奥地利普拉塞公司根据各国铁路技术要求，为意大利、法国和澳大利亚分别生产了SUM1000I、SVM1000和SMD80G型更新列车，效率视"天窗"时间而定，平均为500km/h。80年代后期，澳大利亚天勃公司采用了马蒂萨公司P90LS型设计技术，生产了P811S型大修列车，从而也参与了同类机械的国际竞争。

半个世纪以来，各国铁路线路作业机械化的发展已使经济发达国家的线路作业机械化程度达90%左右；线路作业每千米用工量仅为半个世纪前的几十分之一。所用现代化大、中、小型线路机械（包括各种大型机械动力装置的功率在1000kW以上、质量大于200t，自行速度达100km/h以及小型手提式、质量只有几千克的手动机具）大约有100多个品种，不少已属高技术机械设备。线路作业机械化水平已成为衡量各国铁路现代化程度的一项重要标志。

(2) 国内发展概况

我国铁路发展大型养路机械起步较晚，20世纪80年代初引进少量国外机械试用，90年代方形成规模。近二十年来，大型养路机械在维护和改善主要干线线路质量、提速扩能、保证行车安全以及促进工务修制改革等方面都取得了显著的成效，大型养路机械已成为我国铁路线路维修中不可缺少的重要手段。与此同时，借鉴国外的经验，结合我国铁路的实践，也确立了我国铁路大型养路机械的发展模式，并且形成了具有中国特色的管理体系。目前，发展大型养路机械已列入我国铁路主要技术政策，并且确立为代表我国铁路技术进步的一个重要标志，我国铁路大型养路机械已进入了持续、规范发展的新阶段。

第九个五年计划末期，全路实际装备大型养路机械261台，组成线路大修机组17个、维修机组38个，装备大型养路机械179台。同时，工务专用设备，如道岔捣固车、钢轨打磨车、轨道检查车、钢轨探伤车、焊轨设备等装备的品种和数量也有较大增加，共装备各种设备113台。1996~2000年，全路累计完成的线路大修、维修作业里程分别达到4147.6km和90614.9km。单机平均作业效率逐年提高，2000年维修捣固车单机效率突破了300km/（台·年）的部定指标，达到了309.59km/（台·年），大型清筛机单机效率提高到51.81km/（台·年）。

目前，铁道部已确定昆明机械厂、宝鸡工程机械厂为我国铁路大型养路机械的制造基地。在产品结构上，昆明厂将以生产线路大型维修机械为主，宝鸡厂以生产牵引、钢轨打磨、专用机械为主。为加强大型养路机械开发研制的力量，充分发挥现有技术和设备的潜力，铁道部将协助生产厂与部内科研、设计部门横向结合，组成攻关联合体。

近几年来，我国成功地引进了奥地利普拉塞公司D08-32型捣固车和RM80型清筛机的制造技术，与美国潘德罗·杰逊公司的技术转让合同也正在实施。在消化吸收国外先进技术的基础上，我国自行研制了道床稳定车和配碴整形车。

7.6.2 我国目前使用的主要大型养路机械

(1) D09-32型连续式自动抄平起拨道捣固车

D09-32型连续式自动抄平起拨道捣固车（以下简称D09-32型捣固车）是目前世界上最先进的线路捣固机械，具有较高的作业精度和效率，为我国繁忙铁路干线的线路维修带来显著的效益。

D09-32型捣固车由转向架、车架、牵引装置、前后司机室、捣固装置、枕端夯实装置、起拨道装置、工作小车和动力轮对、测量系统、液压系统、电气系统、气动系统、动力传动系统、制动系统及材料小车等部分组成，是结构先进的自行式、多功能线路机械，集机、电、液、气于一体，采用了电液伺服控制、自动检测、微机控制和激光准直等先进技术，具有操作简便、性能良好、作业高效的特点。

7.6 大型养路机械

D09-32 型捣固车为双枕连续作业式捣固车,在封锁线路条件下,可连续地进行轨道拨道、起道抄平、钢轨两侧枕下道碴捣固及枕端道碴夯实等作业。利用车上测量系统,可对作业前、后线路的轨道几何参数进行测量及记录,并可通过控制系统,按设定的轨道几何参数进行作业。

D09-32 型捣固车作业条件见表 7-6,主要技术性能见表 7-7。

D09-32 型捣固车作业条件　　　　　表 7-6

项目	作业条件	项目	作业条件
钢轨	50、60、75kg/m	线路最大超高	150mm
轨枕	木枕或混凝土枕	线路最大坡度	33‰
道床	碎石道床	最小作业曲线半径	250m
作业线路	单线或线间距 4m 及以上的复线与多线	最小运行曲线半径	180m
		环境温度	-10 ~ +50℃
轨距	1435mm	特殊环境	可在雨天和夜间及风沙、灰尘严重的环境中作业

D09-32 型捣固车主要技术性能　　　　　表 7-7

项目	性能参数	项目	性能参数
外形尺寸	长 26500mm 宽 2990mm 高 3600mm	行业走行制动方式	液压制动
		作业效率	1500 ~ 1800m/h
		最大起道量	150mm
转向架芯盘距	13800mm	最大拨道量	±150mm
转向架轴距	1800mm	捣固深度	560mm(由轨顶向下)
材料车轴至后转向架中心距离	7500mm	横向水平作业精度	±2mm
		纵向高低作业精度	4mm(直线 10m 距离两侧点间高差)
轮径	Φ840mm		
车钩中心高	(880±10) mm(距轨面)	拨道作业精度	2mm(16m 弦 4m 距离两点正矢最大差值)
质量	约 63.5t		
最高双向自行速度	90km/h	起道顺坡率	≤0.1%
最高联挂运行速度	100km/h	测量系统精度	1mm
自运行制动方式	空气排风制动,一次缓解,缓解时间 < 10s	柴油机功率	235kW
单车紧急制动距离	≤400mm(以 80km/h 运行)	传动方式	液力传动(高速运行) 液压传动(作业走行)

(2) SRM80 型全断面道碴清筛机

SRM80 型全断面道碴清筛机(简称 SRM80 型清筛机)是我国引进奥地利 Plasser & Theuere 公司 RM80 型全断面道碴清筛机制造技术并进行国产化生产的大型养路机械,属线路大修的主型机械。

SRM80 型清筛机由转向架、车架、牵引装置、前后司机室、挖掘装置、筛分装置、道碴运输装置、污土输送装置、提轨装置、液压系统、电气系统、气动系统、动力传动系统及制动系统等部分组成，是一种先进的自行式线路机械，集机、电、液、气于一体，具有操作简便、性能良好、作业高效的特点。

SRM80 型清筛机在封锁线路条件下，通过穿入轨排下的挖掘链运动，实现全断面道碴的挖掘，经筛分装置筛分后，清洁道碴回填至道床，污土抛至规定区域。对线路翻浆冒泥地段的不洁道碴可进行全抛作业。本机为全液压传动，区间运行和作业走行均为液控无级调速。

SRM80 型清筛机作业条件见表 7-8、主要技术性能见表 7-9。

SRM80 型清筛机作业条件　　　　　　　　　　　表 7-8

项　目	作　业　条　件	项　目	作　业　条　件
钢　轨	50、60、75kg/m	线路最大坡度	33‰
轨　枕	木枕或混凝土枕	最小作业曲线半径	250m
道　床	碎石道床	最小运行曲线半径	180m
轨　距	1435mm	特殊环境	可在雨天和夜间及风沙、灰尘严重的环境中作业
环境温度	−10 ~ +50℃		

SRM80 型清筛机主要技术性能　　　　　　　　　表 7-9

项　目	性　能　参　数	项　目	性　能　参　数
外形尺寸	长 31345mm 宽 3150mm 高 4740mm	质　量	88t
		最高双向自行速度	80km/h
		最高联挂运行速度	100km/h
转向架芯盘距	23000mm	作业走行速度	0 ~ 1000m/h
转向架轴距	1830mm	自运行制动方式	空气排风制动，一次缓解，缓解时间 < 10s
轮　径	Φ900mm	筛分装置驱动功率	43kW
车钩中心高	(880 ± 10) mm (距轨面)	筛网有效面积	$25m^2$
单车紧急制动距离	≤400m (以 80km/h 运行)	筛网层数	3 层
作业效率	$650m^3/h$	筛孔尺寸	75/45/25mm (上/中/下)
挖掘装置型式	五边形封闭耙链式	最大筛分能力	$650m^3/h$
挖掘装置功率	277kW	柴油机功率	2 × 348kW
挖掘深度	1000mm (由轨顶向下)	传动方式	液压传动
挖掘宽度	4030 ~ 5030mm		

(3) WD-320 型动力稳定车

WD-320 型动力稳定车是我国借鉴国外先进技术而研发的国产大型养路机械，目前已成为我国铁路线路大修、维修、提速线路改造和新线建设作业机组中的重要配套设备之一。

WD-320 型动力稳定车由转向架、车架、牵引装置、前后司机室、中间顶棚、稳定装置、测量系统、液压系统、电气系统、气动系统、动力传动系统及制动系统等部分组成，集机、电、液、气于一体，采用了电液伺服控制、自动检测、微机控制等先进技术，具有操作简便、性能良好、作业高效的特点。

WD-320 型动力稳定车在封锁线路的条件下，模拟列车运行对轨道产生的压力和振动等综合作用，达到密实道床的效果，通过其稳定装置施加于钢轨以垂直压力，并产生强烈的水平振动，使道床均匀下沉，迅速增强线路的横向阻力和道床的整体稳定性，从而提高线路维修作业后放行列车的限制速度。

WD-320 型动力稳定车作业条件见表 7-10，主要技术性能见表 7-11。

WD-320 型动力稳定车作业条件 表 7-10

项 目	作 业 条 件	项 目	作 业 条 件
钢 轨	50、60、75kg/m	线路最大坡度	33‰
轨 枕	木枕或混凝土枕	最小作业曲线半径	180m
道 床	碎石道床	最小运行曲线半径	100m
作业线路	单线或线间距 4m 及以上的复线或多线	环境温度	-10 ~ +50℃
轨 距	1435mm	特殊环境	可在雨天和夜间及风沙、灰尘严重的环境中作业
线路最大超高	150mm		

WD-320 型动力稳定车主要技术性能 表 7-11

项 目	性 能 参 数	项 目	性 能 参 数
外形尺寸	长 18942mm 宽 2700mm 高 3970mm	最高双向自行速度	80km/h
		最高联挂运行速度	100km/h
		作业走行速度	0 ~ 2.5km/h
转向架芯盘距	12000mm	自运行制动方式	空气排风制动，一次缓解，缓解时间 <10s
转向架轴距	1500mm		
轮 径	Φ840mm	单车紧急制动距离	≤400m（以 80km/h 运行）
车钩中心高	(880±10) mm（距轨面）	传动方式	液力传动（高速运行） 液压传动（作业走行）
质 量	60t	柴油机功率	348kW

（4）SPZ-200 型双向道床配碴整形车

SPZ-200 型双向道床配碴整形车（简称 SPZ-200 型配碴车）是我国借鉴于国外先进技术而研发的国产大型养路机械，目前已成为全国铁路线路大型维修、提速线路改造和新线建设作业机组中的重要配套设备之一。

SPZ-200 型配碴车由走行机构、车架、牵引装置、司机室、工作装置、液压系统、电气系统、气动系统、动力传动系统及制动系统等部分组成。

SPZ-200型配碴车在封锁线路的条件下，可以进行正、反两个方向的作业，通过中犁的不同组配和侧犁转角的适当调整，完成道床的配碴、整形，以使道床布碴均匀。道床断面按技术要求的规定成形，其清扫装置可清扫作业过程中残留于轨枕及扣件上的道碴，经收集后通过输送带移送至道床边坡，达到线路外观整齐美观的效果。

SPZ-200型配碴车作业条件见表7-12，主要技术性能见表7-13。

SPZ-200型配碴车作业条件 表7-12

项目	作业条件	项目	作业条件
钢轨	50、60、75kg/m	线路最大坡度	33‰
轨枕	木枕或混凝土枕	最小作业曲线半径	120m
道床	碎石道床	最小运行曲线半径	100m
作业线路	单线或线间距4m及以上的复线或多线	环境温度	-10~+50℃
		连续工作时间	≤6h
轨距	1435mm	特殊环境	可在雨天和夜间及风沙、灰尘严重的环境中作业
线路最大超高	150mm		

SPZ-200型配碴车主要技术性能 表7-13

项目	性能参数	项目	性能参数
外形尺寸	长13508mm 宽3025mm 高3900mm	最高双向自行速度	80km/h
		最高联挂运行速度	100km/h
		作业走行速度	0~12km/h
轮径	Φ840mm	自运行制动方式	空气排风制动,一次缓解,缓解时间<10s
轴距	5500mm		
车钩中心高	(880±10)mm(距轨面)	单车紧急制动距离	≤400m(以80km/h运行)
每侧最大作业宽度	3.3m(由轨道中心起)	传动方式	液压传动
质量	28t	柴油机功率	348kW

(5) CD08-475型道岔捣固车

CD08-475型道岔捣固车是引进国外制造技术并进行国产化生产的大型养路机械，填补了我国制造大型道岔捣固机械的空白。

CD08-475型道岔捣固车由转向架、车架、牵引装置、前后司机室、多方向捣固装置、枕端夯实装置、起拨道装置、工作小车和动力轮对、测量系统、液压系统、电气系统、气动系统、动力传动系统、制动系统及材料小车等部分组成。CD08-475型道岔捣固车是一种结构先进的自行式、多功能线路机械，集机、电、液、气于一体，采用了电液伺服控制、自动检测、微机控制和激光准直等先进技术，可对道岔和线路实行捣固作业，具有操作简便、性能良好、作业高效等特点。

CD08-475 型道岔捣固车在封锁线路条件下，能在单线、复线、多线及复线转辙、道岔和交叉区间进行轨道拨道、起道抄平、钢轨两侧枕下道碴捣固和枕端道碴夯实等作业。利用车上测量系统，可测量记录作业前、后线路及道岔的几何参数，并可通过控制系统，按设定的线路及道岔几何参数进行作业。

CD08-475 型道岔捣固车作业条件见表 7-14，主要技术性能见表 7-15。

(6) PGM-48 型钢轨打磨列车

CD08-475 型道岔捣固车作业条件　　　　　表 7-14

项　目	作　业　条　件	项　目	作　业　条　件
钢　轨	50、60、75kg/m	线路最大超高	150mm
轨　枕	木枕或混凝土枕	线路最大坡度	33‰
道　床	碎石道床	最小作业曲线半径	180m
作业线路	单线或线间距 4m 及以上的复线、多线和复线转辙、道岔及交叉区间	最小运行曲线半径	180m
		环境温度	−10 ~ +50℃
		特殊环境	可在雨天和夜间及风沙、灰尘严重的环境中作业
轨　距	1435mm		

CD08-475 型道岔捣固车主要技术性能　　　　　表 7-15

项　目	性　能　参　数	项　目	性　能　参　数
外形尺寸	长 33550mm 宽 3000mm 高 3700mm	材料车轴至后转向架中心距离	5050m
		材料车前后轴距	8500m
转向架芯盘距	14000mm	轮　径	Φ910mm
转向架轴距	1800mm	纵向高低作业精度	4mm（直线 10m 距离两侧点间高差）
车钩中心高	(880 ± 10) mm（距轨面）		
最高双向自行速度	90km/h	横向水平作业精度	±2mm
最高联挂运行速度	100km/h	测量系统精度	1mm
柴油机功率	348kW	拨道作业精度	±2mm（16m 弦 4m 距离两点正矢最大差值）
质　量	约 96t		
作业走行制动方式	液压制动	起道顺坡率	≤0.1%
作业效率	平直线路	0 ~ 500m/h	自运行制动方式	空气排风制动，一次缓解，缓解时间 <10s
	12 号单道岔	不超过 35min		
最大起道量	150mm	单车紧急制动距离	≤400m（以 80km/h 运行）
最大拨道量	±150mm	传动方式	液力传动（高速运行）
捣固深度	560mm（由轨顶向下）		液压传动（作业走行）

PGM-48 型钢轨打磨列车是在引进国外钢轨打磨列车制造技术的基础上国产化生产的新型养路机械。

PGM-48 型钢轨打磨列车由控制车、生活车和动力车三节车组成。控制车和动力车分别位于列车的两端，生活车位于中部。控制车由司机室、主动力室、辅助发电机室、电气控制室四部分组成；动力车由司机室、动力室、物料间、电气控制室四部分组成；生活车由卧室、厨房间、盥洗间、休息娱乐室四部分组成。PGM-48 型钢轨打磨列车由转向架、车架、牵引装置、打磨装置、防火装置、检测系统、液压系统、电气系统、气动系统、动力传动系统及制动系统等部分组成。

PGM-48 型钢轨打磨列车的控制系统先进，并集机、电、液、气及计算机技术于一体，主要用于消除波磨、擦伤和剥离等钢轨伤损，及新线钢轨的预防性打磨。它可通过廓形和波磨测量系统获得钢轨的磨损状况，或设定打磨参数，并将测量结果或设定参数输入计算机控制系统，实现打磨小车上磨头的偏转、横移和加压等动作的控制，完成钢轨的打磨作业。

PGM-48 型钢轨打磨列车作业条件见表 7-16，主要技术性能见表 7-17。

PGM-48 型钢轨打磨列车作业条件　　　　　　　　表 7-16

项　目	作业条件	项　目	作业条件
钢　轨	1435mm	线路最大坡度	33‰
线路最大超高	150mm	最小运行曲线半径	110m
环境温度	-10~+40℃	特殊环境	可在雨天和夜间及风沙、灰尘严重的环境中作业

PGM-48 型钢轨打磨列车主要技术性能　　　　　　　　表 7-17

项　目	性能参数	项　目	性能参数
外形尺寸	长 63200mm 宽 2900mm 高 4630mm	最高双向自行速度 最高联挂运行速度 作业走行速度	80km/h 100km/h 1.6~24km/h
控制车、动力车芯盘距	15790mm	磨头数量	48个
生活车芯盘距	17780mm	砂轮直径	Φ254mm
转向架固定轴距	1828mm	打磨电机功率	22kW
轮　径	Φ840mm	磨头横向调节量	±50mm
车钩中心高	(880±10) mm (距轨面)	磨头摆角调节量	-50°~+45°
柴油机功率	910kW	磨头与钢轨纵向夹角	2°
主发电机功率	680kW	每遍平均打磨深度	0.2mm
辅助发电机功率	80kW	质　量	约256t

第8章 轨道交通噪声与振动及其控制

8.1 控制轨道交通噪声与振动的意义

空气污染、水污染及噪声污染构成当代环境的三种主要污染。列车运行产生噪声与振动,不但对铁路自身的设备、旅客和工作人员产生不利影响,而且对周边环境和居民也产生干扰。为保持社会经济的可持续发展,轨道交通建设与运营必须考虑环境保护问题。日本与法国铁路在高速铁路建设初期,由于未能重视铁路噪声问题,受到沿线居民的投诉,造成经济损失。因此,研究噪声与振动的发生规律并采取相应的对策降低其影响,对于推动社会经济的可持续发展、提高铁路及城市轨道交通运输系统的竞争力都有重要意义。

8.2 噪声与振动的基本知识

8.2.1 噪声与振动的传播

振动与噪声是密切相关的,它们都以波的形式传播,声波传播能量的方式是依靠动量传播,而振动能量的传播则靠物质的移动。

振动与噪声的传播有两种:

纵波:也称疏密波或 P 波(Primary wave),是以物质或空气的疏密压缩来传播的,其传播速度最快。因此,日本高速铁路利用 P 波传播快的特点,当发生地震时,在破坏力大的横波(S 波)到达之前,利用早到的 P 波来切断高速铁路的电源,以保障高速铁路的运营安全。

横波:也称切变波或 S 波(Secondary wave),其传播速度较慢,约为 P 波速度的 40%~60%左右。

声音在空气中的传播一般是以纵波方式传播,振动在固体中的传播既有纵波传播也有横波传播。

由于振动与噪声相关,因此在制定治理计划时,往往采取综合整治措施。但振动与噪声又有所不同,因而治理时也需针对其特性采取不同的措施。

8.2.2 噪声的表征与度量

(1) 表征噪声的物理量

轨道结构振动时，在通过空气传播的人耳可闻声形成之前，结构振动产生的声音称为结构声或固体声。振动产生的同时，伴随着固体声的传播和噪声的辐射。通常人们用一些物理量对各种声音进行评价，有声功率、声强和声压三个物理量。

1）声压 (p)

声压是指某瞬时，介质中的压强相对于无声波时压强的改变量，记为 p，单位为 N/m^2 或 Pa。任一点的声音是随时间而变化的，每一瞬时的声压称瞬时声压。某一段时间内瞬时声压的均方根为有效声压。如未说明，通常所说的声压即为有效声压。

2）声功率

声功率是描述声源性质的物理量，由于它不像声压那样随着离开声源的距离加大而减小，因此，国际标准化组织（简称 ISO）推荐测试噪声源的声功率。声功率反映的是单位时间内声源向外辐射的总能量，即：

$$W = \frac{E}{\Delta t} \tag{8-1}$$

式中　W——能量，单位为 W。

3）声强

声强是单位面积上的声功率，即：

$$I = \frac{W}{\Delta S} = \frac{E}{\Delta t \Delta S} \tag{8-2}$$

式中　I——声强，单位为 W/m^2。

声压与声强有关，在自由声场中，声强与声压的平方成正比，而与介质密度 ρ 和声速 c 的乘积成反比，即：

$$I = \frac{p^2}{\rho c} \tag{8-3}$$

声强与声压幅值的平方成正比，因而它和声压一样也随着离开声源距离的加大而减小。此外，声强还与传声媒质的性质有关，例如在空气和水中有两列具有相同频率、相同速度幅值的声波，这时，水中的声强要比空气中的声强约大 3600 倍。

(2) 噪声的物理量度

1）声压级

声压级是声压的度量。人耳对声音的感觉与声音的声压和频率有关。因此，在确定声音强弱时，既要考虑声压的大小，也要考虑其对应的频率。人耳的可闻声压范围为 $2 \times 10^{-5} Pa$ 的弱音到 $2 \times 10^3 Pa$ 的强音，可闻频率范围为 20~20000Hz。20Hz 以下的振动称次声，20000Hz 以上的振动称超声。次声和超声都是人耳所不能听到的。大多数生产噪声的频率，是在 60~10000Hz 的范围，处于人耳的听觉灵敏区。

人耳对1000Hz纯音的听阈声压是2×10^{-5}Pa,相当于一个大气压力的50亿分之一;飞机的强力发动机发出的声音高达10^2Pa,属于人耳能短时忍受的最大声压,只相当于一个大气压的千分之几。从人耳刚刚能听到的微弱声音到难以忍受的强烈噪声,声压相差数百万倍,仅相当一个大气压的几十亿分之一到几千分之几。显然,直接用声压作单位来衡量声音的大小很不方便。为此,人们考虑到对如此广阔的能量范围使用对数标度的可能性;另一方面,从声音的接收来看,人耳有一个很奇怪的特点,即当耳朵接收到声振动以后,主观上产生的响度感觉与声压的绝对值不成正比,而近似地与声压的对数成正比。因此,声学上普遍使用对数标度来度量声压,称为声压级,其定义是声压平方与1000Hz纯音的听阈声压平方比值的对数,单位是贝尔。但贝尔是一个很大的单位,用起来不方便。因此,取1/10贝尔作为常用单位,这就是分贝,其计算式为:

$$L_p = 10\lg\frac{p^2}{p_0^2} = 20\lg\frac{p}{p_0} \tag{8-4}$$

式中　L_p——声压级,dB;

　　　p——声压,Pa;

　　　p_0——基准声压,在空气中$p_0 = 20\mu$Pa;在水中,$p_0 = 1\mu$Pa。

为了使读者对声压和声压级的概念有一个直观的了解,表8-1给出几种常见声源的声压和声压级。

从公式8-4可以看出,声音的叠加不是声压叠加,而是声压的平方叠加,即能量的叠加。假如有两个声压级分别为L_{p1}和L_{p2}的声音叠加,根据分贝加法求总声压级L_p如下:

$$L_{p1} = 10\lg\frac{p_1^2}{p_0^2}; L_{p2} = 10\lg\frac{p_2^2}{p_0^2}$$

$$L_p = 10\lg\left(\frac{p_1^2}{p_0^2} + \frac{p_2^2}{p_0^2}\right) = 10\lg(10^{0.1L_{p1}} + 10^{0.1L_{p2}})$$

$$= 10\lg\{10^{0.1L_{p1}}[1 + 10^{0.1(L_{p2}-L_{p1})}]\} = L_{p1} + 10\lg(1 + 10^{0.1\Delta}) \tag{8-5}$$

式中　$\Delta = L_{p1} - L_{p2}, L_{p1} > L_{p2}$。

几种典型声源的声压和声压级　　　　表8-1

声压 (Pa)	声压级 (dB)	声源及环境	声压 (Pa)	声压级 (dB)	声源及环境
2×10^{-5}	0	刚刚能听到的声音	2×10^{-1}	80	公共汽车内
6.3×10^{-5}	10	寂静的夜晚	6.3×10^{-1}	90	水泵房
2×10^{-4}	20	微风轻轻吹动树枝	2	100	轧机附近
6.3×10^{-4}	30	轻声耳语	6.3	110	矫直机旁
2×10^{-3}	40	疗养院房间	2×10	120	大型球磨机附近
6.3×10^{-3}	50	机关办公室	6.3×10	130	锻锤工人操作岗位
2×10^{-2}	60	普通讲话	2×10^2	140	飞机强力发动机旁
6.3×10^{-2}	70	繁华街道			

如果把式 8-5 中的 $\Delta L_\mathrm{p} = 10\lg(1+10^{0.1\Delta})$ 作为 Δ 的函数画成图表（图 8-1），即可很容易地算出总声压级。例如 $L_\mathrm{p1} = 97\mathrm{dB}$，$L_\mathrm{p2} = 93\mathrm{dB}$，$\Delta = L_\mathrm{p1} - L_\mathrm{p2} = 4\mathrm{dB}$，查图 8-1，得 $\Delta L_\mathrm{p} = 1.5\mathrm{dB}$，故 $L_\mathrm{p} = 97 + 1.5 = 98.5\mathrm{dB}$。由图 8-1 可知，当两个声压级相差 10dB 以上时，叠加后的总声压级基本上等于较高的那个声压级 L_p，这时对应的 ΔL_p 值已经是微不足道的了，可以忽略不计。因此，在测量机械设备的噪声时，本底噪声对测量结果的影响是可以修正的。同理，在有多种噪声同时存在的情况下，首先治理其中较强的噪声源，会收到显著的效果。反之，如果先从弱噪声源入手，噪声状况就会看不出有什么改善。

图 8-1 声压级加法计算图表

2）声功率级

声功率的度量采用声功率级。

以 1pW 为基准，定义声功率级为

$$L_\mathrm{w} = 10\lg\frac{W}{W_0} \tag{8-6}$$

式中　L_w——声功率级，单位为 dB。

表 8-2 给出了几种典型声源的声功率和声功率级。

几种典型声源的声功率和声功率级　　　表 8-2

声压 (Pa)	声压级 (dB)	声源及环境	声压 (Pa)	声压级 (dB)	声源及环境
10^{-9}	30	轻声耳语	10^{-1}	110	离心风机（风量 3500m³/min）旁
10^{-5}	70	普通讲话	10	130	球磨机附近
10^{-4}	80	高声喊叫	10^2	140	螺旋桨飞机附近
10^{-3}	90	G4-73-11.No9D 通风机旁	10^4	160	喷气式飞机附近
10^{-2}	100	LGA30-3500-1 罗茨风机旁			

3）声强级

声强的度量采用声强级。

声强级是以 1000Hz 纯音的听阈声强值 1pW/m² 为基准定义的，即：

$$L_i = 10\lg \frac{I}{I_0} \tag{8-7}$$

听阈声强是与听阈声压相对应的声强。声强级和声压级之间满足下列关系：

$$L_i = L_p + 10\lg \frac{400}{\rho c} \tag{8-8}$$

式中　L_p——声强级，单位为 dB；

　　　ρ——传声媒质的密度，单位为 kg/m^3；

　　　c——传声媒质的声速，单位为 m/s。

在测量时，如果条件恰好是 $\rho c = 400$（例如，在空气中，0℃时，$\rho = 1.2kg/m^3$，$c = 332m/s$），则声强级和声压级在数值上就会相等。对于一般情况，两者相差一个修正项 $10\lg \frac{400}{\rho c}$，但这个修正项通常是比较小的。

4）噪声的频谱分析

声源作简谐振动所产生的声波，其声压与时间成正弦曲线的关系，它只具有单一频率成分，因此称之为纯音。复音是由多种不同频率的纯音组成的声波，在听觉上可以引起一个以上的音调，频谱是在频率域上描述声音强度变化规律的曲线，一般以频率（或频带）为横坐标，以声压级（或声功率级）为纵坐标。

在可听声的频率范围内，声能连续分布，在频谱图上呈现一条连续的曲线，称为连续谱（见图 8-2）；若声能间断分布，在频谱图上呈现一系列分离的竖直线段，则称为离散谱（见图 8-3）。

图 8-2　连续谱　　　　　　　　图 8-3　离散谱

工业噪声一般是由频率和强度不同的多种成分杂乱无章地组成的，其频谱有连续谱、离散谱，也有二者的混合谱。为了解噪声的成分和性质，进行频谱分析是十分必要的。

有的机械设备高频率的声音较多，听起来尖叫刺耳，例如电锯、铆钉枪等，其辐射的噪声主要成分在 1000Hz 以上，属于高频噪声。有的机器辐射的噪声低频成分较多，主要能量集中分布在 500Hz 以下，听起来低沉闷响，这种噪声属于低频噪声，例如空压机、汽车的噪声。主要频率成分在 500~1000Hz 范围内的噪声称为中频噪声,例如高压风机、水泵的噪声;频谱中能量比较均匀地分布在 125~2000Hz 范围内的噪声,称为宽带噪声,例如柴油机、轴流风机的噪声。

噪声的频率可为 $20 \sim 2 \times 10^4$Hz,高声和低音的频率相差 10^3 倍。在一般情况下,没有必要对工业噪声逐一频率地进行分析。为便于实际应用,一般将这一宽广的频率变化范围划分为若干小段,称为频带。一般只需测出各频率的噪声强度便可绘出噪声频谱图。每一频带的上限值为 f_u,下降值为 f_d,$\Delta f = f_u - f_d$ 称为带宽。噪声测量滤波器的截止频率以 f_u 和 f_d 为上下限,并有倍频带、1/2 频带及 1/3 频带三种滤波器。一般对 n 倍频带作如下定义:

$$f_u/f_d = 2^n$$

当 $n = 1$ 时,$f_u/f_d = 2$,即截止频率上下限之比为 2:1,这样的频率比值所确定的频程称为倍频程,其频带称为倍频带。因此,当 $n = 1/2$ 时,称为 1/2 倍频带。目前,各种噪声测量中经常使用 1/3 倍频带。频带的上下限 f_u、f_d 与其中心频率(几何平均频率)f_0 有下列关系:

$$f_0 = \sqrt{f_u f_d}$$

由此式可得到倍频带和 1/3 倍频带宽 Δf 分别为:

$$n = 1 \text{ 时}, \Delta f = f_u - f_d = 0.707 f_0$$

$$n = 1/3 \text{ 时}, \Delta f = f_u - f_d = 0.23 f_0$$

表 8-3 列出倍频程中心频率及频率范围。1/3 倍频程中心频率及频率范围见表 8-4。在噪声测量中,作出噪声按倍频程的声压分布曲线,即为倍频程频谱分析,由此可直观了解噪声的概略特性。使用 1/3 倍频程频谱分析方法可得到更详细的噪声频谱特性。

倍频程中心频率及频率范围 表 8-3

中心频率 (Hz)	31.5	63	125	250	500	1000	2000	4000	8000	16000
频率范围 (Hz)	22~45	45~90	90~180	180~355	355~710	710~1400	1400~2800	2800~5600	5600~11200	11200~22400

1/3 倍频程中心频率及频率范围 表 8-4

中心频率(Hz)	频率范围(Hz)	中心频率(Hz)	频率范围(Hz)	中心频率(Hz)	频率范围(Hz)
50	45~56	400	355~450	3150	2800~3550
63	56~71	500	450~560	4000	3550~4500
80	71~90	630	560~710	5000	4500~5600
100	90~112	800	710~900	6300	5600~7100
125	112~140	1000	900~1120	8000	7100~9000
160	140~180	1250	1120~1400	10000	9000~11200
200	180~224	1600	1400~1800	12500	11200~14000
250	224~280	2000	1800~2240	16000	14000~18000
310	280~355	2500	2240~2800		

8.3 噪声的危害与评价

8.3.1 噪声的危害

噪声有多方面的严重危害,必须引起人们的足够重视,分述如下:

(1) 噪声引起听力损伤

大量的研究表明,噪声危害人的听力,发生高频听阈损伤,甚至于耳聋或耳鼓膜破裂。噪声对于听力危害的程度,与噪声的形式、强度、频率及暴露的时间密切相关。

人们进入噪声环境中,感到刺耳难受,停留一段时间再离开噪声环境,感到听觉变得迟钝,原来能听见的轻微的声音也听不见了,就是说听力下降(或听阈上移)了。但只要离开噪声环境休息一段时间,人的听觉就会逐渐恢复原状,这种现象称为暂时性听力偏移,或听觉疲劳。它只是暂时性的生理现象,听觉器官没有受到损害。若长年累月在强噪声条件下工作,内耳听觉器官经常受到强噪声刺激,这种听觉疲劳就会固定下来,不能再恢复正常,就产生了永久性的听力下降或听阈偏移。这种现象称为噪声性耳聋。

图 8-4 给出了我国卫生部门调查的连续暴露 30 年、听力损伤率与噪声强度的关系曲线。由图可见,90dB(A)环境中暴露 30 年,语言听力损伤率为 6.4%;95dB(A)环境中为 18.9%;100dB(A)环境中为 29.3%。统计分析表明,工作环境噪声超过 90dB(A)以后,语言听力损伤率急剧增加。

国际标准化组织(ISO)规定把 500、1000、2000Hz 听力损伤量(以分贝表示)的算术平均值达到 25dB 作为耳聋标准,因为这时即使面对面谈话也会感到听觉困难。

以上介绍的是慢性耳聋,另外还有一种暴振性耳聋,它是由于高强噪声使得内耳鼓膜破裂,导致双耳完全失聪成为永久性耳聋。

(2) 噪声引起疾病

在噪声影响下,可能诱发疾病,并与个人的体质、噪声的强弱和频率的大小有关。噪声作用于人的中枢神经

图 8-4 噪声强度与语言听力损伤关系

系统，致使人的基本生理过程，即大脑皮层的兴奋与抑制的平衡失调，导致条件反射异常，感到疲劳、头昏脑胀等。如果这种平衡失调得不到及时恢复，久而久之，就形成牢固的兴奋灶，导致神经衰弱症。

噪声作用于中枢神经系统，还影响人的其他器官。噪声可使交感神经系统紧张，从而产生心跳加速、心律不齐、心电图 ST-T 段波升高、血管痉挛、血压升高；在噪声作用下会产生胃功能紊乱，引起肠胃机能阻滞、消化分泌异常、胃酸酸度降低、胃蠕动减退等，其结果引起消化不良、食欲不振、恶心呕吐、体质减弱等。

(3) 噪声对其他方面的影响及危害

噪声影响人们的休息和睡眠，试验表明：在 40~45 dB (A) 的噪声刺激下，进入睡眠的脑电波就出现觉醒反应；60dB (A) 的噪声可使 70% 的人从睡眠状态中惊醒，可见噪声对人的睡眠影响是相当严重的。

噪声干扰语言：噪声干扰人们的谈话、听广播、打电话、上课、开会等。在强噪声的车间里，人们无法用语言表达思想，特别是危险报警声信号被掩盖时，往往发生事故。

噪声降低劳动生产率：在强噪声环境工作时，人们心情烦躁，容易疲劳，反应也迟钝，致使工作效率大大降低。在噪声刺激下，人们的注意力不易集中，影响工作进度，降低工作质量，易出差错，甚至引发事故。

噪声对建筑物和仪器设备也有危害。当大型喷气飞机以超声速低空掠过时，由空气冲击波所引起的强烈噪声会使地面建筑物受到很大损伤，烟囱倒塌，建筑物破坏（如墙壁开裂以及窗玻璃破碎等）。

在强噪声作用下，材料因噪声疲劳而引起裂纹甚至断裂，灵敏的自动遥控精密仪表设备因受到噪声损害而失灵。

8.3.2 噪声的测量

(1) 噪声的测量

1) 响度与响度级

人们经常谈到的声音大小是以耳朵的感受而言。虽然采用声压级可表示声音的强弱，但人耳所感受的声响不只是与声压级有关，也与频率有关。也就是说，声压级相同而频率不同的声音听起来可能不一样响，声音的响度是声压级和频率的函数。响度级是表示响度的主观量，它以 1000Hz 的纯音为基准。当噪声听起来与该纯音一样响时，就把这个纯音的声压级称为该噪声的响度级，单位为方 (phon)。例如，一个噪声与声压级是 85dB 的 1000Hz 纯音一样响，则该噪声的响度级就是 85 方。

以 1000Hz 纯音为标准，测出整个听觉频率范围纯音的响度级，称为等响曲线（简称为 ISO 曲线），如图 8-5 所示。

等响曲线族中每一条曲线相当于声压级和频率不同而响度相同的声音。最下面的曲线是听阈曲线,最上面的曲线是痛阈曲线,中间是人耳可以听到的正常声音。

从等响曲线可以看出,当声压级小而频率低时,声压级和响度级差别很大。如声压级为40dB、频率为50Hz低频声是听不见的,而声压级为40dB的80Hz声音的响度是20phon,可以听见。

图8-5 等响曲线

响度级是一个相对量,不能直接进行加减运算,为了计算绝对值和百分比,引入一个响度单位宋(sone)。1sone是频率为1000Hz、声压级为40dB的纯音的感觉反应量,即:40phon为1sone。响度级每增加10phon,响度相应改变1倍,50phon为2sone,60phon为4sone,等等。响度S和响度级L_s之间的关系为

$$S = 2^{\frac{L_S-40}{10}} \tag{8-9}$$

用响度(或称响度指数)表示声音的大小,可以直接算出声响增加或减小的百分比。但是响度是不能直接测量的,测试获得的一般为声压级L_p。如何由测出的声压级计算响度级和响度呢?下面介绍响度的一种近似计算方法,步骤如下:

1)测出噪声的频带声压级L_{pi};
2)由图查出各频带级所相应的响度指数S_i(见图8-6);

图 8-6 响度指数（sone）

3) 求出各频带中最大的响度指数 $S_{\max}$；

4) 求总响度 $S = \alpha \sum_{i=1}^{n} S_i + (1-\alpha) S_{\max}$，这里系数 α 与所选频带有关，对于倍频程，$\alpha = 0.3$；对于 1/2 倍频程，$\alpha = 0.2$；对于 1/3 倍频程，$\alpha = 0.15$。

某次测试获得的倍频带声压及相应的响度指数表　　　　　表 8-5

中心频率（Hz）	63	125	250	500	1000	2000	4000	8000
声压级（dB）	42	40	47	54	60	58	60	72
响度指数（sone）	0.16	0.37	1.44	2.84	4.8	52.2	7.0	17.5

【例 8-1】　对某设备进行测量，用倍频程分析仪测量的结果与相应的响度指数如表 8-5 所示，总响度为多少？

解　$S = 0.3 \times (0.16 + 0.37 + 1.44 + 2.84 + 4.8 + 5.2 + 7.0 + 17.5) + 0.7 \times 17.5$
$= 24.04 \text{sone}$

对应的响度级为：$L_s = 10 \dfrac{\lg S}{\lg 2} + 40 = 85.88 \text{phon}$

2) 计权网络（俗称挡）

如前所述，人耳对声音强弱的感觉主要取决于声音的强度，但也与频率有关，在衡量声音的强弱时，必须考虑到人耳的这一特性，使之所得出的结果与人耳的感觉相一致。

人耳对于声强相同的声音在 1000～4000Hz 之间听起来最响，随着频率的降低或升高，响度越来越弱，频率低于 20Hz 或高于 20kHz 的声音人耳一般听不见。因此，人耳实际上是一个滤波器，对不同频率的响应不一样。

根据人耳的等响特性而制成的测量声级大小的仪器称为声级计。它的频率响应分别与人耳的等响曲线相适应。常用声级计由电子器件组成，其频响曲线由频率计权网络即特殊滤波器来完成。

计权网络若是模拟人耳对 40phon 纯音（低声级）的等响曲线称为 A 计权网络，测出的值称为 A 声级，其单位一般用 dB（A）表示。类似地还有 B 计权（中等声级）和 C 计权（高声级）。B 计权网络是模拟人耳对 70phon 纯音的等响曲线，称为 B 声级，表示为 dB（B）。C 计权网络是模拟人耳对 100phon 纯音的等响曲线，称为 C 声级，单位用 dB（C）表示。

在实际噪声控制中，常常要预估降噪措施的降噪效果，一般吸声、隔声或隔振的效果与频率有关，而实际使用中 A 计权网络测量的 A 声级是宽频带的。因此为了预估降噪效果，必须首先测量被控制点的噪声，然后做 1/3 倍频程谱分析，获得线性声级，减去采取降噪措施的降噪量，再减去由表 8-6 给出的 A 计权修正量，将最后结果进行分贝求和，便获得了降噪处理后的 A 声级。

A、B、C 计权修正量　　　　　表 8-6

频率 (Hz)	A 计权修正 (dB)	B 计权修正 (dB)	C 计权修正 (dB)	频率 (Hz)	A 计权修正 (dB)	B 计权修正 (dB)	C 计权修正 (dB)
10	-70.4	-38.2	-14.3	500	-3.2	-0.3	0
12.5	-63.4	-33.2	-11.2	630	-1.9	-0.1	0
16	-56.7	-28.5	-8.5	800	-0.8	0	0
20	-50.5	-24.2	-6.2	1000	0	0	0
25	-44.7	-20.4	-4.4	1250	+0.6	0	0
31.5	-39.4	-17.1	-3.0	1600	+1.0	0	-0.1
40	-34.6	-14.2	-2.0	2000	+1.2	-0.1	-0.2
50	-30.2	-11.6	-1.3	2500	+1.3	-0.2	-0.3
63	-26.2	-9.3	-0.8	2150	+1.2	-0.4	-0.5
80	-22.5	-7.4	-0.5	4000	+1.0	-0.7	-0.8
100	-19.1	-5.6	-0.3	5000	+0.5	-1.2	-1.3
125	-16.1	-4.2	-0.2	6300	-0.1	-1.9	-2.0
160	-13.4	-3.0	-0.1	8000	-1.1	-2.9	-3.0
200	-10.9	-2.0	0	10000	-2.5	-4.3	-4.4
250	-8.6	-1.3	0	12500	-4.3	-6.1	-6.2
315	-6.6	-0.8	0	16000	-6.6	-8.4	-8.5
400	-4.8	-0.5	0	20000	-9.3	-11.4	-11.2

（2）噪声的评价

人们工作的环境，有可能是稳态的噪声（噪声的强度和频率基本不随时间变化）环境，也可能是非稳态的噪声环境。例如，某人处于稳态噪声 85dB（A）下工作 8h，而另一个人处于噪声 85dB（A）下工作 3h，95dB（A）下工作 1h，75dB

(A) 下工作 4h,这人就是处于一种非稳态的噪声环境下。如何来评价这两个人谁受到的噪声干扰大? 这就需要将非稳态噪声折算成等效连续 A 声级,才能进行比较。

等效连续 A 声级的定义是:某段时间内的非稳态噪声的 A 声级,用能量平均的方法,以一个连续不变的 A 声级来表示该段时间内噪声的声级。用公式表示就是:

$$L_{eq} = 10\lg \frac{\int_0^T 10^{\frac{L_A}{10}} dt}{T} \tag{8-10}$$

式中,L_{eq} 称为等效连续 A 声级,单位 dB(A);L_A 为测得的 A 声级;T 为噪声暴露时间。当测量值 L_A 是非连续离散值时,上式可改写为:

$$L_{eq} = 10\lg \frac{\sum_i 10^{\frac{L_{Ai}}{10}} t_i}{\sum_i t_i} \tag{8-11}$$

式中 L_{Ai} 表示第 i 段时间内的 A 声级,t_i 就是第 i 段时间。

假如时间 t_i 很分散,可利用下述近似计算的方法。把一段时间内(比如一个工作日)的 A 声级从小到大排列,并略去小声级(78.5dB(A)以下的声级),第一段规定用中心声级 80dB(A)代替 78.5~82.5dB(A),其余各段以此类推,相邻段中心声级相差 5dB(A),列出段数和相应的中心声级和暴露时间,见表 8-7。

各段中心声级和暴露时间　　　　　　　　　　　　　　表 8-7

段　　数 n	1	2	3	4	5	6	7	8
中心声级 L_{Ai}(dB)	80	85	90	95	100	105	110	115
暴露时间 t_n(min)	t_1	t_2	t_3	t_4	t_5	t_6	t_7	t_8

对应上表的等效连续 A 声级为:

$$L_{eq} = 80 + 10\lg \frac{\sum_n 10^{\frac{n-1}{2}} t_n}{\sum_n t_n} \tag{8-12}$$

对于等时间间隔取样,若时间划分的段数为 N,则一段时间内的等效连续 A 声级为:

$$L_{eq} = 10\lg \frac{\sum_{i=1}^N 10^{\frac{L_{Ai}}{10}}}{N} \tag{8-13}$$

非稳态噪声的大规模调查已经证明,等效连续 A 声级与人的主观反应有很好的相关性。不少国家的噪声标准中,都规定用等效连续 A 声级作为评价指标。

【例 8-2】 某人一天工作 8h,其中 4 小时在 90dB(A)的噪声下工作,3h 在 85dB(A)的噪声下工作,1h 在 80dB(A)的噪声下工作,计算每小时的等效连续 A 声级。

解 $L_{eq} = 10\lg \dfrac{10^{\frac{90}{10}} \times 4 + 10^{\frac{85}{10}} \times 3 + 10^{\frac{80}{10}} \times 1}{4+3+1} = 82.4$（dB（A））

由于人们在夜间对噪声比较敏感，近年来在等效连续 A 声级的基础上又提出了昼夜等效 A 声级的概念来评价环境噪声。对于夜里 22：00 起到次日晨 6：00 之间的声压级，作了附加 10dB（A）的处理。昼夜等效 A 声级可以表示为：

$$L_{dn} = 10\lg \dfrac{16 \times 10^{\frac{L_d}{10}} + 8 \times 10^{\frac{L_n+10}{10}}}{24} \tag{8-14}$$

式中，L_{dn} 称为昼夜等效 A 声级；L_d 为白天 16 个小时（6：00—22：00）的等效连续 A 声级；L_n 表示昼夜 8 个小时（22：00—6：00）的等效连续 A 声级。

A 声级、等效连续 A 声级和昼夜等效 A 声级广泛用于环境噪声、交通噪声、车间噪声等领域的评价。

我国铁路边界噪声限值及其测量方法（GB-12525-90）标准规定如表 8-8。

我国京沪高速铁路边界噪声标准建议限值见表 8-9。

铁路边界噪声限值　表 8-8

项　目	等效声级 L_{eq} [dB（A）]
昼　间	70
夜　间	70

注：铁路边界系指距铁路外侧轨道中心线 30m 处。

京沪高速铁路边界噪声标准建议限值 [dB（A）]　表 8-9

L_{eq}，24	L_{max}
70	89

注：1. 此建议值只适用于京沪铁路上的列车运行噪声，不包括机车鸣笛噪声；
2. 表中等效声级（L_{eq}）作为环境噪声目标控制值，最大声级（L_{max}）作为高速铁路技术设计目标控制值；
3. 建议限值为距外侧轨道中心线 30 米处地面上的声级；
4. 评价量为等效声级 L_{eq}，24 及列车通过时的最大声级 L_{max}。

国外高速铁路噪声级如表 8-10 所示。由此表可见，目前国外高速铁路噪声级，法国最高，德国其次，日本最低。

国外高速铁路噪声级 [单位：dB（A）]　表 8-10

国　家	车　速（km/h）	L_{max} 20 世纪 80 年代	L_{max} 20 世纪 90 年代	国　家	车　速（km/h）	L_{max} 20 世纪 80 年代	L_{max} 20 世纪 90 年代
日　本	200	87	67	法　国	200	90*	87
	250	90*	73		270	97	92
	300	92*	77		300	97	94
德　国	200	86	84				
	250	90	87				
	300	93	90				

注：1. *为计算值，其余均为实测值；
2. 测点距铁路中心线 25m，距地面高度为 1.2m。

8.4 振动的危害与评价

8.4.1 振动的危害

环境中存在着各种各样的振动现象,如轮轨相互作用产生的振动,集电系统的振动等。振动是噪声的主要来源,同时,振动还通过基础传向各方,如轮轨系统的振动以弹性波的形式传向轨下基础和路基,并向外辐射,在近距离内可能形成危害。环境科学所指的振动污染是指对人体及生物带来有害影响的振动。振动会引起人体内部器官的振动或共振,导致疾病的发生,危害人体健康,甚至危及生命安全。振动污染是一种不可忽略的公害。

8.4.2 振动的评价

(1) 振动与振动级

描述振动的物理量有:频率、位移、速度和加速度。

无论振动的方式多么复杂,通过傅里叶方法总可以离散成若干个简谐振动的形式,因此我们只分析简谐振动的情况。

简谐振动的位移:

$$x = A\cos(\omega t - \phi) \tag{8-15}$$

式中,A 为振幅;$\omega = 2\pi f$ 为角频率;t 为时间;ϕ 为初始相位角。

简谐振动的速度:

$$v = \frac{\mathrm{d}x}{\mathrm{d}t} = \omega A\cos\left(\omega t - \phi + \frac{\pi}{2}\right) \tag{8-16}$$

简谐振动的加速度:

$$a = \frac{\mathrm{d}^2 x}{\mathrm{d}t^2} = \omega^2 A\cos(\omega t - \phi + \pi) \tag{8-17}$$

速度相位相对于位移导前 $\pi/2$,加速度相位则导前 π。加速度的单位为 m/s^2,有时也用重力加速度 g 表示。

振动加速度级定义为:

$$L_a = 20\lg\frac{a_e}{a_{\mathrm{ref}}} \tag{8-18}$$

式中,a_e 为加速度的有效值,对于简谐振动,加速度有效值为加速度幅度的 $\frac{1}{\sqrt{2}}$ 倍;a_{ref} 为加速度参考值,国外一般取 $a_{\mathrm{ref}} = 1 \times 10^{-6} m/s^2$,而我国习惯取 $a_{\mathrm{ref}} = 1 \times 10^{-5} m/s^2$。

人体对振动的感觉与振动频率的高低、振动加速度的大小及其在振动环境中

图 8-7 等感度曲线（ISO）

暴露时间长短有关，也与振动的方向有关。综合上述因素，国际标准化组织建议采取如图 8-7 所示的等感度曲线。振动级定义为修正的加速度级，用 L_a 表示：

$$L_a = 20\lg \frac{a'_e}{a_{ref}} \tag{8-19}$$

式中，a'_e 为修正的加速度有效值，可通过下式计算：

$$a'_e = \sqrt{\Sigma a_{fe}^2 \cdot 10^{\frac{c_f}{a_{fe}}}} \tag{8-20}$$

式中，a_{fe} 表示频率为 f 的振动加速度有效值；c_f 为表 8-11 的修正值。

垂直与水平振动的修正值　　　　表 8-11

中心频率（Hz）	1	2	4	8	16	31.5	63
垂直方向修正值（dB）	-6	-3	0	0	-6	-12	-18
水平方向修正值（dB）	3	3	-3	-9	-15	-21	-27

【例 8-3】 频率为 2Hz、8Hz 和 16Hz 的三种频率成分均以加速度 0.1m/s^2 振动，求其加速度级和振动级。

解：（1）加速度级

$$a_e = \sqrt{\Sigma a_{fe}^2} = \sqrt{3 \times 0.1^2} = \sqrt{3} \times 0.1 \text{m/s}^2$$

$$L_a = 20\lg \frac{a_e}{a_{ref}} = 20\lg \frac{\sqrt{3} \times 0.1}{10^{-5}} = 85\text{dB}$$

（2）垂直振动级

$$a_e = \sqrt{0.1^2 \times 10^{-0.3} + 0.1^2 \times 10^0 + 0.1^2 \times 10^{-0.6}} = 0.1323 \text{m/s}^2$$

$$L_a = 20\lg \frac{a_e}{a_{ref}} = 20\lg \frac{0.1323}{10^{-5}} = 82.4\text{dB}$$

（3）水平振动级

$$a_e = \sqrt{0.1^2 \times 10^{0.3} + 0.1^2 \times 10^{-0.9} + 0.1^2 \times 10^{1.5}} = 0.147 \text{m/s}^2$$

$$L_a = 20 \lg \frac{a_e}{a_{\text{ref}}} = 20 \lg \frac{0.147}{10^{-5}} = 83.35 \text{dB}$$

(2) 振动的评价标准

人体对振动的感觉是：刚感到振动是 0.003g，不愉快感是 0.05g，不可容忍感是 0.5g。振动有垂直与水平之分，人体对垂直振动比之水平振动更敏感。我国规定的"城市区域环境振动标准"如表 8-12 所示。

GB 10070—88 规定的城市各类区域铅垂向振动标准值（单位：dB）　　表 8-12

适用地带范围	昼间 (dB)	夜间 (dB)	适用地带范围	昼间 (dB)	夜间 (dB)
特殊住宅区	65	65	工业集中区	75	72
居民文教区	70	67	交通干线道路两侧	75	72
混合区、商业中心区	75	72	铁路干线两侧	80	80

我国京沪高速铁路环境振动标准建议限值见表 8-13。

京沪高速铁路环境振动标准建议限值（单位：dB）　　表 8-13

列车速度≥200km/h	列车速度＜200km/h
Vlzmax：86	Vlz 平均：80

注：1. 表中标准建议限值为地面振动 Z（垂向）振动级 Vlz；
　　2. 只适用于京沪高速铁路沿线城市区域，距外侧轨道中心线 30 米处（室外）地面上的振级；
　　3. 表中 Z（垂向）振动级最大值（Vlzmax）作为高速铁路技术设计目标控制值；
　　4. 对于高速铁路城市区域沿线运行速度低于 200km/h 的地段，执行 GB 10070—88 中的相关标准，即评价量为 20 趟列车振动的平均值（Vlz 平均）。

国际标准化组织（ISO）制定了相应振动对人体影响的评价标准：即 ISO2631。该标准确定了下述三种评价界限。

1) 疲劳—工效降低界限。当振动作用于人体时，使人感到疲劳，工作效率降低。疲劳—工效降低界限规定了以 1~80Hz 频率范围作用在人体上的垂直振动加速度和横向振动加速度的极限值。该极限值的大小与振动频率和承受振动的时间有关，并绘制了相应的曲线，如图 8-8 所示。

图中的部分最小值为（频率 4~8Hz）：

人体承受 8h 振动　垂直振动加速度 $\leqslant 0.315 \text{m/s}^2$；
　　　　　　　　水平振动加速度 $\leqslant 0.224 \text{m/s}^2$。
人体承受 4h 振动　垂直振动加速度 $\leqslant 0.53 \text{m/s}^2$；
　　　　　　　　水平振动加速度 $\leqslant 0.355 \text{m/s}^2$。

确定了保障工作效率的"疲劳—工效降低界限"后，即可依此制定其他两个评价标准。

2) 舒适感降低界限。把"疲劳—工效降低界限"的相应值除以 3.15 即成为

图 8-8 疲劳—工效降低界限

保障舒适的"舒适感降低界限"。

3) 暴露极限。当人处于较强的振动环境中,就会影响人的安全和健康,因此需制定保障安全与健康的振动"暴露极限"。把上述"疲劳—工效降低界限"的相应值提高一倍,就成为振动的"暴露极限"。

上述评价标准,也可用以评价我国铁路运营轮轨振动对铁路工作人员和旅客产生的不利影响。

8.5 轨道交通噪声的特点

列车运营产生的振动与噪声主要源于三个方面:机车的轰鸣声和集电系统的噪声;列车运行时产生的空气动力噪声;轮轨相互作用产生的振动与噪声。

国外试验研究表明,高速铁路所辐射的噪声有别于普通铁路。在列车速度低于 240km/h 的条件下,轮轨噪声对沿线环境影响较大;列车速度高于 240km/h 之后,空气动力噪声和集电系统的噪声增大,与轮轨噪声共同成为主要的噪声源。以上各种噪声源所占总能量的成分,随着速度而变化。日本新干线的试验研究表明:速度低于 240km/h 时,轮轨噪声为主要噪声源,约占总噪声能量 40% 以上;

当列车速度高于 300km/h 时，轮轨噪声、集电系统噪声及空气动力噪声共同成为主要噪声源，各占 30% 左右，详见表 8-14。

日本新干线高速铁路各种噪声源强度（单位：dB（A））　　表 8-14

噪 声 源	列车车速（km/h）							
	240		300		350		400	
	L_{max}	比例（%）	L_{max}	比例（%）	L_{max}	比例（%）	L_{max}	比例（%）
轮轨噪声	64	40	67	30	69~70	25	72	20
集电系统噪声	62	25	68	30	72	40	74~75	40
空气动力噪声	60~62	20	66~67	30	70~71	25	74	30
桥梁结构物噪声	<60	15	63	10	66	10	69	10
总噪声级	68		72~73		76		79	

注：测点距铁路中心线 25m，高于地面 1.2m；高架结构 8~10m；整体（吸声）道床；2m 高声屏障。

铁路环境振动在有砟轨道线路具有明显的"速度"效应，即随着列车速度的提高，振动有较大幅度的增加。我国试验研究表明：在 18m 处，当列车速度大于 150km/h，Vlzmax 值将超过 80dB；在 30m 处，当列车速度大于 200km/h，Vlzmax 值将超过 80dB；当列车速度达到 240km/h~275km/h，其 Vlzmax 值将超过 83dB~85dB。根据分析，列车速度达到 300km/h，Vlzmax 值将超过目标控制值 86dB，必须进一步采取有效的减振措施，以满足环境要求。

多年来人们致力于轮轨噪声的预测研究，已有多种预测公式，其中常用的是根据列车速度预测轮轨噪声 A 声级的 Lotz 公式：

（1）无缝线路轨道

$$L_A = 74 + 30\log\frac{v}{v_0} \tag{8-21}$$

式中　L_A——A 声级噪声，dB；

　　　v——列车行车速度，km/h；

　　　v_0——参照速度，$v_0 = 60$km/h。

L_A 值为距轨道中心线 30m 远的噪声级，使用上式时其列车长度需大于 90m。

（2）有缝线路轨道

$$L_A = 81 + 30\log\frac{v}{v_0} \tag{8-22}$$

符号意义及使用条件同无缝线路。

由上列公式算得的噪声数据与实测结果相差不超过 ±6dB。但对高速列车尚待研究以作出适当修正。

（3）隧道内线路轨道

$$L_A = 102 + 30\log\frac{v}{v_0} \pm 6 \tag{8-23}$$

式中，±6 表示若为无缝线路 –6dB，有缝线路 +6dB。其他符号意义同前。

列车经过桥梁时的噪声高于线路。在距轨道中心线 30m，高度为 1.2~1.6m 的测量点的试验结果表明：无碴钢桥的噪声比线路噪声高 10~15dB，无碴混凝土桥比线路高 5~10dB，而有碴混凝土桥则比线路噪声仅高出 0~5dB。

列车通过车站时的噪声约为 85dB，列车通过地下铁道车站的噪声为 80~85dB，但有的地铁车站噪声峰值可达到 95dB，美国纽约地铁车站甚至高达 100~115dB，已接近人耳的痛阈。地下铁路的振动与噪声可通过地下土壤传递到地铁附近的建筑物，可能引起建筑物内居民的抱怨。

8.6 轨道交通噪声的控制

轨道交通的噪声控制主要从两方面着手，一是主动降噪，即降低噪声源强度的声级；另一方面是被动降噪，可采用吸声、隔声等方法，增大噪声在传播过程中的衰减量。本书着重介绍主动降噪，被动降噪可参阅文献 [56] 及 [58]。根据国内外的试验研究结果，可列出主要的降噪治理措施及效果，如表 8-15 所示。

高速铁路降噪的主要治理措施及效果 [单位：dB（A）]　　表 8-15

噪声源	类别	降噪措施	降噪效果
轮轨噪声源	滚动噪声	减少车轮踏面的凹凸不平顺；降低轮轨的接触刚度；减小轮轨振动；采用弹性车轮；轨顶面打磨；采用重型钢轨；降低轨道弹性系数；采用有碴轨道；轨道面吸声处理	5~10
	撞击噪声	采用盘形制动；装设防滑器减少车轮踏面擦伤；减少踏面波状磨耗；采用焊接长钢轨及跨区间无缝线路；减少轨顶面的波状磨耗；定期修复钢轨接头塌陷	4~6
	尖啸声	改善转向架导向性能；轮缘涂油；采用直线线路	
		设置声屏障	6~10
集电系统噪声源	滑动噪声	减少弓头振动；加强接触线与滑板间的润滑	4~5
	电弧噪声	减少离线；采用低噪声绝缘子	
	受电弓气动噪声	受电弓形状的最佳化；加装受电弓罩及形状的最佳化，受电弓位置的最佳化	
空气动力性噪声源		机车头部流线型化；车体表面的无凸起、平滑化；采用车裙	2~15
桥梁噪声源	结构噪声	采用混凝土结构；选择合理的主梁结构形式；有碴桥面；道碴下铺橡胶垫层；桥面吸声处理；采用整体结构	5~15

20 世纪 70 年代以来，日本、德国、法国、英国以及前苏联等国家对铁路及

交通环境振动源、传播强度、频率特性及传播规律等进行调查分析和现场试验研究，取得了大量的数据和资料，并对高速铁路的线路、桥梁及隧道的减振提出了许多已经实施和待研究的措施。尤其是日本，对新干线铁路环境振动保护问题的研究与防治开展得较早，研究试验广泛深入，效果也好，取得了许多成果，保证了高速铁路的顺利发展。

日本新干线减振措施主要有下列三个方面：

(1) 车辆对策

减轻车辆轴重有明显效果，轴重由 16t 降到 11.3t，Z 振级平均值在 12.5m 和 25m 处降低 3dB 左右。

(2) 结构物的措施

采用重大而刚性的梁式结构桥，比早期框构桥在 15m 和 30m 处的 Z 振级分别小 6dB 和 4dB 左右。

(3) 轨道的措施

1) 降低轨道弹性系数

主要是采用弹性轨枕和道碴垫层，这两种措施对频率的依存关系十分相似，在 20Hz 以下减振效果不明显（如图 8-9），在 50Hz 以上减振效果增加到 5~10dB。由于新干线（陈隧道区段外）环境振动的主要频率成分是 16~20Hz，因此全频域（指 Z 振级频域）范围内的振动级约降低 2~3dB。

图 8-9　日本高架桥区段弹性轨枕、道碴垫层减振效果例

采用板式轨道的高架线路，其结果是在桥柱旁约有 5dB 左右的减振效果，但在离开 10m 以远的地方，未见效果。图 8-10 所示是以普通轨枕板为基准，各种减振轨枕板（A 型、G 型及双重型）减振效果与频率的关系，可见减振 A 型在 80Hz 以上，G 型和双重型在 40Hz 以上有一定的效果，其中双重型减振效果最佳。

2) 提高轨道参振质量

图 8-10　日本各种板式轨道减振效果比较例

降低轨道的弹性系数是将具有弹性的材料插入钢轨、垫板、轨枕或道碴下部，使轨道的支承弹性化。对于比较软化的线路，其效果不明显，如软土路基区段等，减振效果欠佳。

提高轨道参振质量有降低噪声的效果，钢轨由 50kg/m 提高到 60kg/m，减振效果约为 3dB。

此外，在既有线的软土路基地段轨道正下方的路堤中，设置立体补强材料以强化路基，也取得一定的减振效果。

3) 提高轨道的平顺性

如采用焊接长钢轨及钢轨打磨等改善轨道平顺性可达到减振的目的。

4) 地基的减振措施

主要是在振源和防振对象之间的地基中，设置沟槽或地下墙，以阻断地基振动的传播，又称为"防振沟"、"防振墙"。日本在既有铁路曾经有过试验，而新干线尚无实例。1985 年德国联邦铁路（DB）也作了这方面的试验，取得同样的结论："其减振的作用仅限于沟的附近，离线路更远的点没有明显的减振效果，其他问题，有待进一步试验研究。"据资料报道，防振沟的设计，日本通过模型试验，进行了探索，但因轨道及其本身的维护存在问题，尚未达到实用化程度。

附录 A 我国各地区最高、最低轨温表（℃）

地区	最高轨温	最低轨温	地区	最高轨温	最低轨温
北 京	62.6	-22.8	开 封	63.0	-15.0
天 津	65.0	-22.9	安 阳	61.7	-21.7
上 海	60.3	-12.1	许 昌	61.9	-17.4
哈尔滨	59.1	-41.4	洛 阳	64.2	-20.0
齐齐哈尔	60.1	-39.5	南 阳	63.2	-21.2
佳木斯	56.4	-39.6	信 阳	62.0	-20.0
嫩 江	58.1	-47.3	济 南	62.5	-19.7
牡丹江	57.2	-39.7	德 州	63.4	-27.0
安 达	59.5	-44.3	青 岛	56.6	-20.5
长 春	59.5	-36.5	兖 州	61.0	-19.0
延 吉	60.3	-37.1	南 京	63.0	-14.0
四 平	56.6	-38.7	徐 州	63.3	-22.6
通 化	55.5	-36.3	杭 州	62.1	-10.5
沈 阳	59.3	-33.1	金 华	61.2	-9.6
本 溪	57.3	-32.3	合 肥	61.0	-20.6
丹 东	57.8	-31.9	安 庆	64.7	-12.5
锦 州	61.8	-24.7	蚌 埠	64.5	-19.4
大 连	56.1	-21.1	南 昌	60.6	-9.3
呼和浩特	58.0	-36.2	九 江	61.0	-10.0
包 头	59.5	-32.8	武 汉	61.3	-18.1
二连浩特	59.9	-40.2	郴 州	61.3	-9.0
集 宁	55.7	-33.8	宜 昌	63.9	-9.8
满洲里	58.7	-46.9	福 州	59.8	-2.5
赤 峰	62.5	-31.4	邵 武	60.4	-7.9
加格达奇	57.3	-45.4	承 德	61.5	-23.3
石家庄	62.7	-26.5	张家口	60.9	-26.2
汉 中	58.0	-10.1	唐 山	63.3	-22.6
宝 鸡	61.6	-16.1	保 定	63.3	-23.7
安 康	61.7	-9.5	邢 台	61.8	-22.4
郑 州	63.0	-17.9	太 原	61.4	-29.5

续表

地 区	最高轨温	最低轨温	地 区	最高轨温	最低轨温
大 同	58.0	-30.5	深 圳	58.7	0.2
运 城	65.0	-18.9	湛 江	58.1	2.8
乌鲁木齐	60.7	-41.5	南 宁	60.4	-2.1
塔 城	61.3	-39.2	桂 林	59.7	-5.0
克拉玛依	62.9	-35.9	成 都	60.1	-5.9
吐鲁番	67.6	-28.0	资 阳	59.2	-4.0
哈 密	63.9	-32.0	内 江	61.1	-3.0
库尔勒	60.0	-28.1	绵 阳	57.1	-2.3
喀 什	60.1	-24.4	重 庆	64.0	-2.5
兰 州	59.1	-23.3	宜 宾	59.5	-3.0
玉 门	56.7	-28.2	西 昌	59.7	-6.0
酒 泉	58.4	-31.6	贵 阳	61.3	-7.8
天 水	58.2	-19.2	遵 义	58.7	-7.1
西 宁	53.5	-26.6	安 顺	54.3	-7.6
格尔木	53.1	-33.6	桐 梓	57.5	-6.9
银 川	59.3	-30.6	昆 明	52.3	-5.4
中 卫	58.5	-29.2	河 口	60.9	1.9
西 安	65.2	-20.6	拉 萨	49.4	-16.5
延 安	59.7	-25.4	日喀则	58.2	-25.1
长 沙	63.0	-11.3	台 北	58.6	-2.0
衡 阳	61.3	-7.9	台 南	59.0	2.0
广 州	58.7	-0.3	香 港	56.1	0.0
韶 关	62.0	-4.3	厦 门	58.5	-2.0

注：无缝线路设计时，可根据需要对当地气温资料做补充调查。

附录 B $\Gamma\left(\frac{1}{m}+1\right)$ 函数表

m	$\Gamma\left(\frac{1}{m}+1\right)$	m	$\Gamma\left(\frac{1}{m}+1\right)$
0.1	11!	0.6	1.505
0.2	6!	0.7	1.266
0.3	9.260	0.8	1.133
0.4	3.323	0.9	1.052
0.5	2.000	1.0	1.000

续表

m	$\Gamma\left(\dfrac{1}{m}+1\right)$	m	$\Gamma\left(\dfrac{1}{m}+1\right)$
1.1	0.965	2.6	0.888
1.2	0.941	2.7	0.889
1.3	0.923	2.8	0.890
1.4	0.911	2.9	0.892
1.5	0.903	3.0	0.894
1.6	0.897	3.1	0.894
1.7	0.892	3.2	0.896
1.8	0.889	3.3	0.897
1.9	0.887	3.4	0.898
2.0	0.886	3.5	0.900
2.1	0.886	3.6	0.901
2.2	0.886	3.7	0.902
2.3	0.886	3.8	0.904
2.4	0.886	3.9	0.905
2.5	0.887	4.0	0.906

附录 C 国外铁路机构名简称

AAR: Association of American Railroads
　　美国铁路协会
AASHO: American Association of State Highway Officials
　　美国各州公路管理人员协会
AREA: American Railroad Engineer's Association
　　美国铁路工程学会
BN: Burlington Northern Incorporated (Railroad)
　　（美国）伯灵顿北方（铁路）公司
BR: British Railways
　　英国国铁
BR: British Research
　　英国铁道研究中心
DB: Deutsche Bahn AG. Deutsche Bundesbahn
　　德国国铁，原德国联邦铁道（西德）
DOT: Department Of Transportation, USA
　　美国运输部
DR: Deutsche Reichsbahn

原德国国铁（东德）
ERRI: European Rail Research Institute
欧洲铁道研究所
FAST: Facility for Accelerated Service Testing, Colorado, USA
加速运营试验设施，美国
FRA: Federal Railroad Administration, USA
美国联邦铁路局
IRCA: International Railway Congress Association
国际铁路会议协会
JNR: Japanese National Railways
日本国有铁道，国铁
JR: Japanese Railways
日本铁路
ORE: Office des Recherches et des Essais, UIC
国际铁路联盟铁路技术研究所
RATP: Regie Autonome des Transports Parisiens
巴黎运输公司
SNCF: Société Nationale des Chemins de Fer
法国国铁
TTC: Transportion Test Center
运输试验中心，美国
UIC: Union Internationale des Chemins de Fer
国际铁路联盟，在法国巴黎

附录 D 常用轨道工程汉英科技名词

1. 通类

铁道，铁路：railway, railroad
铁路线：railway line, railroad line
铁路网：railway network, railroad network
铁道科学：railway science
铁路技术：railway technology
铁路等级：railway classification
国有铁路：national railway, state railway
地方铁路：local railway, regional railway

私有铁路：private railway
合资铁路：joint investment railway, joint-ly owned railway
准轨铁路：standard-gage railway
窄轨铁路：narrow-gage railway
宽轨铁路：broad-gage railway
单线铁路：single track railway
双线铁路：double track railway
重载铁路：heavy haul railway
高速铁路：high speed railway
电气化铁路：electrified railway, electric railway
干线铁路：main line railway, trunk railway
地下铁路：subway, metro, underground railway
轻轨铁路：light railway, light rail
磁浮铁路：magnetic levitation railway
既有铁路：existing railway
新建铁路：newly-built railway
改建铁路：reconstructed railway
运营铁路：railway in operation, operating railway
货运专线：railway line for freight traffic, freight special line, freight traffic only line
客运专线：railway line for passenger, passenger traffic only line
客货混运线路：railway line for mixed passenger and freight traffic
铁路用地：right-of-way
铁路勘测：railway reconnaissance
列车运行图：train diagram
区间：section
区段：district
轨距：rail gage, rail gauge
轮重：wheel load
轴重：axle load
限界：clearance, gauge
列车与线路相互作用：track-train interaction
轮轨关系：wheel-rail relation, wheel-rail interaction
重载列车：heavy haul train
高速列车：high speed train
超长超重列车：exceptionally long and heavy train

铁路法：Railway Law
铁路技术管理规程：regulations of railway technical operation
2. 铁道工程建设
预可行性研究：pre-feasibility study
可行性研究：feasibility study
设计阶段：design phase，design stage
三阶段设计：three-step design，three-phase design
初步设计：preliminary design
技术设计：technical design
施工图设计：construction detail design，working-drawing design
设计概算：approximate estimate of design，budgetary estimate of design
预算定额：rating of budget，rating form for budget
概算定额：rating of approximate estimate，rating form for estimate
投资估算：investment estimate
设计鉴定：certification of design，appraisal of design
设计高程：design elevation
全球定位系统：global positioning system，GPS
铁路选线：railway location，approximate railway location，location of railway route selection
线路平面图：track plan，line plan
线路纵断面图：track profile，line profile
圆曲线：circular curve
单曲线：simple curve
缓和曲线：transition curve，easement curve，spiral transition curve
最小曲线半径：minimum radius of curve
复曲线：compound curve
同向曲线：curve of same sense，adjacent curves in one direction
反向曲线：reverse curve，curve of opposite sense
夹直线：intermediate straight line，tangent between curves
坡度：grade，gradient，slope
坡段：grade section
竖曲线：vertical curve
坡度折减：compensition of gradient，gradient compensation，grade compensation
容许应力设计法：allowable stress design method
极限状态设计法：limit state design method
概率极限状态设计法：probabilistic limit state design method

路基：subgrade, road bed, formation subgrade
路基横断面：subgrade cross-section
路基面：subgrade surface, formation
路拱：road crown
路肩：shoulder, subgrade shoulder
路肩高程：formation level, shoulder level
路堤：embankment, fill
路堑：cut, road cutting
基床：subgrade bed, formation
基底：foundation base, base
路堑边坡：cutting slope, side slope of cut
中-活载：CR-live loading, China railway standard live loading
桥梁标准活载：standard live load for bridge
换算均布活载：equivalent uniform live load
设计荷载：design load
主力：principal load
恒载：dead load
列车离心力：centrifugal force of train
冲击系数：coefficient of impact
附加力：subsidiary load, secondary load
列车制动力：braking force of train
列车牵引力：tractive force of train
特殊荷载：particular load
荷载组合：loading combination
铁路桥：railway bridge
跨线桥：overpass bridge, grade separation, flyover
高架桥：viaduct
钢桥：steel bridge
钢筋混凝土桥：reinforced concrete bridge
预应力混凝土桥：prestressed concrete bridge
简支梁桥：simply supported beam bridge
连续梁桥：continuous beam bridge
悬臂梁桥：cantilever beam bridge
刚架桥：rigid frame bridge
特大桥：super major bridge
大桥：major bridge

中桥：medium bridge
小桥：minor bridge
单线桥：single track bridge
双线桥：double track bridge
正桥：main bridge
引桥：approach bridge
跨度：span
桥梁全长：overall length of bridge
梁高：depth of girder
拱度：camber
挠度：deflection
钢丝：steel wire
钢筋：reinforcement, steel bar
钢丝束：bundled steel wires
钢绞线：steel strand
箍筋：stirrup
桥梁道碴槽：ballast trough
道碴桥面：ballast deck, ballast floor
桥梁护轨：guard rail of bridge
桥枕：bridge tie, bridge sleeper
伸缩缝：expansion joint
固定支座：fixed bearing
活动支座：expansion bearing, movable bearing
桥台：abutment
台身：abutment body
桥墩：pier
柔性墩：flexible pier
墩身：pier body, pier shaft
墩帽：pier coping
桥梁基础：bridge foundation
沉井基础：open caisson foundation
涵洞孔径：aperture of culvert
铁路隧道：railway tunnel
地铁隧道：subway tunnel, underground railway tunnel, metro tunnel
线路封锁：track blockade, closure of track, traffic interruption
工程招标：calling for tender of project, calling for tending of project

工程投标：bidding for project
工程报价：project quoted price
工程发包：contracting out of project
工程承包：contracting of project
工程监理：supervision of construction，supervision of project

3. 铁道工务

工务段：track division，track district，track maintenance division
养路领工区：track subdivision，track maintenance subdivision
养路工区：track maintenance section，permanent way gang
轨道：track
轨道类型：classification of track，track standard
轨道结构：track structure
有碴轨道：ballasted track
无碴轨道：ballastless track
线路：track，permanent way
有缝线路：jointed track
无缝线路：continuously welded rail track，jointless track
跨区间无缝线路：super long continuous welded rail track
轨排：track panel，track skeleton
轨节：rail link
长轨条：long rail string
轨道几何形位：track geometry
轨距加宽：gauge widening
曲线超高：superelevation，cant，elevation of curve
欠超高：deficient superelevation
过超高：surplus superelevation，excess elevation
未被平衡离心加速度：unbalanced centrifugal acceleration
曲线正矢：curve versine
轨道力学：track mechanics
轨道动力学：track dynamics
轨道强度计算：track strength analysis
轨道框架刚度：rigidity of track panel
道床系数：ballast coefficient，ballast modulus
钢轨基础模量：rail supporting modulus，track modulus
钢轨支点弹性模量：modulus of elasticity of rail support
轨道应力：track stress

轨道稳定性：stability of track
接头阻力：joint resistance
道床阻力：ballast resistance
轮/轨接触应力：rail/wheel contact stress
钢轨：rail
轨头：rail head
轨腰：rail web
轨底：rail base, rail bottom
淬火轨：head hardened rail, quenched rail
合金轨：alloy steel rail
耐磨轨：wear resistant rail
长钢轨：long rail
缩短轨：standard shortened rail, fabricated short rail used on curve, standard curtailed rail
护轨：guard rail, check rail
轨底坡：rail cant
钢轨工作边：gage line
轨缝：rail gap, joint gap
构造轨缝：structural joint gap, maximum joint gap structurally obtainable
钢轨接头：rail joint
胶结绝缘接头：glued insulated joint
焊接接头：welded joint
冻结接头：frozen joint
钢轨伸缩调节器：expansion rail joint, rail expansion device
接头夹板：joint bar, splice bar, fish plate
接头螺栓：track bolt, fish bolt
扣件：rail fastening
弹性扣件：elastic rail fastening
道钉：track spike, rail spike, dog spike
垫板：tie plate
橡胶垫板：rubber tie plate
衬垫：pad
弹簧垫圈：spring washer
穿销防爬器：wedged rail anchor
轨撑：rail brace
轨下基础：sub-rail foundation, sub-rail track bed

轨枕：tie, cross tie, sleeper
板式轨道：slab-track
木枕：wooden tie
混凝土枕：concrete tie
岔枕：switch tie, turnout tie
枕木盒：crib
道床：ballast bed
整体道床：solid bed, integrated ballast bed, monolithic concrete bed
道碴：ballast
碎石道碴：stone ballast
底碴：subballast
道床厚度：thickness of ballast bed, depth of ballast
道床宽度：width of ballast bed
道床碴肩：shoulder of ballast bed
轮轨游间：clearance between wheel flange and gage line
曲线内接：inscribed to curves
自由内接：free inscribing
强制内接：compulsory inscribing
楔形内接：wedging inscribing
轨道不平顺：track irregularity
轨道水平：track cross level
轨道方向：track alignment
轨道前后高低：longitudinal level of rail, track profile
翻浆冒泥：mud-pumping
低接头：depressed joint, battered joint of rail
接头瞎缝：closed joint, tight joint
线路爬行：track creeping
轨道跑道：track buckling
轨头肥边：flaw of rail head, lipping of rail head
钢轨伤损：rail defects and failures
核伤：nucleus flaw, oval flaw
线路大修：major repair of track, overhaul of track, track renewal
线路中修：intermediate repair of track
线路维修：maintenance of track
整正曲线：curve adjusting, curve lining
打磨钢轨：rail grinding

捣固道床：ballast tamping
清筛道床：ballast cleaning
锁定轨温：fastening-down temperature of rail
零应力轨温：stress free rail temperature
中和轨温：neutral temperature
放散温度力：destressing, stress liberation
温度力：temperature stress
最高轨温：highest rail temperature
最低轨温：lowest rail temperatuer
设计锁定轨温：design temperature of rail
允许温升：allowable temperature rise range
允许温降：allowable temperature drop range
道床纵向阻力：longitudinal ballast resistance
道床横向阻力：lateral ballast resistance
伸缩区：breathing zone
缓冲区：buffer zone, transition zone
固定区：nonbreathing zone, fixed zone, deformation-free zone
气压焊：oxyacetylene pressure welding
电阻焊：flash butt welding
铝热焊：alumino-thermit welding
顺坡：run-off elevation
线路标志：road way signs, permanent way signs
曲线标：curve post
坡度标：grade post
钢轨位移观测桩：rail creep indication posts
开天窗作业时间：works occupation time, working time of closed section
线路维修规则：rules of maintenance of way
轨道养护标准：standards of track maintenance
道岔：turnout, switches and crossings
单开道岔：simple turnout, lateral turnout
单式对称道岔：symmetrical double curve turnout, equilateral turnout
菱形交叉：diamond crossing
交分道岔：slip switch
渡线：crossover
交叉渡线：scissors crossing, double crossover
梯线：ladder track

道岔主线：main line of turnout, main track of turnout, turnout main
道岔侧线：branch line of turnout, branch track of turnout, turnout branch
导曲线：lead curve
导曲线半径：radius of lead curve
道岔中心：center of turnout
辙叉：frog, crossing
辙叉角：frog angle
辙叉号数：frog number
道岔号数：turnout number
辙叉趾端：toe end of frog, frog toe
辙叉跟端：heel end of frog, frog heel
道岔全长：total length of turnout
尖轨长度：length of switch rail
尖轨动程：throw of switch
查照间隔：check gage
辙叉有害空间：gap in the frog, open throat, unguarded flange-way
转辙角：switch angle
辙叉咽喉：throat of frog
可动心轨辙叉：movable-point frog
钝角辙叉：obtuse frog
锐角辙叉：end frog, acute frog
基本轨：stock rail
尖轨：switch rail
翼轨：wing rail
心轨：point rail
道岔护轨：turnout guard rail
道岔拉杆：switch rod, stretcher bar
间隔铁：filler, spacer block
线路机具：permanent way tool
大型线路机械：heavy permanent way machine, large permanent way machine
轨道检测设备：track geometry measuring device
磨轨机：rail grinding machine
焊轨机：rail welding machine
液压捣固机：hydraulic tamping machine
自动液压大型捣固车：auto-leveling-lifting-lining-tamping machine
枕底清筛机：ballast undercutting cleaner

铺轨机：track laying machine
轨道检查车：track recording car, track inspection car
钢轨探伤仪：rail flaw detector
轨距尺（道尺）：track gage
万能道尺：universal rail gage
道碴槽：ballast tub
道碴箱：ballast box
转向架中心距离：distance between bogie pivot centers, bogie pivot pitch
机车全轴距：locomotive total wheel base
机车固定轴距：locomotive rigid wheel base

参 考 文 献

1 孙永福. 高速铁路：成功与挑战. 中国铁路, 2003 (11). P11~14
2 蔡庆华主编. 中国铁路技术创新工程. 北京：中国铁道出版社, 2000
3 周镜, 钱立新. 风驰电掣走世界高速铁路工程. 浙江科学技术出版社, 1999.9
4 卢祖文. 铁路轨道结构及修理. 北京：中国铁道出版社, 2002
5 华茂崑. 中国铁路提速之路. 北京：中国铁道出版社, 2002
6 王午生主编. 铁道线路工程. 上海：上海科学技术出版社, 1999
7 郝瀛主编. 铁道工程. 北京：中国铁道出版社, 2000
8 广钟岩, 高慧安. 铁路无缝线路, 北京：中国铁道出版社, 2001
9 [日] 佐藤吉彦. 新轨道力学.（徐涌等译）. 北京：中国铁道出版社, 2001
10 铁道第三勘察设计院主编. 京沪高速铁路设计暂行规定（上册）. 北京：中国铁道出版社, 2003
11 铁道第四勘察设计院主编. 京沪高速铁路设计暂行规定（下册）. 北京：中国铁道出版社, 2003
12 铁道部第三勘测设计院主编. 秦沈客运专线跨区间无缝线路设计暂行规定. 北京：铁道部建设司、科技司联合发布, 2001
13 铁道部工务局组织编写. 铁路工务技术手册《道岔》. 北京：中国铁道出版社, 1998
14 范俊杰. 现代铁路轨道. 北京：中国铁道出版社, 2001
15 范俊杰. 铁路超长轨节无缝线路. 北京：中国铁道出版社, 1996
16 曾树谷. 铁路散粒体道床. 北京：中国铁道出版社, 1997
17 铁道部第一勘测设计院主编. 铁路线路设计规范. 北京：中国计划出版社, 1999
18 许实儒等. 铁路轨道基本理论. 北京：中国铁道出版社, 1997
19 练松良. 轨道动力学. 上海：同济大学出版社, 2003.10
20 [澳] C.H.汉森等. 噪声和振动的主动控制. 北京：科学出版社, 2002
21 雷晓燕. 铁路轨道结构数值分析方法. 北京：中国铁道出版社, 1998
22 刘学毅. 轨道刚度的影响分析及动力学优化. 西南交通大学学报, 2004
23 高亮, 范俊杰等. 散体道床流变力学特性的研究. 铁道学报, 2001
24 段固敏, 刘彦平等. 无缝道岔温度力特性及实例计算. 铁道工程学报, 2002
25 杨浩等. 交通运输的可持续发展. 北京：中国铁道出版社, 2001
26 卢耀荣. 无缝线路稳定性安全储备分析. 铁道科学研究院铁道建筑研究所论文集（第三集）—铁路轨道. 北京：中国铁道出版社, 1990
27 陈秀方. 无缝线路稳定性问题的最小温度力. 铁道工务, 1989（4）
28 陈秀方, 娄平等. 无缝线路原始弯曲的极值概率分析. 中国铁道科学, 1999, 20（1）：18~22
29 佐藤裕. 轨道力学.（卢肇英译）. 北京：中国铁道出版社, 1981
30 铁道科学研究院主编. 新建铁路桥上无缝线路设计暂行规定. 北京：铁道部发布, 2003
31 董志洪. 高技术铁路与钢轨. 北京：冶金工业出版, 2003

32 铁道科学研究院铁建所. 我国干线轨道不平顺功率谱的研究. TY～1～1.5. 北京：铁道科学研究院，1999

33 A. D. Kerr 编. 轨道力学与轨道工程. 北京：中国铁道出版社，1983

34 张未，张步云. 铁路跨区间无缝线路. 北京：中国铁道出版社，2000

35 北京城建设计研究总院主编. 地铁设计规范，北京：中国计划出版社，2003

36 秦沈客运专线技术总结. 北京：秦沈客运专线技术总结编委会. 2002

37 张庆贺等. 地铁与轻轨. 北京：人民交通出版社，2002

38 Wu Xiaoping, Chen Xiufang. Research on planning & evaluation for track traffic under China's sustainable development strategy. Engineering Sciences. Vol. 2. No. 1 Mar. 2004

39 关于发布《新建客货共线铁路设计暂行规定》的通知（铁建设［2003］76 号）北京：铁道部，2003-08-11

40 ［日］铁道综合技术研究所编. 铁道构造物等设计标准（日文）. 东京：日本运输省铁道局，1997

41 铁道部科学技术情报研究所编. 德国铁路工程设计规范汇编. 铁道部科学技术情报研究所，1991

42 张履棠等译. 德国铁路桥梁及其它工程结构物规范（VEI）DS804. 北京：铁道部标准计量研究所，1995

43 World Environment and Development Commission. Our Common Future, 1987

44 中国国家计划委员会等. 中国 21 世纪议程—中国 21 世纪人口、环境、与发表白皮书. 北京：中国环境科学出版社，1994

45 中国铁路发展论坛论文集. 长沙：铁道部发展计划司，中南大学，2003

46 铁道部标准. 铁路道岔和交叉名词术语（TB 1353-79）. 北京：1980

47 国家标准. 铁路工程基本术语标准（GB/T 50262—97）. 中国计划出版社. 北京：1997

48 范新爱，苏自新. 提速道岔的铺设与养护（第二版）. 北京：中国铁道出版社，2002

49 中华人民共和国行业标准《铁路轨道设计规范》（报批稿）. 北京：铁路工程技术标准所，2004. 10

50 铁道科学研究院主编. 新建时速 200 公里客货共线铁路设计暂行规定. 北京：中国铁道出版社，2003. 10

51 陈岳源主编. 铁路轨道. 北京：中国铁道出版社，2002. 3

52 马效云. 胶接钢轨绝缘. 北京：中国铁道出版社，2003. 3

53 严隽耄主编. 车辆工程. 北京：中国铁道出版社，1999. 9

54 严隽耄，翟婉明等著. 重载列车系统动力学. 北京：中国铁道出版社，2003. 1

55 翟婉明. 车辆—轨道耦合动力学. 北京：中国铁道出版社，2002

56 盛美萍等编著. 噪声与振动控制技术基础. 北京：科学出版社，2001

57 陈秀方，周小林. 拟九次方铁路缓和曲线. 中国铁路，1997（9）. P19～20

58 李耀中. 噪声控制技术. 北京：化学工业出版社，2001

59 于越等. 噪声、振动及降噪措施试验研究报告. 北京：铁道第三勘察设计院，2003

60 张定贤. 机车车辆轨道系统动力学. 北京：中国铁道出版社，1996

61 Bell C E., Horak. D and Hedrick J K. Stability and Curving Mechanics of Rail Vehicles. J. of

Dynamic Systems, Measurement and Control, Sep. 1981. Vol. 103/181

62　Elkins J A and Eickhoff B M. Advances in Nonlinear Wheel/Rail Force Prediction Methods and Their Validation. J. of Dynamic Systems, Measurement and Control, June. 1982. Vol. 104/133

63　陈秀方，唐进锋. 重载列车稳态曲线通过减轻轮轨磨耗分析. 长沙：长沙铁道学院，1995

64　Xiang Jun, Zeng Qingyuan, Lou Ping, Theory of random energy analysis for train derailment [J]. Journal of Central South University of Technology 2003. 10 (2)：134~139

65　Xiang Jun, Zeng Qingyuan, Lou Ping. Transverse vibration of train-bridge and train-track time-variant system and the theory of random energy analysis for train derailment [J]. Vehicle System Dynamics 2004. 41 (2)：129~155

66　Lou Ping, Chen Xiufang, Zeng Qingyuan. Probabilistic analysis of lateral initial irregularities of continuously welded rail track. J. of Structural Engineering 2002. 29 (3)：175~176

67　Lou Ping, Chen Xiufang, The reliability analysis of the stability of continuous welded rail track. J. of Structural Engineering 2000. 27 (1)：49~53

68　中华人民共和国铁道部. 铁路线路维修规则. 北京：中国铁道出版社，1997

69　中华人民共和国铁道部. 铁路线路设备大修规则. 北京：中国铁道出版社，1997

70　中华人民共和国铁道部. 快速铁路线路维修规则. 北京：中国铁道出版社，1997

71　Jin Shouhua, Chen Xiufang. Technical characteristics of the construction of Qinhuangdao-Shenyang passenger special line and the inspiration for highspeed railway. Engineering Sciences. Vol. 2. No. 1 Mar. 2004

72　中华人民共和国铁道部《秦沈客运专线线路养护维修》暂行规定（运基线路 [2001] 274 号文）北京：2001

高校土木工程专业指导委员会规划推荐教材（经典精品系列教材）

征订号	书　名	定价	作者	备　注
V16537	土木工程施工（上册）（第二版）	46.00	重庆大学、同济大学、哈尔滨工业大学	21世纪课程教材、"十二五"国家规划教材、教育部2009年度普通高等教育精品教材
V16538	土木工程施工（下册）（第二版）	47.00	重庆大学、同济大学、哈尔滨工业大学	21世纪课程教材、"十二五"国家规划教材、教育部2009年度普通高等教育精品教材
V16543	岩土工程测试与监测技术	29.00	宰金珉	"十二五"国家规划教材
V18218	建筑结构抗震设计（第三版）（附精品课程网址）	32.00	李国强 等	"十二五"国家规划教材、土建学科"十二五"规划教材
V22301	土木工程制图（第四版）（含教学资源光盘）	58.00	卢传贤 等	21世纪课程教材、"十二五"国家规划教材、土建学科"十二五"规划教材
V22302	土木工程制图习题集（第四版）	20.00	卢传贤 等	21世纪课程教材、"十二五"国家规划教材、土建学科"十二五"规划教材
V21718	岩石力学（第二版）	29.00	张永兴	"十二五"国家规划教材、土建学科"十二五"规划教材
V20960	钢结构基本原理（第二版）	39.00	沈祖炎 等	21世纪课程教材、"十二五"国家规划教材、土建学科"十二五"规划教材
V16338	房屋钢结构设计	55.00	沈祖炎、陈以一、陈扬骥	"十二五"国家规划教材、土建学科"十二五"规划教材、教育部2008年度普通高等教育精品教材
V15233	路基工程	27.00	刘建坤、曾巧玲 等	"十二五"国家规划教材
V20313	建筑工程事故分析与处理（第三版）	44.00	江见鲸 等	"十二五"国家规划教材、土建学科"十二五"规划教材、教育部2007年度普通高等教育精品教材
V13522	特种基础工程	19.00	谢新宇、俞建霖	"十二五"国家规划教材
V20935	工程结构荷载与可靠度设计原理（第三版）	27.00	李国强 等	面向21世纪课程教材、"十二五"国家规划教材
V19939	地下建筑结构（第二版）（赠送课件）	45.00	朱合华 等	"十二五"国家规划教材、土建学科"十二五"规划教材、教育部2011年度普通高等教育精品教材
V13494	房屋建筑学（第四版）（含光盘）	49.00	同济大学、西安建筑科技大学、东南大学、重庆大学	"十二五"国家规划教材、教育部2007年度普通高等教育精品教材
V20319	流体力学（第二版）	30.00	刘鹤年	21世纪课程教材、"十二五"国家规划教材、土建学科"十二五"规划教材
V12972	桥梁施工（含光盘）	37.00	许克宾	"十二五"国家规划教材
V19477	工程结构抗震设计（第二版）	28.00	李爱群 等	"十二五"国家规划教材、土建学科"十二五"规划教材
V20317	建筑结构试验	27.00	易伟建、张望喜	"十二五"国家规划教材、土建学科"十二五"规划教材
V21003	地基处理	22.00	龚晓南	"十二五"国家规划教材
V20915	轨道工程	36.00	陈秀方	"十二五"国家规划教材
V21757	爆破工程	26.00	东兆星 等	"十二五"国家规划教材
V20961	岩土工程勘察	34.00	王奎华	"十二五"国家规划教材

续表

征订号	书名	定价	作者	备注
V20764	钢-混凝土组合结构	33.00	聂建国 等	"十二五"国家规划教材
V19566	土力学（第三版）	36.00	东南大学、浙江大学、湖南大学 苏州科技学院	21世纪课程教材、"十二五"国家规划教材、土建学科"十二五"规划教材
V20984	基础工程（第二版）（附课件）	43.00	华南理工大学	21世纪课程教材、"十二五"国家规划教材、土建学科"十二五"规划教材
V21506	混凝土结构（上册）——混凝土结构设计原理（第五版）（含光盘）	48.00	东南大学、天津大学、同济大学	21世纪课程教材、"十二五"国家规划教材、土建学科"十二五"规划教材、教育部2009年度普通高等教育精品教材
V22466	混凝土结构（中册）——混凝土结构与砌体结构设计（第五版）	56.00	东南大学 同济大学 天津大学	21世纪课程教材、"十二五"国家规划教材、土建学科"十二五"规划教材、教育部2009年度普通高等教育精品教材
V22023	混凝土结构（下册）——混凝土桥梁设计（第五版）	49.00	东南大学 同济大学 天津大学	21世纪课程教材、"十二五"国家规划教材、土建学科"十二五"规划教材、教育部2009年度普通高等教育精品教材
V11404	混凝土结构及砌体结构（上）	42.00	滕智明 等	"十二五"国家规划教材
V11439	混凝土结构及砌体结构（下）	39.00	罗福午 等	"十二五"国家规划教材
V21630	钢结构（上册）——钢结构基础（第二版）	38.00	陈绍蕃	"十二五"国家规划教材、土建学科"十二五"规划教材
V21004	钢结构（下册）——房屋建筑钢结构设计（第二版）	27.00	陈绍蕃	"十二五"国家规划教材、土建学科"十二五"规划教材
V22020	混凝土结构基本原理（第二版）	48.00	张誉 等	21世纪课程教材、"十二五"国家规划教材
V21673	混凝土及砌体结构（上册）	37.00	哈尔滨工业大学、大连理工大学等	"十二五"国家规划教材
V10132	混凝土及砌体结构（下册）	19.00	哈尔滨工业大学、大连理工大学等	"十二五"国家规划教材
V20495	土木工程材料（第二版）	38.00	湖南大学、天津大学、同济大学、东南大学	21世纪课程教材、"十二五"国家规划教材、土建学科"十二五"规划教材
V18285	土木工程概论	18.00	沈祖炎	"十二五"国家规划教材
V19590	土木工程概论（第二版）	42.00	丁大钧 等	21世纪课程教材、"十二五"国家规划教材、教育部2011年度普通高等教育精品教材
V20095	工程地质学（第二版）	33.00	石振明 等	21世纪课程教材、"十二五"国家规划教材、土建学科"十二五"规划教材
V20916	水文学	25.00	雒文生	21世纪课程教材、"十二五"国家规划教材
V22601	高层建筑结构设计（第二版）	45.00	钱稼茹	"十二五"国家规划教材、土建学科"十二五"规划教材
V19359	桥梁工程（第二版）	39.00	房贞政	"十二五"国家规划教材
V23453	砌体结构（第三版）	32.00	东南大学、同济大学、郑州大学 合编	21世纪课程教材、"十二五"国家规划教材、教育部2011年度普通高等教育精品教材